堯舜大傳

李亞東　著

昌明文化

目　錄

自序.............................001

人物簡介.............................001

一、唐堯踐位.............................001

二、堯生喪期.............................015

三、兩遷封地.............................029

四、棄契降生.............................045

五、皋陶制刑.............................062

六、帝堯講武.............................078

七、出巡禁賭.............................090

八、帝堯心苦.............................105

九、南巡中蠱.............................121

十、佈德歡兜.............................137

十一、帝堯心灰.............................150

十二、苦雕朽木.............................164

十三、許由受斥.............................179

十四、崇伯建勳............193

十五、帝堯訪舜............208

十六、帝女負屈............221

十七、舜巧脫險............236

十八、帝堯試舜............250

十九、三凶謀逆............263

二十、丹朱伐父............278

二一、帝堯奪勝............292

二二、孔壬害己............305

二三、堯避朝事............318

二四、舜逃踐位............332

二五、帝舜即位............344

二六、孝子歸里............357

二七、帝舜遇仙............370

二八、命禹攝位............383

二九、舜避朝事............395

三十、二女成神............407

參考資料集萃............419

自　序

　　我們中國是世界四大文明古國之一，我們偉大的中華民族是世界上最古老的民族之一。因而像古印度、古巴比倫、古埃及另外三個文明古國一樣，我國古代也有著豐富的神話。

　　神話是什麼？馬克思說它是「在人民幻想中經過不自覺的藝術方式所加工過的自然和社會形態」。拉法格說它「既不是騙子的謊言，也不是無謂的想像的產物，而是人類思想的樸素的和自發的形式之一。只有當我們猜中了這些神話對於原始人和它們在許多世紀以來，喪失掉了的那種意義的時候，我們才能理解人類的童年」。這就是說，神話是基於社會生活的藝術誇張與渲染，並夾雜著空想與幻想，但也或多或少地反映著歷史的影像，然而它不太可能轉化為歷史。

　　但令人遺憾的是，我國古代豐富的神話到了後來大部分散失了，只保留下來一些零星的片斷，東一處西一處地分散在古人的著作裡。不僅毫無系統條理，而且充滿矛盾之處，因而不能與相當完整地保存下來的古希臘和印度神話相比美。對此，我國近代大學者沈雁冰早在其〈中國神話研究〉一文中，就深有感觸地說過：「中國神話不但一

1

向沒有集成專書，並且散於古書的，亦複非常零碎，所以我們若想整理出一部中國神話來，是極難的。」正是由於這難作梗，直到今日我國古代神話仍然沒有一部系統的史詩性的作品問世。

對於我國古代神話沒有系統的史詩性作品問世，我認為主要是由兩個原因造成的。一是由於歷史學家從古代神話中探求史前傳說時代的歷史，從其矛盾不一中推出結論說，傳說時代我們中華民族存在著數個部族集團，我國古代本來就零碎不一的神話個個歸屬於不同的部族集團。從而使得我國古代本來就零碎不一的神話更加零碎不一，形成不了系統。二是或許因為我國古代神話大部分散失造成了斷代，加之流傳中在不同的地域之上和不同時代的人群中造成了錯舛；也或許是我國傳說時代的歷史恰被歷史學家們的結論言中，在那時的華夏大地上確實存在著數個部族集團，各個部族集團傳說著不同的自己的神話，造成了我國古代神話的無法系統，無以條理，合則矛盾百出，分則肢離破碎。因此，造詣精深的學者深諳此點，不去系統；學力不足的凡夫雖苦破碎，卻不敢系統。由此，使得我國古代神話一直沒有系統的史詩性作品問世。

作者不量學識淺薄，斗膽試圖將中國古代神話進行系統，寫出一部試探性的系統的史詩性中國古代神話系列小說的預謀，最初萌生於在北京大學做學生之時。那時，作者在學習中對中國古代神話產生了濃厚的興趣，便想搜求一些系統的神話作品閱讀。但正如沈雁冰先生所說，無奈遍求無有系統之書，有的僅是隻言片語的傳說記載，而且個個不一，懸殊甚巨；自相矛盾，支離破碎；互不聯貫，不成體系。於是，作者便斗膽不量學力，「初生牛犢不怕虎」地萌生了寫作一部系統的古代神話作品，以補我國缺乏史前這一史詩性作品的天真稚幼的奇想。但由於寫作此書工程浩大，學識不足，力不勝任，末了只有

望而卻步。

一晃擱置數載，1984 年至 1985 年作者在寫作《少林寺演義》一書時，寫作系統神話作品的奇想又像心藏玉兔，在懷中不時咚咚撞動起來。與此同時，進一步萌生了這樣的想法：把《少》稿寫成現實主義的，把《神》稿寫成浪漫主義的；雙雙結構相因，篇幅相似，手法迴異，並蒂出書。後來仔細閱讀上海文化出版社 1955 年版《中國上古史演義》，與浙江文藝出版社 1985 年版《上古神話演義》，看到前書注重用辯證唯物主義講神話，後書篇幅浩大內容豐富；但覺得前書沒有了神話色彩，後書不適合今人閱讀口味。為此，決計取前人之長，開闢新的路徑，寫出一部系統的適合今人閱讀口味的浪漫主義的古代神話作品來。但具體行動起來，究竟如何系統神話，怎樣落筆，寫成什麼樣子等一系列難題，便一齊擋在了作者面前。加之日常工作繁忙，出版界不景氣和黃潮的氾濫衝擊，給作者在對上述難題躊躇不決之外又加上了信心動搖，因而再次把寫作此書擱置下來。

克服寫作困難需要來自作者內心或者外部的巨大壓力，今天正是這樣的巨大壓力使作者重新構劃出了書的整體構架：變原來設想的一體結構為系列結構，但分為系列合則仍為一體。即系列中的每一部都可單獨成為有機的整體，又可合起來成為一個有機統一的大整體。並通過長期地認真探索和艱苦地寫作努力，終於先後陸續寫出了這個系列的八卷書稿。今天這個系列的八卷中的首卷《盤古開天地》，已經呈現在了讀者面前；隨後，這個系列的後七卷書稿也將陸續與讀者見面。《盤》書的問世，可以說是初步實現了作者藏之於心十餘載的殷殷夙願；但至於它的成敗得失，作者卻自己不敢妄議，只有請最具權威的作者的「上帝」廣大的讀者，去評說裁決了。

一個人有高興的時候，也有愁苦的時候。當其高興之時對於一件

困難的事情可以奮起去做好；當其愁苦之時，對於一件困難的事情不僅會同樣而且可能會更加奮起去做好。這「高興」就是「起昇」，這「愁苦」就是「跌落」；其起昇與跌落的差距即落差越大，就越有可能建樹起大功大德。即所謂只有身經波濤跌宕、大起大落、大難不死之人，方可建樹起卓著千古的大功大德。如果一個人一生中沒有大高興或大愁苦，一直處於風平浪靜不起不落的中間狀態，那麼他就必然只能成為平平庸庸的俗流之輩，絕對建樹不起大功大德。

正因為這樣，我們可以概括地說，一部人類社會發展的歷史，便是歷朝歷代身經大起大落之人的歷史。功是他們的功，德是他們的德。對此，我國漢代大學者司馬遷，早就在其著名的〈報任安書〉中做出了深刻精闢的論述。他寫道；「古者富貴而名磨滅，不可勝記，唯倜儻非常之人稱焉。蓋文王拘，而演《周易》；仲尼厄，而作《春秋》；屈原放逐，乃賦《離騷》；左丘失明，厥有《國語》；孫子臏腳，兵法修列；不韋遷蜀，世傳《呂覽》；韓非囚秦，《說難》《孤憤》；《詩》三百篇，大底賢聖發憤之所為作也」。至於司馬遷自己，則在他四十七歲之年因替名將李陵戰敗被俘投降匈奴辯解，獲罪下獄受到宮刑的嚴處。司馬遷受此酷刑後心情敗落，心中充滿了無盡的悲苦和怨恨，一日日在世忍辱苟活，「是以腸一日而九回，居則忽忽若有所亡，出則不知其所往。每念斯恥，汗未嘗不發背沾衣也」。為此他發憤著述，終經十餘載辛苦耕耘，寫成了被魯迅先生譽之為「史家之絕唱，無韻之《離騷》」的千古名著《史記》。作者的這部中國古代神話系列小說，對於全社會來說當然不是什麼「大功大德」，亦無所謂功、德可言；更不敢與古代先賢並列，以掠其美；也決無與先賢並列之意，只僅僅是為了說明問題。但它對於作者自己來說，卻無疑是樹在自己人生之途上的一通「功德之碑」。至於是「起」是「落」給作

者樹立自己的這通小小「功德之碑」帶來的動力，只有作者自己知曉。

做文人不易，出作品更難。記得我對人說過：「出一本書比生養一個孩子還難。若與生養孩子同時起步開始醞釀寫作一本書，往往孩子養到可讀小學的年齡了，你寫的那本書還沒有問世。」那作品的醞釀構思階段，恰如生養孩子的「十月懷胎」期；那作者書寫作品階段，恰如母親生產時的劇疼和失血；那出版成書期，則恰如數載哺養幼兒期。但是末了，「孩子則是自己的好」，只要自已認可就行；作家的作品則要公之於世，得到全社會公眾的認可方成。因此，寫作品出作品都是殊為不易、艱辛難為的事情。

然而面對此難，作者又大都往往偏偏為殊為不易、艱辛難為而為之！這當然不可排除少數作者「十年不鳴，一鳴驚人；十年不飛，一飛沖天」的名利之舉，但大多數作者則仍如司馬遷在〈報任安書〉中所說：「此人皆意有所鬱結，不得通其道，故述往事，思來者。乃如左丘無目，孫子斷足，終不可用，退而論書策以舒其憤，思垂空文以自見。」他們皆都深知「失去的珍貴」：一時失之交臂，終生必難再求！故而感懷著文，迎難書之。譬如，我國清代大作家曹雪芹就正是為此迎難而寫的。

眾所周知，曹公出生於貴族世家，他的前半生曾在南京和北京歡度過一段「錦衣紈綺」、「飲甘饜肥」的宮庭貴族生活，但到晚年則一下子跌落到了「蓬牖茅椽，繩床瓦灶」、「舉家食粥」的困苦境地。正是在晚年這段跌至社會底層的艱難困苦歲月中，曹公滿懷對自己一生遭際的悲憤，不顧創作過程中的千般艱辛萬盅勞苦，有感而發，隱「味」書中，「滴淚為墨、研血成字」，於「悼紅軒中，披閱十載，增刪五次」，終於寫成了「字字看來都是血，十年辛苦不尋常」的不朽巨著《紅樓夢》。

曹公寫作《紅樓夢》「滴淚為墨，研血成字」，「字字看來都是血」，作者雖不敢把自己的這部拙作與《紅樓夢》相比，同時也絕無相比之意，而且也根本就無可比性，但作者寫作此書的苦處和艱辛卻都不亞於曹公。這除了有某些因素與曹公之苦相似之外，還因為作者水準低下，因此寫作中比曹公更苦更難。苦也罷，難也罷，作者都要把這部作品寫下去，以讓眾人品評，以給祖國文壇添磚，以拋磚引玉，以望傑構於來朝，以慰作者胸中那顆「滴血成字」的殷殷苦心。

1990 年 5 月 1 日下午於周口

人物簡介

堯　顓頊之侄帝嚳的兒子。生得赤面龍顏，豐上銳下，眉分八彩，相貌不俗。掌中紋路，仿佛一個「嘉」字。先封陶地，今天山東定陶縣，人稱陶侯。改封唐地，今山西太原地方，人稱唐侯，又稱陶唐侯。繼天子位後建都平陽，遷都唐城，後居城陽。

棄　顓頊之侄帝嚳的兒子。堯同父異母兄長。堯時司農。

契　顓頊之侄帝嚳的兒子。堯同父異母兄長。堯時司馬。

篯鏗　顓頊之孫，後來人稱彭祖。帝摯朝即為重臣，又為堯時重臣。

有倕　堯時工師。

夔　堯時樂正。

皋陶　少昊的重孫子，堯時大理即法官。

1

歡兜 黃帝之子帝鴻的子孫。帝摯朝「三凶」之一。生得臉若惡魔，嘴口不整，眼射凶光，一身兇殘之氣。其生性也與其生相一樣兇殘，專愛做掩義隱盜兇殘邪惡之事。

許由 堯時著名隱者。名許由，字道開，又字武仲。

舜 顓頊六世孫。生得身材修長，皮膚黝黑，兩隻眼睛裡生兩個瞳仁，故而又名重華。生於諸馮山下姚墟嬀水地方，父瞽母喪，後母心地惡毒，後母子象生性惡頑。舜初躬耕於歷山腳下。後入朝任太尉，司徒。受堯禪讓繼天子位。

象 舜同父異母弟。性惡頑。

敤首 舜同父異母妹。

丹朱 帝堯之子。智質不高，性格劣頑，不喜歡學習，酷愛遊戲玩耍。後被流放丹淵，被人們稱為丹朱。

孔壬 少昊的子孫。生得白面細目，高挑身材，一派文質彬彬的模樣，心中卻充滿險惡刻毒之情。因而具有極大的蠱惑力，常常表面巧言令色，恭順非常，極像善人。背後則在行著毀信廢忠、崇飾惡言、誣陷盛德的惡舉，更比歡兜不良。故為帝摯朝「三凶」之一。

鯀 顓頊之子，禹之生父。受封崇地，故稱崇伯。生相英武，品

格高尚，為人仗義。生性則剛愎自信至極。由於受孔壬、歡兜二惡帶累，作為帝摯朝中重臣，被列為「三凶」之一。

娥皇　帝堯的大女兒。嫁舜，後成湘江女神。

女英　帝堯的小女兒。嫁舜，後成湘江女神。

禹　鯀之子。

一、唐堯踐位

　　陽春三月，迷人的春日把明媚的陽和，悄沒聲息地向大地四處點點滴滴地播撒著。漸漸地，只見水邊柳眼，悄悄垂青，山上嵐光，微微欲笑。隨著驀地，便見春江的暖水激得戲遊的鴨子「嘎嘎」放聲暢叫，荒枯的江岸泛上了淡淡的嫩綠。

　　就在這三月春日的一天，陶唐侯堯剛剛居罷三年母喪，回到封地唐躬身處理罷一應政事，歸寢時已是星斗闌珊之時。堯處理政事一日半宵勞心費力，加之春困襲人催人欲睡，他歸寢後剛躺到床上，便睡著了。並不知道是在何時，已是進入了甜美的夢鄉。

　　一入夢鄉，堯便夢見自己踏著春日的陽和，一陣來到了東嶽泰山腳下。東嶽泰山，拔地通天，巍然屹立於中原大地東部。其主峰名叫玉皇頂，海拔一千五百四十五米。氣勢磅礡，莽莽蒼蒼。

　　堯見自己來到了挺拔九天的泰山腳下，便認定自己必為遊歷泰山而來，遂禁不住山上美景的誘惑，一陣向山上攀去。攀登途中，堯見泰山雄偉多姿，壯麗奇絕，實堪謂步步有景，舉目成趣。

　　堯對沿途每一景點都不放過，觀龍泉，觀水簾洞，觀步天橋，觀快活天，觀朝陽洞，觀對松山，攀十八盤，欲要直登玉皇頂。他見對松山雙峰對峙，古松疊翠，婀娜多姿。他見十八盤險峻奇絕，實可稱

天門之梯。

他昔日游過泰山，更知道玉皇頂聳立泰山之巔，東可觀日出，西可觀夕照，南可觀皎月，北可觀黃河，更是一個上下奇景入眼觀、八方異象收眼簾的好地方。為此他在十八盤上攀登疾急，欲要早些到達玉皇頂，以把八方異象快些盡收眼底。

但是這次不知怎的，他攀登在十八盤的數百階石梯之上，攀啊登呀，卻怎麼也攀不到盡頭。他雖然看見朱色的南天門就巍立在前方山巔階石的盡頭，卻就是攀登不到。他正在為之奇異，又聽到身邊颯然一陣風聲響動。

於是他心中更奇，忙循聲看視，卻見一條金龍從旁邊山洞中挾風驟然飛騰而出，徑向自己身邊騰來。眼見金龍飛騰而來，他心中立即想到待到金龍來到，自己正好乘騎上去以登山巔。

他剛想到這裏金龍已經飛到，他便騎上龍背，乘龍淩空而起向山上飛去。隨著，堯便聽到耳邊「颯颯」風響，看到懸崖峭石從身邊「嗖嗖」掠過。正在心中兀自驚怕，金龍已經把他馱到了玉皇頂上放了下來，接著其身子一振不知去了何方。

堯於是站在玉皇頂上四面一望，只見浩浩莽莽無邊無際，所有群山都在眼底。看到這裏，堯正在慨歎登泰山而天下小，突然又見頭頂青天之上，正有兩扇天門大開，距其頭頂不過咫尺。

眼見天門距其鄰近，堯便也不怠慢立刻伸手攀住天門，縱身躍了上去。到了天上，他看到到處都是銀臺金闕，玉宇瓊樓，炫人眼目，堂皇至極！他為此正在贊叫天堂富麗之至，卻驀然而醒，方知自己做了一個夢。

堯夢醒之後心想此夢，思來想去覺得此夢，說不定還是應了自己將登天子大位之意。因為先前不僅帝摯曾將天子大位讓於自己，四方

諸侯也曾共同推戴自己登臨天子大位，但都被自己誠心辭謝了去。而今夢中天門距離自己這般鄰近，自己一攀即可到達天庭，豈不是預示自己就要登上天子之位！

因而這夢或許是來告訴自己，帝摯將會再求把天子之位禪讓於自己，也或許是告訴自己四方諸侯將會再來推戴自己。他一時間實在心想不好，對這兩種情況如何處之為好！為此看看天亮便臥身不住，急忙翻身起床以再做深思。

但就在堯起床之後欲要出門之時，卻突聞亳都詔旨來到。堯慌忙前去迎接，聞詔後方知此詔乃為遺詔，帝摯已經崩逝。遺詔之中，仍是誠勸唐堯早登天子大位，以應民情之語。另外還有一篇勸進表，亳都群臣個個列名其上，勸堯即位。

堯接罷詔旨看過此表，則對勸進之事不理不睬，而手捧遺詔立刻放聲痛哭起來。這一則是因君臣之義，二則是因兄弟之情，這兩者都是不能不使堯悲痛的。痛哭之後，堯即又設立帝摯祭位，並令人為之搶制孝服，準備即往亳都為帝摯奔喪，並扶立帝摯之子玄元踐位。

然而就在這時，卻見亳都重臣與四方諸侯一起來到。他們見到堯，全都稽首參拜，敦請堯速踐天子大位。堯聞聽仍要謙辭，亳都重臣歡兜忙進前勸言道：「陶唐侯，昔日您兄帝摯在世，您不受帝兄禪讓辭之有理。但今日您兄帝摯已崩，遺詔中又諄諄告誡您早踐大位，四方諸侯與亳都重臣也全都推戴之心篤殷，實可謂天與人心盡歸了呀！」

堯聞聽還是不允又要謙讓，顓頊之孫後來人稱彭祖的亳都重臣籛鏗，見之即言道：「陶唐侯，你今日如果依舊堅辭不踐天子大位，那就將是不以四方諸侯與天下萬民之心為心，不以帝摯遺詔為尊了啊！」

堯聽了歡兜與籛鏗此言，方纔看到自己不遵帝摯遺詔不踐天子之

位已是無奈，便只有開口答應。亳都重臣與四方諸侯聞聽，全都立刻對堯朝拜起來。

堯由此便不再被稱為陶唐侯，而改稱為了帝堯。帝堯受罷朝拜，決計建都平陽，待到都城建成，擇定吉日自己再正式踐登天子大位。於是他即派有倕帶領工匠，前往平陽修建帝都。

帝堯是誰？帝摯又是誰？帝摯為什麼登上了天子之位？帝摯先前為什麼要把天子之位禪讓給堯？末了為何又在遺詔上勸讓唐堯踐登天子之位？為了理清這些頭緒，話仍須從顓頊時代說起。

顓頊在不周山下剿平共工叛亂實現天下一統，為治天下遂將天下分封成諸多諸侯小國，以饗有功諸侯並讓其轄封地，此後便使得天下大治起來。剛愎的顓頊見之更加剛愎自信，此後一晃數十載過去，顓頊年邁一病即逝。

顓頊死後，據說身子發生了奇異的變化。古人傳說當大風從北方吹來，地下的泉水因為風吹而漲溢地面時，蛇就會變化成魚。死後的顓頊正是借著如此蛇化為魚的時機，附在魚的身上得以死而復生。但是複生的顓頊並非原來的形狀，而是身子半邊為人半邊為魚。為此人們稱複生的顓頊為「魚婦」。

然而顓頊死後雖然死而復生，但身子半邊為人半邊為魚的他，卻再也不能稱當一統凡界的天子。顓頊不能再當天子天下不能無主，大家便推顓頊的長子禹祖繼承天子之位。禹祖踐位登基，人稱孺帝顓頊。但不料禹祖踐位不到一載，竟又生病而死。

朝廷連遭大喪，天下凡人惶惶心驚。朝中重臣立即決議，推戴顓頊之侄俊譽繼為天子。他們這樣決議一是因為俊譽德才出眾，折服眾人；二是顓頊生前即有此意，不過沒有明白說出。俊譽卻不過眾臣擁戴，遂繼禹祖之後登上了天子大位。

俊嚳登位之後，上下官員皆依先朝，只是棄去舊都帝丘，選定今日河南偃師縣西南的嵩山之北亳邑作為新都，著人即去修建。俊嚳則等到顓頊與孺帝顓頊禹祖父子雙雙落葬之後，方纔遷往新都亳邑。

俊嚳踐位之後，人們便稱其為帝嚳。他初封於高辛之地，人們又稱他為高辛王。從此，我們中華民族的傳說歷史，便進入了帝嚳時代。

帝嚳在位數十載，其間前十年天下太平，凡界大治。但在帝嚳踐位剛過十載之時，卻生出了一場犬戎國君房王叛亂，傳出了這樣一則美妙的神話傳說。那是在房王發動叛亂前五年的時候，一日帝嚳之后忽然患耳疼病，百般救治均無療效，整整疼了三載。

三年後的一天，巫醫忽然從帝后耳中挑出一條金蟲，方纔治癒了帝后的耳疼。帝后看到挑出的金蟲形如春蠶長過三寸，心感奇異，便用瓠籬盛著又用盤子蓋著，不忍棄去。但不料剛過一日，那金蟲卻奇異地在瓠籬中變成了一條龍狗。

龍狗生得遍體錦紋，五色斑斕，毫光閃閃，煞是令人喜愛。帝嚳見之喜愛非常，便行走坐臥都帶在身邊，寸步不讓其離去。龍狗從盤子和瓠籬中變出，他便親自為龍狗取名叫做「盤瓠」。

盤瓠生出轉眼過去兩載，帝嚳忽聞犬戎地方房王興兵作亂向京都攻來。於是他勃然大怒，立刻召集群臣道：「你等誰人能斬殺房王首級獻來，朕就把公主嫁給誰。」

群臣聞聽帝嚳此言，卻你看看我，我覷覷你，誰也不敢應聲前去。他們都知道房王兵強馬壯，心想自己奪勝不得。帝嚳無奈，只有退朝回宮再思良策。

然而帝嚳回宮之後，卻不見了與其寸步不離的盤瓠。他命人找遍帝宮內外，也一直沒有尋見盤瓠的蹤影，心中深以為奇。盤瓠這時則已經直奔到亂首房王軍中，正在面對房王搖頭擺尾。

「高辛氏的滅亡之期就要到了！你們瞧，其寸步不離的愛犬都撇下他投奔我來了。」房王開始突見帝嚳的愛犬到其軍中甚感奇異，擔心帝嚳大軍定然隨後就到。但隨著見到盤瓠甚為可愛又聞帝嚳之軍未到，便高興地對圍來觀看的眾臣將道。言畢，禁不住得意地「嘎嘎嘎」一陣暢懷大笑起來。

邪惡的房王笑畢，仍是狂喜難抑，便即命眾亂兵高燃火炬，擊鼓撞磬，舉行起了歡慶宴會，以為這個必勝的好兆頭作樂慶賀。房王高興其眾亂兵也當然高興，他們為此狂歡濫飲直至深夜方散，房王已是飲得爛醉如泥，睡在帳中如同不省人事了一般。就在這時，盤瓠則一口咬下其頭，叼著飛快地跑回到了帝嚳宮中。

帝嚳這時仍正在為多日尋找不到盤瓠心感奇異，突見盤瓠叼著房王首級回到宮中，真個是心奇頓釋大喜過望，忙叫人多多剁些肉來親自犒勞盤瓠。帝嚳接過侍者端來的肉食親自送到盤瓠嘴邊，盤瓠卻不僅不食而且連嗅也不嗅一下，便懨懨地走到屋角臥在了那裏。

「盤瓠，你這樣作為難道真的是想得到公主為妻，恨朕不踐諾言嗎？」這樣一連數日，對其奇異不解的帝嚳末了終於明白過來，前去對盤瓠道，「但這並非寡人不踐諾言，而是狗與人是不能婚配的呀！」

「陛下，請您不要為此憂慮。您只要把我放到金鐘裡，七天七夜之後，我就可以變化成人了。」然而事情大出帝嚳所料，就在他話剛落音之時，卻聽那懨懨而臥的盤瓠立即口吐人言道。帝嚳聽罷狗吐人言心中更奇，但也心中歡喜，便即著人把盤瓠放到金鐘裡，以觀其是否能如其言變化成人。

公主先前便為帝父把她作為奪勝房王的籌碼，許給眾將心中甚為不滿。因為天知道那奪勝之將不是個醜物，或者老朽？到那時她公主不就呼天不應，哭地無淚了嗎？後來竟又聽聞事情比那還糟，奪勝房

王者竟連個醜物老朽之將也不是，而是盤瓠龍狗。實在更使她羞怒到了極點，她公主的丈夫怎能是一條狗啊！

後來聞聽狗吐人言，講說自己七日七夜可以變化成人，公主方纔心中稍稍平靜下來。但她身為女兒家好奇之心強烈，眼見盤瓠被罩一日日過去，轉眼已經到了第六日下午，便想悄悄打開金鐘看個究竟。

為此她來到金鐘跟前打開了金鐘，可憐那鐘中盤瓠這時雖然身子全部變成了人身，狗頭卻還沒有來得及變化，由於見人從此再也不能變成人頭了。盤瓠不能再作變化怪罪偷看的公主，公主無奈只好嫁給盤瓠。

婚禮舉行之日，狗頭人身的盤瓠穿上了人的衣服，公主則戴上了狗頭帽子，雙雙結成了連理。但是結婚之後公主羞於見人，便領著盤瓠躲進了南方深山之中，與其過起了男獵女織的貧民生活，繁衍下了不少後代子孫。

帝嚳在位十載之時平息房王之亂，留下這則神奇的神話傳說。其後數十載凡界太平，帝嚳則在大治凡界之余，步先祖黃帝後塵，四處求道訪仙，以期把自己之身修成不生不死與自然同體之身，永留凡界大治天下。

為此，他登陽石山，攀黃山，去青城山，踏崆峒山。就這樣數十載虔誠求道訪仙不息，觀其精神儀態，確有返老還童之像。帝嚳因而求道訪仙之心更亟，但不料就在這時卻一病不起，竟然在求道訪仙路上，病逝在了今日山東曲阜。

帝嚳死後，被葬在今日河南濮陽與浚縣之間，古稱頓丘臺的地方。但其墳墓今天卻還有河北高陽縣和陝西郃陽縣各一座。我們說這大概是因為當時人們思念帝嚳，又為其建造了兩座衣冠塚所致。

帝嚳安葬時，眾臣將都對帝嚳的死心有懷疑，議論紛紛。因為

帝嚳訪道求仙數十載，確已有了返老還童將成仙體之兆，為何又驀地身染重病，終究未免一死？有的說，神仙之道，畢竟是虛無縹緲的東西，是靠不住的。

也有的說，帝嚳功候未到，大限已到，所以無可逃脫。更有的說，成仙必定要有仙骨仙緣，帝嚳大概不具備這二者。還有的說，帝嚳既然有志求仙，就應該靜心習練，方能收到效果。他日夜為治世操勞，促成了他的早死。真的是一時間眾說紛紜，莫衷一是。

但在當時，他們對帝嚳之死的懷疑卻誰也沒能解開。後來直到夏朝中衰之期，一班強盜偷掘帝嚳的墳墓，方見墓中空空洞洞已無屍骸，只有一把寶劍掛在墓中，見人入墓頓然發出了龍吟般的嘯叫之聲。

至此，人們方知帝嚳之死，乃為屍解成仙飛昇天界而去，即仙家所說脫胎換骨之法。正因為帝嚳這樣身死成仙飛昇去了天界，方纔有了他在天界被玉皇大帝敕封為東方大帝，被神界稱為「帝俊」，並生了十個太陽兒子和十二個月亮女兒之事。這些都在《神羿大傳》卷中講過，這裏不再敘說。

帝嚳共有四個后妃，並生有四個有名的兒子。即妻有邰氏女姜嫄生棄，妻有娀氏女簡狄生契，妻陳鋒氏女慶都生堯，妻訾氏女常儀生摯。在這四子中摯為長，帝嚳在世時即立摯為嗣子，其死後摯便登上了天子之位。

但帝摯在位時間不長，便因其終日沉湎聲色玩樂而死。其死前立下遺詔禪位於堯，就這樣唐堯便繼其長兄帝摯之後，登上了一統凡界的天子大位。我中華民族的傳說歷史，由此即進入了輝煌的帝堯時代。

帝堯既登天子大位，便把天下的重任都背在了身上，其憂慮便也從此開始了。他崇尚儉樸，他要有侹去建的帝都，無非是一些能夠居住便了的茅草房屋。有侹因而建之甚易，引領眾工匠很快便建好了平

陽帝都。

帝堯急於定都之後一展身手大治凡界，聽聞有倕建成帝都之報心中大喜，便即往平陽正式踐位而來。到平陽正式踐位之前，帝堯已在心中擇定了新朝重臣人選。因而他登上朝堂，即頒旨敕封棄為司農，契為司馬，有倕為工師，夔為樂正，需去尋訪的皋陶為大理。

「萬歲！萬歲！萬萬歲！」踐位之時，來賀眾臣聞知帝堯所封眾臣皆為賢良，都對帝堯此封心悅誠服，遂齊聲歡呼起來。一時間真個是聲震朝堂，徑沖九霄。帝堯見之心喜，隨著便命歌舞歡宴群臣以示慶賀。帝堯一聲飭令，歌舞立刻開場。

「好美麗的鳥兒，大家快瞧！」頓然間但聞樂工們樂聲細作，但見舞女們舞步漫旋，舞樂氣氛充滿朝堂。然而就在這時，卻突聞有人高聲喊叫道。此人的叫聲，立即喚醒了正沉迷於舞步中的帝堯與眾臣，他們齊循聲舉目看去，只見兩隻極為美麗的大鳥正在他們頭頂翔舞，四面伴著眾多奇異的怪鳥。

帝堯與眾臣見之奇異，連同樂工舞女們也都驚奇得停止了正在奏跳的樂舞。帝堯的師傅務成子見之，即對帝堯講說道：「這兩隻大鳥，即是鳳凰。」

「噢，」正在奇異的帝堯聞聽更加驚異道，「它們就是鳳凰！」

「是的，鳳凰與其它禽獸有六點相像。」務成子接著道，「陛下看，它的頭像雞，頷像燕，頸像蛇，胸像鴻，尾像魚，身像鶴，是嗎？」

「是的，」不等帝堯回答，在旁眾臣已經搶先回答道，「很像。」

「鳳凰不僅與其它禽獸有這六點相像，還有一說即鳳凰頭圓像天，目明像日，」務成子遂又接言道，「背傴像月，翼舒像風，足方像地，尾五色俱全像緯。這個也為六像。」

「這個六像有點勉強，」帝堯這時開口道，「不如剛才那六像確切。」

「對，這六像不太確切，」務成子一笑又言道，「陛下再看它還有五像呢！」

「噢，」帝堯聞聽驚異道，「還有五像？」

「是的。陛下看其全身的五色文彩，頭上仿佛是個德字，翼上仿佛是個順字，背上仿佛是個義字，」務成子繼續解說道，「腹上仿佛是個信字，胸前仿佛是個仁字。戴德、擁順、背義、抱信、履仁。為此古人稱它為五德之鳥，像嗎？」

「像。」帝堯與眾臣邊聽邊看，末了全都肯定地說著，並高興得齊聲歡叫起來。歡叫完了，有人又問務成子道：「請問大師，這兩隻大鳥的叫聲為何一『即』一『足』，二者不一？」

「這個叫聲為『即』者，是雄鳥為鳳。那個叫聲為『足』者，」務成子聞問，即用手指著二鳥回答道，「是雌鳥為凰。二鳥雄雌不一鳳凰名異，故而其叫聲相異不一。」

「師父所言極是。但朕雖然昔日未曾親睹鳳凰風采，卻聞人言鳳凰上通天祉，」帝堯聽到這裏，邊對務成子之言頻頻頷首稱是，邊開口對務成子謙虛道，「下應地靈，聲緯五音，道覽九德，非同凡鳥。」

「陛下所言甚是。」務成子隨之肯定道。

「故而天下有道，得鳳像之一，則鳳凰過之；得鳳像之二，則鳳凰翔之；得鳳像之三，則鳳凰集之；得鳳像之四，則鳳凰居之。」帝堯這時繼續其言謙虛道，「如今朕的德行不能說好，但這鳳凰神鳥卻居然翔舞於朝堂之上，實在令朕慚愧之至也！」

「陛下太謙虛了！陛下之德早溢於四海，」務成子立即笑言道，「陛下之令早如風蔫草，豈有德行不能言好之說！」

「萬歲！」在旁眾臣聞聽務成子此言，全又異口同聲贊同高呼起來道。樂工舞女們見之，也即奏響了音樂跳起了舞蹈。一時間，真個

是重又樂聲大作，舞步雜遝，眾臣歡呼不息，伴著鳳凰的翔舞歡慶氣氛濃達高潮。

「啟稟陛下，城南門外突然出現兩隻異獸，眾人都沒見過，」帝堯眾臣如此歡慶剛剛過去半個時辰，又有人前來稟報道，「心甚驚懼。但也有人猜測說，二獸很像是傳說中的靈獸麒麟。」

帝堯聞稟心中暗喜，他知道如果真如稟者所言為麒麟出現，則就是自己如此踐位之時第二種祥瑞出現了。但謙虛的他卻把心喜藏在心中，關切地詢問來者道：「異獸傷人嗎？」

來者道：「不曾傷人。」

「如果真是麒麟，」務成子聞聽即又道，「是很容易辨認的。」

「怎麼辨認？」帝堯忙問道，「師父快說。」

「此獸牡者為麒，牝者為麟。身子像鹿，腳像馬，尾像牛，顏色正黃。蹄是圓的，頭上生一隻角，角端有肉。」務成子道，「其叫聲合於樂律中黃鐘大呂之音，牡的叫聲仿佛『遊聖』二字，牝的叫聲仿佛『歸昌』二字。」

「異獸正如大師所言，」帝堯聽罷正要詢問來者異獸是否這樣，來者不待帝堯詢問已是開口道，「看來定為麒麟無疑！」

「此獸走起路來，和步中規，折旋有矩。其遊行必先擇土，翔而後處。」務成子則繼續道，「不履生蟲，不折生草；不群居，不旅行。其性靈機敏，不犯陷阱，不罹羅網。」

「噢，」帝堯這時慨歎道，「真乃靈獸也！」

「是的。而且其壽非常之長，少則一千歲，多則三千歲。」務成子又言道，「因而其為靈獸，出現之日當為英明之主在位之時，盛德之世到來之期。」

帝堯聞聽，急又謙虛地連說不敢肯定就是麒麟出現，隨著即領務

成子等眾臣一道出宮觀看。帝堯等來到城南門外一看，果見那兩隻異獸盡如務成子所言無異，就是麒麟郊遊再現祥瑞，隨來眾臣便再次山呼起了「萬歲」。

一時間眾臣呼「萬歲」全城呼「萬歲」，待到帝堯在務成子眾臣簇擁下回到宮中之時，宮中歡慶場景伴隨全城山呼之聲，氣氛真個是再次濃達到了新的高潮。

就在帝堯與眾臣回到宮中剛剛站定，歡慶高潮濃烈之時，人們突然又見帝堯所站腳前石階之上，驀地一邊生出一株異樣的綠草，眨眼間便長到了半人高。眾臣見之奇異，忙開口詢問也正感奇異的帝堯。帝堯回答不出，又即問於師父務成子。

「這就更好了。這臺階左邊之草，」務成子這時也是高興道，「名叫曆草也叫蓂莢，它可以準確報出月令農時。」

「師父何以此言？」帝堯聽後更感奇異，忙不相信地對務成子道，「這怎有可能！」

「此草更是神靈之物，非遇英明之主盛德之世絕不出現，」務成子則認真道，「所以言之有如癡人說夢，使人難以相信，但實則為真實。」

「那麼師父快說，」帝堯聽後仍不相信道，「此草怎會準確報出月令農時？」

「此草每逢朔日便會生一新葉，此後每日續生一新葉直到十五，這樣此草就有了十五片新葉。」務成子於是講說道，「而從十六開始，它則會每日落去一葉，待到三十日時葉子就會落完。」

「果然神奇，」帝堯聽後心仍懷疑道，「原來如此。」

「而再到新的一月，它又周而復始。如果碰上小月，它多餘的一葉就會枯而不落，」務成子繼續講說道，「等到下月新葉生齊之後方

纔落去。月令農時依之，豈會有誤。」

「那樣，就真是天助我堯某了。」帝堯聽罷，仍是半信半疑詢問道，「師父，那右邊之草，又為何草呢？」

「右邊那草更神奇了，它叫屈軼草也叫指佞草，」務成子這時又是一笑道，「如果有佞人在其旁邊，它就會彎曲指向佞人。」

帝堯與眾臣聽了更是不敢相信，擡頭卻見站在此草之旁的歡兜，這時聽了務成子之言心中正在驚怕，那草則正彎曲著指向著他。歡兜自知自己的邪惡，遂急忙挪身離去以避開此草的指引。

但他剛剛離去不遠，那屈轉的指佞草便真的伸直起來。正在不敢相信的帝堯與眾臣眼見至此，方纔心疑盡釋，只是不好開口講說，只有重又齊聲歡呼起了「萬歲」。

此後時到天黑，帝堯宮中又一連生出了神龍見於沼、芻化為禾、烏變為白、禽變五色和神木生蓮五種祥瑞，更使得濃烈的歡慶氣氛一波三折，高潮迭起，濃達極點。

所謂神龍見於沼，就是帝堯宮中的一個養魚池中，忽有神龍棲息其中，變化隱現。有時盤曲如秋蛇，有時飛騰於半空，夭矯百丈，鱗甲耀日，蔚為奇觀。

而芻化為禾，則是帝堯宮中儲存的芻草，忽然盡化為禾。每枝七莖，連三十五穗。與此同時，天下田中人們所種禾苗，也都突然增莖添穗，收成大增。人們都知道這是帝堯恩德廣被天下所致，便叫它為嘉禾。

烏變為白，是帝宮中樹上的漆黑烏鴉，突然全都變成了白色。禽變五色，是帝宮中的公雞突然都變成了鳳凰。

神木生蓮，是帝宮中的一株它木，突然上邊開出了雪白的蓮花，香逸帝宮內外。

就這樣在帝堯平陽正式踐位之日，一個白天連生九瑞，喜得歡慶眾臣心喜難禁，一直歡慶到時光入夜仍舊興味不減，繼續歡慶不息。此夜恰值無月之時，入夜之後夜色十分漆黑。歡慶不息的眾臣正愁難避夜黑，突見漆黑的夜空中恰如眾臣所想，驟然昇起一顆亮如十五滿月一樣的大星，照亮了無月的黑夜。

　　帝堯與眾臣見之大異，忙又問於務成子。務成子道：「此乃景星出現，也為祥瑞。景星狀如半月，可以代替月亮照亮大地。帝王有美德之時，景星方纔出現。先前黃帝時出現過一次，此乃是再次出現。」

　　帝堯聽了忙又謙遜連聲，歡慶眾臣則心中更喜。隨後不顧帝堯勸阻，一直歡慶到冥夜方纔散去。

二、堯生喪期

　　帝堯正式踐位之日雖然天降十瑞天人共慶，其出生之期卻並不逢時。而且此前的生活道路，也並非一帆風順。

　　堯母陳鋒氏女慶都作為帝嚳之妻，不是凡人之女而是天上神人大帝的女兒。那天上的神人大帝，常在今日河北薊縣東南三河地方的斗維之野遊玩。一日突然雷電，一個霹靂把大帝身上的血打了出來，濺灑到了其身旁的一塊巨石之上。後來其血浸入石中，經日曬化育成為一個女嬰，便是後來的帝堯之母慶都。

　　慶都剛剛化育生成之時，適值有一陳鋒氏老婦從石旁經過，聽見石頭裡面有嬰兒啼叫之聲，便設法把她從石中取了出來。陳鋒氏老婦眼見石中之女生相姣好，且又出身奇特，便把她當做自己的女兒撫養，慶都因而就姓了陳鋒氏。

　　慶都長大之後，相貌酷似當年人們見到過的神人大帝。加之無論她走到哪裏，頭頂總有一朵黃雲遮蓋，找她不必尋人而徑尋黃雲即可找到。因此人們知道她必為神女，便對其更加奇異。

　　但不料慶都剛長到十歲那年，陳鋒氏老婦一病身亡。慶都因而陷入無人撫養、衣食困苦的境地。在此困境之中，她卻又令人驚異地可以十幾日不吃飯食，依然無事。一位姓伊名長孺的老者對其奇異之

餘，見其生相姣好心甚憐之，便收養她做了自己的女兒，慶都從此即在伊長孺家住了下來。

帝嚳輔政顓頊之時，伊長孺帶著慶都遷居京都帝丘。帝嚳之母握裒，一日聞聽人們講說慶都之事心中奇異，便傳慶都來見。她看到慶都不僅生相姣好，貌若天仙，而且與自己同姓，便即著人與伊長孺說明，納慶都做了帝嚳之妃。

帝嚳納罷慶都剛過數載，顓頊大帝與孫帝顓頊禹祖相繼病逝，帝嚳便受眾人擁戴做起了一統凡界的天子。帝嚳做起天子後不久，這日聞報今日山西黎城縣吉耆地方惡人作歹世道不寧，急需派人前去治理。

帝嚳隨之想到其岳父伊長孺老成多識，對於治世多有見地，並想以此報答其為自己送來姣妃盛恩，遂把伊長孺敕封到了耆地，讓他治理這一地域，以保其地平安萬民幸福安康。

伊長孺受封赴任，到了耆地便被人們稱為伊耆侯。伊耆侯赴任後果然治世有方，不過數載便把昔日世道不寧的古耆地方，治理成了世道安寧萬民樂業的平安之地。伊耆侯治績斐然心中歡喜，加之思念女兒慶都，這日派人入都稟報帝嚳，欲接慶都歸省父母。

帝嚳早聞岳父治績卓著，聽聞來人講說之意，當即應允慶都歸省前去，而且決計自己一同前往，以看耆地風情治績。來人聽後大喜，即按帝嚳之意奉了他夫婦，擇日來到了耆地。

伊耆侯此前只言接回女兒，料定帝嚳不會前來不敢言請。這時突見女兒與帝婿一同來到，實在大喜過望，優待格外自不消說。此後他親人便互詢別後之情，互通朝中和耆地治理景況，轉眼已是數日過去。

「昨日新雨剛霽，今日景氣新清。帝婿與女兒新到耆地，」這日天氣晴好，伊耆侯婦人提議道，「老婦與你們父親陪伴你們，出去遊玩遊玩可好？」

「母親，」慶都聞聽母親此言不待帝嚳開口，即高興地搶先詢問道，「到哪裏去好？」

「耆地有山有水，好玩的地方多得很哩！帝婿與女兒願意游山就游山，」伊耆侯即答道，「願意玩水就玩水，任憑選擇。帝婿與女兒說呢？」

「若依帝婿心思，我們還是玩水的好。」帝嚳此來，正想隨處看看耆地風情治績，因而聽聞伊耆侯言說至此，心知慶都喜歡玩水，即開口搶先道，「一則坐船比較安逸，二來風景也比山上清秀。慶都說呢？」

「陛下之言，」慶都聞聽高興道，「正合賤妃之意。」

「那好，我們就去大陸澤遊玩。」伊耆侯於是高興道，「那裏水面寬闊，風景奇麗。」

隨之，伊耆侯夫婦便陪帝嚳與女兒慶都起身登程，一路向大陸澤畔行來。他們陸行半個時辰來到澤畔，舉目向澤中望去，只見大陸澤廣闊無際，水碧如天，天落澤底，實在是一方遊玩的絕好去處。

喜好玩水的慶都心中更喜，連叫快快登船遊往澤中。伊耆侯早已著人備好船隻，他夫婦聞聽即與女兒倆人一齊登船，向澤中游去。大陸澤廣闊，天晴氣朗，澤面平靜。泛舟澤中，伊耆侯老少夫婦心怡神暢。那種意緒，那般情趣，實在美妙至極。

此後他們向澤中越行越遠，轉眼已是過去一日。帝嚳與慶都不僅遊興不減，而且遊興倍濃。為此第二日他們繼續泛舟澤中，暢遊盡興。但是這日他們剛剛遊出不遠，卻突見一陣大風捲著一朵紅雲，從東南方蔚藍的天空中迅猛奔來。

遠遠看去，紅雲中還有一條夭矯之物，在劇烈地蜿蜒躍動。伊耆侯大驚，唯恐那突生風雲和雲中夭矯之物傷著了帝嚳夫婦自己承擔

不起。然而他心中驚怕也是無用，那風捲著那雲倏然間已經將至他們頭頂。而且看到那雲中所載夭矯之物非為他物，乃是一條張牙舞爪的赤龍。

伊耆侯見之更加驚怕，就在這時他又奇異地看到隨著那雲的鄰近，那條巨大的赤龍卻身子越變越小，飛到他們頭頂時已經只有數尺之長了。就在這時，險惡發生了。

只見那條變小的赤龍，突然攪動狂風掀起水浪向遊船襲來。倏地便把眾人連同帝嚳，襲得全都連躍帶滾地避進了艙中。隨著張牙舞爪地徑向沒有受襲，仍在憑欄奇異的慶都沖了過來。

慶都這時正在心奇，自己為何能在眾人承受不住的風浪之中如同無事，突見赤龍徑向自己沖來心中大驚。口中剛剛驚出一個「啊」字，赤龍已經沖到，倏地便把她沖倒在了地上。

然而慶都倒地之後不僅心中驚怕盡消，而且隨著赤龍沖得其身倒地，陡覺渾身如癡如醉，快感難抑。同時不僅看不見了赤龍，連赤龍攪起的風浪也消退淨盡了去，即刻間又見天又清水又平氣又靜了起來。

帝嚳眾人全都掛心慶都，風平浪靜之後急忙奔出船艙看視。看見慶都在甲板上安然無恙，身旁丟著一卷圖畫。帝嚳眾人見之心奇，忙撿起那卷圖畫展開看視。只見畫的中間為一赤色之人，其人眉分八采，鬢髮甚長，臉面上小下大。

同時，一旁寫著「赤帝受天祐，眉八彩，鬢髮長七尺二寸，面銳上豐下，足履翼宿」二十四個字。另一旁寫著「赤帝起成天下寶」七個字。帝嚳與伊耆侯夫婦看後，不僅對此圖全都不解，而且更不解赤龍為何會有這幅圖畫，並把它遺在這裏。

不解之中，帝嚳眼見赤龍遁去沒了危險，遂又命船工開船繼續漫遊大陸澤。隨後漫遊過去兩日，慶都卻從那日被赤龍沖倒時起，總覺

得渾身懨懨少力遊興盡無，便向帝嚳與父母言說返了回去。

此後她與帝嚳在耆地留居數月，方知她已有了身孕。伊耆侯夫婦聞之正喜，卻突聞京都來報帝嚳之母握哀病重，著令帝嚳夫婦速回京都。帝嚳聞聽心急，即欲返去又見慶都已經行動不便，便留下慶都單獨返回京都而去。

帝嚳去後，轉眼又過數月，慶都一朝分娩生下一個男嬰。這男嬰生下後眾人一看，只見其狀竟如赤龍所遺圖畫無異。同時在其兩隻腳心之上，各生二十二顆朱痣，就如同天上的翼星排列一般。

慶都與伊耆侯夫婦見之心喜，料定此男孩生而有異，將來定是非常之人。為此立刻一面派人報往京都，一面用心進行撫養。但不料消息報到京都之時，恰值帝嚳之母握哀病喪之日。

帝嚳正在熱喪之中，聞知無心理會。眾臣聞知，也不敢稱賀。直到七日過後帝嚳葬罷其母，方纔想到此子生在外邊，便取遙遠之意為其取名叫堯。取名之後，便要來人回稟慶都，由於子堯剛剛出生不宜長途奔波，她母子可以暫在耆地居住，不必回都奔喪。日後要她母子返回京都時，自有詔旨傳召。

來人回稟之後，慶都母子便在耆地居住下來。但此後料想不到，她母子竟然一住十載有餘不聞召旨，使得堯的姓都變成伊耆了。堯住在耆地伊耆侯外祖父家中，作為赤帝之精生而異象的他，出生之後真個是越長越加聰慧喜人，令慶都和伊耆侯夫婦喜愛不盡。

但見他一歲能言，兩歲識字，三歲能文，五歲時便已長成一位狀若十歲的大孩子。不僅如此，他還小大人般地處處關心他人疾苦勝過關心自己，把嫉惡揚善除強扶弱視為本分。並且自己儉樸度日，勤奮學習，真個是成了一位勝過凡俗大人的小大人。

堯身為伊耆侯的外孫，又為帝嚳之子已是名揚耆地，再加上他這

般作為便更為眾人尊崇十分。然而堯並不為他的優越出身和眾人對他的尊崇絲毫改變作為。他仍是食揀粗的吃，衣揀差的穿，並且經常把自己的飯食送給無食者吃，把自己的衣服送給無衣者穿。

為此弄得他竟然日日粗食疏飯，天天破衣爛衫。雖然身為天子之子，卻不如凡夫俗子所享衣食。此後轉眼又過數載，到了堯十歲之年的冬天。這日北風凜冽，瑞雪紛飛，天寒地凍。堯掛心城邊或有饑寒之人挨餓受凍，便不顧母親與外祖父母的勸阻，執意要到外邊看看，以賑濟他們渡過厄難。

於是他懷揣飯食，出門迎風踏雪，向城邊四處巡看而來。不料他踏雪剛剛來到城外，便聽前方遠處傳來兩個小孩兒的慘叫之聲，和著兩個狂徒的狂笑之聲。二聲相摻極不協調，深深地刺疼著堯的心。

為此他急忙循聲上前看視，遠遠便見兩個青年無賴狂徒，正在肆無忌憚地欺打畏縮在牆角下躲避風雪的一雙貧寒小姐弟。堯勃然大怒，遠遠地即開口喝止道：「狂徒住手，休得欺辱貧弱！」

「你窮小子來了更好，正好供我兄弟毆打取暖。跑快些過來，」二狂徒聞聽堯在遠處喝止他們，舉目見是一個衣著襤褸的窮小子奔來，以為是其面前小姐弟的親人，遂「嘿嘿」一笑譏訕道，「我們正冷得很，他兩個太小頂不住我倆擊打，取暖不得哩！」

「怎麼，你們不是人嗎？你們打他們做什麼！」二狂徒話音剛落，堯已跑到了他們面前，面對兩位年在二十歲上下的無賴，年剛十歲的堯雖然長得身量不弱，卻也終究不是對手。但他抑惡不懼強暴，開口厲言道，「若是反過來，他們擊打你們呢？」

「什麼，你窮小子敢罵我們不是人！」二惡賴聞斥大惱，隨著「颯」地一齊出拳，窮凶極惡地向堯打來道，「我們非揍死你不可，看誰個敢來給你找命。」

自知不是對手的堯這時眼見自己不還手已是無奈，只有急躍身先躲過來拳，隨著出手與二惡打在了一處。但堯畢竟不是對手，氣憤之中他猛出之拳雖然用盡了渾身的氣力，但是打在二惡身上他們僅是發出一聲譏笑，隨著他們打來之拳卻要傷到了堯身。

「無賴惡徒，欺辱弱小，天理豈容！」恰在這時，一位老者倏然來到，出手一招擋開二惡救下了將要傷身的堯。那二惡接此一招抵擋不住，「撲通」兩聲全都重重地摔在了丈餘之外的雪地之上。隨著老者開口厲喝道：「再若這樣，老者要你二惡小命。」

「老者在上，小的再也不敢了！」二惡受此一招已知老者厲害，聞聽老者此斥更是不敢怠慢，急忙爬起身來叩頭討饒道。隨著，拔腿逃跑而去。

老者也不追趕，忙轉過身來看視被救的堯。他奇異地看到，被救的堯則去了牆邊小姐弟身旁，邊把懷中飯食送給那小姐弟，邊脫下身著的棉衣，披在了身著單衣正被凍得瑟瑟發抖的小妹妹身上。

堯脫去身上的棉衣，立刻被凍得瑟瑟發起抖來。「她是你的妹妹吧？你作為哥哥這樣疼她，也是對的，」老者見之心甚不忍，忙上前對堯詢問道，「可你又怎麼受得住呢！太可憐了，多好的孩子呀！」

「不，他不是我們的哥哥，我們不認識他。」不料老者話音剛落，卻聽遇救的小妹妹開口否定道，「可是他剛才捨己救了我們，他比我們的親哥哥還要親！」

老者聽罷不禁心中生詫，他實在想像不出堯這般小小年紀，自己破衣爛衫的，為何這樣捨己為人心地崇高！為此他在對堯欽敬之餘，立刻開口詢問道：「你家在哪兒？」

「家？」堯一愣如實回答道，「我家遠在京都。」

老者這時正為聞聽堯的盛名，特地尋教於他而來。為此他在剛才

心生對面前不識的堯欽敬之時，便深深地喜愛上了面前不認識的堯。並隨之又生出了收其為徒，將來與堯共教之之意。

「那麼，」於是他聽到堯講說其家遠在京都，又見其身著破衣爛衫，便猜想堯必是流浪至此，為此心中大喜自己正好收其為徒，開口道，「小子願意做老兒之徒嗎？」

堯不僅生性儉樸好行助弱之舉，而且謙虛無比，因而心知老者之善的他又聞老者此言，口未開言已經「撲通」跪倒在地，稽首連拜道：「謝師父願收徒子，那麼就請師父到徒兒家中，教授徒兒好嗎？」

「徒兒流浪至此，居家京都距此遙遠，」老者不聞堯如此講說還罷，驟聞堯言至此頓陷五里霧中道，「何如跟隨師父前往師父居地！」

「不，師父言說錯了。」堯又開口否定道，「徒兒不是流浪至此，而是暫居城中伊耆侯外祖父家中。」

「噢，這樣說來徒兒就是堯了！師父看出來了，」老者聽聞堯說至此，頓然驚喜得睜大了一雙老眼凝視堯許久，方纔大喜過望道，「徒兒的長髮彩眉，銳上豐下臉龐，赤紅面色，就是堯！」

「徒兒沒有見到過師父，」堯聞聽一時大為驚異道，「師父怎知徒兒一切？」

這時，堯並不知道面前的這位老者非為別個，正是當時聞名凡界的高道務成子。務成子這時雖為聞知堯的盛名而來尋教於他，但他卻不知道這則是冥冥中玉皇大帝的有意安排，即他與堯的這段師徒情緣。

「徒兒小小年紀盛名天下，師父豈能不知。師父千里迢迢前來尋教於你，實在料想不到在此不期而遇，」為此務成子聽到堯此問，便說道，「真乃是我師徒有緣。好，師父就跟隨徒兒即去伊耆侯家中教授徒兒！徒兒衣單天冷，咱們快走。」

「師父且慢。」務成子如此說著，牽起堯的手就要離去。堯這時

卻一掙止之道，「容徒兒安置好這雙小姐弟，再去不遲。」

「對，天寒地凍，」務成子這才心情平靜，想起小姐弟道，「她小姐弟實在太可憐了！」

「你們叫什麼名字，家居何處？」這時，堯已轉問起了小姐弟道，「為何流落到了這裏？」

「我叫女皇，我弟叫未名。我們家居距此百里之外的散宜地方，是散宜氏族後人。」遇救小妹開口回答道，「我姐弟父母因病雙亡，已是無家可歸，所以流落至此。」

「你姐弟的流浪就是我堯的流浪，你姐弟的饑寒就是我堯的饑寒。」堯聞聽立即悲憐道，「那麼請問女皇小妹未名小弟，你們下步打算怎樣度此寒冬，前往何方？」

「多謝哥哥關照。女皇姐弟無計度此寒冬，不知前往何方。」女皇頓然悲從心生道，「如果不是哥哥剛才舍己相救，此刻還不知道我姐弟落至何種可怕境地呢！」

女皇說完，她姐弟禁不住抱頭痛哭。其慘凄的哭聲伴著「嚶嚶」的北風和著飄飄的大雪，播往四方，斷人肝腸。堯心痛至極，頓然陷入了心痛萬分之境。務成子也早已腸斷，但他畢竟是位飽經風霜的老者，因而尚能抑制自己的情感，對堯道：「徒兒，女皇未名姐弟實在太可憐了，沒有住處是度不過這嚴冬的呀！」

「師父居地距此遙隔千里，是為她姐弟安置住處不得的。」堯這時則不等務成子把話說完，已被務成子之言從沉痛中喊醒，立刻打斷其言道，「那麼就讓他姐弟隨我一同歸回外祖父家中，暫居度此嚴冬吧！」

女皇雖然破衣爛衫滿臉污垢，但破衣爛衫滿臉污垢後面掩蓋著的她，卻生得嬌顏花容聰慧過人。剛才她說到絕處心中慘凄放聲悲哭，

這時耳聽堯出此言立刻心喜過望止住悲哭，真個是如同黑夜見日絕處逢生了一般，「撲通」跪倒在救星堯的腳前道：「親哥哥這樣搭救俺女皇姐弟，俺姐弟此生報答不盡，來世變牛做馬也當相報！親哥哥，就讓女皇小妹伺候你吧！」

堯見之也忙「撲通」跪倒在雪地之上，扶起女皇牽起未名之手，立即引領師父務成子三人一道，入城徑往其外祖父伊耆侯家中行來。堯領務成子三人來到家中，先向伊耆侯說明務成子師父。

伊耆侯年已老邁閱歷深廣，剛才務成子剛進門時，他已看到其一身仙風道骨非同凡俗。這時又聞堯說其就是盛名於世的高道務成子，堯已拜其為師，真個是大喜過望，口中連聲讚叫外孫堯真有福氣。

隨著，他又急忙叫來夫人和女兒慶都，一齊拜過務成子。然後便安排其住在高堂，其後潛心教授起了堯來。與此同時，他也把女皇和未名姐弟倆收留下來，不僅安排了住處衣食，同時要其姐弟伴堯一齊受教於務成子，務成子心中大喜。

此後，堯三人便隨同務成子專心學習，務成子則潛心教授堯三人。務成子博學多識，轉眼五載過去，已教得堯等三人個個文有文才武有武技。特別是堯身為赤帝之精，更學得文才出眾，武功過人。

務成子眼見自己授徒有功心中大喜，五年羈留俗家虧得為玉皇大帝暗中挽留。為此放浪山水的他便再也停留不住，這日便告別堯等三徒與伊耆侯家人，言稱後會有期離別去了。

務成子離去剛過數日，伊耆侯封地內少咸山下突然有人來報，少咸山上十數日前忽然出現一大異獸。那異獸生得龍頭、馬尾、虎爪，長達數丈，每日出山食人。山下人兩次集中數百人前去除它，都鬥它不過，反被它咬死咬傷多人。

當地人都叫那異獸為猰㺄，畏之不敢出門，驚動百里。因而請求

伊耆侯立即派人，前去除害。年已老邁的伊耆侯聽聞此報，頓然氣得鬚髮徑豎道：「這還得了！何來異獸膽敢食我子民，待我前去除它！」

「外公且慢！除此異獸，」伊耆侯說著即要動身前去，堯見之急忙止之道，「外孫前去可矣，豈勞外公前去！」

「不可，」伊耆侯聽堯此言先是心中一喜，但隨著卻連連搖起頭來道，「外孫不可前去。」

伊耆侯這時當然搖頭，他怎能讓年少的堯前去剿除異獸呢？堯不僅年少，而且他是當今天子帝嚳之子。雖然他已練得武功不弱，但是除惡之中萬一有個三長兩短，自己怎麼去向帝嚳交代！聰敏的堯看出了外公伊耆侯的擔心，於是忙言安慰道：「外公不必多慮，外孫此去定能成功！」

堯說著不待伊耆侯應允，便要立即動身前去。「外孫不可任性，」伊耆侯見之急忙攔阻道，「前去不得！」

「外孫去定了，」堯這時則話語鏗鏘起來道，「外公不要攔了！」

「那麼外公多派些人，」伊耆侯無奈，末了只有同意道，「陪伴外孫前去。」

「不用，外公。」堯卻又即言否定道，「有女皇小妹和未名小弟跟隨，我三人足矣！」

伊耆侯當然仍是放心不下硬是不允，加之末了又有其外婆和慶都母親前來勸阻，堯末了方纔勉強同意率領三十多人動身而去。隨後堯領眾人在途數日，這日傍晚來到了猰貐出沒的少咸山近處。

堯為除異獸，這時率先找人詢問猰貐出沒的情況，然後好去定奪。堯找到一人對之詢問，被問人聞問驚怕道：「它在山裡，你們千萬別過去，要給它吃掉的！」

「我們是專程前來剿除惡獸的，」堯對此答不能滿意，立即開口

又問道，「請你詳細告訴我們惡獸每日何時下山，我們好去待而除之。」

「就你們這幾個人？恐怕是你們不知道惡獸的厲害吧！這個惡獸比不得別種猛獸，前次我們這裏聯合數百人，」被問人聞聽又現出很不相信的情態，對堯眾人看視一番驚異道，「用長矛大刀去打它，都打它不過，末了還是給它咬死了許多人。你們不行，別兒戲了！」

「行不行暫且不說，那惡獸都是何時下山，」堯對此不作爭執，繼續詢問道，「你說說好嗎？」

「那惡獸何時下山很難說定。此山的四面有好幾條路，」被問人道，「它不到這裏就到那裏，有時竟是天天跑來，有時候隔幾日才來。」

「快躲開，那獸來了！」被問人剛剛說到這裏，突聞遠處有一陣嬰兒啼叫般的聲音傳了過來，頓然大驚失色道。說著，便「噌噌噌」地爬上了樹去。堯等眾人初來乍到陡然見此情景，不知深淺不敢怠慢，隨著也暫先各自爬到了身邊的樹上。

然而，堯等眾人爬到樹上一陣時間過去，卻不見那惡獸出現。「那惡獸跑得飛快，剛才就是它的叫聲，」堯等眾人正在奇異，被問人又說道，「這時不知跑到哪裏去了。」

「師弟，那惡獸既然下山去了，一會兒定會轉上山去。你我做好準備，到時候射它兩箭，切莫錯失時機。」堯聽到這裏對未名道。未名聽了答應一聲，便與堯一齊做好了放箭準備。

轉眼半個時辰過去天黑了下來，那惡獸果然如同剛才被問人所言，這時叫著轉回山上而來。堯與未名為了射它急忙循聲看去，朦朧中果見一條倏長大物，向山上風馳電掣般奔去。他二人即不怠慢，急忙「嗖嗖」放箭射去。隨著便聞那怪物一陣狂叫，然後如電馳般奔上山去，使得暗夜頓又陷入了萬籟俱寂的境地。

當夜，堯雖知惡獸已被射傷，但又知其厲害，便沒有領人上山而

住在了山下。「惡獸昨夜已被我們射傷，今日我們上山殺它去。」待到天明，他即對眾人道。隨著不顧圍觀眾人百般阻攔，硬是引領眾人上山而去。

「惡獸沖來極快，屆時大家用箭不及，就用刀槍！」行進之中，堯對眾人提醒道。眾人聞聽，心中雖怕卻也只有唯唯聽命。堯等眾人一陣行到山半腰間，突然見到地上有許多血跡，顏色鮮紅。堯高興道：「此血定為惡獸昨夜受傷所遺，順此血跡定可找到受傷惡獸。」

果然隨著堯話語落音，便聞山頂「颯」地傳來一陣風響，看到那惡獸已經如飛般沖了過來。眾人見之心知情急，便一齊放箭。但那惡獸中箭之後仿佛不曾覺得，頃刻間已是沖到了他們之中，早有數人被它沖倒。更有甚者則是有人被它抓住，眼見著它俯首就要去咬。

未名在旁大急，忙「颯」地一刀刺進了惡獸腹中。惡獸被刺大叫一聲，「颯」地即轉身撲向了未名。未名拔刀不掉，那刀「颯」一聲就勢恰把惡獸的肚腹劃開。女皇在旁見之，急出槍就勢戳瞎了惡獸的一隻眼睛。與此同時，惡獸的另一隻眼睛也被堯出刀戳瞎。

惡獸雙眼盡瞎頓時看視不見，加之身傷劇疼急得亂沖橫撞。堯等眾人不肯放過此機，急忙一陣奮力砍殺，方纔把兇猛的惡獸砍死在了地上。如此除去惡獸之後，堯又引領眾人到山上其所居洞中看視，見到洞中人的骸骨遍地狼藉，有些還未吃盡，足有數百具之多，淒慘至極！

堯更怒至極，遂領眾人返到被殺死的惡獸身旁，割下其頭令人擡下山來。堯等眾人擡著惡獸的頭顱來到山下，驚怕的人們見到他們真的除去了惡獸，方纔全都歡喜起來。同時他們也都對那惡獸恨之入骨，隨著一陣便把惡獸的頭顱剁成了肉泥。

此後失去親人的人們齊上山來尋找親人，到了惡獸居住山洞見到

骸骨遍地無以辨認，全都悲哭不止。「怪道本領能除惡獸，原來是帝子到了！」未上山者聞知除此惡獸者為帝嚳之子堯，則齊聲贊言道。隨著感戴不盡，置酒款待，多日不讓其返去。

末了堯領眾人告別戀戀不捨的少咸山人返回家中，引得大喜的伊耆侯夫婦與其母慶都出迎數里，歸回後更是歡慶數日仍是心喜難抑。但在這時，帝嚳卻從帝都傳來詔旨，召他母子離開伊耆地方返回京都亳邑。

三、兩遷封地

帝嚳恰在這時詔回慶都母子，當然是因為堯少小年紀，勇除惡獸的英名傳到了他的耳中。帝嚳這時正在議立子嗣，聞聽之後便想察看一下自己這個不曾謀面的英勇兒子究竟是何等模樣，便立刻頒下了詔旨。

慶都母子聞旨告別伊耆地方，在途數十日回到了亳邑。慶都與帝嚳夫婦這時已是闊別十餘載，一朝相見當然心喜無限，別有一種滋味溢滿心頭。帝嚳初次見到不曾謀面的子堯已經長成了大小夥子，更是對其心喜無限，觀看再三。

他看到，堯果如人們所言生得豐上銳下，龍顏日角，眉分八彩，相貌不俗。隨著他又拉起堯的兩隻手來看，見其掌中皆有紋路，仿佛手握一個「嘉」字。同時他問堯話語，堯回答得十分明達，足見其聰敏異常。

帝嚳的另外三個妃子姜嫄、簡狄和常儀，及其三個兒子摯、棄和契，聽到慶都與堯母子歸來，也全都迎了出來。慶都與眾姐妹闊別之後終得相見格外心喜，互詢長短言說不盡。

堯與三個兄弟皆為初次見面，更是骨肉情深，親昵無比。帝嚳眼見全家團聚，諸子會齊，更是心喜無限。特別是他看到四個兒子個個

相貌不凡，人人皆有帝王之相，更是喜難自禁，連叫設宴擺酒，隨後開懷暢飲起來。

當日事畢，次日帝嚳靜坐思忖立嗣之事，心中對四子逐個進行掂量。他想到堯的相貌最好，頭腦也最為聰敏。棄與契不僅相貌不差，而且頭腦亦為伶俐之人。摯的相貌與聰慧雖然不及其三位兄弟，卻也沒有凶敗之相，只不過相貌上顯示其福分不能久長。

帝嚳對四子從相貌和才能上看想至此，當然心中生出了立堯之意。但隨著他又想到若論四子生母的資格，則就不該立堯而應立棄了。而若論年齡長幼，則就又應該立摯了，並且摯還為其祖母所鍾愛。但若論及才德，摯卻就不及其三個兄弟了。

心想至此，帝嚳心中一時甚為躊躇。但到末了，他還是決計立摯為嗣。因為他想到，摯雖不是其四子中的佼佼者，相反還是其中唯一沾染了驕奢淫逸惡習的惡者，但摯這樣並不能全都怪罪於他，而是他作為長子從小受到祖母的溺愛，凡事都被縱容的結果。

及長自己又常年在外對其缺乏管教，加之其身邊又有歡兜、孔壬與鯀之類的勢利小人對之慫恿誘惑，遂把他教成了惡者。然而摯雖然成了這樣的惡者沒有了做君主的德行，但其相貌尚可還有做君主的福分。對其立定名分之後，其或者會知道做君主的艱難，可以促其棄惡從善。

同時加上自己的教誨，另外再選幾個好人去輔佐於他，必定可以使他棄惡從善。這樣摯從善後其四子都好，豈不是自己的一樁美事。為此，他便立定了摯為嗣子。

帝嚳立摯之後剛過數載，一病死在了曲阜，摯隨之便繼起了天子大位。但摯繼大位之後，不僅惡性不改，相反還進一步發展起來。他重用其少年時結交的三個壞朋友歡兜、孔壬和鯀為朝中重臣，時人謂

之「三凶」。

　　這三凶當然也不是當時的常人，歡兜乃黃帝之子帝鴻的子孫，孔王則為少昊的子孫，鯀則是黃帝的謫親孫子。然而他三凶雖然出身不俗，卻一個個內裡邪惡至極。

　　歡兜生得臉若惡魔，嘴口不整，眼射凶光。雙眼下有一道八字形的濃重暗影，更襯出其兇殘之形、殘忍之氣。其生性也與其生相一樣兇殘，專愛做掩義隱盜兇殘邪惡之事。

　　孔王雖然生得白面細目，高挑身材，一派文質彬彬的模樣，但其生性卻與生相完全相反，心中充滿險惡刻毒之情。因而他具有極大的蠱惑力，常常表面巧言令色，恭順非常，極像善人，背後則在行著毀信廢忠、崇飾惡言、誣陷盛德的惡舉，更比歡兜不良。

　　鯀則與他二惡不同，他不僅生相英武，而且品格高尚，為人仗義，毛病則是生性自以為是，剛愎自信至極。為此他被列入「三凶」實在太虧，皆為歡兜二惡對其帶累。

　　為此帝摯把歡兜三凶用為重臣之後，歡兜二惡極力慫恿帝摯行惡，鯀則竭力阻止。歡兜二惡一面為帝摯廣選美女供其淫亂，一面勸說帝摯將其眾兄弟分封出京都遷出帝宮，以免對其掣肘又可以空出宮室用於廣儲妃嬪。

　　鯀則力勸帝摯制止歡兜二惡之行，莫聽二惡之言。但無奈帝摯對歡兜二惡言聽計從，同時他二惡之行也恰正契合帝摯肆意淫樂之想。為此他便立即敕封弟堯於陶地，即今山東定陶縣，並令其即日赴任前往。

　　對於其他二弟，帝摯也立即進行了分封，令他們出宮居住。鯀見自己勸阻不住，末了無奈只有憤而出走，不去自己封地崇地，而一路向西南奔到岷山，從此隱居在了山中。

帝摯突然分封三個弟弟，其母常儀與朝中眾臣均覺陡然，便齊來勸阻。帝摯硬是不允，直氣得帶病來勸的常儀當場身亡。常儀亡後眾臣不敢再諫，又見諫也無用，只有任憑帝摯肆意亂為。

堯這時無奈，只有依封奉了母親慶都前往陶邑。棄則奉了母親姜嫄搬到了亳都之外的一個村莊，那裏是姜嫄平日教棄學習耕稼的地方。簡狄和姜嫄要好，契和棄亦最要好，姜嫄末了見簡狄沒有合適居處，便邀其一塊前去住了下來。

就這樣，帝嚳在位時一個熱鬧非凡的家庭，帝摯踐位不過半年便鬧得風流雲散。大家值此離別之期，都不免感慨萬般離愁萬種。然而聚散亦是人生之常，此又出於帝命，便也全都無奈。

堯等三帝子離宮出走，立即騰空了諸多宮室。歡兜二惡於是用之廣儲美女，供帝摯淫樂。帝摯看到歡兜二惡為其所選美女個個色絕，人人嬌媚，便從此陷入了日夜恣意淫樂之中，朝事也不再過問，而任憑歡兜二惡決斷獨行，胡作非為。

其他臣子眼見朝廷沒了希望，遂紛紛辭朝而去。朝中眾臣如此紛紛去後，便使得歡兜二惡胡作非為更加肆無忌憚起來。一時間，便鬧得朝堂昏昏惡惡，人心無望四散，使得人們對朝廷完全失去了希望。

而堯奉其母慶都來到陶地，所歷之境所見景況，實在使他母子心疼萬分！雖然帝嚳歿後帝摯繼位剛過半載，但在陶地這片原來帝嚳時代大治的土地之上，這時卻因帝摯的繼位，變得混亂荒涼人煙稀少起來。

造成這種境況有兩種原因。一是帝摯之行上行下效，陶地惡人失去約束趁機胡作非為，大肆搶人財物掠人妻女，鬧得陶地人人自危世道大亂。眾人為此不敢在此居住，為保平安紛紛離鄉背井逃往別地而去。二是在陶地桑林地方，對應帝摯繼位時生出的異獸封豕，出沒無

常吞食凡人。人禍加上獸害，更使得這裏人們奔往他鄉，人煙稀少田地荒蕪。堯與慶都母子所歷之處，真個是到處都是不堪的混亂，滿目的荒涼。

堯為勤苦節儉之人，又是一心只顧別個之人，目睹此狀心疼之餘耐受不住，急忙選定居地稍作安頓，便即開始了以禮樂對陶地的治理。他決計首先除去封豕為人們除去獸害，然後再懲治惡人治平世道。

封豕生在桑林之野，桑林即在今日山東菏澤南面地方。堯安頓慶都由師妹女皇照料，自己則帶了未名師弟與一幫人眾，徑往桑林地方除害行來。桑林生長在一片平原之上，密密麻麻都是茂密的桑樹，一眼望不到邊際。

堯率眾人來到桑林近前，看到無際的桑林原是人們藉以養蠶致富之林，但從封豕佔據之後卻噬食凡人不計其數，保得性命者大都逃避他鄉而去，使得大好桑林化為無用，封豕藏於其中，樹林成了其安樂之窩。

堯見此景心中更惱，詢問林邊凡人聞知封豕行動迅疾，林邊眾人用盡了辦法，總是捕獲不得。於是堯為剿除封豕，即向林中察看情形以作定奪挺進。他與眾人進入林中，看到茂密的桑林之中仿佛有許多通路，很像封豕出入行走所致。

他們正在如此看視，忽見迎面一頭比象還大的大豬，張牙舞爪地沖了過來。堯與未名猜到這頭大豬或為封豕，便急忙「嗖嗖」放箭射了過去。但不料那封豕一連身中四箭，卻仍然如同沒有感覺一般，依舊迅猛異常地徑直向他們沖了過來。

堯與眾人不敢怠慢，急忙向後躲避。但不料堯向後一避腳卻陷入爛泥之中，動彈不得了。而那兇猛的封豕，則已沖到了動身不得的堯面前，張開大口就要把堯吞食下去。堯這時哪敢怠慢，只見他急忙仗

劍「颯」地刺進了封豕口中。

封豕受刺疼得「嗷」的一聲長嗥，隨著扭頭便「颯」地逃進了桑林深處。堯於是忙命眾人從爛泥中拉出自己，隨著即領眾人向桑林深處追殺封豕而去。堯與眾人轉眼向桑林中追出數里，突見一個大丘擋在了面前。他們近前一看，只見丘的四面佈滿了人的狼藉骨骸，不知其數。堯隨之道：「此處定為封豕巢穴，大家快快小心尋找封豕躲處，見而殺之！」

「封豕藏在這裏！」眾人聞令尋找片刻，果有一人發現一個洞穴，大叫道。堯與眾人聞叫近前一看，只見那洞穴幽深無比，黑不見底。堯不敢怠慢，忙一邊命人用網封死洞口，一邊向洞內「嗖嗖」射去了飛箭。

這裏當然正是封豕的居處，受傷的封豕這時正躲在洞中傷痛難忍。突然又被堯射飛箭連續射中，更是忍受不住，便疼得又是「嗷」的一聲長嗥，倏地挾風沖出洞來，把封在洞口的繩網沖起老高。

堯見之急忙命令眾人齊出槍械，戳向了沖出的封豕。封豕倏然身中數十創承受不住，終於無奈地「嗷」一聲死在了繩網之中。堯這時大喜，即命眾人把封豕拖出桑林，讓眾人看視，以解心中驚怕。

住在桑林周圍未逃的凡人聞聽封豕被誅，齊歡天喜地前來看視真假。他們看到封豕果真被堯殺死，便無不拍手稱快，都說道：「這封豕半年來吃人無數，毀掉桑蠶之業，鬧得大多數人離井背鄉。陶侯堯初來即除此害，實在功德無量！」

因而，他們齊對陶堯跪謝除害相救盛恩。堯忙請眾人站起，隨著對之一番安撫，並讓他們轉告離鄉眾人返歸故里。然後因為大治封地事繁，便告辭挽留他的眾人，即返陶邑而去。

堯領眾人兩日後回到陶邑，恰見一別數載的恩師務成子與其同時

來到。堯心中大喜，忙問恩師，為何知道自己到了這裏？又恰在自己剛到此地數日之時，來到了這裏？務成子則一捋白須道：「師父猜知徒兒到了這裏，便立即趕到了這裏。」

「師父來得正好！治理陶地事情艱巨，」堯聞聽更是高興道，「師父此來，正好可以幫助徒兒大治此地！」

「若不為此，」務成子又是微微一笑道，「師父豈會來到這裏！」

堯聽了更是高興，遂陪師父入室相敍。入室坐定，堯正欲開口講說治理陶地之事，務成子不待帝堯開口，已是率先道：「師父此來，有一件要事需要辦理。」

「師父有何要事？」堯聞聽心中一奇，忙問道，「儘管講說。」

「此事嘛，」務成子這時詭秘地一笑，方言道，「是徒兒的一樁好事。」

「我的好事？」堯更為驚奇不解，忙問道，「我的什麼好事？」

「徒兒與你女皇師妹有夫妻之緣，徒兒今日年已長成，」務成子這才明言道，「師父特來為你二人完婚，豈不是徒兒的好事！」

務成子此言恰正說到了堯的心中，因為他師兄妹在接觸中早已生出了情緣，暗中定下了終身。只是由於堯關心別人總是勝過關心自己，每每把他人之事放在心上為之細心辦理，而弄得無暇顧及自己的婚事。

再加上其母對待女皇如同己出，他二人又是暗中通情，沒有證婚人怕說出其母不允，落下惹母生氣的不孝之名，不敢言說，一直等到了這時。此時務成子一語道破了堯的心思，一時間真個是弄得堯頓然心中大喜又無可奈，半天沒有言語。

就在務成子話剛落音之時，聽說堯與務成子一齊來到的慶都與女皇迎了過來，恰好聽到了務成子剛才之言。為此喜得堯母慶都高興難

抑，立即接言道：「大師說得好，這事正是我兒的一椿好事，也正是我慶都的一件大喜事哩！」

原來堯母慶都也早已喜歡上了女皇的美貌容顏、聰慧頭腦和其窮家女兒的節儉生活習俗。為此她常在暗中思量，若是能把女皇娶為兒媳，實在是好！因而這時驟聞務成子此言，當即心喜萬分，連叫此乃喜事。

務成子見之也不怠慢，便立即讓堯與女皇拜過高堂接著雙方對拜，轉瞬間為他們辦完了節儉的婚事，使他倆就此結成了夫妻。當然，眾人隨後是免不了一番慶賀歡宴的。

就在眾人的歡慶之中，堯向務成子講說了自己先除封豸，繼之為治陶地將要嚴懲惡人，實行禮樂治世之舉。務成子聽了完全贊同，堯隨著便在陶地開始懲治惡人，實行禮樂治世之舉。堯的舉動很見成效，不久便除去了惡人，治理得陶地安寧起來。

陶地迅速大治，不僅很快喚回了先前逃去之人，而且迎來了眾多外地前來定居之人。因為在陶地之外的地方，同樣由於帝摯的繼位像先前的陶地一樣，出現了惡人橫行社會大亂的境況。為此處在那般境地的人們紛紛逃來避難，更使得陶地人口大增，田地複耕，呈現出一派安定興旺景象。

堯治陶地為此成了當時天下的典範，各處諸侯都對堯佩服十分。因而一時間不僅帝摯朝中辭離的眾臣紛紛來到陶地，安居在了陶邑之中，各處諸侯也紛紛前來見堯，割絕了與帝摯的君臣關係。堯大治陶地的消息當然也飛快地傳進了亳邑，使得一場災難又在向堯悄然襲近。

這日，歡兜派出的心腹狐功來到陶地轉溜一圈，返回京都向歡兜稟報道，「大人，對待陶堯實在到了非採用對策不可的時候了。」

「怎麼了？」歡兜對狡惡的狐功歷來言聽計從，這時聽了狐功之

言忙問道，「狡徒。」

「大人，你說現在為何四方諸侯前來朝貢者少了？他們都去了陶地，陶侯堯的聲望非常隆盛。」狐功隨之回答道，「小人顧慮陶侯堯也是帝嚳之子，萬一眾諸侯尊他為天子，不承認亳邑帝摯，那麼他也算名正言順，我們豈能奈何得了！」

「以老夫之見，事情還不至於這麼緊要。帝摯乃先帝所立，名分所在，量他陶侯也是不敢。」歡兜這次則一時不信狐功之言道，「再說，堯又是個假仁假義自命孝悌之人，違先帝之命不能稱孝，奪長兄之位不能稱悌，他豈肯接受四方諸侯擁戴？而且四方諸侯恐怕也不會那麼心齊。」

「大人此見雖明，卻也不得不防。當今天子身患癆病，頗難治癒，時時刻刻都在危險之中。」狐功聽到歡兜此言也有道理，但仍放心不下道，「萬一天子告崩，大人所靠冰山崩摧，就將無以依靠了。」

「狡徒言之有理，」歡兜聞聽狐功說到這裏，心想一陣陶堯與帝摯雙方情勢，方纔對狐功之言信服道，「那麼狡徒可有高招？」

「有。」狐功這時狡詐的雙眼一眨道，「小人已為陶堯選好了死地。」

「噢，」歡兜思想不及，驚喜道，「是何去處？」

「小人聽說北方唐地，近日出了一隻似人非人似獸非獸的凶獸，說他是獸他卻有兩手能持軍械，說他是人他的形狀卻又與獸相類。」狐功於是陰毒道，「由於其口中牙齒有一尺多長，一直通出頷下，人們都叫他鑿齒，無人能夠抗拒。」

「好，狡徒是說陶堯善於除獸，就讓他再除一次。」殘忍的歡兜聽到這裏頓然心明，遂一陣蔑笑起來道，「弄得不好讓鑿齒把他食掉，則正恰好。」

「正是。故而大人可向陛下稟明，言說陶侯治績茂美，」狐功

一笑道，「改封唐地大國，陛下必然應允。那樣則就正可把陶堯送到死地。」

「好。虧得狡徒能夠想出這麼好的主意，」歡兜大喜道，「不然誰能除去陶堯。」

「大人，這樣不僅可以置堯於死地，」狡惡的狐功聽到，即又把話鋒一轉道，「大人還可借此時機，向陛下討要一塊封地，作為退路。」

「對！如果陶堯不死，我們與他後日必有一鬥。這樣討要一塊封地苦心經營之，」歡兜也為兇殘邪惡之徒，聽了狐功此言頓又心中一明道，「正為退可以守進可以攻之舉。但不知狡徒是否想好，我們討要哪塊封地？」

「要南方的地盤。公子三苗常在南方遊歷，熟悉那裏的風土人情地理地勢，」狐功早已思謀成熟道，「封地叫公子前去經營，與大人父子兩個一內一外遙相呼應，即使歷經易代之變，亦動搖不得。」

「南方天氣炎熱非常，地氣非常潮濕，」歡兜聽了大喜，但隨著又心機一轉道，「人又皆為九黎、南蠻之族，恐怕不好治服。」

「這些大人不必多慮，小人都有辦法治得。」狐功又顯狡惡道，「大人只要快快行動便了。」

歡兜這時心已贊同便不再言，但在將要行動之時，卻又突然想到不如自己再去說動好友孔王，也去討封一地，屆時二人也好有個呼應。隨著，他便找尋孔王商議而來。

「妙極！實在是妙極！」孔王更比歡兜狡詐十分，為此他聽聞歡兜之計連連叫絕道。隨後言說既然歡兜討要南方之地，他便討要西方之地。一旦將來一方有事，正好互為救助，就不怕陶堯有朝一日攻襲他們了。

他二惡計議定了立即入宮說於帝摯，病入膏肓的帝摯對他二惡言

聽計從，隨即便降詔改封堯於唐地，冊封南方之地給歡兜，西方之地給了孔王。歡兜與孔王二惡受封心喜，立即各派心腹經營而去。

堯這時正在苦心設想再治陶地，以為凡人造福，不料想突聞帝摰改封其到恒山腳下的唐地。堯對此封心中雖然一時猜度不透其中的緣由，但也只有一邊上表謝恩，一邊遵命遷往唐地去做唐侯。

陶人聞知這個消息，當然全都震驚不已，扶老攜幼齊來挽留陶堯。他們害怕堯走之後，自己再受苦難。堯對他們只有好言勸慰，並告訴他們這是天子帝摰之命，無法挽回。眾人聽後也都無奈，末了只有戀戀不捨地跟隨堯後，送堯赴命而去。

一時間，真個是堯奉了母親慶都及眾臣走出陶地，沿途到處都是夾道為之送行的人群，都是不忍割捨的挽留之聲。不僅這樣，出了陶地路過別處地方，那裏的人們聽說是陶侯堯路過，也都前來夾道迎送爭睹堯的丰采，並挽留堯留居過處不讓離去。

就這樣，堯在人們的夾道迎送中行走數十日過去，這日終於來到了唐地。堯與眾臣看到地處西北邊陲的這片唐地，歷經帝摰繼位後的數年時間，其混亂荒涼程度，更比當年陶地有過之而無不及。

這裏不僅由於怪獸鑿齒的出現眾人逃避，而且由於惡人橫行，眾人早已避之他鄉。這裏人煙稀少，田地荒蕪，到處都是啼饑號寒的人們，不時可見傷殘的屍體。堯疼在心中苦在心裡，來到唐邑稍事安排，便開始了對唐地的治理。

要大治唐地，堯知道首先還是要除去鑿齒怪獸。於是他即又親領人眾，前往鑿齒出沒之地除怪而來。但這鑿齒怪獸實如狐功先前所言，似人非人似獸非獸屬害非常。他不僅自己為害民眾，還糾集了數百各地剽悍狠戾的惡少地棍，到處殘害凡人，鬧得方圓百里無人敢於居住。

　　「鑿齒來了！鑿齒來了！」堯領眾人向前奔走剛過兩日，這日正行突聞前方傳來一陣眾人驚嚎奔逃之聲。唐堯心中為之一詫，隨著便見眾人驚怕地喊著，拚命地逃奔過來。

　　堯忙讓過逃來眾人，遂命所領人眾向前迎去，以剿殺奔來的鑿齒怪獸。他們剛剛向前迎進一陣，便見一群烏合之眾足有四五十人，每人一手執刀一手持盾，迎面飛奔著追殺逃奔人眾而來。

　　「放箭！」堯知道這便是鑿齒前來行惡，即命眾人道。堯率眾人聞令，即齊放箭向那奔來鑿齒惡人隊伍射去。但不料鑿齒之兵所持之盾極為堅固，加之舞法甚好，任憑堯眾人使用強弓利矢，也硬是射其不穿。

　　「命人伏身地上，」堯見之一驚，聞聽務成子在旁道，「專射鑿齒眾惡腿部。」

　　堯即依師言而行，命令眾人伏身地上一陣齊射，鑿齒眾惡陡然防備不及，頓被「撲通通」射倒一片。餘者見之大驚急忙轉身逃跑，轉過身去其後背恰好無盾防護，堯眾人一陣箭射便把他們大都射死。

　　堯見之即領眾人上前，將未死者擒住。這時堯方纔看到這批鑿齒惡者並非異類，而皆為尋常之人。堯頓時勃然大怒，對之訓問道：「你們這批惡類，究竟是人是獸？」

　　「我們是人，」被擒眾惡道，「都不是獸。」

　　「既然是人，」堯更惱厲喝道，「為何這般加害同類，為獸作倀！」

　　「我們本來都是好人，只是被鑿齒惡獸擒去，」眾惡回答道，「被逼無奈，方纔隨其行惡，請大人饒恕！」

　　「胡說！今日鑿齒惡獸沒來，你們本可不再殘害同類，但你們卻依舊行惡胡為。」堯怒氣不息喝叫道，「你們實在可惡至極，罪不容赦！左右眾人，快將他們全部斬殺！」

眾人聞令，立即動手僅留下一個活口，而將其餘惡人全都斬殺。堯這才訓問留下活口道：「我饒你不死，但你必須實言相告，那鑿齒總共糾集有多少惡徒？」

「謝過大人饒命不死，小的一定實言。」活口耳聽堯此言，急忙謝恩道，「鑿齒共糾合有三百餘眾。」

堯又接著訓問道：「眾惡這時都在哪裏？」

「距此前方三十里處，住有百餘惡徒。」活口即又回答道，「鑿齒則住在東南近百里處的老巢，壽華大澤之中坐享厚福。」

「你願意為我們帶路，」堯這時怒吼道，「剿殺鑿齒眾惡嗎？」

「願領。」活口聽後，雖然極不願意引領堯與眾人前去，但他知道自己如果不應就將是死，便無奈答應下來道。堯與眾人隨之便在活口的引領下，一路向前剿殺鑿齒眾惡而來。

堯與眾人向前行出剛剛三十來里，果然看見百餘鑿齒惡徒住在前方。為了一舉剿滅這股惡徒，堯立刻議與師父務成子道：「師父，徒兒心想使用設伏之策，誘敵入圍，聚而殲之怎樣？」

務成子聞聽心喜道：「此計甚好！」

「師兄在此設伏，」未名這時接言道，「師弟前去交戰誘敵。」

堯立即應允，未名便即領數十人前去與眾惡交戰，誘引眾惡入圍而去。未名去後，堯便命令剩餘眾人設伏林中，只待未名誘引眾惡來到，眾矢齊射眾惡腿部，圍而殲之。

鑿齒眾惡從未受到過別個傷害，未名領人前去一陣攻殺，便已殺死十餘名惡者，激得眾惡一齊奮力攻殺未名眾人而來。未名有計急領眾人後撤，一陣便把近百惡徒引進了堯所設伏擊圈中。

堯與眾人見之即不怠慢，一齊放箭射向了眾惡腿部。眾惡只顧攻殺防備不及，一陣大多已被「撲通通」射倒在地。剩餘未中箭者剛一

愣怔，已被堯領眾人生擒結實。堯於是對之怒斥道：「你們皆為人類，為何幫助獸類為害同類？」

「我們皆為鑿齒脅迫，」被擒眾惡道，「不得已而為之，乞大人饒恕！」

「胡說！鑿齒只有一個，你們則有數百，」堯聞聽怒斥道，「齊起攻之，何愁除惡不去！」

「鑿齒邪惡，無人發難，」眾惡道，「眾人又不齊心，所以被他治服。」

「若是這樣，我放你等返回壽華之野，」堯聽到這裏道，「待我攻去之時，你們敢為內應擒殺鑿齒嗎？」

「敢。」眾惡聞聽齊答道。

「那好，我這就饒恕你等不死，放你們回去。」堯於是道，「但如果屆時生變再被我擒，我定將你等斬殺不饒！」

眾惡聞聽齊叫道：「小的不敢！」

堯於是即放他們返了回去。「徒兒，先前數十惡人你盡殺之，」待到眾惡去了，務成子開口詢問道，「如今又盡放之，這是為何？」

「徒兒想那先前眾惡離開大隊，遠掠凡人，必為至惡難以感化，因而罪不容赦，方纔盡殺之。」堯聞問道，「如今百餘惡徒究其本源，何嘗不是好人！但因朝廷不能教養保護，致使他們陷入惡類。因而論說起來朝廷亦負過失，不能只怪他們。」

「徒兒所言甚是。」務成子聞聽贊同道。

「再說，鑿齒裹脅數百人，豈能個個誅戮。」堯這時繼續其言道，「因而我對其先勸導之使其覺悟，然後讓他們戴罪除惡，生變再誅才能使他們死而無怨。」

聽到這裏，務成子更是連連頷首稱是，心中暗贊道：「實乃仁德

之徒也！」

這時，放去眾惡離去已遠，堯便引領眾人繼續前往壽華之野擒殺鑿齒。堯領眾人在途不到兩日，便到了壽華地方。剛到壽華，堯與眾人即看見兇惡的鑿齒，已被堯放歸眾惡擒押過來，連同鑿齒的數十名死黨。

堯大喜，遂斬殺鑿齒連同其死黨，放去立功從惡之徒，割去鑿齒之頭展示各地，然後班師歸回唐邑。回到唐邑，堯又開始懲治唐地惡人，並行禮樂治道。不久，便把荒涼的唐地重又治理得今非昔比，如同陶地起來。

眾諸侯對堯更加敬佩尊崇，來見者川流不息。消息又迅疾傳到亳邑，傳進病中的帝摯耳朵裡。帝摯自知其作為已是喪盡人心，唐侯堯隨時都有可能將其取而代之。為此他心中大驚，害怕堯真的稱起天子討伐於他，他就將被置於死無葬身之地。

於是他心機急轉決計爭取主動，無奈在堯未踐帝位之時，違心頒下禪位詔旨一道，以保自己體面，害怕晚了就來不及了。隨著，他即讓人給唐侯堯送去了禪位詔旨。堯接到詔旨當然不受，而且任憑來歸朝臣和四方諸侯苦心勸說。

恰在這時，堯母慶都因為長期擔心兒子身受排擠，積鬱成病不治而逝。堯為躲避帝摯禪讓眾諸侯之勸，便居母喪而去。帝摯聞知此情心中更驚，加之其身已被酒色浸入膏肓，此後不過三載便因驚病而死。

臨斃之前為了保得死後體面，帝摯又再次向唐侯堯下了禪位詔旨。與此同時，歡兜、孔壬二惡眼見帝摯駕崩，他們依靠的冰山摧倒也是不敢怠慢，為保自己日後不受懲罰，即聯名眾臣起草了一份給堯的勸進表。

堯接到這份禪讓遺詔和勸進表時，恰值其居過母喪之日。雖然他

仍對繼承天子大位謙讓再三，並議立帝摯之子玄元為天子，但無奈天下諸侯擁戴不息，唐侯堯末了無奈，只有繼其兄長帝摯之後，登上了一統凡界的天子之位。

　　就這樣堯的踐位，使我中華民族的傳說歷史，由此進入了大治盛世帝堯時代。並且一開頭便迎來了天人共慶，一日天降十瑞的美好開端，這實在是曠世至奇！

四、棄契降生

帝堯平陽正式踐位之日，所以天人共慶天降十瑞，除了帝堯深得天人共同擁戴之心之外，還因為其重用了棄、契、皋陶等一批深得天人之心的大德聖賢。由於帝堯重用的棄、契、皋陶這批重臣皆為大德賢聖，因而他們便也一個個都有著不同尋常的出身經歷，值得我們這裏大書一筆。

棄的生母是有邰氏女姜嫄，姜嫄是帝嚳的正妃。然而姜嫄雖為正妃，其卻到四十六歲時一直沒有生育。就在這時，帝嚳東巡泰山地方，姜嫄隨行出巡。他們從亳邑出發，繞過菏澤前往曲阜，這日到了章丘地面。

「那山是何所在？」姜嫄隨同帝嚳正向前行，突見東南方兀起一座山頭，山頭上茂密的樹林中隱有一座高大的房屋，姜嫄便問陪同諸侯道。

「那山名叫龍盤山，」陪同諸侯回答道，「山上之房名為閟宮。」

帝嚳聞之道：「為何叫做閟宮？」

諸侯道：「閟宮是座經常關閉大門的廟宇，只有人們需要在其中進行祭祀和聚會，商議重大事情時才開廟門，所以叫做閟宮。」

帝嚳又問道：「裡面供奉哪位神祇？」

「供奉女媧娘娘。」諸侯道，「凡無子嗣者前去誠心求之，必有回應。」

帝嚳聽了心中暗喜，即轉臉看向了姜嫄。姜嫄正在凝神遙望閟宮，臉上對其充滿神往之情。帝嚳立即會意姜嫄與自己心思相通，便在又向前行一陣到了山下之時，擇地住了下來。

「女媧娘娘乃古今神媒，專司凡間男女婚事。男女婚姻無非為了生子，」住下之後，帝嚳便對姜嫄道，「她管婚姻必管生育。那閟宮既然求子必驗，寡人心想明日帶你前往閟宮。」

「賤妃跟隨陛下數十載，年已四十有六，每每為不能為陛下生兒育女心中悵恨。」姜嫄心中早有此意，並且也已察知帝嚳之心，聞聽帝嚳此言便即回答道，「陛下親領賤妃明日閟宮求子，賤妃心中感恩不盡。但只是賤妃如今就要老了，還能生子嗎？」

「不，常言誠能動天。只要你我誠心乞求，女媧娘娘一定會賜給我們子嗣的。」帝嚳這時肯定道。姜嫄聽後，頻頻頷首。

次日早上，帝嚳與姜嫄雙雙齋戒沐浴之後，便徑攀龍盤山前往閟宮，向女媧娘娘求子而來。到了山上，方見閟宮坐北面南，背後茂林蔥鬱，前面正對泰山，原來這龍盤山正是泰山的一條支脈。

帝嚳與姜嫄向廟門行來，在他們前方距離廟門不遠處的路旁地上，清晰地烙印有一個極大的人的腳印。這腳印五個腳趾分明清晰，可見其足有八尺多長。就是那個大腳趾頭也比尋常人的全腳還大。看其方向，足跟在後，五趾朝向廟門，是該人進入廟門時踏下的。

這時，前行的帝嚳只顧仰首觀看廟宇結構，沒有看到地上的腳印。姜嫄低頭而行，早對那大腳印看了個清楚。看後她心中詫異至極，暗想天下不知為何竟有這般巨人，可惜自己不曾見到。

為此她心中想著，腳下已隨帝嚳走進了廟門。一進廟門她與帝嚳

舉目看到廟堂正中供奉的女媧娘娘神像，衣飾莊嚴，神采奕奕。隨從早已把祭品擺好，他與帝妃便對之一齊拜下，至誠祈禱起來。

祈禱完畢，他與帝妃又到廟後看視一番，方纔返出廟門。跨出廟門，姜嫄正要把那巨人腳印告知帝嚳，卻見帝嚳已指著遠處的泰山對其道：「那高峰就是泰山頂峰，站在其上可以東望大海，西眺菏澤，北眺大陸，南視長淮。你瞧其巍峨之相，實在是可望而不可即。」

姜嫄的眼睛隨著帝嚳的手指看著，耳朵聽著其言，腳下不知不覺隨著帝嚳前行，已是一腳踏在了那大腳印的大拇指印之上。姜嫄踏上大腳印之後，倏地便覺全身如同今日受到電擊一般，神飛意蕩酥軟難耐。並且下身仿佛有男子與她交接在了一起似的，一時如癡如醉，如夢如醒，幾乎想要躺倒在地上。

因而這時不僅帝嚳之言她沒有聽到，並且到了甚至連自己身在何處也不知道的境地。帝嚳不聞其言，便轉回頭來看視。他看見姜嫄兩隻眼睛癡迷迷的，似開似閉；雙頰紅潤潤的，若醉若羞；身子恍恍惚惚的，無力得恍若隨風欲倒。

「娘娘怎麼了，身子不舒適嗎？」帝嚳眼見至此心中大驚，急問道。可他連問數聲，姜嫄仍是如同未聞，不應一聲。

「不好，娘娘身中風邪了！」帝嚳心中驚慌道。隨著，他忙叫宮人把姜嫄攙到車上，又即詢問道：「娘娘，你這是怎麼了？是身上難受嗎？」

姜嫄在剛才帝嚳詢問時已經清醒過來，只是渾身酥軟動彈不得因而未語。這時聽問，想起剛才自己感受情形不禁羞愧難當，一張粉臉「颯」地漲得緋紅，口中卻說不出一句話來，只好點點頭而已。

帝嚳見之便不再詢問，急令人駕車返回住地。到了住地看見姜嫄已經恢復正常，方纔重又關切道：「好些了嗎，娘娘要吃什麼？」

「好了，不必吃藥了。剛才想來或許是身子受熱之故。」姜嫄這時確已完全恢復正常，並且心思亦定，聞問終覺難以啟齒講說真情，便隨口含混道。帝嚳聽了，便叫她早去休息。

姜嫄剛才身酥體軟終是疲累，因而躺到床上雖是白天，卻也迅疾睡著了過去。她剛剛睡著，便做起夢來。她夢見一個極高巨人，對她說道：「我是天上的蒼神，閟宮門前的巨大腳印是我留下的。你踏了我的大拇指腳印便與我有緣，我是奉了女媧娘娘之命與你做夫妻的。如今你已有了身孕，你知道嗎？」

姜嫄夢中聞聽此言，真個是又羞又怕，陡地驚醒過來。隨著她心想此夢，越想越覺奇異。但也不好意思去對帝嚳講說，只有深深地藏在自己心裡。

姜嫄隨後休歇轉眼過去兩日，這日帝嚳眼見姜嫄已經恢復如常，便領人出發東巡泰山。巡過泰山地方，他又領人先向北後向西前行，巡視北方西方。巡到西方已是九個月過去，帝嚳不僅早已發現了姜嫄的身孕，並且知道其已經將至臨產之期了。

知道至此，帝嚳甚為後悔自己沒有早做安排，使得姜嫄至今生產沒有定處。後悔之中帝嚳一行這日來到邰邑，即今日陝西邠縣地方，姜嫄正與眾人踏雪前行，突覺腹中劇疼起來。

帝嚳知道這是姜嫄臨產的前兆，便不敢領人再向前行，即在當地沮水和漆水之間住了下來，等待姜嫄生產。這時正值歲暮，邰邑地方剛剛雪霽天晴，日照白雪景色分外妖嬈。只是寒風凜冽，冷不可擋。然而恰在這時，忽然來人傳報道：「陛下，二妃簡狄娘娘到了。」

帝嚳與姜嫄聞聽大喜，忙命簡狄進來相見。簡狄進來見過帝嚳與姜嫄，帝嚳便即問道：「娘娘為何恰好來到這裏？」

「賤妾承蒙陛下恩准，省親行走月餘方纔來到這裏。」簡狄隨之道，

「不想恰好在此遇到帝后，但不知帝后為何在此荒僻之地度此寒冬？」

帝嚳遂將姜嫄臨產之事告訴了簡狄，簡狄忙向姜嫄道喜，姜嫄則又頓然羞紅了粉臉。「娘娘來得正好！我正愁在此荒僻之地，正妃生產無人照料，」帝嚳隨之又對簡狄道，「雖有幾個侍女但終覺放心不下。現在娘娘暫留此間，待到正妃生產過後，再去省親不遲。」

「好，好，姜妃此來正好侍候正妃。」簡狄聞聽連聲答應道。隨著，她即派人先去告知父母此情以免掛念，接著便攜了姜嫄之手入內談心而去。她二妃談到晚間，姜嫄突然腹生陣痛不過一個時辰，即順產下了一個男嬰。

帝嚳見之大喜，急忙拼命感謝閟宮敬奉的女媧娘娘。然而姜嫄雖喜生貴子卻面無喜色，並且臉上露出了很不高興的樣子。眾人高興地向她道喜，她也憮憮地沒有一絲兒笑意。

「小兒落地是要哭的，此子至今未哭一聲。娘娘不喜歡大概是這個緣故吧。」眾人對之全都不解，齊在背後胡猜亂想，其中一個侍女猜想道。眾人聽聞都覺有理，但抱過小兒一瞧，卻見其雙目炯炯，虎虎生氣，手足亂動，絲毫沒有病異之象。

眾人於是猜想不出娘娘心中不喜歡的原因，又都無法解釋只有心覺奇異。簡狄這時也只有安慰姜嫄道：「此子雖然落地未哭，但一切甚好，敬請正妃姐姐放心。」

「此子姐姐堅決不要，」但不料姜嫄不聽這話猶可，耳聽簡狄此言立刻道，「請妹妹給姐姐立即著人抱去拋棄。」

簡狄驟聞此言驚得一愣，可她實在想像不出姜嫄這是為何。「妹妹難道不聽姐姐之言，」姜嫄見她愣著不動，即生氣惱屬叫道，「不幫姐姐這忙嗎？」

「不，不，姐姐。」簡狄這才被姜嫄的話語從愣怔中喚醒，急忙

開口道，「我是想姐姐生子不易，豈能拋而棄之！」

「看看，妹妹果真不幫姐姐這個忙不！」姜嫄聽了簡狄此言，真個是氣惱更甚道，「那麼妹妹不著人去拋，姐姐就再另著人去拋，你去吧。」

簡狄剛才尚且不信姜嫄真要拋棄其子，這時方知其為真拋，但她一時卻也更加對姜嫄此舉猜度不透。她知道姜嫄平日氣平性和，待人仁慈，所以今日就怎麼也心想不出，姜嫄對自己的親生兒子為何要殘忍至此？

「對，一定是姜嫄著了什麼病，心裡錯亂方纔至此。」突然，她醒悟過來道。為此她不敢怠慢，忙將此情前去告知了帝嚳。帝嚳聞聽一驚，即著女巫入內看視。女巫看視一番返稟帝嚳，姜嫄無病。

帝嚳一時也心想不出姜嫄為何這樣，又聞姜嫄依舊口口聲聲吩咐宮人拋棄其子。無奈他最後想到姜嫄此舉定有原因，只是不便於說出口來。於是他決計順遂姜嫄行事，主意拿定對簡狄道：「我們就依了正妃，將此子拋棄了吧。若不依她，你看她氣惱的樣子。若是氣出病來，反倒對她身子不利。」

「啊！」簡狄聞聽，驚得叫出聲來道，「這怎麼行！」

「再說那孩子生下之後，至今口不出音。因而難保其不是個癡呆愚笨之人，或者生有暗疾亦未可知。那樣即使養大成人，亦無用處。」帝嚳這時講說自己之想道，「我小時生下能言，這孩子連哭都不會，可謂不肖至極。為此要亦無用，你就叫人抱去，把他拋棄了吧。」

簡狄心中當然不忍，但聽到帝嚳此言與姜嫄一致，便也無奈，只有著人把孩子抱了出來。可她看到孩子，善良的心使她更加不忍起來。因為天氣這般寒冷，把一個新生嬰兒拋棄荒野，哪有不被立即凍死的道理。可是帝嚳有命，她又不能不拋。但她心中要救此子，為此

她只有採取用繦褓把孩子厚厚包裹之法，以禦嚴寒保其不死。

簡狄為此急忙取出許多繦褓，給孩子裹了又裹，直到裹得不能再裹，方繾流著眼淚讓人把孩子抱出去拋棄。「孩子，但願你好運，今夜不被凍死，明日被人撿去方可保得活命。」但是臨別她還是心中不忍，又對嬰兒說道。隨後，她方繾硬咽眼淚於腹中，入房看視姜嫄而來。

姜嫄這時也因心疼孩子早已哭成了淚人，但看到簡狄走了進來即抑住了悲哭。簡狄對姜嫄此舉更是不解，因為她既然這樣心疼孩子，又為何非要拋棄？見到自己為何又即抑悲哭？不解之中，她只有敷衍姜嫄一番，隨後告知帝嚳而來。帝嚳聞聽，對之亦是百思不得其解。

轉眼到了次日清晨，簡狄記掛拋棄的孩子，便早早起身，呼喚昨晚拋棄孩子之人前去探視。那人出去剛過一刻，便急忙返來稟報道：「啟稟陛下娘娘，生出怪事了！」

帝嚳與簡狄聞稟，忙問生出了何等怪事。那人道：「剛才二妃娘娘著小人前去察看昨晚拋棄的帝子凍死與否。小人到昨晚拋棄處一看，竟見有許多牛羊依偎在帝子身邊為之保暖，並哺之以乳。帝子為此一切安好，事豈不怪？」

「會有此等異事！」帝嚳聞聽此稟，心甚疑之道。隨著，便又命人再去看視。結果此人前去一刻，歸來所言與剛才之人所言不僅完全相同，而且更有甚者道：「現在眾人皆已知道，紛紛前去看視。大家全都驚詫不已，實是怪異至極！」

「帝子生出此等異事，」簡狄聽了心喜難抑，忙對帝嚳道，「將來必為非常之人。請陛下趕快派人抱回帝子。」

帝嚳也以為簡狄言之有理，便即派人前去抱回了帝子。帝嚳與簡狄待到帝子抱回一看，只見帝子依如昨日雙目炯炯，毫無身受一夜饑

寒之態，只是依舊不啼一聲。帝嚳更覺奇異，便命簡狄將此子抱歸姜嫄房中。

「這全是妹妹捏造出來騙說姐姐的謊言，天下哪有此等異事？！」姜嫄見到棄兒被抱回來立即大惱，非要簡狄再去拋棄此子不可。簡狄忙將昨晚拋出此子的情形對姜嫄講說一遍，姜嫄聽罷則堅決不信否定道，「定是妹妹昨晚未將此子拋出。」

簡狄無奈，只有將此子再次抱出告知帝嚳。「正妃說得也對，或許是宮人昨晚做了手腳，可憐帝子凍死，並未把他抱出拋棄。」帝嚳聽後心想片刻道，「只是今早你問起之後，方纔抱出亦未可知。不然寒夜之中，誰家的牛羊會放出來！為此要再拋一次，而且這次要拋往遠處山林之中，以看真假。」

「使不得，陛下！一個初生嬰孩，你把他拋往遠處山林，天寒地凍不說，山林中虎豹豺狼出沒，」簡狄聞聽更驚道，「豈有不死之理！剛才牛羊喂乳之事正妃雖然不信，但陛下是明白的，眾多凡人是知道的。」

「噢！」帝嚳這時心中也是不由得一驚道，「你往下講。」

「妾想陛下可以向正妃說明，將帝子暫作撫養，待到正妃滿月之日親自察之，實出於捏造再拋棄此子也是不遲。」簡狄繼續道，「妾心想屆時正妃察知真情，也是一定不會再拋此子的。」

「朕看不必，因為剛才牛羊哺乳之事朕尚有疑。若是果然為真，此次再拋此子試之，」然而帝嚳這時心思已定道，「那麼他一定會不怕虎狼再遇救星，仍然不會身死。假若死去，則正可證實昨晚之事皆為假造，算不得稀奇。」

簡狄耳聽帝嚳言說至此，知道自己再說已是無用，無奈只有將懷中帝子再次交給宮人，令其抱往遠處山林拋而棄之。傍晚，那抱棄帝

子的宮人返回了宮中，帝嚳即問他把帝子拋在了哪裏，宮人道：「棄在了數里之外的山林之中。」

帝嚳聽後不再言說，簡狄此後卻心中不忍，在煎熬中一夜未睡，天不亮便要帝嚳派人前去看視。帝嚳昨晚已經做好安排，這時宮人早已探視而去。簡狄聞知，這才放下心來。

「啟稟陛下、娘娘，」轉眼到了天亮，探視宮人返回稟報道，「又出奇事了！」

「噢！又出何等奇事？」帝嚳聞聽急問道，「快講。」

「小人啟稟陛下、娘娘，小人清早剛到城外，」探視宮人回稟道，「便見眾多凡人，一齊向拋棄帝子的山林方向奔去。」

「噢！」簡狄也是驚奇道，「那是做甚？」

探視宮人繼續回稟道：「小人也是奇異，便問他們去為何事，一人說剛才天亮，他到那方山林中砍柴。忽然看見一隻豺狼偎著一個初生的嬰兒，那嬰兒正在吮吸狼乳。」

「噢，」帝嚳也是驚奇道，「竟有此事？」

「是的。他心中大奇即來邀人去看，不知那豺狼與孩子是否還在那裏。那人說著引領眾人來到帝子拋棄之處，眾人果然見到一切皆如那人所言。」探視宮人又言道，「後來那豺狼眼見觀看之人眾多，有的還前去趕它，它才慢慢起身搖搖尾巴，向山上跑去。此乃小人親眼所見，千真萬確皆為事實！」

「那麼後來怎樣？」帝嚳聽到這裏急問道，「孩子現在哪裏？」

「後來眾人看得心奇，並有二人認出此子即為昨夜陛下拋棄帝子，便言道：『此子昨夜被陛下棄之隘巷，牛羊偎乳之。今夜棄之山林，豺狼偎乳之。實在是亙古未有的奇事，定為天神祐護無疑。要是我們的孩子，不要說早被豺狼食去，昨夜也就該被凍死在隘巷了。』」

探視宮人回答道。

「噢，」簡狄又是驚奇道，「這實在是奇了。」

「有人聞聽道：『帝子相貌甚好，不知陛下和帝后為何非要拋棄此子。現在我們將他抱還陛下，若是陛下不養我們養之，你們以為怎樣？』大家齊聲贊同，便不顧小人阻攔，已把帝子抱到了院門之外，請陛下與娘娘定奪。」探視宮人繼續道。

「那就把帝子抱進院來，」帝嚳聽聞道，「傳旨感謝前來眾人。」

探視宮人從命而去，轉眼便抱來了帝子。帝嚳與簡狄一看，果見那孩子與昨日一樣雙目炯炯，只是依舊不啼不哭，神態沒有絲毫異樣，便知此子將來定有出息。簡狄為此正要再抱此子前去告知姜嫄，帝嚳已開言讓她前去。

簡狄懷抱帝子入內去見姜嫄，姜嫄看見不僅仍是更生氣惱，而且還是不信簡狄之說。簡狄心急道：「姐姐不要再這樣固執，即使妹妹與眾人欺騙了姐姐，這事陛下也都相信並讓妹妹告訴姐姐，難道陛下也欺騙了姐姐不成？」

「無論妹妹怎樣講說，這些外邊靠不住之事我終究不會相信。」但是，姜嫄聽後仍是不允道，「如果此子真的神異，必須經我親自試之方可相信。」

簡狄聽了，害怕孩子剛剛出生再受驗試，受不住數番磨難，心中驟驚詢問道：「姐姐欲要怎麼驗試？」

「此房門前有一方水池，此時天寒定然封了實凍。妹妹將此子棉衣脫去只留小衣，」姜嫄聞問，隨之低頭思忖一番道，「棄置冰上，我坐在門口親眼觀看。如果此子一個時辰不被凍死，我才撫養。」

簡狄擔心這般天寒地凍，大人身著棉衣尚且耐受不住，初生嬰兒身著單衣又要棄置冰上，怎能耐受得住！但又無法進行勸阻，無奈只

有再到外邊議與帝嚳。

「就依了她吧。此子既然前夜沒被凍死，」帝嚳聽了道，「先是牛羊護乳之，後又豺狼護乳之。池中寒冰，又豈能將他凍死！」

簡狄聽了也是無奈，只有入內依了姜嫄。即把帝子身著棉衣脫去，僅剩單衣抱出棄置在了池中冰上，讓姜嫄坐在門口監視。然而帝子剛被簡狄棄置冰上，奇跡便立即出現在了姜嫄眼前。姜嫄先是聽到空中傳來一陣「叭叭」聲響，隨著整個院子頓陷漆黑之中。

姜嫄與眾人一樣驟置此境心中一驚，不知出了何事。隨著舉目急視，方見竟是無數大鳥，一齊從天而降紛紛撲進了池中。它們撲到池中或用大翼墊到孩子身下，或用大翼遮蓋孩子身上，團團圈圈把孩子立即圍了個密不透風。

眾大鳥隨後還全都靜伏不動，足有一個時辰之久，把帝嚳眾人全都看怔在了那裏。姜嫄坐在房中目睹此境，驚詫之餘方纔相信前兩次棄子遇救為實，心中正在暗暗追悔自己棄子之過，忽然又聞一陣「叭叭」聲響，只見眾大鳥又一齊展翅飛去。

遭棄帝子在冰上受不住寒氣驟襲，頓然「哇」地大哭起來。這哭聲是那般洪亮異常，洪亮得連院外路上都能聽到，足見其不是不會發音的啞嬰。帝嚳在院裡見到了一切，頓然心喜難抑，急忙叫人去抱帝子。

「姐姐，請你抱一抱，不要冰壞了孩子。」隨著帝嚳的叫聲，簡狄第一個飛身池中抱起帝子裹進懷中，並隨著進屋來到姜嫄面前道。姜嫄這時真個是愧悔交集，心痛難禁，眼淚倏地一陣撲簌簌落了下來。這時早有宮人為帝子穿好了衣裝，姜嫄遂把帝子抱入了懷中。

此後姜嫄果然用心撫養此子，帝嚳也因此子生後連遭三棄，為其取名曰「棄」。如此轉眼一月過去，帝嚳方又詢問姜嫄道：「娘娘偌

大年紀生一帝子實乃喜事，其子除去不會啼哭其他並無異樣，不知為何非要拋棄此子，並有即置此子於死地之相？」

「我，我……」姜嫄聞聽此問，仍是覺得難以啟齒，不願實言，囁嚅道。

「若依娘娘平日性情，絕非這等殘忍之人。」帝嚳則繼續向下詢問道，「但娘娘突然對待親子若此，心中究有何種緣由，盼娘娘詳告之。」

「娘娘只管實言，你我之間有什麼要緊的呢！」姜嫄聽了帝嚳此問，頓又把臉漲得緋紅，欲言真情仍覺難以啟齒。姜嫄正在為此犯難，帝嚳見之催促道。姜嫄末了無奈，只有把那日自己足履巨跡，夜夢蒼神的一切，粗略地對帝嚳講說了一遍。

「原來是這樣！使得娘娘自那日起，一聞有孕之事便漲紅了臉龐。」姜嫄不好意思地說完正等待帝嚳的訓斥，出其預料地卻聽帝嚳喜難禁抑道，「娘娘應該早說，既可免去數月心中煩悶，又可免使棄兒身受三棄之苦。」

「怎麼？」姜嫄依舊驚異道，「這不是妖異？」

「這不僅不是妖異，還正是祥瑞哩！當初人祖伏羲爺之母華胥姑娘，正是與娘娘一樣足履巨跡孕生伏羲；就是朕母握裒亦如娘娘一樣，」帝嚳這時笑言道，「足履巨跡始生朕哩！娘娘如果不信，待到我們回到亳都可以詢問於母親。因而娘娘儘管放心。」

「棄兒，你起初不啼不哭，帝父以為你為啞嬰。如今帝父知你為你母足履巨跡而生，實為極肖之子矣！」隨著，帝嚳又對棄兒道。姜嫄聽到這裏，方纔心中芥蒂盡除，此後用心撫養起了棄兒。

果然，棄長大後非同尋常之人。他先是跟隨母親姜嫄苦習種植五穀之法，後來則四出教民稼穡，以為人們創造豐衣足食的好日子。帝

譽因而對其甚為鍾愛，封其於邰地，人們號其曰后稷。此後，其後代世居其封地邰地即稷地，終至周文王姬昌時興為天子，建立周王朝貴有天下。為此，後世才有「周本姜嫄」之說。

契的母親是有娀氏女簡狄，簡狄乃帝譽的次妃。簡狄在省親路上照料姜嫄生棄過完滿月，帝譽才讓姜嫄前往歸省。帝譽因為喜得貴子心中高興，遂親送簡狄到有娀地方回家省親。簡狄父母見到女兒與帝譽一齊省親而來喜不自勝，歡慶之餘讓他二人盡情遊玩有娀地方。

這時冬日已過正交春分，天氣驟然融和，有娀地方春光十分明媚。這日簡狄心想自己已做帝妃數載也是膝下無子，姜嫄則一乞女媧娘娘便生子棄。因之心思萌動，決計前去距之五里的高禖廟，去求女媧娘娘以生子嗣。為此她把此想告訴帝譽，帝譽聞聽心喜，當日便領簡狄去往高禖廟，向女媧娘娘乞子而來。

高禖廟坐落在一個土丘之上，坐西朝東。廟宇雖然不甚宏大，內外卻也十分整潔。帝譽與簡狄進廟虔心拜過女媧娘娘，在廟內歇坐下來，便向廟中人詢問起了丘稱何名。廟中人聞問回答道：「丘名玄丘。丘下有池，池叫玄池。所以名玄，因其水深色黑，故謂之。」

帝譽聽罷心喜，便即領簡狄下丘去看玄池。玄池中一泓黑沉沉的碧水，方圓數十丈。池東南角有一塊石頭從水中兀出，平坦光滑，不知是天然生成還是人們故意設置。簡狄看視一番詢問道：「這玄池之水，是死水還是活水？」

「活水。池東北角那個缺口，便是池水流出之途。它一流出玄池便叫黑水，流向很遙遠的地方。」廟中人答道，「玄池之水來自池中溫泉，溫泉藏在池底，因而此池是個洗浴的極佳之地。」

簡狄聽後，正要對帝譽講說入池洗浴之意，帝譽已經開口摒退眾人，講說自己與娘娘要入池洗浴。眾人聞令即退，帝譽便與簡狄脫

衣入池，雙雙戲起水來。水是溫泉之水，果然溫度宜人，帝嚳與簡狄越戲興味越加盎然。就在他們戲水興味正濃之時，突見一雙剪翅的矯燕，頡頏上下著飛到了玄池水面。

「陛下，你瞧那雙燕子，」簡狄見之高興道，「怎麼來得這麼早呀！」

「是呀，剛交春分，飛燕不該來得這麼早。」帝嚳隨之玩笑道，「這一雙燕子，一定是為你我而來，待我們戲水完畢還會飛去。」

帝嚳這番戲言，早把高興的簡狄說得一陣「咯咯咯」笑了起來。這笑聲如同銀鈴一般脆亮，撒滿了黑水池面。在簡狄的如此歡笑聲中，那雙剪翅飛翔的燕子，落到了池東南角那塊平坦光滑的石頭之上。簡狄見之心中更喜道：「陛下，你快為我捉住它們。」

帝嚳這時也興味正濃，聽了簡狄之言，便真的就去捉拿那對飛燕。然而不待帝嚳近前，那對飛燕便呢喃地叫著，雙雙剪翅飛翔而去。飛燕飛去帝嚳雖然沒有捉住，但他卻看到飛燕在石頭上生下了一隻玲瓏的五色燕卵，煞是使人喜愛。於是他立即伸手取來看視，簡狄見之也忙上前索看。

帝嚳把燕卵遞到簡狄手中，簡狄手捧燕卵便再也不捨得丟開須臾。戲水中她要揩浴一下身子，則將燕卵含入口中空出手來。帝嚳見之趕來要搶燕卵，簡狄一躲身腳下一絆，心中一急欲要喊叫，那燕卵已是順著其咽喉「咕嚕」一下滾進了其腹中。

燕卵滾入了簡狄腹中，簡狄頓覺一股暖流透過其胸口徑達身子下部，隨著立刻渾身酥軟，一陣快活難耐起來。簡狄唯恐自己失態，急忙凝神鎮定心思，方纔勉強一步一步挨到了岸邊。

「娘娘怎麼了？是身子不舒服了嗎？」帝嚳見之，忙過來攙扶著她詢問道。簡狄這時只覺有氣無力，硬是身到岸邊卻跨不上了池岸，

因而口中更是回答不出話來。

「快把燕卵取出來，」帝嚳忙把簡狄扶上池岸，邊為其揩乾身子邊問道，「對我說你怎麼了！」

「還取燕卵呢，都怪你追攆人家，害得人家心中一急腳下一絆，」簡狄努力恢復一陣精神，方纔對帝嚳嗔怪道，「那燕卵就被人家吞進了肚裡，弄得人家現在心還正在跳呢！」

「娘娘獨吞了五彩燕卵，還說便宜怪話。」帝嚳聞聽更加高興，隨之嬉鬧起來道，「不過那燕卵無毒，吞吃之後也是無事的。娘娘儘管放心。」

「陛下，我覺得身子十分疲累，我們暫且歸去了吧。」簡狄這時仍是渾身無力無以與帝嚳玩笑，說道。帝嚳應允，即喚隨從一同返回了家中。

當晚，簡狄更覺無精打采，睡得甚早。原來自此，簡狄已經有了身孕。此後轉眼過去數十日，簡狄便現出了每飯必嘔，喜吃酸食之象。帝嚳知其有了身孕，欣喜之餘想到在此再待，簡狄難以返回亳邑。便即告辭簡狄父母，引領簡狄返回了亳邑。

回到亳邑數月過去，這日帝嚳正在議事，忽聞簡狄臨產盆骨不開，胸口仿佛有物頂住，鬧得不時暈去，諸巫全都無奈。帝嚳聞稟心急，忙入內看視。見其境況果如人言，便急命人遍訪良巫。

「啟稟陛下，宮前來一名巫醫，」帝嚳令剛傳出，一名宮人前來稟報道，「言說她能為娘娘接生。」

帝嚳聞聽心喜，便即令傳來了巫醫。行禮之後，帝嚳詢問道：「你能為娘娘接生？」

「小巫能，」巫醫肯定道，「待小巫先看視一下娘娘。」

這時簡狄已經昏暈過去，帝嚳也心急如焚，便讓巫醫近前看視。

「陛下不必焦急，娘娘這是奇產，」巫醫看視一番道，「不要緊的，小巫有法為娘娘接生。」

帝嚳道：「果真嗎？」

「真的。小巫有兩個弟子現帶器具待在外邊，」巫醫道，「請陛下飭人傳她們進來，小巫好即為娘娘接生。」

「用何器具？」帝嚳聽後不解，便一面命人傳其弟子，一面詢問道，「有危險嗎？」

「這種奇產需將胸口剖開，為此要用器具。接生此子雖有危險，」巫醫道，「但小巫不會治錯。陛下儘管放心，小巫敢以性命擔保。」

帝嚳也是無奈，只有讓她師徒依言為簡狄接生。巫醫遂將一塊濕布遮在簡狄臉上，接著解開簡狄身上上衣露出胸部，便用刀在其胸腔上劃開了一個窟窿。窟窿一成，果見一個茁壯的男嬰便從窟窿中鑽了出來。

那男嬰一出母體身一著寒，即「哇」一聲叫了起來。帝嚳見之大喜，忙謝巫醫接生之功。巫醫則一邊指導徒弟為簡狄縫合創口，一邊對帝嚳祝賀道：「恭喜陛下又得奇子！」

帝嚳不解道：「良巫何以此言？」

「人之出生，本有常規。此子不循常規，」巫醫道，「別出一途，足可見其與眾不同，豈非奇子！」

「良巫過獎了！此次帝妃奇產，若非遇到良巫，」帝嚳聞之道，「豈能免於危難。良巫技藝精湛，實乃曠古奇術也！」

「陛下言重了，此乃帝子之命也！」巫醫急忙謙遜道。說著她見弟子已為簡狄縫合好了創口，便對帝嚳道，「七日靜養之後，娘娘定會痊癒。我等告辭了。」

言畢不顧帝嚳挽留再三，她師徒三人竟自出宮而去。帝嚳見之心

中悵惜不已但也無奈，末了只有為其子取刀鑿之意名叫「契」，以志此子出生之奇。

其後此子長大，果如巫醫所言為一奇人，輔佐帝堯大治天下。契的後代亦香火不絕，並在夏代之後建立了商朝，統有天下。《詩經》中「天命玄鳥，降爾生商」的詩句，便是源出於此。

五、皋陶制刑

　　皋陶是少昊的重孫子，其父名大業，其母名女華，號扶始。帝堯雖在平陽正式踐位之日敕封皋陶做了朝中大理，但皋陶當時不僅不在朝中為空位封爵，同時令人奇異的是帝堯也從未見到過皋陶之面，並且不知道人世間是否真有皋陶其人。

　　帝堯如此令人不解地空位敕封皋陶為大理，完全是根據其二十年前做下的一個沉夢。那是在二十年前，堯剛剛從伊耆地方回到亳邑後的一天，凝神靜思沿途所見所聞。

　　堯一心為天下凡人著想，痛凡人之罹罪，憂眾生之不遂。視天下有一人饑餓他便當作自己饑餓，有一人受寒他便當作自己受寒，有一人罹罪他便視作自己所陷。認為大興孝慈仁愛之風，使眾人親如父子兄弟，是達到天下大治的最高境界。

　　為此他對沿途所見違背孝慈仁愛之道之事憂心忡忡，思謀救治方略。思謀之中他首先想到了教化，即以教化為上，以教化為先。但他也看到，僅靠教化並不能使所有的人都把孝慈仁愛之道誠心恭行。還是會有人不行此道，擾亂天下殃及他人。

　　對於這些人怎麼去辦？教化不行必須輔之以刑。但刑之得當，受刑之人服之；刑之不當，受刑之人必然不服。為此在社會教化不能普

遍奏效之時，輔之以刑首先必不可少的，便是要有公正明察的法官。

但到哪裏去找這樣的法官呢？自己將來又怎樣才能輔助帝父尋找到這樣的法官，大治天下造福凡人呢？想到這裏堯久思不得結論，不免心中鬱悶這日倦睡起來。堯睡著過去，不知何時做起夢來。

他夢見自己來到了一片曠野之中，這裏四顧茫茫，無村無人。只有西面聳起一座高丘，自己對之陌生不知丘為何名。他站在丘前正在凝思，突見對面遠處朦朧中走來一人。

他急忙舉目定睛看視，見那來人是一名女子。年在三十歲上下，一身華貴之態。似曾相識，卻又一時心想不起在何處見過。他正在凝思，那女子已經來到了其面前。他便不再去想相識之處，開口對其詢問道：「請問大姐此乃何處？大姐尊姓大名？大姐為何獨身一人，來到這荒僻曠野之地？」

「我乃少昊金天氏的孫兒媳婦，丈夫名大業，大姐名女華，號扶始。」女子答道，「家居曲阜，因而不知此地之名。但不知道小弟詢問大姐這些做甚？」

堯聽到這裏頓然無言答對，正如女華所言，自己這樣詳細詢問一位陌生女子這些做什麼呢？但他卻也從女華的回答中，聽出了女華與自己先前本是一家，只是不解她為何獨自一人來到這裏，而且自己也不知這是什麼地方。

於是，堯又為之沉思起來。就在他重又陷入沉思之時，卻突聞頭頂轟然傳來一聲巨響，驚得他急忙舉目看視，只見一位神人從天而降，倏地來到他們面前。開口對女華說道：「吾乃天上的白帝，我和你有緣，送給你一個長有馬嘴巴的兒子皋陶。」

「噢！」堯聞聽驚奇道，「長有馬嘴巴的皋陶？」

「皋陶雖然嘴巴如馬，但卻身懷判案如神、決斷冤獄的異能。」

那神人說著，已自轉身向高丘走去道，「將來帝堯統掌天下之時，他則身為大理輔佐帝堯大治天下。你可隨了我來。」

堯耳聽神人此言正在驚異，卻見本來一臉莊重的女華聽了神人此言，竟然情態驟變，即隨神人匆匆向丘上走去。堯見此景心中更奇，便目不轉晴地看視他們行何事體。他看到，待到女華跟隨神人奔上高丘之後，神人頭頂便立即生出了氤氳白雲，既把高丘遮了個嚴嚴實實，也把神人與女華全都隱入了白雲之中。

堯為此心中更奇，更想看清他們隱入白雲之中做何事體，但無奈白雲繽紛遮住了堯的眼睛，他雖想看視卻也眼看不見。堯看視不見雖然心急，卻也不好登丘前去看視，便站在丘下靜心等待。

他等待了好久，方纔看到遮蓋高丘的繽紛白雲漸漸飛散了去，高丘向他展露出了本來的面目。看見了高丘堯便急忙舉目巡視神人和女華，他巡視一遍不見神人在處，只見女華鬢髮蓬鬆，正在一邊結衣束帶，一邊緩緩向丘下走來。

女華見到堯這時凝目看向了自己，頓然雙頰漲得如同三月的桃花一樣緋紅。堯更覺詫異不解，突然房門響動，驚得堯陡然醒了過來，方知自己剛才做了一夢。但他夢醒之後，心中卻對此夢一直大為奇異不解，暗想這可能又是一位神人感生於世。

但這神人感生為何拉上自己在場？難道真的是將來自己要一統天下，把自己夾雜在這神人感生場景之內，是要告知自己將來要有這樣一個重臣嗎？如果真是這樣，夢中婦人講說她家居曲阜，是少昊的孫兒媳婦名為女華，就很容易尋找得到了。

但在當時他既沒有一統天下，同時那神人即使真的感生出了皋陶，其也尚且年幼。所以他當時未作找尋，只是把此夢暗暗記在了心中，以待時日看看此夢是否真實，再做定奪。

　　時日轉眼過去二十餘載，堯歷經坎坷果真繼帝摯之後，登上了一統凡界的天子大位。他登位之日不忘二十年前所做沉夢，遂空位敕封皋陶做了朝中大理。這時帝堯雖然仍未見過皋陶之面，但他相信皋陶定會如同自己夢中神人所說。為此慶典之後他把朝中之事交付二位兄長棄、契掌管，自己則離開京都平陽一路向東，依夢到曲阜尋找皋陶而來。

　　帝堯奔向曲阜在途一邊向前奔進，一邊一路查看各處情形。轉眼十餘日過去，這日來到了曲阜近處。曲阜侯聞聽帝堯來到，忙迎了過來。帝堯見之，即依夢開口詢問道：「曲阜有一人是少昊大帝的孫子名叫大業，妻名女華號扶始者嗎？」

　　帝堯如此言說完了，方纔遽然擔心起了自己的沉夢為假，自己此來空行一遭。然而他完全沒有擔心的必要，因為曲阜侯聽了帝堯此問，當即回答道：「有。」

　　「那麼他們現在何處？」帝堯聞聽曲阜侯此答肯定，頓然擔心盡掃喜上心頭，不待曲阜侯說完便打斷其言道，「朕要前去尋見他們。」

　　不料曲阜侯隨後一言，卻頓使帝堯大為失望起來。曲阜侯道：「他夫妻數年前便已雙雙辭世，現已無處找尋了。」

　　「噢！」帝堯失望之餘，心中大急道，「他們還有家人嗎？」

　　曲阜侯道：「這個臣下就不知道了。」

　　「走，你領朕前去尋尋。」帝堯奔走一遭來尋沉夢，失望之餘當然不會就此甘休，隨之道，「大業與女華固然辭世，他們的親人還會在世的。」

　　曲阜侯雖然不知帝堯尋訪大業夫婦之意，但見其尋訪情急，便也不敢怠慢，遂領帝堯向大業先前居處尋來。帝堯在曲阜侯陪同下尋到大業夫婦先前居處，卻更使帝堯失望地得知，不僅大業夫婦所居房屋

已經倒塌得蕩然無存，而且他們也沒有親人在此。

「大業夫婦死時，」帝堯正在大失所望，卻聽一旁有人說道，「遺有一個畸形兒子名叫皋陶。」

帝堯驟聞此言頓然大喜過望，這正是他要尋找的夢中法官啊！為此他不待那人說完，立刻開口打斷道：「皋陶現在何處？」

「請陛下容小人細稟。皋陶生得馬嘴人身，愛好主持正義，為弱者伸張。」那人接著道，「為此深得鄰里厚愛，卻也贏得惡者之恨。大業夫妻死後，皋陶年少無人庇護，受到惡者報復。」

「囉嗦什麼，」曲阜侯這時不耐煩道，「他在何處？」

「眾人都怕惡者降惡自己頭上，不敢出來保護皋陶。皋陶受欺不過，只有遠走他鄉。」那人繼續道，「皋陶如今離去已有八載，小人不知皋陶現在何處。更不知他是否為惡人所害，會不會還在人間。」

帝堯聽到這裏，雖然仍是不知皋陶現在何處，又為好人害怕惡人的低下世風氣惱，卻也擔心失望之情盡掃，心中高興至極。因為那人的這番話語，已經證實了自己二十年前的沉夢皆為真實，皋陶果真實有其人。

儘管現在不知皋陶去往何處，人們又擔心他會不會遇到惡人之害，已經不在人世，但帝堯則堅信作為星精的皋陶，是一定會仍在人世的。只要自己苦心尋訪，是斷無尋訪不到之理的。

「你雖然不知皋陶現在何處，但皋陶去後，難道就沒有一點消息傳來嗎？」為此帝堯對那人又做詢問道，「比如有人在別處見到過他沒有？有人聽說過他的事情沒有？請你細細想想對朕講來，讓朕好去找尋。」

「那是幾年前的事了，我們這裏有人，在南方楚地山中見到過他。」那人心想半天道，「並傳說他牽有一隻神異的奇羊，又被惡

人所算刺傷了喉頭，弄啞了嗓子。具體情況，小人就不知道講說不清了。」

帝堯聽到這裏，欣喜之餘便不怠慢，遂告別陪來的曲阜侯，掉轉方向一路向南方楚地山中，尋訪皋陶而來。帝堯隨後連日奔尋不歇一日，數日後奔尋到了豫州鹿鳴地方。

鹿鳴距離南方楚地山中仍舊十分遙遠，帝堯邊走心中邊想，找到皋陶雖然可以肯定，但尋到之前卻依舊如同大海撈針一般艱難。因為南方楚地山中地域偌大，一個皋陶又該待在哪一座山上，哪一道谷中呢？再說，如果自己尋到那裏，皋陶又已去了他處呢？

帝堯就這樣越思越想，越覺得尋到皋陶實在不易。但他又知道皋陶身為白帝的精靈，實為朝中棟樑捨棄不得，便依舊不畏艱難地向南方尋找不息。帝堯這日向南尋找來到一個大莊村頭，卻突然聽到村中吵鬧之聲甚囂塵上。

帝堯聞聽不禁心中一悸，深為痛惱世道被其兄長帝摯弄得邪惡這般，到處都是正氣不壓邪氣，好人害怕惡人。為此各人自掃門前雪，隨處可見打架鬥毆的事情發生。隨著他即向村中行去，並一邊疾走一邊側耳細聽鬥場傳來之聲，以判是非曲直做出定奪。

「你這啞巴馬嘴小兒，竟敢顛倒黑白歪曲是非，誣陷老子一家，」帝堯疾行之中，聽到數名邪惡男女之聲越來越高，全都惡聲厲罵道，「這次非打死你不可！連羊也給你打死，看你還神什麼！」

隨著這陣厲叫，便傳來了「劈劈啪啪」的惡打之聲。帝堯不聞此聲還不焦急，聞聽此聲他認定皋陶定然在此。因為那被罵為啞巴馬嘴小兒者定為皋陶無疑，再說還有要被打死的神羊呢！另外也不聞被罵之人一聲還叫，被罵之人顯然是個啞巴無疑。

為此帝堯既喜自己尋找月餘，至此終於巧遇皋陶，同時又怕皋陶

被人打死，便急領眾隨從向鬥場奔來。帝堯轉眼來到鬥場近處，果見如同自己所料，正有一幫邪惡男女，在打罵一位啞巴青年。

啞巴青年生得身材魁梧，一身凜然正氣不可欺辱。只是臉上長著馬嘴顯得與常人有異，一雙深邃的大眼卻可看穿人的五臟六腑，任憑誰個也休想在其面前藏姦隱惡。其身邊跟隨一隻獨角青羊，寸步不離。

這時啞巴青年與其獨角青羊身遭眾惡圍打，旁邊圍觀眾人卻沒有一個出來相助。啞巴青年無奈，只有任憑惡人圍打惡罵，還口不成還手不得。帝堯眼見至此勃然大怒，厲喝道：「惡人住手，休得妄打好人！」

正打的惡人驚得一愣，帝堯已經來到了他們面前。眾惡人惱火未息加之不識帝堯身為誰個，愣愕之餘齊把惱火潑向了帝堯，攔到帝堯面前就要打向帝堯，威脅道：「怎麼，你來替這啞巴小子挨打嗎？」

帝堯隨從見之豈會怠慢，立即上前把眾惡人拿了起來。帝堯這才來到啞巴青年面前，仔細看視一番更加辨定其為皋陶，便開口詢問道：「青年可為皋陶？」

啞巴青年閉口不言。圍觀眾人眼見帝堯一行，雖然身著衣衫與常人無異，但來勢不凡，這時方敢上前替啞巴青年答話道：「他正是皋陶，但不知大人來自何處，怎麼知道他為皋陶。」

「你等還不下跪，他就是當今一統凡界的天子帝堯。」帝堯正要開口，其隨從已經搶先對眾人道。眾人聽說是帝堯到了，開始全都一愣。因為這太突然了，他們一時實在想像不到會是帝堯來到了他們面前，隨著他們便全都凝目看向了帝堯。

他們看見帝堯雖然衣衫破爛，但其身材面目卻與傳說無異，真個是面龐豐上銳下，龍顏日角，眉分八彩，長髮赤面，慈善和藹至極。方知真是當今一統凡界的天子帝堯到了，齊伏身跪地呼喊起了

「萬歲」。

帝堯連忙請起眾人，向他們詢問起了皋陶剛才挨罵遭打的原因。眾人都說不知全部緣由，只知追打皋陶的這幫惡人從別處趕來。他們毆打皋陶說其錯斷了其案，冤枉了他們，再深就不知道了。他們害怕這幫惡人殃及自身，所以不敢上前救助皋陶。

「唉！人們這樣互不幫扶，惡人報復起來，豈不肆無忌憚！」帝堯聞聽長歎一聲道，「世道不治，真是民之大患呀！」

帝堯心正慘疼，卻見皋陶遞上一片帛書。他接過帛書一看，只見上面寫滿文字道：「這幫惡人為鄰近地方王劉村惡霸王大鬍子所使。王大鬍子為了霸佔村鄰劉小二田產，設計誣陷劉小二欺辱其女被其所擒。依照鹿鳴地方法規，欺人幼女該當死罪，劉小二為此被推上了刑場。」

「如此顛倒黑白，」帝堯看到這裏，勃然大怒道「真是豈有此理！」

「恰在這時他皋陶趕到，用其獨角青羊之角一觸，證明劉小二冤枉，便告知鹿鳴侯再審。鹿鳴侯二審果然翻案，劉小二無罪遇釋，」帝堯接著看到帛書上又寫道，「惡人王大鬍子得到了應有的懲罰。王大鬍子害人惡計未能得逞心中氣惱，便派這幫惡人前來報復自己，追到這裏欲要打死自己及其神羊。」

帝堯看罷帛書更惱怒至極，立刻開口厲問被擒眾惡道：「你等果為惡霸王大鬍子指使嗎？」

眾惡剛才聞知竟是一統凡界的帝堯到了，早已嚇得一個個魂不附體，害怕是自己的死期到了。這時眼見帝堯弄清了真情怒問於他們，當然誰也不敢怠慢，忙把實情全部講說給了帝堯，果然一切皆如皋陶帛書所寫。帝堯聽完更惱，即將眾惡個個嚴責三十刑杖，並且嚴訓一番，方纔釋放去了。

放走惡人之後，帝堯正要詳詢皋陶父母的情況，特別是想驗證自己的沉夢之情，喑啞的皋陶不待帝堯開口，已從懷中取出一封嚴封的帛書，雙手呈遞給了帝堯。帝堯接過一看，只見上面清楚地寫著呈交帝堯親啟，下面的署名則為女華。

帝堯心中大奇，急忙拆開帛書看視，內中所寫果是女華所做與自己沉夢一樣之夢。女華夢中因有帝堯在場，故而死前遺下這封帛書，囑咐皋陶將來親手交給帝堯。

帝堯讀罷女華所遺帛書，心奇之餘更知皋陶非為常人，乃是天界下凡星精輔佐自己而來。更喜自己二十年前的沉夢為實，自己不忘沉夢依夢敕封皋陶實為千古奇事。

為此他欣喜之餘，忙問皋陶喑啞的原因，以圖設法救治之。並問皋陶所牽獨角青羊的來歷，以證其奇。皋陶剛才已經猜知帝堯要問自己這些，這時已把這兩件事情的原因，全部寫在了帛書之上，雙手呈遞給了帝堯。

帝堯急忙接過帛書看視，只見其上寫道，皋陶成為喑啞，乃為神羊所累。欲知皋陶之啞，必須先說神羊之奇。那是在皋陶父母雙亡之後，失去庇護的畸形皋陶由於愛好主持正義打抱不平，被曲阜惡人攆出了曲阜。皋陶離開曲阜四處漂泊，奔波甚累。數十日後這日來到南方楚地山中，在一幢破廟裡休歇下來。

皋陶躺倒身子酣睡過去，剛睡不久便做起夢來。他夢見一位神人倏然來到其身邊，對他說道：「孩子，東南雙乳峰左峰之上，有一隻異獸。其獸形如山羊，青色而獨角，與一對麒麟同住在一起。該獸在神界稱為獬豸，喜食薦草。夏處水澤之旁，冬處松柏之下。」

「噢，」皋陶聞聽驚奇道，「該獸與我何干？」

「它天生能夠測定邪正曲直，不論遇到何等曲直難辨之事，都

能斷定曲直認定有罪之人，並用獨角前去觸它。」那神人繼續道，「孩兒將其牽來，養在身邊，將來輔佐帝堯大治天下之時，將會大派用場。」

皋陶的夢做到這裏驟然覺醒，心奇之中覺得此獸正合自己之用，因而不管其夢是真是假，便決計前往雙乳峰尋看一試。如果真有那獸，就證明夢境為真，將其牽了回來養在身邊，將來好派用場。

皋陶心懷此想來到雙乳峰上，尋找一天果然尋見了那奇獸，證實了其夢為真。為此皋陶心中大喜，遂當即牽起奇獸下山而來。那奇獸也真與皋陶有緣，跟隨皋陶之後便日夕相伴寸步不離。

轉眼數日過去，皋陶面對與其朝夕相伴的奇獸，卻又越思越想對夢中神人之言，越加不敢全信起來。他不敢全信此獸果真能夠明斷曲直，如果其不能明判曲直，自己整日伺待於它，就太過徒勞了！

為此他期盼遇到不明事情，驗試此獸以做定奪，若是無用就將其舍去。皋陶剛剛想到這裏，一次驗試奇獸的時機便來到了。這日皋陶來到紅安地方正在行進，突聞諸侯府前有一名婦女正在跪喊「冤枉」，旁邊圍了一群觀看人眾。

皋陶圍上前去一陣打探，便問清了事情的根底。原來是這婦女村上的惡霸周三刀，欲要霸佔婦女的小女。故而派人將婦女之子所牧周家的牛搶走一頭，然後硬賴到了婦女兒子身上，逼迫婦女夫婦還牛。

婦女夫婦貧窮歸還不上，周三刀即派家人去搶其十六歲的女兒以作頂替。婦女丈夫說理，周三刀家人不應，他便出手上前攔擋搶其女兒的周三刀家人，結果被當場打死。

周三刀不僅這樣無賴至極，還施騙術蠱惑當地諸侯，使當地諸侯錯斷周三刀有理，婦女丈夫之死是自尋短見所致。周三刀為此更加有理，不僅趕得婦女的兒子遠避他去，婦女自身也處境險惡起來。

　　皋陶聞知此情實在氣惱，愛扶正義的他立即決計為婦女申冤。他見婦女跪喊冤枉多時諸侯閉門不出，又怕婦女所言不實自己上當，加之他又正要驗試其所牽奇獸青羊，便即來到婦女面前道：「大嫂，我看你再喊冤枉也是無用。這樣吧，申你之冤包在小弟身上。不過你要先領小弟前去見那周三刀一次，待到小弟驗證你言冤枉是否真實，再做定奪。」

　　婦女已在諸侯府前喊冤數日，不僅諸侯對她絲毫不理，而且連一個皋陶這樣的人也沒有碰到。為此聽了皋陶此言心中頓生希望，即起身引領皋陶向周三刀家行來道：「太好了，小老弟。嫂子喊冤多日，終究沒有白喊，算是碰上小老弟助急難之人了！走，我領你去見周三刀。」

　　「怎麼，還想惡賴於我沒完沒了嗎？」皋陶在婦女引領下一陣來到周三刀家，周三刀眼見告他的婦女引領一位青年來到，便不放在心上道。然而沒等周三刀把話說完，皋陶所牽青羊已是一角觸在了其身上。盛氣凌人的周三刀突被羊觸解頤不開，立即大惱道：「怎麼，告不倒我，來使這羊害我呀！」

　　「沒有那個意思，只是小人所牽青羊，可以驗證誰為惡者。」皋陶這時既已驗證了婦女之冤，證實了青羊之奇，便心中既喜又惱，對周三刀蔑視道，「剛才青羊觸你，已是驗證了婦女冤屈，你為惡者！」

　　「小子，你膽敢誣衊惡罵老子，老子這就叫你站著前來，躺著回去。」周三刀心中正惱，聽了皋陶此言更是怒火陡騰萬丈，開口屬罵道。隨著，已真的手出利刃，一匕首紮在了皋陶的咽喉之上。

　　皋陶開始想不到周三刀惡毒至此沒有防備，這時突被刀傷心中大惱。於是他不待周三刀手中利刃再向深刺，即向後一躲避開周三刀刺來之刀。隨著出手奪下了周三刀手中利刃，刺向了周三刀胸口。

「啊呀！」周三刀躲避不掉嚇得一聲大叫，其家人聽到立即圍了上來。但卻皆因眼見皋陶手中利刃頂住主人胸口，誰也不敢近前。周三刀無奈，只有遣退圍來家人，送皋陶與那婦女出院而去。

皋陶與婦女離開周府來到安全之地，皋陶咽喉被刺不僅血流不止，而且已經變成喑啞發不出聲來。皋陶心中大惱周三刀邪惡，即領婦女告給了紅安諸侯。紅安諸侯見到周三刀出刀傷人，又聞知自己先前被周三刀矇騙，錯判了好人放過了惡者，心中大惱，即著人前去把周三刀抓了起來。

但是諸侯抓起周三刀不過三日，卻因其出錢買通諸侯又把其放了出來。周三刀出獄報復前仇，非殺皋陶不可。皋陶無奈，只有一路向北奔逃到了這鹿鳴地方。心中實在料想不到在此鹿鳴地方，被惡人追上急難之中，恰好遇上了帝堯。

帝堯把皋陶所呈帛書看到這裏事因全明，心中更對青羊奇異萬分。奇異之餘也是對它不敢全信，心想尋找機會對青羊進行驗試。帝堯剛剛想到這裏，便聞不遠處有兩人高聲吵嚷著，向他們奔了過來。

帝堯在他們到來之前，已經把他們吵嚷的事情聽了個清楚。即甲偷殺吃了乙的雞，乙發現後與其論說道理，甲卻反說乙是誣陷。甲、乙二人爭執不下，聽說皋陶的青羊奇異，便來要皋陶為他們斷明是非。

帝堯大喜，這正為他驗試皋陶的青羊提供了一次欲尋時機。為此待到爭吵雙方來到，帝堯便即命皋陶為他們斷定曲直。皋陶聞命，即令青羊斷之。青羊聞聽皋陶之命，即出角觸向了偷食乙雞的甲。

「神羊，真乃神羊，果真名不虛傳！」就在青羊出角一觸之時，剛剛還在怒吵不息的甲、乙二人，即一齊口中贊叫起來道。贊畢，齊開口「哈哈」大笑起來。

帝堯見之不解，忙問二人為何爭吵倏然自解，爭吵二人道：「我

73

們剛才不信皋陶的青羊之奇,便一方故意偷吃了另一方的雞,雙方爭吵著前來驗試皋陶的青羊,結果青羊果真神奇!」

帝堯聽聞更喜,他完全驗證了皋陶的青羊果真神奇。為此他正要開口講說自己已封皋陶為朝中大理之事,卻聞身後一位隨從提醒道:「陛下,皋陶雖奇,可喑啞之人怎做朝中重臣大理,他無以審案呀!」

「不,審案也不一定全靠言語。皋陶喑啞斷案雖有不便,但有青羊相助加上可以用手書寫,審案足矣!」帝堯聽了先是一愣,隨著便言道,「再說喑啞可以救治,怎能說他就不能恢復說話之能!為此朕宣佈,朕已在平陽空位敕封皋陶為朝中大理,輔朕治理天下。」

「萬歲!」圍觀眾人聽聞,齊高興得向帝堯山呼起來。帝堯隨之即命隨行巫醫為皋陶醫治嗓子,以期早日恢復其說話能力。然後休歇一宵,次日便領皋陶返往京都而來。

帝堯尋見皋陶心中歡喜,一路之上便一邊巡行一邊與皋陶探討法治之道不息。皋陶用筆書寫對帝堯道:「大治天下的根本之法當首推教化,即通過教化使天下凡人皆知善是當做之事,惡是不當做之事。以杜絕犯法之人,使刑罰廢而不用。」

「愛卿所言極是。用刑之道乃出於朝廷萬不得已,即教化之功不能奏效之時而動之以法。」帝堯對皋陶此言心甚贊同道,「用法之道則一是為了使犯人自己知過改過,二是為了使別人以此為戒不敢犯法。」

「陛下所言極是。法治的第一件大事是制刑。刑法制定之後,用之可使犯者畏懼,」皋陶耳聞帝堯此言,即又寫說道,「同時使眾人知道何為犯法而不去犯法。當然這只能制服膽小畏懼法律者,而對於膽大無視法律者仍無能為力。」

「那麼對於膽大妄為者怎麼去辦?格殺之則太殘忍了!」帝堯眼

見至此，忙不待皋陶再寫急問道，「不殺他們又無視法律繼續犯罪，該怎麼辦才好呢？」

「不，不可格殺之。格殺就斷了犯人改過之機，使之用法不可複續，」皋陶隨之又寫道，「同時這種刑罰也太殘酷了。臣下提議製作象刑，為犯人提供改過時機。」

「噢，」帝堯不解道，「何謂象刑？」

「對於犯有古之墨、劓、荆、宮、大辟之刑的罪犯，不用實際行刑，而使用畫像代刑。比如對犯墨刑的罪犯，給他膝上蒙一塊帛；」皋陶又寫道，「犯劓刑的罪犯，給他身上穿一件赭衣；犯荆刑的罪犯，給他膝上蒙一塊帛畫出來；犯宮刑的罪犯，給他襠間縫一塊布；犯大辟的罪犯，給他穿一件沒有領子的布衣。」

「好，」帝堯見之，大喜道，「如此實在是好！」

「這樣，罪犯肉體上並無痛苦，其精神卻痛苦不堪。因為他們走到哪裏，哪裏人都指而視之，叫道：『罪犯來了。』」皋陶繼續寫道，「從而使他們由精神痛苦生出愧恥之心，由愧恥之心生出改悔之意。如果他們真能改悔，只要將其身著罪衣脫去，就仍是一個完完全全的人，看不出一點形跡。」

「好，這種象刑實在是一種好刑法。」帝堯這時更喜道，「那麼，臣下還有別的刑制嗎？」

「有。第二是流刑。比如這個罪犯的罪行已經確鑿，無可赦免。但其犯罪實在是出於不識，或者出於無心，或是出於遺忘，對他按罪用刑未免有些冤枉。」皋陶聞聽又寫道，「為此制定一種流刑，按其罪過輕重或將他逐出。遠則邊外，近則國外。使其除在精神上感到痛苦之外，更在肉體上感到起居飲食不適之苦，收到警誡之效。」

帝堯眼見皋陶又寫至此，看到皋陶對法治凡界早有深思熟慮。自

己千里迢迢尋他著實勞之有功，心中更是對其器重十分。為此他便越談越覺投機道：「愛卿所言甚好，那麼還有什麼想法嗎？」

「有。第三是鞭刑。對於在職臣屬中因懈怠貽誤公務者，可用蒲草製成之鞭來打他，以恥辱於他。但鞭之並不身疼。」皋陶隨之又寫道，「第四是撲刑。對於年幼孩子不肯受教者，則用稻荊鞭撲之。亦激起其羞恥之心使其上進，而受撲身子並不甚疼。」

「好，」帝堯見到這裏，對皋陶思慮成熟至此心中更喜，忙又急問道，「愛卿所思還有何刑？」

「第五是贖刑。罪犯本意甚善，結果反倒害人，對這種罪允許他拿出錢物來贖。比如鄰人生病，罪犯拿出藥方給他服用，結果卻藥不對症害死了鄰人。」皋陶繼續寫說道，「這樣要說他有罪，他則明明一片好心；若說他無罪，鄰人卻明明被他害死。這種案子實在難斷，所以准許他拿出錢物來贖，就是罰他不小心的意思。以上五刑分開來說又叫九刑，就是墨、劓、荊、宮、大辟，外加流、鞭、撲、贖四刑。」

「愛卿快寫，」帝堯這時更是連聲叫好道，「九刑之外還有何想？」

「九刑之外，還有兩罪必須赦免，」皋陶又寫道，「兩罪必須嚴辦。」

帝堯急不可耐詢問道：「哪兩罪必須赦免？」

「一罪為妖病即神經錯亂所致，雖然犯罪，應該赦免。一罪為災禍所致，出於不幸不能自主。」皋陶隨之又寫道，「比如我手中持有一刀本是前去砍樹，卻忽然被他物撞擊不幸殺人，這是應該赦免的。」

「對，這是應該赦免。」帝堯對此肯定道，「那麼該嚴辦的呢？」

「一罪是依靠勢力故意犯罪者。比如天子之父，仗著其子做天子，以為我雖犯罪你們也奈何不得。這種罪叫做怙，即有心犯法，可惡至極，必須嚴辦。」皋陶於是又寫道，「二罪是屢犯罪惡者，這種

人羞恥之心已死，無論如何也激發不起從善之心，他要終身為惡。這種罪叫做終，亦非嚴辦不可。」

帝堯見之又即完全贊同。就這樣，他君臣在途十數日，議論法治之道一路不息。這日回到京都平陽，已將法治天下的刑制大事議論得清清楚楚。帝堯大喜，同時更喜一路之上皋陶的瘖嗓經過巫醫救治，已經能夠半語。

為此帝堯回到朝中，便讓皋陶先是見過諸位臣將，隨後即讓他將其所制刑律再行具體，然後頒佈到了天下。此後皋陶苦心斷案，果然使得天下善惡分明，輔佐帝堯治理天下建立了曠世勳業。

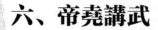

六、帝堯講武

　　帝堯回到平陽不僅為尋到了皋陶心喜，而且其離開京都時間一晃已過兩月，這時朝中還有兩件值得他高興的喜事，正在等待著他。這兩件喜事之一，便是其樂官夔為他創制完成了《大章》樂曲。

　　夔，也有著一段不同尋常的身世經歷。夔是塤的兒子。塤天生具有極高的音樂天賦，年幼時即聽音定律無人可比。為此少年時他便博通當時天下音樂，學貫天下樂器。青年時他百尺竿頭又進一步，苦心鑽研發明出了新型樂器塤。

　　塤是一種泥陶樂器，狀若斑鳩，音色憂鬱，很是別具一格。塤制得陶塤之後愛不釋手，隨後苦心探索塤的吹奏技藝。他練啊吹呀，習呀想啊，不斷總結不斷創新。轉眼數載過去，終於創作出了一套風格獨特的陶塤吹奏技藝。

　　塤吹奏的陶塤樂曲音色憂鬱，如泣如訴，哀哀怨怨，早打動了關在天宮中鬱鬱不得盡歡的眾仙女之心。眾仙女們每到塤吹奏陶塤之時，便會全都停下手中的針線繡刺，凝心靜聽不漏一音。以借之寄託心中的憂鬱之情，安撫自己的憂鬱之心。

　　眾仙女們就這樣聽啊聽呀，一日日，一月月，一年年。塤就這樣在不知不覺中吹啊奏呀，一日日，一月月，一年年。塤的吹奏技藝越

吹越加精湛，眾仙女之心越聽越加萌動。

　　她們久居幽宮，一個個如花似玉，心中春情如潮似浪奔湧不息，卻無奈只能被深牆大院關鎖在自己心裡。這關鎖的春潮本來就在她們心中溢滿了迸發之力，但昔日因為沒有導線迸發不起。今日它們全被塤吹奏的塤曲點燃，一個個全都要迸出心扉的閘門。

　　眾仙女們聽到，塤的哀怨樂音，既像是在把她們心中的哀怨訴說，又像是塤在把自己心中的哀怨向她們言講，她們的心全都與塤溝通了。為此她們更加想聽塤對她們訴說自己心中的哀怨，同時也更想把自己的哀怨向塤傾訴。但是天地遙隔人神間離，她們也是一時傾訴不得。

　　然而，心被打動的眾仙女們傾訴不得也要傾訴，她們心中關押著的春潮全如拍岸的春江之水，蓄滿了力鼓足了勁就要迸發了！終於其中一位勇敢的杜鵑仙女心中春潮迸發，這日不顧天宮的戒律，巧妙地衝破天界的樊籬，偷離天宮來到凡間，循著塤的樂音來到了青年塤的身旁。

　　塤是一位無依無靠的孤苦青年，他在河邊搭蓋一間茅棚為居，耕種周圍的田地收穫自食。這時正值仲春時節，河水輕悠，河岸翠綠，田間禾稼苗壯，草間繁花如簇。塤勞作一日之餘，這時正靜坐在悠悠的河邊凝心吹奏陶塤。身邊月光如洗，塤曲如水翩翩，向周圍寧靜的夜空播溢。

　　來到塤身邊的仙女杜鵑，身輕如蝶步履似風。塤只顧凝心吹奏他的陶塤，因而久久沒有發現。塤吹奏的正是杜鵑的心曲，杜鵑便也不去打擾，而陶醉在了塤吹奏的塤曲之中。

　　塤就這樣不知杜鵑到來，依舊吹啊吹呀，吹得那悠悠的塤曲如同面前的綠水嗚嗚咽咽，流鬱溢淚，使得杜鵑心顫身悸。終於杜鵑再也

抑制不住心中的憂傷，心顫鼻酸，和著塤曲的哀怨樂聲，先是低聲隨著高聲泣出聲來。

正在凝心吹奏陶塤的塤，先是聽到其塤曲之中突然添進了和聲，心中甚為詫異。隨著他聽到那和聲與自己的塤曲和諧至極，便樂興更濃，吹奏更歡。終於塤的樂聲搖撼了杜鵑的心弦，杜鵑禁不住「哇」的一聲放聲悲哭，猛地打破了和聲的和諧。使塤心中一驚戛然止住吹奏，霍地起身轉臉看向了哭聲傳來之處。

塤這一看實在大驚失色，因為突現在他眼前的是一位妙齡仙女，而且這美妙的仙女又大聲哭叫著向他懷中撲了過來。塤是一位青年男子，哪裏見到過這等場面，為此他驚愕在了那裏。塤這一愣杜鵑已經撲到，塤與杜鵑就這樣擁抱結合在了一起。

塤與杜鵑結合之後不過一載，便生下了一個畸形的獨腳兒子。杜鵑眼見此子有異於常人，仿佛與她見過的東海流波之山上的獨腳夔牛有點兒遠親關係，便命名其叫夔。

夔雖然獨腳身顯奇異，其頭腦卻既繼承了其父塤的超人音樂天賦，又獲得了其母杜鵑的上神靈氣。為此他少小時便聞樂踏拍起舞，踏踏合拍契合節奏；而且還開口和樂，聲諧樂高，音合樂律。

塤與杜鵑為此心喜此子，只想他夫婦永遠相伴在此河邊，居住茅草棚中攜子歡度時日，永遠歡樂，永遠甜蜜。然而時日此後過去不到三載，王母娘娘發現了下凡而來的杜鵑。即派天將前來，不僅擒去了杜鵑，並且把善於吹塤的塤也一併擒上了天庭，以為王母娘娘吹奏。

就這樣，塤與杜鵑全被天將擒上了天庭，地上只剩下了他們的獨腳兒子夔。夔這時不滿三歲，身被拋下，雖不知道他將從此失去父母，卻因頓然沒人抱撫，「哇哇」大哭不止，聲沖九霄。

塤與杜鵑聽到哭聲心如刀絞，因為那哭聲抑揚頓挫，高低參差，

契節合律，恰恰形成了一曲撼心動脾的怨曲。塤的身為之顫了，杜鵑的心也為之碎了⋯⋯

但是，夒的哭聲卻再也沒能把他的父母哭回凡界。後來幼小的被棄孤兒夒，由一位無子老漁翁撿回家中撫養成人，他的音樂才能隨著年齡增長折服了天下。對於樂器，他不僅少小時便能彈瑟鼓塤，而且還把大小不一的石塊有序排列懸掛起來，發明出了打擊樂器磬。磬後來則成了金屬出現之後人們所製編鐘的始祖。

對於音樂，他不僅能用各種樂器，仿效自然界中的萬般聲音，還能把這些仿效之音記錄下來製成樂章。夒的音樂才華就這樣勝過父塤一籌，他在凡界演奏的樂章到青年時期，驚動了天宮中的王母娘娘。王母娘娘對他的演奏遙聽不夠，聽興難泯。這日便抑制不住心中激情，竟派天將把他拿上了天宮，以為自己終日演奏。

夒到天宮求之不得，因為他為王母娘娘演奏之餘，終於見到了生身父母塤和杜鵑。夒見到父母心中高興，本來心想從此之後永居天界，待在父母身邊。卻不料這日王母娘娘請來玉皇大帝與其共同聽他奏樂，玉皇大帝聽畢驚問王母娘娘道：「堯的樂官，怎麼到了天界？」

王母娘娘聞問如實講說一番，氣得玉皇大帝即讓她把夒送回了凡界。夒到凡界之後不久，堯便果真繼帝摯之位登上了天子大位。帝堯素來崇尚音樂對人的教化作用，認為音樂既可以陶冶人的情操，又可以頤人情懷化解人的心情鬱結，使之心平氣和減少諸多無謂的爭端。

帝堯當然知道夒的音樂才能，又知道他善於仿效自然界的萬般聲音創制新曲，便在他踐位之日敕封夒做了朝中樂正。夒做了樂正當然不負帝堯對他之望，就在帝堯離開平陽前去尋訪皋陶的這段日子裡，他按照帝堯之想，仿效山川溪谷之聲，為帝堯創制出了一支聞之今人迴腸盪氣的《大章》樂曲。

帝堯回到京都聞知心喜，當即敕令夔獻上此曲。夔聞令即動，隨之招來樂工恭列朝堂，為帝堯演奏起了《大章》之樂。帝堯坐在帝位之上凝神靜聽，他聽到樂曲始如輕風拂面，繼若瀟瀟甘霖沁人心脾。接著則如高山流水清音嫋嫋，隨之又若藍天白雲舒捲徑奔。

整支樂曲的韻味如同春風掠過春潭水面，又若彩蝶翩翩飛越草原萬頃。帝堯聽得心平氣和，忘我意飛，覺得自己變成了輕風，變成了白雲，變成了彩蝶，來到了高山之巔、藍天之上、草原空中。沒有了人間之憂、世間之仇、凡間之恨，有的只有美好萬分……

就在這時，夔又令樂工在這美妙的樂曲聲中加進了磬音，頓然使之變成了節奏強烈的歡快喜慶之樂。帝堯聞聽精神倏然為之一振，不禁隨著便要手舞足蹈。但是就在這時，帝堯看到隨著樂曲節奏的這一變換，天上的飛禽地上的走獸，不知何來竟都突然圍攏上來，踏著這歡快音樂的節拍鏗鏘翩舞起來。

「好，實在是神奇之樂，定可教化萬民也！」帝堯笑了，口中連聲贊叫道。此後《大章》之樂果然不負帝堯之望，成了教化萬民之樂。後世人們也因此皆稱《大章》之樂，為帝堯之樂。

朝中另一件值得帝堯高興的喜事，是在帝堯回到京都的前一天，祇支國派人進貢來了一隻重明鳥。重明鳥又叫雙睛鳥，它一隻眼睛裡生有兩個瞳仁。其形狀像雉，但鳴叫的聲音卻像鳳凰。

它時常把身上的羽毛解落下來，光著身子在空中飛翔。它不吃別的東西，只吃玉膏。祇支國進貢來此鳥所以值得帝堯高興，是它能夠驅妖除怪，趕逐豺狼虎豹，造福於凡人。帝堯見之，當然高興不已。

但是，在這兩件值得帝堯高興的喜事之外，卻也有著使他不高興的事情，這事情便是帝堯之師務成子的離去。務成子在帝堯踐位之時來到帝堯身邊，此後便成了帝堯的主心骨。朝中的一應事務，帝堯

都是在徵得他的同意之後，方纔做出決定。為此帝堯回到京都抽出閑來，便首先來見師父務成子。

務成子見到帝堯，先是祝賀帝堯尋見皋陶之喜，並祝賀帝堯喜得《大章》之樂和受貢重明鳥之喜。但隨著他卻話鋒一轉道：「徒兒雖然貴為一統凡界的天子，但為師如下數言，以後一定要時刻牢記。」

「徒兒不管身貴幾何，在師父面前永遠都是徒兒，師父永遠都是師父。」帝堯聽了不敢稍怠，急忙開口道，「師父有言快教徒兒，徒兒定當洗耳恭聽，永志不忘！」

「徒兒昔日在野之時，住則茅茨不剪，採椽不斲；吃則糲粢之食，黎藿之羹；穿則冬日麑裘，夏日葛衣。雖監門之服養，不過於此矣！與此同時，徒兒心繫天下，牢記萬民。」務成子這才一捋胸前長須，語重心長道，「痛百姓之罹罪，憂眾生之不遂。見一民饑餓則曰此我使之饑也，見一人寒則曰此我使之寒也，見一民罹罪則曰此我陷其罪也。故而眾人尊崇徒兒，擁戴徒兒，徒兒也正因此登上了天子大位！」

「師父所言極是，」帝堯聽到這裏，連聲唯唯道，「徒兒不敢忘也！」

「但是今日徒兒身居天子大位，地位驟變，人便易變矣！」務成子則繼續道，「徒兒若變，則下失眾人之崇，上失蒼天祐護，自己昏庸無道，則天下亂而不治矣！」

「師父所言至理，徒兒不敢一字有忘，」帝堯這時更是不敢怠慢，忙誠心回答師父道，「一日生變。乞師父放心！」

「為政之道除了律己，還在於納諫，即傾聽天下眾人之言。」務成子隨著又言道，「如果斷去言路，便是割絕了自己與天下的聯繫，是斷無不敗之理的。」

「徒兒定當永遠納諫，」帝堯忙言道，「開通天下言路。」

「為師說的這兩條，並非徒兒如今沒有做到，而是提醒於你罷了。但是為了保證徒兒常醒不昏，」務成子道，「即為了保得天下永遠大治，師父提議徒兒在殿前設立誹謗之木，使眾人據之敢於進言，徒兒見之如見師父之面，永志不忘開通言路。」

「徒兒謹遵師教，這就命人去立誹謗之木！」帝堯聞之大為高興道。隨著他告別師父，來到宮中即命人在宮前立起了誹謗之木，以示言路永開，永遠納諫。帝堯此舉後世傳說甚多，有人說其有進善之旌，有人說其置欲諫之鼓。但總之，他們都說帝堯是樹立了誹謗之木的。

那麼什麼是誹謗之木呢？漢《古今注》卷下記載說，誹謗之木則「今之華表木也。以橫交柱頭，狀若花也，形似桔槔，大路交衢悉施焉。或謂之表木，以表王者納諫也，亦以表識衢路也。秦乃除之，漢始複修焉，今西京謂之交午也」。此記則無疑是誹謗之木的最好注腳。

帝堯樹好誹謗之木，即又前去拜見師父務成子。他拜見務成子，當然一是請求師父前來看視其所立誹謗之木，二則是他想到朝中雖有諸多賢臣，但卻缺少一位總攬眾臣之臣。而務成子自從自己踐位以來在朝中所起的作用，正是總攬眾臣之臣應做之事。為此，他決計即請師父出任朝中眾臣總攬之職。

「慎之，再慎之。」帝堯心懷此想來到務成子居處，卻不料務成子僅為他留下一言，而人卻再尋也不知道去了哪裏。帝堯找尋不到務成子便知其已經離去，心中不禁惋惜後悔之至。

後悔之中他想到師父為浪跡山水之人，絕對不會羈留朝中受限。但他雖知若此，卻也為師父此去怏怏不已。此後他當然謹遵師教，儉樸為民之心不改，納諫言路暢通不息，治理得天下面貌大變。只是心中念師怏怏不已，轉眼時間已是十餘載過去。

　　這日帝堯正在念師之中責己律己，害怕如師所言上樑不正下樑歪，中樑不正倒下來，因為自己壞了天下之事，造成天下之亂殃及無辜凡人。突聞其三兄掌管軍事的司馬契前來稟報道：「啟稟陛下，自從陛下踐位以來，天下太平，刀槍入庫，馬放南山。」

　　「這好呀，大治之世，」帝堯聞聽高興道，「就應該這樣呀！」

　　「但是臣下心想，這種狀態已經持續十餘載，刀槍鎖久將會生銹，戰馬牧放日久將會厭於惡戰。」司馬契則講說自己之想道，「作為朝中司馬，為防不測於萬一，特來請求陛下恩准，進行田獵練兵，以保我軍兵武威！」

　　「兄長所言極是。刀槍鎖久必鏽，馬放南山日久必懈，兵士不練日久必怠，萬一發生不測如何應付！」帝堯聽到司馬契講到這裏，方纔心中一明，頓然醒悟道，「想昔日我們先祖炎帝，躬行仁德之道不練兵馬，結果釀成阪泉之亂禍及天下。而先祖黃帝躬行自然之道屬兵秣馬，結果屢平戰亂造福凡界，創下了不世功業！」

　　「陛下所言極是。」司馬契聽到這裏，即言贊同道，「那麼我們怎麼辦？」

　　「我等治理天下，則應以先祖黃帝為楷模！」帝堯為此即作佈置道，「好，田獵練兵之事就這麼定下，兄長前去實施便了。屆時朕也親臨獵場，參加圍獵練兵。」

　　司馬契聞聽心喜，立刻應聲退下準備而去。帝堯言說他要親自參加圍獵練兵，司馬契組織起來當然更加不敢大意。他首先與部下商定，把圍獵地點選定在霍太山北麓。因為那裏有山有澤，林木薈翳，禽獸充斥，可以舉行圍獵。其次，他與部下把時間定在仲冬中旬五日，以空出準備時間。再次，他與部下仔細商定了典禮儀式細節。並根據典禮儀式細節，為獵場準備事宜提出了七條要求。即：第一，圍

獵場方圓五十里，十日內選定具體位址。第二，周圍必須處處豎立旌旗，以為標誌。第三，圍獵場內地勢道路情況，必須在二十日內繪成地圖。第四，圍獵場內的草木翳障等有礙行獵之物，均須剷除。第五，圍獵場外須擇一片平曠之地，為帝堯與眾臣將駐足之所。第六，圍獵場四周須建四門，以為入圍之路。第七，四門之內須有平坦之地，樹立旌旗，以為獻獵之所。

計議定後，司馬契便一邊命人前去霍太山下進行準備，一邊命令眾兵將進行準備。並限令他們務必於仲冬中旬四日以前，趕到霍太山北麓大旗之下會齊，後至者依照軍法從事。

眾軍兵此前雖然常年演練，但由於一直見不到所練武藝有用之處，心中早已懈怠。這時突聞帝堯要領他們親去圍獵，圍獵本身便是一件興趣盎然之事，加之他們也一個個正想把自己平日所練武藝亮亮，出出風頭，因而全都高興不已，人人慌忙去做準備。

轉眼圍獵之日臨近，帝堯聞報獵場與參與圍獵將士全都準備齊備，便自己擇日登程，引領朝中眾臣將離開平陽，一路浩浩蕩蕩徑向東北方向霍太山下行來。帝堯在契、棄、皋陶、夔、篯鏗、有倕等眾臣將的簇擁下，出車百乘，向前奔進。

在途行進數日，恰在仲冬中旬四日午正時刻，來到了霍太山下圍獵場旁。帝堯見之心喜，便令眾臣將領兵紮帳休歇，以俟明日圍獵。眾軍兵聞令，轉瞬即按指定地點紮好了軍帳，休歇下來。

帝堯與眾臣將所居軍帳居於正中，其餘將士軍帳圍繞帝堯軍帳，一層層環列其外。帝堯在帳中略事休歇，便領眾臣將出帳巡視而來。帝堯出帳看到，眾軍紮帳之處，平原莽莽，萬帳森森。南北一線，穿林度谷，不見盡頭。靠近這南北一線的軍帳東面，林鬱巒丘嶺，高低參差。丘上林間，皆插各色旌旗。

「那插兩面大旌旗處是西門，便是正門。南面那插兩面大旌旗處，是南門。」帝堯這時正要詢問，司馬契已開口道，「北面插大旌旗處山巒擋住，繞過兩座山岡是北門。東面插大旌旗處也被山岡擋住，因而看不到東門。」

「好，安排得妥當。」帝堯聽後頷首道，「但不知明日圍獵，臣下如何安排的？」

「明日圍獵，陛下請從正門進去。」司馬契立即回稟道，「其餘眾臣將從東、南、北三門進去。眾圍一日，便可四面合圍。」

「四面合圍？這太不仁了吧！」不料帝堯聽後，頓然皺起眉頭否定道，「我看還是網開一面，放開一門吧。」

「臣下聞聽，昔日天子圍獵，春天叫搜，即搜索不孕禽獸的意思，最不多殺。夏天叫苗，即為保護禾苗，亦不多殺。」司馬契則不同意道，「秋天叫獮，秋天充滿肅殺之氣，所以圍獵即以殺為名，可以多殺。冬天叫狩，此時萬物盡成無所顧忌，圍獵可盡殺而不必選擇。現在正值冬令，應該用狩法，何妨四面合圍？」

「臣下這個道理，朕也知道。」帝堯道，「但朕想四面合圍，眾禽獸無可逃避，朕總嫌它是個不仁之事，不如放開一面。」

眾臣將聽了，全都佩服帝堯仁德，不再多言。司馬契便也即令原從東門進入獵場眾軍，改為一半從南門一半從北門進入。就這樣，後來「天子不合圍」這句名言，便寫進了《禮經》之中，或許就是從帝堯這段典故肇始的。

帝堯與眾臣將就這樣走著說著，轉眼出帳之後已是行出數里。這時正值仲冬時節，白日甚短。不知之中，暮色已經籠罩住了大地。帝堯見之即領眾臣將返回軍帳。行走之中已見一輪明月湧上東山，照得大地亮如白晝。

這時眾將士已在晚餐之後轉入歇息，以俟睡足天明獵場逞技。軍營中軍兵數量雖眾，卻沒有一點兒聲息。只有軍中刁鬥之聲，不時地震響在茫茫夜空之中。帝堯引領眾臣將一陣疾行回到所居軍帳，便各自休歇下來。

轉眼到了翌日五鼓，帝堯即起身親披甲冑，登上了天子戎車。戎車前面張一面大旗，大旗在晨風中獵獵招展。帝堯端站在戎車正中，左有司馬契侍之，右有大理皋陶侍立，氣勢威壯萬分。

眾軍兵也已準備停當，帝堯見之即命鼓手敲響了出征戰鼓。隨著鼓聲震響，帝堯所乘戎車六駿齊飛，車輪轉動。一陣便引領眾臣將進入了獵場正門，時刻恰值東方曙色初綻之期。帝堯見之大喜，即又麾動眾軍向獵場縱深圍進。

圍進之中帝堯看到，前面遠山之上兵行如蟻，他們登巒穿林，形如一線。近處山上人馬，飛空下阪，眾若天仙撒米。又見有或紅、或白、或青、或黃，如星光閃爍不定者，是旌旗在那裏飄揚。

還見有往來若飛，忽而出，忽而沒者，是虎、豹、狼、豺、獅、熊、鹿等獸類，在那裏逃竄。再見有飛騰奮速，羽聲蕭蕭，鳴聲磔磔，散滿天空者，是雕、鷹、鵲、隼、雉等禽類，在那裏奔逸。真個是壯觀非凡，好看異常。

帝堯向獵場中心圍進半日，這時眼見已是將至獵場中心。從南、北二門入場眾兵將，遠遠看到了帝堯戎車之上獵獵飄揚的大旗，聽到了催獵鼓聲。知道是帝堯到了，便開始從南、北、西三方，奮力向獵場中心圍獵。

於是只見須臾之間，南、北兩方軍兵奮力向前圍殺，漸漸合攏在了一起。這時帝堯看到，獵場之上一時間真個是風蕩雲捲，虎嘯狼嗥，兔奔鹿走，酣烈異常。

更有猛虎被人追殺無處逃遁者，轉身撲人，人與猛虎展開格鬥。亦有數名兵士共戰一熊，一名士兵獵殺二豹。

半空之中，箭如飛蝗，禽鳥下墜連貫如同飛星，令人拍手叫絕。帝堯三方大軍就這樣三面合圍，圍得眾禽獸風毛雨血，灑野蔽日。轉眼到了下午，三軍合圍碰面一處，獵獲了所有未逃禽獸，放走了向東脫逃禽獸。

帝堯遂令司馬契傳令罷獵，聽其訓話。眾軍兵聞令，立刻罷獵列隊，恭立等待帝堯訓示。帝堯這時則放開其一統凡界天子特有的威嚴聲音道：「將士們，兵者，乃天下兇器也！論說，天下並不需要有兵，不需要有這兇器。」

「萬歲！」眾軍兵聞聽，齊呼起了萬歲道，「萬萬歲！」

「但是惡者不除，天下又非要有兵這種兇器不可。炎帝無兵，釀成阪泉之亂。黃帝興兵，平亂安定天下。」帝堯這時繼續道，「為此，我們要保有這兇器，並且要磨礪這兇器，以待敢於搗亂天下的惡者！」

帝堯的訓話之聲在獵場上空回蕩，震響在眾軍兵心頭。眾軍兵人數雖眾，這時個個靜聽卻如無物一般。帝堯往下繼續道：「自從朕踐位以來，天下太平，刀槍入庫，馬放南山，將士懈怠，這樣怎可！如果惡人驟起，我軍刀槍鎖久生銹，戰馬牧久野性生發不聽使喚，將士無以迎敵，豈不天下大亂！」

「萬歲！萬歲！」眾軍兵聞聽，又齊呼起了萬歲道，「萬萬歲！」

「為此朕命令你們，以這次圍獵為契機，無敵當做有敵，樹立枕戈待旦心思，苦練殺敵技藝，」帝堯這時繼續道，「時刻準備對付惡人的搗亂。以用你們手中的刀槍，除惡揚善，永葆天下太平！」

帝堯言講至此戛然而止，眾將士聽了又齊山呼起了「萬歲」。隨後，帝堯借著這次圍獵閱兵。勵兵的目的實現，便引領眾臣將與眾軍兵離開獵場，一路返回了京都平陽。

七、出巡禁賭

　　帝堯踐位十餘載來，就這樣把天下的重任都背在自己身上，時刻為天下凡人憂心忡忡，唯恐天下不治殃及凡人，把朝中方方面面的事情都細心照料到了。從而使得天下大治，四方連續報來了天下太平萬民幸福安樂的好消息。

　　但是，心繫天下牢記凡人的帝堯，卻仍對天下情形放心不下，不敢相信四方諸侯報來的消息皆為真實。為此他決計親去四方巡視，以睹真假虛實。決計至此，帝堯即把朝中之事交付司農棄掌管，離開京都先向東方巡視而來。

　　東方是帝堯十數年前尋訪皋陶去過的地方，對那裏的情形留有印記。現在再去看看兩相比較，便能看出自己踐位以來天下是治是廢。若治又治到了何等地步，若廢又廢到了何等天地。

　　為此沿途之上，他引領契、皋陶、夔、篯鏗和數十名隨從，車也不坐，馬也不乘，穿尋常之衣，吃尋常之食，一路向東行進。時值仲秋季節，金風送爽，金秋遍野。帝堯引領眾隨從東行愜意，看到滿眼的秋莊稼碩果累累豐收喜人，越走興致越高，心中越加興奮。

　　帝堯腦海中留存的這裏的印記，仍是十數年前的諸般破敗景象。這時對那景象不僅再也尋覓不到，而且到處都換上了萬民殷富、社會

昇平的安樂景象。帝堯兩相比較，方纔相信四方所報消息非為虛假而為真實。為此他心中甚覺寬慰，腳下因而行走更疾。

轉眼在途十數日過去，帝堯引領眾隨從這日進入了曲阜地界。剛進曲阜地界不久，便見一名罪犯被胥吏用繩子綁著，在路旁牽著行走。一心為民的帝堯見一民有罪便曰此我罪之，他一路巡行至此不見有罪犯心中正覺寬慰，這時突見罪犯在途行進不禁心中一栗，急切上前就要詢問緣由。

帝堯上前眾隨從便也上前，押解犯人的胥吏陡見此景心中乍驚，擔心有人欲劫人犯，隨之立定腳步厲喝道：「你等何來刁民，還敢劫此罪犯嗎？」

胥吏當然要把帝堯一行當做劫奪罪犯的刁民，他們不僅車不坐馬不乘，皆穿尋常之衣，而且歷經長途奔波，個個臉綻疲累之態，實在是個個如同無業刁民，顯露狼狽之象。故而胥吏見之心驚，厲喝之後只待他們再有舉動就要與之交手。

「小子休得無禮！」司馬契見之，急忙開口厲喝道，「你等睜眼看看是誰到了。」

驚怕的胥吏聽聞司馬契此言，方纔定睛細看為首者帝堯。他們看到帝堯雖然衣衫襤褸，但卻面龐豐潤，眉分八彩，一身尊貴之態。胥吏見到這裏心中正奇，不知此人究為誰個，司馬契在旁又忍抑不住道：「當今天子帝堯來到，小子還不行禮！」

胥吏聞聽此語驟然一驚，方纔想起自己所見正乃帝堯之象，頓然嚇得慌忙跪地叩拜，一迭聲求饒道：「小人不知陛下聖駕來到，冒犯陛下，實在罪該萬死！」

「不知不為罪過，」帝堯責怪地向司馬契看去一眼，隨著俯身扶起胥吏道，「朕打擾你們了。」

胥吏又忙謝恩，帝堯則不容其再謝，而即開口詢問其所緝罪犯身犯何罪。胥吏忙答道：「啟稟陛下，此惡身犯不務正業之罪，即他不分晝夜終日聚集狐朋狗友，在其家中做樗蒲賭博之事。故而邑侯責命小人將他捕來，以辦其罪。」

「樗蒲賭博？」帝堯聞聽後不解道，「怎麼賭法？」

胥吏忙將手中樗蒲上呈帝堯道：「這就是樗蒲。」

帝堯接過一看，只見那是五顆木頭做成的方形物件，有黑白二色，上面刻烙花紋，不知有何用場，問道：「這些派何用場？」

「他們擲拋此物，聚賭輸贏財物，」胥吏回答道，「數額巨大，故名賭博。」

「陛下，」帝堯這才剛剛問出些門道，便聽有人來報告，「曲阜侯郊迎來了。」

「迎來做甚？」帝堯不禁彩眉一皺道，「他怎麼知道朕到了這裏！」

但不等帝堯話語落音，曲阜侯已經威赫赫地引領一幫人眾，來到了帝堯面前。

曲阜侯也像胥吏剛才一樣，並沒有認出眼前即為帝堯與其所率隨從，而以為是一幫無賴刁民。他雖然聽說過帝堯儉樸至極，但心想帝堯貴為一統天下的天子，也會出有車行有馬，衣著樸素也不至於低於下民。

這時映入他眼簾的帝堯一行衣衫破爛，一身疲累之態。眼前這現實與其心中所想形成巨大的反差，他當然會像胥吏剛才一樣，把帝堯一行當做劫掠罪犯的刁民，來到帝堯面前立即開口怒斥道：「大膽刁民，還敢聚眾鬧事！當今天子帝堯就要到了，若不躲開，我這就拿下你等。」

曲阜侯話音剛落，在旁的胥吏眼見曲阜侯也像他們剛才一樣沒有

認出帝堯，出言闖下大禍，便不敢怠慢急忙斗膽對曲阜侯道：「大人休得妄言，此乃天子帝堯到了！」

曲阜侯驚得一愣，隨著凝目一看，方知果如胥吏所言，是帝堯站在了自己面前。曲阜侯機靈過人，善於隨機應變，眼見至此豈敢稍怠，急忙跪倒在地奉迎道：「陛下高風亮節，小臣望塵莫及！小臣有眼不識陛下之面，實乃有眼無珠，還乞陛下寬恕小臣之罪！」

帝堯雖然正在對曲阜侯出城來迎心生氣惱，但他看到面前鬧劇上演至此，曲阜侯已經心中承受不住，自己若再訓斥定會使他更加承受不得。為此善於寬容他人的帝堯這時便抑了抑心中的氣惱，俯身扶起跪倒在地的曲阜侯安慰道：「朕等長途奔波，衣衫破爛面容憔悴，實與刁民無異。臣下見之辨別不出，則證明朕無異於凡人，非臣下之過也。」

曲阜侯被扶站起聽了帝堯此言，實在是弄得善於隨機應變機靈過人的他，也一時無話回答起來。無話回答曲阜侯便處境更加窘困，特別是他起身之後，又見到自己一行的車馬之貴、衣裝之華，實在把帝堯一行陪襯得更加寒酸得不成樣子。

為此他恨不得立刻棄去自己的車馬，換去自己的衣裝。但無奈棄之無處，換之不能。一時間真個是使他窘迫得只盼有一條地縫裂開，自己鑽進去以避開帝堯。然而他又無奈地上無縫，他鑽不進去避開不得。

無奈之中，末了曲阜侯只有硬著頭皮壯起膽子，對帝堯深施一禮迎請帝堯一行入城。好在帝堯沒有去追究曲阜侯的車馬之貴、衣著華美，當即應請引領隨從與曲阜侯一道，向曲阜城中行來。

曲阜侯這時見之，胸中一顆戰兢不已的心，方纔稍稍平靜。但他請帝堯乘車帝堯不乘，卻使他又心情平靜不起來。為此他只有棄車跟

在帝堯身後，步行向曲阜城行來。

曲阜侯棄去了車馬，一路上雖然心中減去不少負擔，但身上的衣裝換去不得，與帝堯一行走在一起形成鮮明的對照，也還是使他心中沉重負擔不起。就在曲阜侯如此心覺沉重負擔不起之時，他們一行已是來到了曲阜城外。

帝堯一行如此正行，遠遠便看見城內城外道路兩旁全都聚滿了夾道歡迎的人群。他們看到帝堯到來，全都立即歡呼起來，氣氛熱烈十分。帝堯不睹此境還罷，眼見此境不禁眉頭更是擰起了疙瘩。

曲阜侯見之心中又是一驚，他擔心帝堯剛才沒有追究自己車馬之貴衣著華美，自己已是僥倖，這時若再惹惱了帝堯，他對自己兩過加在一起追究，自己就實在吃不消了。

然而正在曲阜侯如此擔心之時，卻聞帝堯開口講說起來。當然帝堯之言不是斥責於他，而是深深自責道：「驚動曲阜眾人，實乃朕之不德大罪！眾人為朕勞動上街，不得在家安閒或者勞作，朕罪不容赦也！」

心中負擔鄭重的曲阜侯聽了帝堯此言，知道果如自己所料，自己組織眾人歡迎帝堯，又正做到了空地之中。但出乎其預料的是，他辦了錯事帝堯嚴責於他也還罷了，可這時帝堯卻不責備於他，而卻深深自責起了自身，實在使他更加承受不得起來。

因為歡迎帝堯的眾人，是他曲阜侯組織起來的。所以若錯則是他的錯，與帝堯是絲毫沒有關聯的，怎能讓帝堯為此去嚴責自己呢！但是不該帝堯嚴責自身，帝堯卻是嚴責起了自身，這就更使得曲阜侯心中承受不得起來。

承受不得之時，善於隨機應變的曲阜侯本想釋去前衍，化解帝堯對自己之責，心想開口講說眾人今番夾道出迎，是出於尊崇敬仰帝堯

之心，為睹帝堯之面自動上街。可他又怕此言說錯，帝堯更加容忍自己不得。為此他不敢此言，即隨帝堯責己之言道：「不，陛下！勞動眾人之過與陛下無關，若說罪過則全是臣下的罪過！」

「不，臣下無過。臣下勞動眾人，」帝堯則依舊不綻眉頭道，「則是朕教之不夠之過。故而罪在朕身，不在臣下之身。」

曲阜侯耳聽帝堯說到這裏，實在是一方面更加敬仰帝堯萬分，一方面自己更加無地自容，也更加心中承受不住。為此他更加不敢怠慢，眼見事已至此只有硬著頭皮支撐下去，陪同帝堯在眾人的夾道歡迎中入城而來。

行進之中，兩旁歡迎眾人見到帝堯一行衣裝這般樸素，曲阜侯眾人的衣裝那般華貴，兩相比較全都驚詫不已、嘆服不已，因而更加齊贊帝堯盛德，齊呼：「萬歲！萬萬歲！」

「這般勞動眾人，」帝堯見之，則更為自己此來驚動眾人，不安至極道，「實乃朕之罪過也！」

眾人對帝堯一行衣裝的熱情褒揚，當然就是對曲阜侯一行的無情鞭撻；同時帝堯的深深自責，也無疑是對曲阜侯最嚴厲的訓誡。曲阜侯受到眾人鞭撻和帝堯訓誡至此，當然知道自己這次迎接帝堯之舉的做過之事和未做之事都已全部做錯。

但是事已至此，他還是必須去做那已經知道錯了的未做之事，把帝堯迎到了其早已為之專門修建好的行宮門前。來到行宮門前，帝堯看視一眼便頓然愣在了那裏。這是因為，曲阜侯雖然知道帝堯崇尚節儉，只是把這座行宮建成了一般房舍模樣，以保帝堯滿意。

然而它與帝堯在平陽的茅茨不剪、採椽不斲帝宮相比，還是太過奢侈，太過講究，也太過華貴了。為此帝堯見之先是一陣愣怔，隨後方繾綣恍若不敢相信地詢問曲阜侯道：「怎麼，你讓朕住在這裏嗎？」

　　曲阜侯雖然機敏過人，這時卻也心中驚怕得無以應對起來。過去他只是聽人講說帝堯崇尚節儉，但實在意想不到帝堯貴為天子，處處節儉若此。他在節儉的帝堯面前連連碰壁之後，尷尬窘困之中無以應對，但也必須做出應對。因而，他無奈只有開口以常言對帝堯逢迎道：「曲阜區區偏僻之地，行宮房舍不好，敬請陛下委屈數日吧。」

　　帝堯當然大為反胃，但他剛要言說卻聽曲阜侯又說道：「臣下已在宮中擺下便宴薄酒，以為陛下接風。」帝堯聞聽至此，心機一轉便把口中剛才欲說之言咽了下去，抑了抑心中的反胃沒有再言，而隨同曲阜侯走進了行宮。

　　心中正在驚怕的曲阜侯眼見帝堯不言走進宮來，心中方纔稍覺輕鬆，急隨帝堯之後入宮而來，盼望帝堯能夠滿意。但不料帝堯進宮之後沒有停下稍坐一坐，而是邊看邊走，把裡裡外外連同擺好的宴席，都看了個清清楚楚。

　　他看到那房舍建造得實在是夠豪華講究的了，那室內的擺設也實在是夠豪華講究的了，那擺好的宴席也實在是夠豐盛奢侈的了，但他卻又隨著走出了宮門。曲阜侯見之緊跟在後，更加驚怕得再也不敢言說。

　　「朕感謝臣下的良苦用心，但朕的身子不貴，」帝堯到了門外，方纔立定腳步輕言道，「享受不了這麼華貴的珍屋美肴，實在有負於臣下的一片苦心。」

　　曲阜侯剛才看到帝堯入宮後只看不停，隨著又即走出宮來，已知帝堯又生氣惱，便心中驚怕得不敢言說跟出宮來。這時聽了帝堯此言，方知帝堯真是果如自己之想，但也無法言說回答。

　　「為此，朕只有出城去住了。」曲阜侯正在無奈，又聽帝堯開口道。說著，便真的引領眾隨從反向城外而去。曲阜侯聽到帝堯出城之

言已是大驚，又見帝堯果真引領隨從出城而去，便更是驚怕不已。但他處此境地又不敢開口攔阻，無奈只有跟隨其後出城而來。

到了城外，曲阜侯看見帝堯與眾隨從立即一起動手，一陣便搭好了行帳，接著挖坑埋灶野炊燒起飯來。帝堯就這樣住進了簡陋的行帳之中，與眾隨從一樣共餐起了尋常至極的粗糙飯食。曲阜侯實在是被這場景感動到了極點，口中不禁慨歎道：「帝堯，真乃古今聖天子呀！」

「邑侯，怎樣做侯，」帝堯聞聽曲阜侯此言，方纔接言道，「怎麼治理轄地，還需要朕教你嗎？」

「不需要了。陛下身體力行，已為臣下樹立了絕高楷模。臣下此後比著做就是了！」曲阜侯這時連忙說著，立即回城脫去華服，搬出侯府，又來迎接帝堯一行入城。帝堯這才寬恕了曲阜侯，與之平心靜氣暢談起來。

帝堯向曲阜侯詢這問那，曲阜侯一一作答，末了帝堯道：「朕剛才來時，在路上遇見一個罪人，講說是犯了樗蒲賭博之罪。樗蒲賭博究竟是怎麼回事？」

「臣下實在慚愧，」曲阜侯忙答道，「沒有及時煞住此風。」

「朕不是叫你慚愧，」帝堯隨之道，「是要你對朕講說清楚怎麼回事。」

「樗蒲是一種賭博工具，新從北方傳來不過兩載。但卻風行得很快，」曲阜侯立即接言道，「差不多曲阜各地都傳遍了。不僅男的賭，女的也賭。老的賭，少的也賭；富的賭，貧的也賭。」

「是嗎？」帝堯聽後深為詫異道，「此風蔓延這麼疾快？」

「是的。起初，臣下以為不過是一種遊戲，」曲阜侯道，「眾人閒暇無事之時藉以消遣罷了，所以沒有前去禁止。」

帝堯聽出曲阜侯話中有話，心中一詫驚問道：「後來呢？」

「豈知事情大不儘然，眾人藉以進行賭博錢財，尋常輸贏多達數金以上，甚至有一夜之間傾家蕩產者。」曲阜侯繼續道，「更有一種小民以此為業，專門用它引誘少年子弟青年婦女去其家中賭博，他從中取利。」

「噢，」帝堯這時更為驚異道，「竟然如此！」

「是的。後來地方父老見到這種情形氣惱至極，紛紛聯名告到臣下這裏。」曲阜侯講說道，「臣下方知這是一股惡風，便嚴令禁止，有犯者處以重罰。受禁之後情勢雖然有所收斂，但卻仍是不能禁絕。」

「這樣，就全是朕的罪過了。」帝堯聽到這裏，又是開口作起了自責道，「是朕身為天子治理天下不力，方使得此方眾人染上了賭博惡風。」

「不，這與陛下沒有一絲牽連。」曲阜侯聽了不敢怠慢，急言否定道，「要說罪過，是臣下治理不力之罪，是眾人自染的惡習，與陛下哪有牽連呢！」

「是朕的罪過，」帝堯耳聽曲阜侯此言，仍是心中沉痛口中講說道，「造成了眾人賭博的罪過呀！」

「剛才陛下遇到的那名被捕罪犯，就是日日做這種賭博惡事之人。然而其妻子卻很賢德，」曲阜侯眼見再勸也是無用，遂繼續向下講說道，「多次勸他均不改悔，終至傾家蕩產。妻子承受不住凍餓，遂用屍諫之法自縊身死。」

「啊，」帝堯聽聞一驚道，「竟然如此！」

「是的。死前，她為勸丈夫改過，曾寫下幾首小詩。其詩情凄詞婉，決無半句怨恨，真是個賢德婦人！」曲阜侯繼續道，「臣下知道了這件事，便命胥吏將他拘捕。不料未及發落，陛下恰好見到。」

「剛才朕見到胥吏手中握著五顆木子，上面刻烙花紋，」帝堯聽

到這裏，一心為民的他心中禁賭之志已堅，但只是一時不知怎樣才能禁賭成功，遂決計問清情況再作定奪道，「簡單至極毫無奧秘，怎麼能使這麼多人著迷入魔，邑侯知道嗎？」

「臣下曾經細問此事，但只知木子擲下之後，」曲阜侯回答道，「以上面的顏色和花紋分定輸贏。其他就不甚知道了。」

「叫那罪犯前來，」皋陶這時聽了，立刻半語道，「一問即可明瞭。」

「有何樂處，使你這樣不務正業？」曲阜侯於是立即著人提來了罪犯，帝堯見之對其詢問道，「從實說來。」

罪犯早在路上已經見過帝堯，這時耳聽帝堯詢問於他，立刻跪地稽首道：「小人昏謬迷妄，陷於邪途，致罹今日之罪。如今小人醒悟知罪，乞陛下廣施仁德，寬恕小人過往之罪，小人今後一定痛改前非！」

帝堯眼見罪犯害怕，便讓他站起身子道：「你剛才所答不是朕之所問。朕問你的意思是，一個人如果犯罪，必有一個緣由。比如說偷盜，或因貧窮的緣故。又比如殺人，或因仇恨的緣故。」

「是的，陛下。」罪犯這時應答道。

「但那樗蒲不過五顆木子，又經侯王嚴屬禁止，你為何依舊捨棄不得，並且到了不顧愛妻饑寒甚至其死，這究竟是何緣由？」帝堯繼續其言道，「你要求得朕的寬恕，就要從實講來。以便朕弄清緣由，教誨眾人改過。」

罪犯剛才實在害怕帝堯重治於他，為此答非所問。這時聽罷帝堯此問，心中雖然放寬起來，卻又一時因為帝堯詢問驟然，事關重大，心思一時轉彎不及，竟然心覺茫無頭緒回答不出。

「可以想想，找找根本緣由。」帝堯見他一時無從說起也屬自然，便過了一會兒方纔催促道，「再說也是不遲，不必著急。」

「據小人回頭想來，」罪犯這時已經心想一陣，有了頭緒開口回答道，「有兩種根本緣由。」

帝堯聽他回答得上道，立即開口追問道：「有哪兩種緣由？」

「一種是閒暇無事，一種是貪心不足。小人從前並不知道樗蒲賭博之事，前年冬天閒暇無事，幾個朋友說起樗蒲耍樂之事，」罪犯認真回答道，「提議玩玩。小人便即贊成，以為偶爾玩玩並無妨害。但不料一玩就玩上了癮，丟棄不掉了。」

「為何會玩上癮來？」帝堯聽到這裏，又即追問道。

「上癮的緣由即為一個貪字。樗蒲可以賭輸賭贏，無論什麼物什都可以作為賭注抵押。起初小人賭贏，心中非常高興。」罪犯繼續道，「覺得只在頃刻之間，費去舉手之勞，而不必用心用力，就贏得了這許多物什，實是有趣之至。為此，要賭的心思便濃了起來。」

「原來如此。」帝堯聽到這裏，心中漸明道，「後來呢？」

「可是不到幾日，卻漸漸地有輸無贏，不僅把以前贏得的物什輸盡了去，而且還把家中的物什輸去了不少。」罪犯這時也是痛心起來道，「雖然也偶爾贏過幾次，但卻總是抵不住輸出去的多。於是便越輸越急，越急越賭，結果卻越賭越輸。一年來小人著迷入魔便是為此，故而小人說是因為一個貪字。」

「你說的頗有道理。人的貪心實在難以去除，但又根由於閒暇無事。」帝堯不禁嘆惜道，「閒居無教，則是什麼事情都會做出來的。但朕還不知道樗蒲怎麼去分輸贏，你對朕講說明白。」

罪犯眼見自己實言至此帝堯沒有斥責，得到寬恕有望，便更是消去了驚怕。聽了帝堯此言，便從身上摸出一個帛製說明書和一個局來，呈遞給了帝堯。帝堯接過抖開一看，見那局上有橫線、直線、關、坑、塹等。再對照說明書一看，已是賭法盡皆明瞭。

「你把這些都帶在身上，隨時可以聚賭，實在是用心到了良苦的地步。」帝堯這時氣惱道，「瞧你年紀輕輕的，若把這種志趣用心於學，豈能學習不好！」

罪犯聽到帝堯說到這裏，心覺愧悔頓然臉面漲得通紅，決計痛改前非，隨著從身上摸出一個小包，打開呈遞給帝堯道：「小人啟稟陛下，小人把這些東西帶在身上，是因為小人十分貧窮。遇到有人要學賭博，便立即對其教授之，圖點報酬聊度時日。」

「你實在罪不容赦！」曲阜侯這時勃然大怒道，「還有什麼快快招來。」

「小人此行想來實在是利令智昏，罪不容赦。」罪犯繼續其言道，「現在陛下對小人這樣寬容大度，小人便把它們全拿出來，以向陛下表示小人永不再犯的決心。」

帝堯接過那小包一看，其中都是賭具，有好幾種。其中有石頭做的，有玉做的，有獸骨做的，有象牙做的，也有木頭做的，全都是五顆一副的樗蒲。帝堯於是慨歎道：「這種東西竟用象牙和玉石來做，實在是太奢侈太可惡了！」

「這樣的樗蒲是供富人使用的，」罪犯隨之接言道，「擲起來名叫投瓊或出玖，名目雅些。」

「你言說精於賭博，」帝堯不接罪犯之言，接著詢問道，「但為何不能贏而致富，反而輸而遭窮呢？」

「小人開始不知，現在已經知道凡是賭者，沒有不輸而遭窮的。」罪犯隨之講說道，「這一是因為，賭博的規矩是輸的人固然失財，贏的人也必須拿出若干財物，給組織賭場的主家做抽頭。為此即便賭贏，所剩者也不會多。」

「噢，」帝堯心中一明道，「還有這種緣由。」

101

「是的。二是賭博得來的財物因為來之輕易，用時便不覺得可惜，因而便不能積蓄。」罪犯繼續其言道，「三是賭友見到贏家不免妒忌，往往要求贏家做東宴飲，因而也會所剩無幾。四是賭博之人不事勞作，家中當然就會坐吃山空。」

「還有嗎？」帝堯繼續追問道。

「還有賭博半由天命，因而不能保證一定必贏。再說強中更有強中手，」罪犯末了道，「賭術再精也不會有十成奪贏的把握。因而小人雖精於此術，卻遭窮至此。」

帝堯聞聽罪犯之言入情入理，又進一步深問道：「你言深有道理，也頗見你的聰敏。但你既然明白至此，又為什麼這樣執迷不悟，不回頭改過呢？」

罪犯聽到此問，頓然無言以對起來，末了方纔無奈道：「小人今得陛下之教，日後定當痛改前非！」

「你此刻言說固然輕巧，」帝堯這時則不饒罪犯道，「但你那賢妻為你已死，你良心上對得起她嗎？」

罪犯聞聽帝堯此言，不禁心中悲苦得嗚嗚咽咽哭泣起來。帝堯見之繼續道：「再哭，也哭不活你死去的賢妻。為此朕本要重治你的罪過，但念你已有悔改之心，亦能誠實講說賭博真情，因而看在你那死去的賢妻分上，朕且饒你此次之罪。」

正哭的罪犯聞聽帝堯言說至此，便在悲哭中連忙跪倒帝堯面前叩謝不止。帝堯見之道：「但也不是無條件饒恕。首先，朕要命人給你妻子好好造一座墳墓，並在墓旁蓋一所祠堂，作為世間賢婦之表。罰你在那裏看守，每日必須勞作半日以上，由官府隨時檢查。若有懈怠或者賭博舊事發生，決不寬貸定當嚴辦！」

「罪犯記住了，」罪犯聽了連連叩頭道，「定當謹遵陛下之教去做，

一字不敢走樣！」

「第二，朕要立即下令，收繳天下樗蒲賭博用具，一火焚燒。」帝堯隨之則繼續道，「屆時，朕令你向眾人講說賭博之害，示以眾人，以為眾人之戒。」

「小人遵命，」罪犯又是連忙道，「小人盡聽陛下差遣，不敢稍有懈怠！」

「今日你可以暫先離去，屆時招之即來。」帝堯末了道。罪犯見到得釋，忙又叩謝再三，方纔起身離去。罪犯去後，帝堯便即命曲阜侯下令大煞樗蒲賭博之風，收繳樗蒲賭博用具。凡有敢於隱匿不交者，一旦查出定當重處。

帝堯飭令傳下，數日之內即收繳樗蒲賭博用具無數，並拘捕了一批斗膽頂風賭博之人。帝堯眼見禁賭之事數日之內大見成效，心中大喜。即命曲阜侯擇日集合人眾，召開禁賭大會。

擇定召開禁賭大會的日子到來了，這日曲阜侯在曲阜城外會場上集合了數千民眾。帝堯端站在會臺之上，首先命令先前放去罪犯現身說法，接著令皋陶親判捕來頂風賭博罪犯之罪。然後又親自講說賭博惡風非煞不可的道理。

帝堯道：「人窮在於墮，人富在於勤。勤乃勤勞，勤勞才能創造出致富的物質財富，不僅個人富而且也使社會富。墮則聚賭，賭則不勤，不勤則無以創造財富，因而互相之間只能你騙我我騙你，不僅不能個人富，而且也不能使社會富。」

「陛下說得好！」眾人不等帝堯說完，已是打斷其言歡呼起來道，「陛下說得有理！」

帝堯則等到歡呼眾人平息下來，繼續講說道：「人活著不能造福於自己，更不能造福於社會還有何用！因而聚賭是社會的毒瘤，我們

決不能讓它蔓延下去，殃及當代害及後人。為此朕宣佈日後敢有聚賭者，定當重處！」

眾人聽到帝堯講到這裏，更覺入理十分，全都齊聲歡騰。帝堯見之，又一聲「燒」字令下，眾差人便把堆在會場中央的收來賭具點燃焚燒起來。那樗蒲賭具收來眾多，堆得如同一座小山。它們多為木頭製作，一經點燃便燒起了熊熊大火。

眾人見到帝堯禁賭決心堅定，更是全都歡呼雀躍。他們也都早已恨透了這股該煞的惡風，只是苦於自己無力不能煞住。帝堯來了，他們的願望實現了呀！

八、帝堯心苦

　　帝堯在曲阜禁罷賭風小住數日，即離開曲阜前往泰山巡視。來到泰山，他朝覲之餘看過當地民情，並向泰山諸侯講過禁賭之事，隨後便離開泰山地方，一路向東北到海邊巡視並飽覽大海風光而來。

　　帝堯一行轉眼在途行進十餘日過去，這日近午時分來到了東海岸邊。看見大海，帝堯便佇立岸邊貪婪地眺望起來。這時恰值晴空萬里，風平海靜。碧若錦緞般的遼闊大海，柔如少女，恬靜萬般，令人著迷。海邊平緩的沙灘反射著柔和的陽光，緩緩的海水甜蜜地親吻著灘頭的沙粒。海面上漁帆點點，海鷗競飛。處此境地，帝堯越看越覺得天高海闊，心曠神怡，對大海迷戀萬般。

　　然而迷戀大海的帝堯剛剛看視不久，東南方碧藍的天空中卻突然捲起了烏黑的雲頭，海面上颳起了強烈的颶風。隨著狂風乘著雲頭攜著狂浪，一陣便颳到了帝堯面前。平靜的大海頓然失去了它剛才柔和少女的容顏，變得狂如雄獅，雄渾萬般。

　　帝堯看到，海風漫捲起海灘上的飛沙迷人眼目，海水狂哮如同要撕裂阻擋它們的海岸。海面上連綿的浪山起伏變幻，吞沒了海鷗和漁帆。處此境地，帝堯覺得天狂海惡，悚人心膽！

　　但是帝堯迷戀上了大海，他不僅迷戀上了大海的柔，也迷戀上了

大海的狂，為此他對面前狂怒的大海仍是看視不夠。他看啊看呀，覺得自己心通溫柔的大海，那大海胸懷博大，靜納百川。他迷戀瘋狂的大海，這大海雄渾豪壯，壯人肝膽。

他是凡間當然也包括大海的主宰，因而他對大海看視不夠，越看對浩大的大海越加敬羨，越看越感到自己肩上的擔子沉重如山！敬羨感受至此，帝堯隨之領悟到了當年先祖黃帝所以東臨碣石以觀滄海，即為開闊胸懷，以壯肝膽的深意。

因為在此無名海邊東觀滄海尚且感受至此，如果是在碣石東觀滄海定當感受殊深。為此他抑制不住胸中激情，即步黃帝後塵引領眾人，沿著海岸一路北行徑向碣石山奔來。

碣石山聳立在大海邊沿，登之可見大海更加闊大，氣勢更加雄渾。帝堯在途近月來到碣石山上，東觀滄海實在心中更加感慨萬千！為此他對大海更加看視不夠，竟然在碣石逗留十數日，方纔戀戀不捨地離開，一路向西巡視而來。

帝堯向西巡視轉眼數十日過去，這日來到一處鄰近曠林的地方。曠林是帝堯的兩個同胞異母兄弟閼伯和實沈的封地，帝堯早就聽說其兩兄弟之間不和，有心前來看視為之和解，卻因朝事繁忙一直不得時機。

這時西巡恰好路過其近處，他便決計借此時機前去看看，勸說二位兄弟重歸於好，以造福封地民眾。帝堯心懷此想眼見越走距離曠林地方越近，心中便也越加高興起來。

但不料就在帝堯正在高興前行之時，卻突見成群的民眾扶老攜幼牽牛拖羊，失急慌忙地迎面逃奔過來。看那奔逃疾急的樣子，仿佛身後有著逃跑不快就有死亡危險似的。帝堯大異，忙命司馬契派人前去探看究竟。

　　但是沒等司馬契派人前去，在前的民眾便已逃了過來。見到帝堯一行身著衣裝與他們無異，便以為是一般民眾，遂對之好意急言道：「快返回頭去逃吧，帝子閼伯與實沈又打起來了。如不快逃，他們打來你們就沒命了！」

　　「原來是他們在此逞惡！」帝堯聽聞是閼伯與實沈兩兄弟在前方交戰，鬧得眾人這般慌忙奔命，頓然氣惱萬分道。隨著，便即領眾隨從繼續前行，以去看個究竟再做定奪。

　　帝堯引領眾隨從向前行走一個時辰，突聞前方密林中戰鼓咚咚，殺聲陣陣，爭伐正烈。聽到這裏，帝堯心知奔逃民眾所言皆為真實，是閼伯與實沈兩個正在這裏領兵交鬥，便心機急轉謀求起了平此戰亂之法。

　　「啟稟陛下，前方果是閼伯、實沈二位帝子正在交鬥。雙方各有軍兵不下千人，甲冑鮮明，干戈耀眼。」恰在這時，哨探返來稟報道，「一在東南一在西北，惡戰正酣。小卒本要前去對他們言說陛下駕到，但卻前去不得。無奈只有返來稟報陛下定奪。」

　　「如此箕豆相煎，手足相伐，實乃人間悲劇也！」帝堯聽了，不禁慨歎一聲道，隨著，他話鋒一轉對身邊的司馬契道，「契兄，你去勸阻二位小弟，就說帝兄到了。」

　　司馬契聞令，即領十名隨從來到鬥場近處，舉目看到雙方軍兵果然鬥得酣烈異常。這一方近千軍兵死命向前攻殺，後有戰鼓催征，非欲殺敗對方而不可。那一方近千軍兵拼死抵擋，寸步也不相讓。

　　雙方軍兵拼死惡殺，你中有我，我中有你，惡鬥在了一起。真個是殺聲盈野，惡風四起。在西北方和東南方鬥場之外，又各停有一輛戰車，車上各立一面帥旗，旗下各站一員大將。各個奮力敲播面前的戰鼓，以為攻殺將士助陣揚威。

司馬契不曾見到過自己的這兩位同胞異母兄弟之面，但心知那二位必是他們無疑。於是司馬契心想立刻前去勸說他們停戰，但隨著又想到如果自己前去，只能一方一方勸說，定然難將他們雙方立即勸止。

加之他們都不認識自己，自己又身同常人無異，二位兄弟惡鬥正酣見之豈會相信。犯難之中司馬契突然心思急轉，即從身後所佩箭袋中抽出兩支箭來道：「就讓二位兄弟自己散去了吧！」

司馬契如此說著，手中已「嗖」的一箭，先向西北方正在擂鼓的將軍射去。其箭不待那將軍反應過來，其頭上所戴兜鍪已被射飛開去。隨著，司馬契又一箭射向東南方正在擂鼓的將軍，「嗖」地便把其手中鼓槌，射飛向了遠處。

兩位將軍只顧奮力擂鼓為自己軍兵督陣，想不到驟生此變，心中全都大驚，以為是對方軍中射手所為。為此他二人不敢怠慢，急忙棄下各自正戰軍兵也不顧及，拔腿便分別向西北、東南躲避奔逃而去。

兩位將軍棄陣逃去，督陣戰鼓頓然停敲。正戰之軍突聞雙方戰鼓一齊停敲，心中一詫齊舉目看向各自擂鼓的主帥在處，恰正看到兩方主帥全都拔腿奔逃。雙方正鬥軍兵眼見此景誰個還敢戀戰，齊棄戰跟隨主帥奔逃而去。

「帝堯聖駕來到，你等雙方不來謁見，奔逃什麼！」司馬契見此情景心中高興，即領隨從上前大喊道。司馬契眾人的喊聲，頓然驚止了雙方奔逃軍兵。他們隨著齊舉目看向了司馬契眾人。

但他們眼見司馬契眾人身著常人之衣，與常人無異，便誰也不敢相信他們的喊話，害怕中了對方之計，仍是繼續奔逃不止。司馬契見之又向眾隨從大喊道：「我們不是帝堯，帝堯聖駕隨後即到，看誰再敢奔逃！」

他們的喊聲再次驚止了雙方奔逃軍兵，恰在這時帝堯一行出現在

了司馬契眾人身後。司馬契與眾隨從又是高喊道：「你們看，陛下帝堯已到，你們還不快快過來拜謁！」

被司馬契眾人的喊聲喝止的奔逃軍兵，這時再度舉目看向了剛剛來到的帝堯一行。但他們心目中想像的帝堯，應該是乘坐高車大馬，身著華衣貴冑，使人難仰其高，令人望而生畏。而此刻他們看到的帝堯一行卻衣如常人，相若常貌，華貴與威嚴皆不及他們的主子。他們又都心中不信，害怕中了對方之計，再度奔逃起來。

「陛下，適當的衣著儀仗也是不可缺少的，」司馬契這時看出了雙方軍兵兩番奔逃的原因，無奈開口對來到跟前的帝堯道，「只著常人之衣，作為天子是要誤事的呀！」

「衣著儀仗，衣著儀仗，朕就不信治理天下會靠衣著儀仗！」帝堯也早已看出了雙方軍兵兩番奔逃的原因，正惱這些衣帽取人的軍兵，又聞司馬契此言，便火不打一處燒來道，「朕就是要不用衣著儀仗，大治天下。」

「去，快抓一些軍兵過來，讓他們謁見陛下。以讓他們相信天子帝堯真的到了。」司馬契想不到自己一言，竟然激起帝堯這般惱火，為此他便不再言說，而即令十數名隨從道。隨從聞令立刻行動，須臾便抓來了數十名正逃的雙方軍兵。

「朕就是帝堯，你們快快回去，叫你們的戰友和主子，」這些軍兵正逃突被抓來心中正驚，帝堯已來到他們面前道，「立即前來見朕，朕有話對你們講說。」

被抓軍兵耳聽帝堯此言，心中驚怕方纔消散開去，立刻凝目看向了帝堯。「小人有眼不識天子，」剛看一眼他們即認出面前真是帝堯到了，隨著便全都「撲通通」跪倒在了地上道，「乞陛下恕罪！」

原來他們一眼見到，面前的帝堯雖然衣若常人，其面貌卻非常人

可比。其臉龐銳上豐下，眉分八彩，面皮赤紅，與人們所說無異。因而其心魄全被懾服了去，紛紛跪地言說起來。

「朕衣若常人無異無別，你等一時認識不出，罪不在你等而在朕身。」帝堯聞聽他們之言，即言道，「都快快起來，去傳你等的戰友和主子前來見朕。」

「陛下儉樸之名傳揚天下，見之果然絕非虛名！」跪地雙方軍兵聽了，齊開口再謝帝堯，隨著，即起身傳達帝堯聖命而去道，「我等遵命，這就去傳眾人來見陛下。」

闕伯與實沈以及跟隨他們奔逃的眾軍兵，剛才還正在驚怕中了對方之計，這時聽了被抓軍兵傳來之信，方知果真是帝堯駕到。為此他們誰也不敢怠慢，特別是闕伯與實沈，更是疾急地向帝堯跟前奔來。

因為他們雙方心想，帝堯先前就曾因為知道他兄弟不睦，多次捎信教誨於他們。如今他兄弟因為不睦發展到了動兵大戰的地步，又在正戰之時恰被帝堯撞上。因此雙方更怕帝堯此來，要嚴處他們。為此雙方這時皆欲搶先去到帝堯面前，講說自己之理以告倒對方，保得自己不受帝堯責罰。

闕伯與實沈心懷此想搶到帝堯面前之時，其雙方在前軍兵為了一睹帝堯面目，早已搶在他們之前來到了帝堯身邊，施禮謁見之後全都圍在了帝堯周圍。實沈比闕伯先一步來到帝堯面前，見到帝堯由於戎裝在身，只好行了一個軍禮。

帝堯心中正惱闕伯與實沈兄弟這樣大戰，殃及一方凡人驚慌奔逃，到了擾亂天下大治局面的境地。因而看到實沈來到一身戎裝未換，滿臉殺氣未退，且又身帶一點驚恐愧悔之態，便立即氣惱地喝問道：「帝兄此前曾經屢屢教誨你兄弟和睦相處，不要爭鬥，可你兄弟根本不把帝兄之言放在眼中，竟然發展到了互相大戰殃及民眾的境

地，這究竟是為何？」

帝堯言罷未等實沈回答，閼伯也匆匆趕了過來。他也是一身戎裝一臉殺氣，身帶一點驚恐愧悔之態，見到帝堯無奈只有行個軍禮。帝堯見之，又即把斥問實沈之言向他斥問一遍，頓然把他二人說得誰也回答不出話來。

「你們有理怎麼不說呀！你們雙方牽拉千人相殺，又牽著他們多少父老兄弟，殃及多少民眾不得安寧逃難離鄉啊！」帝堯這時心中更惱道，「你們知道你們的罪過何等深重嗎？你們叫朕怎麼面對天下民眾，怎麼去向天下民眾解說，怎麼有臉面再當這個一統凡界的天子呀！」

帝堯說到這裏，氣惱得實在說不下去了。閼伯見此時機忙不放過，開口搶先告狀道：「當初臣等搬到此地之時，原是好好的。但怎耐實沈沒有一點規矩，不把兄長放在眼裡。」

「噢，你說，」帝堯聞聽問道，「他怎麼不把你放在眼裡了？」

「臣下是個兄長，應該有教導他的責任。但臣下教導他幾句，」閼伯立即接言道，「他就動蠻，末了竟打起兄長來。帝兄說說，天下有這樣的道理嗎？」

「作為兄長，他何嘗是教導我，簡直是要處死我！我為了正當防衛，方纔不得不還手。」閼伯這邊話還沒有說完，那邊實沈早已忍不住了道，「況且，他又何嘗有做兄長的模樣。自己兇狠得不得了，還配來教導我嗎？」

「此刻不許你說，」帝堯即忙喝止實沈道，「待你兄長把話說完，你再講說不遲。」

實沈被帝堯阻止不敢再言，閼伯方纔又說道：「帝兄眼見剛才實沈在帝兄面前尚且這樣，其他時間便是可想而知了。」

111

「不必這樣言說，你只將事實講說清楚。」帝堯忙又止之道，「帝兄知道你們如今已經分門定居，那麼你們各過各的日子也就行了，為何還非要這樣相爭不息呢？」

「帝兄所言極是。當初因為實沈之妻，屢來與臣下之妻吵鬧，臣下之妻受氣不過。」閼伯於是接著道，「臣下之母見之，方命臣下兄弟自立門戶雙方分居。臣下與兄弟居住相距五十里的東南，實沈住西北。」

「這樣好呀，相距五十里，」帝堯聞聽贊同道，「這樣就可以相安無事了。」

「這樣本來可以相安無事，但不料實沈結識一班無賴狂徒，專門來與臣下為難。」閼伯接著又言道，「他們不是把臣下的子民掠去，就是劫奪臣下轄地的財物，甚至砍伐樹木，毒死耕牛。帝兄你說，臣下還能忍受得住嗎？」

「帝兄不可相信閼伯此言。是他帶了一幫盜賊，」實沈在旁聽到這裏，再也忍不住了道，「不是焚燒臣下子民的房屋，就是決水淹我子民的田地。臣下怎能忍受得住！」

「你不派人決水淹我子民的田，」閼伯聽了又不相讓道，「我哪會派人去燒你子民的房屋！」

「你不叫賊人來掠我的子民，劫我子民的財物，」閼伯也不相讓道，「我哪會派人燒你子民的房屋，決水淹你子民的田地！」

他兄弟就這樣你一言我一語，在帝堯面前氣勢洶洶不僅大吵起來，末了簡直又要動手廝打起來。司馬契見之，忙厲聲喝止道：「在陛下面前，你等還敢這樣無禮！」

閼伯與實沈這才被契止住，雙方收起洶洶氣焰。帝堯聽到這裏，把他們前後所言綜合起來分析，已對是非曲直心中有數，便對他們道：

「你兄弟二人所爭，無非是非曲直四個字。但究竟誰是誰非，誰曲誰直，你倆都要平心靜氣，細細想想再對帝兄說來，帝兄好為你們做出判斷。」

闕伯與實沈兩個聽了帝堯此言，方纔盛氣壓下不再相爭，一時反倒誰也不好先說起來。如此過了好一陣子，實沈心中仍是不服，方纔先說道：「臣下心想起來，臣下確有不是之處，但闕伯的不是之處比臣下還多。」

「如果不是實沈無理，屢屢向臣下逼迫，」闕伯聽了當然仍不相讓道，「臣下決不至於薄待於他。所以臣下的不是，都是實沈逼迫出來的。」

「這樣就都怪你兄弟二人不得，只有怪天老爺了。誰叫天老爺生人把兩隻眼睛都生在臉上，不生在兩隻手上呢！如果生在兩隻手上，不就可以既舉起來看別人，」帝堯聞聽至此，不禁歎口氣道，「又反過來看自己了嘛！別人的美惡形狀看見了，自己的美惡形狀也看見了。現在生在臉上，只能用來看別人，而不能用來看自己，這樣怎會認識自己呢！」

闕伯與實沈聽到這裏，方纔雙雙不敢向下再言。帝堯於是又言道：「兄弟親愛之道，帝兄先前曾在信上對你們說得詳盡無遺，如今再對你們講說一遍。一個人在世做人，不要說是兄弟，即便是常人相待，也不可以說自己一定不錯，別人一定就錯。」

闕伯與實沈耳聽至此，雙方只有口中唯唯，再也不敢言說別的。帝堯則繼續向下教訓道：「要知道人非聖賢，孰能無過。既然有過，就應該先把自己的過除去再說，不應該把自己的過先原諒掩飾起來，把別人的過牢記責備起來，那樣就要相爭不息了。」

「帝兄教誨甚是。」闕伯與實沈聽到這裏，雙方心中雖然仍是不

服，口中卻也只有連連稱是道，「小弟銘記在心了。」

「兄弟，是骨肉至親。做弟弟的，總應該有敬兄之心。即使兄長有薄待弟弟的地方，弟弟也不應該計較。」帝堯這時則講說不止道，「做兄長的，總應該有一個愛弟之心。即使弟弟有失禮於兄長之處，也應該加以諒解。」

「謝帝兄教誨，」閼伯倆這時又是只有連連表面應允道，「小弟記下了！」

「做人的方法總須各盡其道，不能說兄既不友，弟就可以不恭；弟既不恭，兄就可以不友。這種刻薄行為，是萬萬要不得的！」帝堯繼續講說道，「再說兄弟是父母形氣所分，如手如足。不比妻子，不比朋友及其他人。妻子死了，可以另娶；朋友去了，可以另交；去了一個，又有一個。」

「帝兄所言極是。」閼伯倆這時又是不得不口中贊同道，「小弟定當牢記在心。」

「同胞兄弟，則無論是費去多少代價，都是買不來的。你兄弟看得相互這樣輕薄，豈不可怪！」說到這裏，帝堯方纔緩一口氣轉問閼伯道：「兄弟現有幾子？」

閼伯道：「臣下有二子一女。」

帝堯又問實沈道：「兄弟現有幾子？」

實沈道：「臣下有二子。」

「兄弟現在都有子女，而且不止一個。假如兄弟的子女都和你們一樣，相互之間終日相爭不息，甚至以命相拼，做父母的心裡會快活嗎？」帝堯隨之又言道，「假使以為憂愁，那麼兄弟怎麼就不再替我們的父母想想，自己的情形能使他們的在天之靈快慰嗎？」

「不會，當然不會。」閼伯倆這時立即接言道，「帝兄，我們知

道了。」

「為此，兄弟相爭，非但不友不恭，而且是對父母的不孝。」帝堯說到這裏，不禁淒然眼淚流了下來，口中則敲起了響鼓重錘，語重心長道，「同時兄弟相爭又殃及了天下民眾，則就又對天下犯了不赦之罪，兄弟知道嗎？」

闕伯與實沈聽到帝堯說到這裏，又見他情態懇摯若此，雙方也只有做出為其至誠所感的樣子，一時全都低頭默然不語了。帝堯見之則一面自己拭淚，一面又說道：「帝兄今日為兄弟和解，兄弟須依帝兄之言，以後切切不可再鬧。要知道兄弟至親，有天大的冤海深的仇，也都是解得開忘得了的。」

闕伯與實沈聽後，口中又是唯唯。「不必要爭了，兵便無用了。」帝堯見之，隨即又言道。於是他即刻轉對圍在身旁的闕伯與實沈之兵道：「你們全都回家，與家人團聚去吧。從此再也不必因為爭戰心驚了！同時你們回去之後轉告眾鄉鄰，戰事從此平息，再也不必為之驚怕奔逃，好生安度平安日子。」

「萬歲！萬萬歲！」闕伯與實沈之兵皆為強迫而來。這時聞聽帝堯遣散他們之言，齊一陣歡騰對帝堯連呼「萬歲」再三，方纔四散去了。闕伯與實沈眼見自己辛苦集來軍兵全被帝堯遣散，心中雖然仍是不忍卻也無奈。因為帝堯之言，他們是抗拒不得的。

「兄弟先站過來，向兄長闕伯行禮道歉。」帝堯轉眼看到眾兵去了，這才轉對實沈接著又對闕伯道，「兄弟也站起來，向兄弟實沈還禮道歉。」

闕伯與實沈聞聽帝堯此言，只有都起身相向行禮道歉。一時間雖然他兄弟不是真心出於勉強，但卻可以見到他二人臉上，終久還是露出了悔愧之色。

　　「以往之事，從此誰也不許再提。闋伯家在何處？帝兄想去兄弟家一遭，兄弟可以前行。帝兄與實沈同去。」帝堯眼見闋伯與實沈雙方禮畢，這時又說道。闋伯答應一聲先去之後，帝堯便即同司馬契、法官皋陶和實沈一道前往，其餘人員留居原地等待。

　　帝堯一行來到闋伯家中，闋伯之妻出來迎見。眼見實沈也在其中，不覺臉上露出驚疑之色，實沈也覺得心有不安。過了片刻，闋伯端上飯食，請帝兄吃過之後，帝堯又對實沈道：「兄弟家在哪裏，帝兄也要前去看看，兄弟可以先行。」

　　實沈走後，帝堯便攜眾臣與闋伯來到實沈家中。隨後一切情形與在闋伯家中相似，不必再說。帝堯在實沈家中飯畢，眼見天晚，便要返回行帳居地，闋伯便與實沈一起送到行帳之中。

　　「明日臣弟在闋伯家中略備薄酒，」臨別，他二人齊對帝堯道，「請帝兄與諸位大人賞光，屆時臣弟將同來迎接。」

　　「甚好，帝兄必與眾臣同去。」帝堯聽後，心中暗喜他兄弟共同做起東來，顯然前嫌已釋，便即答允下來道。闋伯與實沈聽了，方纔告辭而去。

　　「帝兄，臣弟昨日本說與實沈共請帝兄，後來一想實在怠慢。臣弟與帝兄多年不見，那樣草率心中過意不去。」但到次日半晌，卻見只有闋伯一人跑來道，「因而後來議定，臣弟與實沈分別宴請帝兄。臣弟在今日，實沈在明日。故而臣弟特來恭請帝兄與諸位大人，先到臣弟家中做客。」

　　「實沈為何不來？」帝堯聞聽心中陡地一沉，知道他兄弟之嫌並未釋去，但又不好立即揭破道。

　　闋伯道：「他在家中預備明天的宴席。」

　　「那好，你就先與帝兄到實沈家中一行。」帝堯這時心思一轉道。

闕伯聞聽心中一驚，無奈也只有隨同帝堯一道向實沈家中行來。帝堯一陣來到實沈家中，卻見實沈並沒有像闕伯所言，在家中準備明日的宴席，證實了他兄弟前嫌難解。

帝堯於是想到自己在時他們尚且如此，自己走後他們豈有不再生出戰端之理！為此他容忍不得他兄弟再生戰端殃及民眾，而且知道自己再勸也是無用，遂心機一轉開口道：「那好，你兄弟皆已長大，到了為國家盡心出力的時候了。為此，帝兄現在敕封闕伯為到東方為闕地侯，即去精心治理，不得虐待民眾。實沈到西方為沈地侯，即去精心治理，不許虐待民眾。」

帝堯這一敕封，恰把闕伯與實沈兩兄弟放置在了永不見面，無以相爭的境地，由此徹底平息了曠林地方的無端爭戰。闕伯與實沈也雙方心喜，遂當即辭別帝堯準備而去。

這時，帝堯遣散的闕伯與實沈軍兵，引來了附近成千上萬的鄉鄉，齊來感謝帝堯的平亂之德。他們這時又聽說帝堯將闕伯與實沈兩個遣出了此地，更是欣喜萬分，齊呼「萬歲」歡騰不息。

帝堯在眾人的歡騰聲中，一直等到闕伯與實沈雙雙去了，方纔在安慰眾人一番之後，離開曠林一路向西北，徑向坐落在北方大漠的幽都巡視而來。帝堯一行隨後在途月餘，巡到北方大漠成都載天大山之下，見到沿途及那裏的誇父族後人社會安定生活幸福，這樣北方邊陲安定他便心中高興起來。

「啟稟陛下，陛下出巡半年有餘，朝中安然。但不料本月突然天上連降暴雨，致使湖河漫溢，洪水四處氾濫，災情嚴重萬分。司農棄特遣小卒前來稟報，請陛下速回朝中處置。」然而正在帝堯如此心喜之時，卻突見一騎快馬載來朝中信使稟報道。隨著，那信使急呈上了司農棄寫來的信箋。

「會有這等大事！」帝堯聞聽此稟心中一驚，不敢相信道，「這北方大漠怎麼安然無恙？」

「北方大漠乃缺水之地，不會發生水災。」信使雙手呈遞信箋眼見帝堯只顧驚詫遲遲不接，急忙開口又言道，「大漠之南則到處黃水蕩蕩，大多數良田村莊皆成水國澤鄉了！」

「若此則是朕的不德，使天下黃水蕩蕩，負了天下民眾哩！」帝堯聽到此言，方從驚詫中清醒過來，邊接信邊開口慨歎道。隨著他看罷棄寫來信箋不敢停息，急與眾隨從離開幽都，穿過北方大漠返向南方看視水情，以返朝中做出定奪而來。

帝堯一行隨後在途匆匆，十餘日後穿過北方大漠，果見向南一片汪洋澤國，黃水蕩蕩。帝堯眼見此景心中陡地沉重萬分，不敢稍息急擇近路疾向京都返回。轉眼又是十數日過去，帝堯在途飽覽了各處水災民情，這日來到了今日山西稷山地面。

稷山北面即今日山西聞喜縣地方，原為后稷即司農棄教民稼穡之處。帝堯過去曾經到過這裏，知道這是一塊偌大的平原。平原上由於棄兄和姜嫄母親的心血澆灌，各種作物長勢良好，為天下人學習的楷模。

但是這時帝堯卻見到，由於這裏正當孟門山東南，山上瀉來的洪水首沖此地，已把棄兄與姜嫄母親多年辛苦經營的示範農田，與房舍建築毀壞過半。並且聽人講說，姜嫄母親被洪水逼迫不得已，已把教民稼穡之地遷到了山南。

帝堯聽到這裏更是免不了一番慨歎，隨即又向山南巡視而來。他來到山南，恰好碰到年邁的母親姜嫄正在田間教民稼穡。姜嫄這時頭髮皆白，身板卻依然硬朗，因而依舊喜愛教民稼穡並親自勞作不息。這時司農棄在朝理政，移到山南的母親姜嫄，便成了教民稼穡之地的

料理者。

帝堯看見母親姜嫄頭髮雪白依舊在田間勞作不息，忙上前問安道：「母親年邁至此依舊勞作不息，太辛苦了！」

「辛苦倒沒有什麼，這是母親喜歡的。母親一日不到田間勞作，心中就覺得耐受不住。只是這氾濫的洪水，堯兒要快想辦法治好。」姜嫄聽到帝堯此言，不禁慨歎道，「不然，山北母親教民稼穡之地已被水毀，山南這地再要遭到那樣的下場，母親今日對你說明，母親就只有以老命殉之了！」

「母親快快不要這樣講說。堯兒不德，方使洪水氾濫至此！」帝堯聞聽大驚，忙言道，「若是洪水不治，堯兒定將以命殉德，治平洪水！」

「堯兒之德，光照日月，何有不德之說！」姜嫄聽了，也忙言說道，「好了，母親也不以命殉之了。堯兒快回京都設法平治洪水要緊，母親等待著洪水平息之日！」

帝堯於是不敢怠慢，急辭姜嫄引領眾隨從，徑往南方返回京都而去。隨後帝堯南行來到黃河岸邊，看到因為洪水氾濫的緣故，黃河已經變得難辨其先前的面目，真個是不知道先前的河床究竟是在哪裏。隨處可見低窪之地均被洪水淹沒，人們的財產損失不可計數。

眼見此景帝堯只有憂歎不息，焦心不已！眾人為了逃災避水，這時全都選擇高丘居住度日。帝堯更是憐憫，便一路撫慰過去。眾人見是帝堯來到，便都對他依舊竭誠歡迎，熱烈異常。

「朕之不德，致使天下遭受這般洪水之災。此災盈月朕仍無法平治，」帝堯見之，心中更加不安道，「朕對你等抱愧萬分！而你等反又如此歡迎朕，朕實在是心中更加難安了！」

「洪水為災，乃天地之變，怎能是陛下之過！今日雖然洪水氾濫

猖獗，」歡迎帝堯的眾人聽了，齊開口道，「但我們眾人的衣食並無一點匱缺，這就是陛下給我們的恩惠了。如果換一個別的天子，怎能保證會是這樣呢！」

「大家太過譽擡愛朕了！」帝堯急忙謙虛道，「朕不敢擔當啊！」

「所以我們平常議論，先前神農大帝教民稼穡，使民都有了飯吃。」眾人這時又言道，「如今陛下教我們種田積儲，方使我們遇此洪水大災仍有飯吃。因此，陛下的恩德，實與神農大帝同此高低！」

「不可這樣比擬，朕怎可去比神農大帝！從前神農大帝，施恩施德大治天下。」帝堯聽聞大驚，慌忙謙讓道，「今日朕無功無德，奢侈已極，怎可與神農大帝相比！若此，朕則為昏，神農大帝為旦矣！」

「陛下身為據有天下的天子，居則茅屋，食則粗飯，衣則如民，出無車馬，與凡夫何異！」眾人聞聽，齊又贊言道，「陛下節儉至此無人可以比擬的地步，還說自己奢侈，真是太謙遜了呀！」

帝堯仍是謙讓不已，因為天下洪水氾濫這樣他不能救治，致使天下眾人全都陷身在了水災之中，顧念眾人的他早已痛在了心中啊！而人們對他卻不念其過，反念其功，他心中怎能不為人們的苦難心苦萬分！

為此他不願再與眾人講說這些功過之理，遂安慰眾人一番，匆匆返回京都而去。顧念萬民的他，再也不能看到民眾遭此洪水大災了，他要立即回到京都設法治平洪水，以真正造福於天下民眾，這才是這時充滿他心底的火急之事。

九、南巡中蠱

　　帝堯隨後疾奔回到平陽，在朝理政的司農棄便匆匆把天下水災之情，向其作了稟報。帝堯聽了，當即開口反問道：「天下洪水氾濫這樣嚴重，棄兄有何具體平治之法？」

　　「臣下思謀，如今天下洪水氾濫嚴重，必須派遣一位有治水經驗的大臣全力治平。」司農棄回答道，「如若不然，天下之水將治平無日哩！」

　　「那麼以兄長之見，」帝堯又問道，「朝中誰人可以擔此重任？」

　　「臣下雖然心中謀得一人，但由於陛下不在朝中，」棄答道，「故而不敢擅專，須待陛下定奪。」

　　帝堯不耐煩道：「棄兄有話儘管直言。」

　　「臣下擇遍朝中大臣，唯有孔壬昔日治過洪水，富有經驗。」棄隨之道，「但只是此人身為前朝元老，又遺有諸多劣跡。陛下對他沒有敕封，不知他被任用會盡力治水否。」

　　帝堯聽了，真個是頓然沉吟起來。但他沉吟片刻，又作肯定道：「棄兄所想極是，但朕想他一定會盡力治水的，就派他專職治理洪水吧！」隨著，便即派人前往孔壬所在西方封地，傳諭而去。

　　帝堯這樣任用孔壬，並非心無所思的輕佻之舉。帝堯當然深知表

面極其恭順的孔王內裡極其邪惡，並知道他在帝摯朝中所做的一切。為此堯踐位之後一直沒有重新任用他，而讓他去了帝摯封給他的西方封地。

帝堯也當然知道孔王去其封地之後心存不滿，時刻都在擔心著他作亂天下禍亂眾人。但是這時之所以用他治水，正是深思熟慮始得的對其一箭雙雕之策。即用他治水表面重用於他讓他無言，他又確實最有治水經驗，有望治平洪水造福天下，同時則把他調出封地恰好防其作亂。二則是讓他戴罪立功，如果他治水無功，恰好治罪除之。

帝堯心懷此想傳諭孔王治水之後，自己在朝中便也一心撲在治水之上，做著一切有助於治平洪水的事情，打探著天下水情的些微變化。但是轉眼數載過去，四方傳來的消息依然是洪水不治。帝堯為此心急萬分，便察問於孔王。

孔王則言講洪水太大，河湖皆潰，治之不易。若要治平，仍需數載功夫。帝堯也覺孔王言說有理，便督責他加快治水進度。孔王心中知道帝堯對他的態度，因而遵命不敢稍怠，唯恐治水不力罹罪老命不保！

帝堯督責孔王之後，便在朝中坐身不住。天下洪水數載不治，他怎能坐身得住！他決計再度出巡四方，以察看洪水災情親尋平治之法。決計至此，他想到東、北兩方自己均已去過，這次應該去南方巡視。這不僅是因為南方的洪水災情他心中不知，而且也是擔心那裏還有歡兜的封地。

他深知先前歡兜在帝摯朝中的作為，所以他當年踐位之後也像對待孔王一樣，對其沒有再作重用僅讓歡兜去了南方封地。後來歡兜一直在亳邑為帝摯之子玄元充當太傅，其南方封地由其子三苗治理。

但那三苗亦為邪惡之徒，他將那裏究竟治理成了何等模樣？歡兜

父子究竟存何心思？這一切，都使帝堯決計出巡南方察看真情。臨行之前，帝堯又想到歡兜邪惡叵測，其在帝摯朝中之時即有謀害於他之心，如今他前去其封地巡視，定然凶多吉少。

再者從歡兜苦作帝摯之子玄元的太傅看，又怎能說其不心藏殺機，企圖有朝一日擁立玄元為天子，廢去自己的天子之位！想到這裏帝堯不敢大意，遂讓司馬契點引五千軍兵隨行，方纔離開京都一路向南巡來。

隨後一路之上，帝堯一行由於繞避氾濫的洪水，在途月餘方纔走過豫州東南到了揚州界。帝堯所到之處看到，氾濫的洪水仍像北方一樣，毀壞了大批房舍田產，造成了眾多的逃災難民。

「堯某不德，方使天下罹此洪水之難也！」帝堯為此越看心中越痛，終日慨歎不已道。因此他心中更急孔壬數載治水無功，連連傳旨督他早日治平洪水。帝堯在心境如此沉重中繼續行進，這日來到了黃山腳下。

黃山風光旖旎，景美如畫，是一方遊覽勝地。但帝堯這時心痛萬分，無心遊覽山景，決計繞山而行繼續向南巡視。箆鏗見之則即言攔阻道：「陛下不可不登此山！臣聞此山乃道家仙山，昔日名為黟山，後因黃帝尋道至此始得易名為黃山。陛下山上一遊，或可如同昔日黃帝尋到仙家高人，指引治平洪水解救民眾之途哩。」

契、皋陶、夔等眾臣聞聽箆鏗此言，皆稱言之有理，也都勸說帝堯上山一遊。帝堯也覺箆鏗之言有理，便即放開繞過山去之想，命令眾兵繞到山南等待。他則引領契等一班眾臣，著令黟地侯前來陪引，於次日一早開始登山尋找仙家高人。

然而帝堯與眾臣上山剛行不遠，卻忽見兩隻烏鴉迎面飛來，「呀呀」叫了幾聲又飛轉了回去。漆黑的烏鴉自古被人們視為不祥之物，帝堯因而甚為不快。黟地侯忙作解釋道：「陛下，在別處烏鴉全身漆黑叫

聲不美，被人們視為不祥之物。但在黃山卻就不同了，這兩隻烏鴉不僅被人們視為吉祥的靈物，還實在是兩隻神鴉哩！」

「何以此言？」心正不快的帝堯聽聞此言，以為黔地侯作此解釋是為寬慰自己之心，便不耐煩道，「有何憑據？」

「這兩隻烏鴉常年駐守在此，山下每有客人來到這裏，」黔地侯見到帝堯不相信自己之言，便進一步解說道，「它們必先知道飛來迎之，因而人們皆稱其為神鴉。」

「若如此說，黃山靈物來迎，朕等就上山尋到高人有望了！」帝堯這才不快盡釋道，「快走，天下民眾正在不息的洪水中亟待解救啊！」

眾臣聞聽心喜，便隨帝堯一陣更疾地向山上攀去。他們一行向山上攀登一陣，正行之間忽又聞聽一陣悅耳怡神的美音妙樂傳了過來。眾人一詫，全都一邊循聲尋向了樂聲起處，一邊詢問黔地侯道：「何來這般妙樂？」

「此乃黃山一奇，」黔地侯一笑道，「即黃山音樂鳥的鳴奏之聲，非為人在奏樂。」

「音樂鳥？這個名字太美妙了，」帝堯更奇道，「朕還不曾聽說過呢！」

「音樂鳥，一名頻伽鳥，亦叫迦陵鳥。它在卵殼中已能發音，而且聲音美妙，能夠壓倒眾鳥，大概亦是仙鳥神禽之類！」黔地侯說著，舉目四面一望，指著東邊樹上對眾人道，「瞧，那就是音樂鳥。」

帝堯眾人順著黔地侯的手指望去，果見東方樹上有十餘隻美麗的小鳥，一隻隻黃羽黑眉，赤脊翠尾，正在引亢爭鳴。其聲音非瑟非簫，非絲非竹，引商刻羽，如同音樂一般。和諧清脆，好聽非常。

帝堯眾人一時間全被音樂鳥的叫聲吸引，一個個只顧凝心靜聽。恰在這時，又有數十隻音樂鳥從峰頭飛來，落到東邊樹上，與樹上的

音樂鳥一齊鳴叫不停。眾鳥合鳴當然樂音更美，更使得帝堯眾人樂而忘行起來。

末了還是帝堯心繫受災民眾，催促眾臣趕快上路登山尋訪高人。眾臣聞聽帝堯之令，方纔從音樂鳥的叫聲中收回心來，跟隨帝堯一路向山上攀去。轉眼又是攀登一個時辰過去，他們來到了一方洞口。

「此洞名叫駕鶴洞，乃當年大仙浮丘公的養鶴之地。」帝堯見之正要詢問，黔地侯已開口講說起來道。隨著，他又指著西面的一個峰頭道：「那峰叫做浮丘峰，是當年浮丘公的修煉之地。峰上有浮丘導引壇，彩雲靈禽時常在上面翔集。特別是到了春天，神異的音樂鳥天天到壇上飛鳴，實乃仙跡。」

「那好，既然古之仙地皆在眼前，」帝堯聞聽此說，急不可耐道，「我們就快快前去，尋訪仙人平治洪水！」

契等眾臣聞聽帝堯此言，即入駕鶴洞中尋找，但卻遍尋不見隱有高人。帝堯見之，即又催促眾臣向浮丘峰尋來。然而帝堯與眾臣來到浮丘峰上，仍是沒有尋見高人。帝堯便又急不可耐，詢問黔地侯道：「何處還有古之仙地？快快領朕去尋。」

「那峰叫做軒轅峰，是當年黃帝尋道居住之地。峰頭上有一塊仙石，」黔地侯聞問，隨又指向一個遙遠的峰頭道，「是當年黃帝與浮丘公和容成公聚會之處。因而現在前去坐坐，還常有異香飄來。」

「真乃仙跡！」帝堯一詫道，「果有此事嗎？」．

「真有此事，」黔地侯道，「臣下前去親身領教過的。」

帝堯道：「是何香氣？」

黔地侯道：「若在梅花正開之時，便會聞到梅花香氣；若在桂花正開之時，便會聞到桂花香氣；若在荷花正開之時，便會聞到荷花香氣。香氣因時而別，仙石周圍絕無任何花木生長，故而不知花香究竟

從何處飄至。」

「太奇異了！」帝堯這時心中更奇道「走，快到那裏尋訪高人去。」

「陛下，」黔地侯這時卻又攔阻起來道，「那裏距此遙遠。」

「遙遠也要去。昔日黃帝為了求道，不是跋千山涉萬水，方纔尋到了大仙廣成子嗎！朕等為了尋到高人治平洪水拯救民眾，豈怕遙遠。」帝堯不耐煩道。說著，便即領眾臣向軒轅峰行來。

軒轅峰不僅距離果然遙遠，而且一路之上鳥道崇崗，裂谷斷澗，行走十分艱難。帝堯一行艱難跋涉，拼力前行，直到紅日銜山時分，方纔來到峰巔之上，卻也不見隱有高人。找尋不到高人帝堯一行也已返回不得，因為天已黑了下來，眾人無奈便只有在山上歇息。

轉眼到了次日清晨，帝堯尋找高人平治洪水心切，率先起身催促眾臣下山。但他剛剛起身，舉目便見西面眾山盡為霞光所映，變作了美豔之至的紅色。帝堯陡見此景心中不解口中詫異道：「山體為何驟然變色？這是為何？」

「此乃日將欲出，霞光映照所致。」黔地侯即答道，「陛下快看東方紅霞映天之景。」

帝堯這時心中方明，扭頭向東一看，果見東方紅霞半天，更是美豔之至。帝堯剛看一瞬，又見東天紅霞之中漸漸生出一條黑線，高低參差如同遠山一般。帝堯心中又是一奇，正奇之間猛然又見東方大放光明，如火焰陡騰，金光閃耀，炫人眼目。

隨後約摸過去片刻時光，方見一枚雪白的太陽如同一面圓鏡，若隱若現地昇騰上來，但卻搖曳不定地又忽然沉陷了下去。那白色的太陽就這樣昇騰上來突又沉陷下去，轉眼竟達三次之多，末了一輪火紅的朝日方纔漸漸露出明潔的笑臉。

那笑臉開始甚紅，而且甚大。接著隨其漸漸昇高，顏色方纔逐漸

變淡了去，輪廓也逐漸變小了去。最後，才穩定成為正常模樣。帝堯看到這時，方纔顧得上口出感慨之言道：「黃山日出，實在太壯觀奇詭了！那昇騰三次的白日，何來何去了呢？」

「當地人稱那白日為假日，」黟地侯即答道，「說是大氣的折射所致。」

帝堯聽了心覺有理，心奇釋去隨之便欲前去尋訪高人。黟地侯這時則又言道：「陛下，你看那西方天涯盡處的高峰，便是廬山。北面那雪白的一線，便是長江。」

黟地侯剛剛言說至此，帝堯正在欲看未看之時，卻突見縷縷白氣從遠處山上湧出，向其腳下飄然而來。轉瞬其所站山巔之上，已是白氣驟湧，如絮如綿地飄蕩起來。黟地侯見之高興地急叫道：「雲海來了，陛下趕得太湊巧了！」

帝堯聞聽急忙巡望四處，驟然之間不僅不見了北方的長江、西方的廬山，就是周圍諸山也已全都失去了面目。只有幾座聳立最高的山峰，浮青凝翠，尚且聳立於茫茫白氣之中，仿佛大海中的點點島嶼。

忽又一陣輕風吹來，那氳氳的白氣驟然奔騰舒展，如波濤澎湃，徑向聳立的島嶼沖去。忽然又回沖了過來，態奇狀詭，瞬息萬變。帝堯再看近前的山岡，則沉埋韜晦，若隱若現，竟如同長鯨巨鯤出沒於驚濤駭浪之間。

帝堯正看之中，忽然雲開一線，日光下射，景象更為奇觀。只見雲海或如瀑練，或如積雪，或如流銀瀉地，或生七彩爛漫。又過一陣，方見日光勁射，雲氣驟收，雲海消散。帝堯為此不禁再次慨歎道：「黃山雲海，果非虛得浪名！」

「正因為雲海奇特，因而黃山許多地方均以海名。在南面的山峰叫前海，在北面的山峰叫後海，」黟地侯聞之道，「在東面的叫東

海，在西面的叫西海，在中間的叫中海。明明是山卻稱之為海，皆源於此。」

帝堯聽了又是一番慨歎，但他心繫尋找救治洪水的高人，慨歎之餘便又催促眾臣下得軒轅峰，繼續向別的峰頭尋找高人而來。帝堯引領眾臣此後在黃山諸峰之間尋啊找呀，轉眼已是尋找十餘日過去，卻仍是不見欲尋高人之面。

帝堯為此早已焦急起來，但他想到高人歷來難尋，沒有誠心難見其面，方又堅心不移，繼續四處尋找起來。帝堯一行轉眼又是尋找數日過去，這日尋到一方山深林幽之處，突見一座茅屋周圍收拾得圓圓整潔，一位皎皎青年正在整潔的圃園之中為長勢茁壯的蘭草澆水。

「堯某打擾高師，」帝堯大奇，以為自己終於尋訪到了高人，急忙上前深施一禮道，「乞高師不吝賜教！」

「大人折殺小人了！小人豈是高師，小人乃一介小民也！」不料那青年突聞帝堯此言眼見此景，忙棄下手中活計慌忙還禮道，「不知大人自稱堯某，可是當今天子來到？」

「無名無姓小人不知陛下駕到，」驀地侯在旁立即實言相告，那青年聽了忙倒頭禮拜道，「有失迎接，該當死罪！」

「堯某此來身受天下民眾之托，」帝堯忙俯身扶起道，「乞無名高師不吝出山平治天下洪水，以解民眾倒懸！」

「陛下切莫再如此折殺小民，」青年聽聞更驚，連忙道，「小民實在無能無德，非為高人。」

「那麼你若不是高人，為何無名無姓，」帝堯這時仍不相信青年推辭之言道，「又為何住在這深山幽林之中？」

「小民所以居此山深林幽之地，一是為了得遇高人身受其教，但小民已經在此居住十餘載過去，」青年即言解說道，「卻一直未能得

見高人；二是小民性喜蘭草，故而躲避至此種植蘭草，以免世人譏議。」

「蘭草亦是尋常之草，有何可愛，」帝堯聽到這裏方信青年之言，但不解其種植蘭草之意道，「青年種植這麼多？」

「小民以為，蘭草有三種可愛之處。一是蘭草高致。大凡花卉，都是種植在平原之上眾人矚目之地，爭妍競美以惹人愛。」青年即言道，「但是蘭花，卻偏偏喜愛生長在深山幽谷甚至斷崖之上，仿佛不願人見亦不求見人，一身實足的隱君子風度。這種高致，豈不可愛！」

帝堯聽後心覺有理，對之頻頻頷首稱是。青年隨著又言道：「二是蘭草有幽德。大凡花卉，如桃、李、梅、杏、牡丹之類，或以顏色悅世，或以濃香動人。獨有蘭花，顏色越淡越妙，香氣極幽極微。看去別有風趣，聞者無不傾心。不屑媚人，而人自傾倒。比如君子之道，黯然日彰。這種幽德，豈不可愛！」

帝堯聽到這裏，又頻頻點頭稱是。青年接著又言道：「三是蘭草的勁節。大凡花卉，無論草本木本，在風和日麗之中，無不炫奇鬥豔，仿佛都有不懼一切的模樣。然而一到嚴冬，霜飄雪壓，不僅那草本的連枝幹都不存在，就是那木本的，亦大半紅葉蕭蕭，只剩下一叢光杆。昔日繁華，頓然消失，豈不可歎！」

「說得好，」帝堯這時贊同道，「確是如此。」

「獨有蘭花，明明是個草本，卻任憑寒冬奇冷，其翠葉幾條依然迎寒挺立，一無更改。」青年這時繼續道，「植物之中和它一樣者，能有幾個？這種勁節，豈不可愛！」

「青年所言極是。」帝堯又言贊同道，「這種勁節實在可愛！」

「小民因而常怪人們說起勁節，總是不推勁松，便推檜柏。還有的拿了松樹和梅花、翠竹來並稱，號為『歲寒三友』。」青年這時又言道，「但豈知松、梅都是木本的，迎寒傲雪，沒什麼稀奇！蘭草是

草本的，歲寒不凋，反倒無人稱讚，豈不令人氣憤不平。但不知小民的這般愚見，陛下以為若何？」

「極是極是。蘭草得到青年這樣稱道，」帝堯與眾臣聽罷青年這番議論，全都心中贊同道，「將來恐怕可能香遍天下哩！」

「如果是這樣，小民之意就不以為然了。因為蘭之可愛，並不在於其香。」不料青年聽了，卻又立即否定道，「況且它明明有隱君子之風，而我們偏要說它是花王者，就未免與其本意相悖了。」

帝堯聽到這裏，心中大為佩服青年的高尚人品，重又猜定其為隱君子，就是自己要尋訪的救世高人，不過與一般隱者一樣不願入世罷了。為此他又對青年深施一禮亙言道：「堯某還望高師不棄，解救民眾脫離洪水之災！」

「陛下怎又折殺小民，小民正為求見高人不得心中苦惱哩！小民誠告陛下一言，小民實在不是高人，」青年見之，急又惶恐之至還禮道，「但是陛下這樣在山中尋訪高人，也是難以奏效的。因為小民深知山中之情，不知高人何在。除非陛下誠心動天，或可得遇高人！」

帝堯聞見至此，方知自己在此黃山尋求高人無望。無奈其心中救治洪水急切，便急忙辭別青年，引領眾臣下山向南會合軍兵。然後折轉向西，徑赴三苗、鬼方、交趾之地巡視而來。

帝堯一行在途轉眼又是行出十數日過去，這日來到了彭蠡大澤東岸。彭蠡大澤水面寬廣，窮目難見邊際，船行也須數日方可渡過。帝堯率兵五千來到澤邊，正在心想是走水路渡過澤去，還是走陸路繞過此澤前往三苗巡視，突聞哨探來報三苗國使臣前來迎接。

「怎麼，三苗小子知道朕的一舉一動，消息這樣快疾！」帝堯驟聞此報不僅心中不喜，相反卻頓然心生戒備暗暗道。但是帝堯心雖戒備卻也不失常禮，即命使臣來見。

「小國留守臣三苗喜聞陛下駕到，」三苗使臣聞命進見帝堯道，「先遣小使前來迎接，三苗隨後就到。」

帝堯聽了剛慰問他幾句，三苗果已接駕來到。待到三苗朝見禮畢，帝堯便即開口詢問道：「臣父歡兜，常在封地嗎？」

「臣父因亳邑侯玄元處須要維持，故而不能到此地來。」三苗立即回答道，「先前數歲雖然來過幾次，至此已有多年不曾來過了。」

「那麼封地治事，」帝堯隨之又問道，「都由小臣主持嗎？」

「臣父命臣留守。一切治事都是秉承父旨行之。」三苗接著回答道，「父在，子不敢自專。這是常禮，臣不敢違背，臣父亦不許小臣違背。」

帝堯聞聽三苗此言雖然合乎禮儀，但觀其相貌卻非為善類。為此他想到三苗對自己或許是甜言相欺，自己還是防著點好。因為其父歡兜之心他是深知的，三苗屢有上淩大國之心的傳言，他也是聽聞眾多的。

「臣父封地在彭蠡澤西，從此前往，」想到這裏，帝堯立刻慎問道，「水路要行多少時日？陸行又要多少時日？」

「陸行只需四日，水程須看風色。」三苗又即回答道，「風順一日即可到達，風逆數日亦難到達。」

帝堯又問道：「水行安穩嗎？」

「不甚安穩。此澤西岸緊靠廬山，山風凜厲，」三苗又答道，「常有覆舟之事發生，不如陸路安穩。」

「既然這樣，朕等就走陸路。」帝堯聽了三苗此言，立即點頭道，「臣可先期返去，朕等隨後就到。」

原來帝堯深恐水行中了三苗惡計，正想陸路行進。為此三苗言說正合其意，他便來了個順水推舟。三苗聞令立刻告辭先行，但出去卻讓人送來無數食品。有專獻給帝堯與群臣的，有饋送給侍從的，有犒

勞眾兵的，色色周到，一應俱全。帝堯見之，一概拒收。

「小人素聞陛下節儉為民，如今一見果然名不虛傳。但此次陛下卻不可拒收，因為敝國留守法令甚嚴，陛下拒收，敝國留守將說小人辦事不力，或說小人有冒犯陛下之處。」來送之人眼見帝堯拒收，立即大急道，「回去之後就將大則性命不保，小則肢體不全。因而恭請陛下矜憐小人，賞收了吧！況且敝國留守一片恭敬之心，陛下何不賞收了呢！」

「既然如此，那麼東西暫且留下，」帝堯聽聞無奈道，「將來見到留守，朕再當面奉還。」

「陛下若是這樣，小人就一定活不成了！敝國留守，行事嚴謹，令出必行。」來人聽罷更驚，連連稽首道，「陛下奉還，他必惱羞成怒殃及小人，小人就必死無疑！因而小人乞求陛下成全小人，不要奉還了吧！」

「好吧，」帝堯目睹此狀，只有再次無奈道，「朕就不退還了。」

來人見之，方纔叩謝再三而去。「照此看來，三苗實在太暴虐了，」皋陶隨之即言道，「否則何至於此！」

「朕出巡四方，向來不受諸侯貢奉，今日倒是破了例了！」帝堯隨之慨歎著，即領眾人向西繞過彭蠡大澤，往三苗國行來道，「東西先保存好，後日再作定奪吧。」

三苗國是當年帝摯封給歡兜的封地，帝摯崩後歡兜沒有受到帝堯敕封，無奈回到封地，心中氣惱至極，只有苦心經營封地積蓄勢力隱時待機。但他也擔心長此下去，引起本來就對他懷有戒心的帝堯疑心，他就難有生存之日了！

為此狡惡的歡兜心思轉動，末了想出了一個委曲求全一舉數得之招。即他離開封地前往亳邑帝摯之子玄元處去做師傅，留下封地讓

其子三苗經營。這樣既可免去帝堯對他的懷疑，封地又可以照樣經營下去。

同時自己為玄元之師，又可薰陶玄元對帝堯之仇，有朝一日羽翼豐滿起而複奪天子之位。那樣玄元若能成功，自己就又可以稱霸朝中了。心想至此狡惡的歡兜依計而行，自己去了亳邑，留下封地交給其子三苗經營。

三苗深領父親之意，加之身邊又有其父的心腹狡徒狐功幫助，對封地經營慘澹頗見成效。一時間只見他對內實行嚴刑酷法，動不動就殺，直殺得眾百姓服服帖帖，不敢言不；對鄰近諸國則施之以威，動不動就要攻伐，也嚇得眾鄰國紛紛歸屬。

因而至此帝堯來巡之時，其地域已經擴大到北至雲夢大澤，東至彭蠡大澤，西面越過洞庭湖徑達沅水之西，南面到達衡山以南，儼然成了一個大國。三苗為此野心勃勃，時刻準備稱霸天下。平陽帝都他也派駐有心腹暗探，以便及時探知朝廷消息。

此前不久他得到暗探諜報，言說帝堯領兵前來南巡。三苗聞聽此報不禁心中一驚，不解帝堯南巡帶兵做甚。過去他東巡北巡，都不曾帶領一兵一卒啊！狡惡的狐功也是懷疑道：「帝堯老兒帶兵前來，若不是懷疑我們，也定有不利於我們的心思。只是他僅帶區區五千軍兵，能奈我何！」

「我選一萬軍兵，把他們剿滅之，」三苗這時野心陡漲道，「天下就是我三苗的了。」

「不可！那樣我們就獲罪於天下，」狐功即言阻止道，「朝廷攻伐我們就師出有名了。」

三苗忙問道：「那我們怎麼辦？」

「且待一時，」狐功道，「看看情勢再說。」

　　三苗無奈，只有暫且等待下來。轉眼數日過去，歡兜從亳邑寫來密信說：「帝堯帶兵南巡，去勢不妙。最好設法把他與其臣將害死，但要害得毫無痕跡。至於具體方法，狐功自有妙計。」

　　三苗看罷父親此信，即來請教狐功。狐功聞之道：「恩主之意，正與小人不謀而合。小人昨日已經謀得蠱害帝堯之法，待他們來了，管叫他們一個個死而不知，請主人儘管放心。」

　　「狡徒怎麼個蠱殺帝堯之法？」三苗放心不下道，「說來我聽聽。」

　　「小人新得一種蠱害他人之藥，」狐功聞問，便一五一十地盡對三苗道，「服下此藥後二十日始發，發而必死！」

　　「好，這樣帝堯死於別處，就與我們無關了。」三苗聽了心中大喜地說著，突又生出擔心道，「但是狡徒，要是帝堯不食呢？」

　　狐功詭譎道：「設法也叫他食下。」

　　三苗亟問道：「狡徒有何妙法？」

　　「首先，探得帝堯入我轄地之前，」狐功隨之道，「主人親往迎之，饋貢各色專用食品。」

　　「此方不行，」三苗即言否定道，「我聞帝堯歷來不受饋送物品。」

　　「讓人以命逼之，」狐功一笑道，「豈有不受之理。」

　　「好，此乃一法。」三苗又問道，「若是一法不行呢？」

　　「主人在轄地為帝堯建一華屋行宮，」狐功狡詐道，「宮中擺設宴席，讓其食之。」

　　「此法也是不行。帝堯歷來節儉過人，」三苗聞聽即又否定道，「不居華屋不食美饌，豈能食之！」

　　「這樣試之，食之更好，」狐功這時狡點道，「不食小人末了還有一法，他就必食不可了。」

　　「狡徒究有何法？」三苗見狐功故作神秘，又亟問道，「快快

講來。」

狐功又是神秘地一笑道：「主人知道，在衡山帝堯必會諸侯。屆時主人設宴當屬常禮，就不怕帝堯不食了。」

「如果帝堯有疑，」三苗聽了狐功此言雖覺有理，卻仍是不敢放心道，「非讓我們先食呢？」

「這個有法，」狐功立刻回答道，「小人還有解蠱之藥。」

「這樣，我們就率先食下解蠱之藥，取功於此朝了。」三苗這才放心道。隨著，則與狐功一陣「嘎嘎」姦笑起來。

三苗與狐功設定惡計剛過十數日，這日探報言稟帝堯下了黃山，徑向三苗國行來。三苗立即依計而行，不僅自己親往彭蠡大澤東岸迎去，並且派人向帝堯以死饋送食品。

但不料帝堯心懷戒意，雖無奈收下禮品卻不食用，末了又盡數還給了三苗，壞了狐功一計。狐功一計不成即行二計，決計在為帝堯備下的華屋行宮宴席之上再做手腳。

帝堯一行來到三苗國中，本想歡兜父子邪惡其治下定然不會美好，但不料其重刑之下人皆畏懼，加之三苗又對帝堯所過之處嚴加防範，竟然使得帝堯無以說不。帝堯心懷疑慮來到三苗駐地，三苗便讓帝堯前往其備就行宮道：「陛下巡行風塵勞頓，臣下為陛下備好了行宮，請陛下前去安歇。」

帝堯聽了不知行宮狀貌，便在三苗的陪同下向行宮行來。來到行宮，帝堯方見室中陳設華麗，擺設周到。他剛進室，宴席即為其鋪擺開來。三苗對其勸言說：「陛下一行巡行辛苦，臣下為陛下一行設宴接風。」

「朕巡行各處，從來不受貢物，前日臣下派人死命貢送朕已破例。」帝堯這時心雖氣惱，卻也不好發作道，「今日又備這等華屋，

設下這般盛宴，朕心實在不安。臣下快快收去，朕不追究也就是了。」

「前日小臣略表心意，陛下不須掛齒。今日區區肴饌，亦不過是小臣略表微忱。」三苗見其惡計又要落空，因而力勸不息道，「陛下長途跋涉，尋常人等尚須一盡地主之誼，置酒接風，何況小臣對於君上呢！」

「朕已說過，一切皆由朕自行辦理，」帝堯見到三苗力勸，立刻義正詞嚴道，「小臣就不用費心了。」

三苗聽了帝堯此言，心知勸拗不過只好作罷，只是遺憾又失一計。三苗三計失去兩計僅剩末了一計，心中不敢大意，隨後連忙詢問狐功道：「此計能成嗎？要是再不能成，就錯過這一良機了。」

「前功盡棄，」狡惡的狐功這時則胸有成竹道，「功在此朝了。」

此後數日過去，帝堯巡到衡山果然大會南方諸侯，按禮由三苗做東設宴進行招待。這次帝堯與眾臣不好推辭，只好入席就座。只是各個心懷戒意，決意推辭不嘗席上酒食，唯恐中了三苗惡計。

「臣聞人言，臣侍君宴，所有酒肴，臣先嘗之。」帝堯眾人剛剛入席坐定，三苗即霍地站起身來道，「今日臣下依照此言每食先嘗，想來陛下與諸位不會言說臣下無禮，拿吃過的東西給君上吧！」

言畢便即拿起酒壺，斟滿一杯一飲而盡，隨之又斟一杯跪獻帝堯。待到帝堯接過其獻之酒，他又拿起筷子，把所有菜肴都一一嘗過，方纔就座。那邊狐功見之，也仿效之。

帝堯與眾臣見之，方纔放下心來，與眾諸侯一齊開懷暢飲，舉筷吃食起了菜肴。一時間只見宴席之上氣氛頓改，帝堯與眾諸侯談笑甚歡。末了酒闌席散，眾人各自歸寢。到了次日眾人依舊安然無恙，帝堯方纔最終放下心來。

但他這時哪裏知道，他與其臣子皆已中了三苗的姦計，全都身中蠱毒了。

十、佈德歡兜

　　帝堯不知自己與眾臣將這般遭際，心中高興，立刻告別三苗繼續向西巡行。三苗看著帝堯一行辭別之後向西行去，實在是喜在了心頭，禁不住對狐功連連贊叫道：「狡徒惡計，實是邪惡過人哪！」

　　「狐狸不狡，怎能鬥過獵人。等著瞧吧，不須多長時日了。」狐功則狡黠地「嘿嘿」一笑道。三苗聽了，更是高興得一陣「嘎嘎」放聲姦笑起來。

　　帝堯一行在三苗與狐功的姦笑聲中向西行進，轉眼十餘日過去，巡過鬼方國，這日來到了交趾國中。交趾侯聽聞帝堯巡來，急來迎接。但不料交趾侯剛把帝堯眾人迎進國中一日，第二日夜間帝堯與其眾臣將便全都渾身發熱，頭痛欲裂，胸悶欲死起來。

　　交趾侯大驚，不知究竟為何他們全都同時生出這種同樣的怪病，擔心一旦生出不測自己擔當不起，講說不清。為此他不敢怠慢，急忙傳召轄地最好的巫醫，為帝堯與其眾臣將診治此病。

　　巫醫當然盡心竭力，但由於不知前因，診斷一番，認為他們只是受熱中暑，加之心中憂悶惱怒致得此病。據之開出藥方，讓他們服食。帝堯與其眾臣一連服食三日，不僅不見病情絲毫減輕，相反卻全都日益加重起來。

　　交趾侯見之更驚，又見巫醫也已無奈，便急得如同熱鍋上的螞蟻一樣焦灼。然而交趾侯急也無用，他急也不能把帝堯與其眾臣將的病急好。交趾侯無奈之餘只有等待大禍臨頭，心灰意冷到了極點。

　　就在這時，聽聞門人來報道：「啟稟侯王大人，門前來了一位自稱務成子的老道求見大人。」

　　「不見，不見。急死人了，要出大事了，」交趾侯聽了心中更煩道，「哪裏還有心思去見什麼老道，淨是前來添亂。」

　　「噢，務成子？務成子可是帝堯的師父啊！他這時來到，豈不恰好。自己剛才急得發昏，險些誤了大事！」門人聽聞剛轉過身去要走，交趾侯心中陡然一明自語道。隨著他急忙喊住門人，起身親自迎到了門口。

　　「大師此來，真乃正是時機！」交趾侯看見正待在門外的務成子，忙高興至極地急叫道。隨著他急將務成子迎進室內，向其講說了帝堯與其眾臣將生病的一切，未了急得聲淚俱下道，「大師此來，可要設法快些救治陛下與諸位大人啊！」

　　務成子聽了交趾侯此言，目睹交趾侯此狀，則依舊不急不忙悠然道：「侯王莫急，陛下與諸位大人不會有事的。」

　　「大師，陛下與諸位大人不是沒事，」交趾侯眼見務成子不以為然的悠然情態，耳聽其不痛不癢的輕鬆言語，心中頓然更急道，「而是事急燃眉，他們已經三天三夜昏迷不醒了呀！」

　　「這些貧道盡知，不知豈來。沒事，貧道自有救治之法。」務成子則依舊不慌不忙地粲然一笑道，說著，他從懷中取出一包藥來遞給交趾侯道，「這些藥名叫百草花丸，是專治陛下及諸位大人之病用的。侯王每日讓他君臣每人吃食一丸，三日後定好無疑。」

　　「大師未見病人，怎知病人病狀，斷定此藥可醫？」交趾侯雖知

務成子大名，但他接過務成子遞來之藥，卻仍是放心不下道，「大師還是進去看看，再做定奪的好。」

「我徒與諸位大人的病，皆為誤食三苗所下蠱毒所致，因而貧道不見皆知。貧道既然來了，斷無不見病中愛徒即去之理。好，貧道看一眼愛徒再走也是不遲。」務成子這時說著，便不顧交趾侯聽聞其言正在一旁驚詫，即逕自入內看視病中的帝堯眾臣而來。

務成子入內來到昏迷的帝堯面前剛剛看視一眼，便不禁老淚縱橫起來。他看到年紀剛過五十歲的帝堯，由於日夜為天下操勞，又節儉得絲毫不顧惜自己的身體，這時已經變得貌若七十歲高齡的老人一般。他心痛至極，不忍再看，便即返身出屋，就要告辭離去。

「大師莫急，在此小住些時日，」交趾侯放心不下，再三挽留道，「待到陛下病癒再走不急。」

「侯王不必挽留，陛下無恙，貧道去矣。」務成子則堅辭不肯道，「此乃天數，不可違拗哩！」

「三苗既施這般惡計，」交趾侯聽了務成子此言，方知挽留不住，便又心中憂慮急問道，「他再率兵殺來怎麼處之？」

「這個不會，侯王不必擔心。陛下與諸位大人都將無恙矣！」務成子否定道。言畢，遂再辭而去。

務成子去後，交趾侯即按務成子之教，每日將其送來百花草丸餵食帝堯每人一粒。轉眼三日過去，帝堯眾人果然全都由迷變醒，隨後各個排出黑糞，即告病除康復。

交趾侯大喜，連讚務成子之功，痛斥三苗之惡。帝堯與其眾臣將聞聽交趾侯此言，齊謝務成子大師救助之恩，請求帝堯引領他們眾兵前去剿滅三苗惡徒。

「三苗邪惡，已經證明。但此刻天下洪水未治，民眾正處在水害

大災之中，如果朕再前去圍剿三苗激起變亂，」帝堯見之道，「豈不是就要加害於民眾。為此朕以為還是不作仇報，感之以德，進行安撫的好。」

「三苗邪惡並非孤立之舉，乃其背後連著歡兜。不然，小小三苗豈有這般狗膽。」司馬契聞聽此言，即不贊同道，「為此不早剿除此惡，必會養虎為患，致成大亂。陛下還是早下決心為上。」

「契兄所言雖然有理，但此刻朕等只帶五千兵馬，回剿三苗激起惡變豈有奪勝可能！」帝堯則仍是不允道，「這次暫且安之，後日伺機除之豈不更好。」

契等眾臣將聞聽帝堯言說至此，都覺帝堯言之有理，方纔不再言說。帝堯見之道：「眾卿剛剛病癒，身子尚且虛弱不便遠行。眾卿暫且休養數日，待到身力復壯之日，朕帶眾卿再去南巡百粵。」

帝堯言畢眾臣將尚未待言，交趾侯已是耐不住焦急勸言道：「陛下切切不可前去！南方百粵地方瘴氣繁生，北方人身體甚不適宜。再說陛下與諸位大人剛剛大病新愈，去之更加不宜。因而這次還是莫再前去，後日有了時機再去巡視吧！」

「不，朕聞瘴氣乃山林惡濁之氣，發於春末，斂於秋末。」帝堯聞聽即言否定道，「如今則值冬日，斷無妨礙。」

「不，陛下。臣居此地日久，南方各處臣均到過。據臣下所知，其他地方的瘴氣都是清明節後發生，」交趾侯又忙勸言道，「霜降之後收斂。而獨有自此往南，百粵地方的瘴氣不是這樣，而是四時都有。」

「竟是這樣！」帝堯聽了交趾侯此言，方纔被稍稍說服道，「真的嗎？」

「真的，那裏的瘴氣發作起來，」交趾侯肯定道，「人若聞到立

即就會生病，是十分可怕的。」

「這些瘴氣，真是夠厲害的了。」帝堯聽到這裏，不禁歡言詢問道，「但總有解除之法吧？」

「那裏的居民早起行路，必須飽食或飲酒數杯，方可抵禦。否則觸著之後，一定生病。」交趾侯聞聽回答道，「還有服食解瘴之藥薏苡仁，久服之後可以避瘴。服食解瘴之藥檳榔子，也可以勝瘴。再者是熏燒雄黃、蒼術之類的藥物，也可以除瘴。」

「這就行了！瘴氣固然邪惡，但有這些除瘴之法，不就可以前去了嗎！」帝堯這才轉喜道。隨著他即對眾臣將道，「眾卿病後新愈身體欠佳，此後再休歇十日，隨朕即去百粵。」

帝堯如此數言，實在又使交趾侯頓然大為後悔心急起來。他後悔自己不該對帝堯講說解瘴之法，又怕帝堯前去遇瘴身子新愈承受不住，便又急忙開口道：「陛下切切不可前去，遇瘴難防不測啊！」

「百粵的民眾既然可以不怕瘴氣，朕怎麼就不可以前去！有民眾在的地方朕都要前去，去看看他們的日子過得怎樣。臣下的好意朕已心領，但朕前去已定臣下不必再勸了！」帝堯這時則堅定道。隨著他即讓眾臣依令而行，休歇準備。

交趾侯無奈，也只有不再勸言，幫助帝堯眾臣做起了前去百粵防瘴的一應準備。

帝堯隨後引領眾臣將休歇轉眼過去十日，眼見眾臣將身子大為復壯，一應防瘴事宜也已準備齊備，便決計次日出發南巡南粵。

但不料恰在這時，司農棄遣人從平陽晝夜兼程送來了急報。帝堯接過急報一看，不禁陡然大驚起來。原來，這急報是司農棄轉來的帝摯之子玄元從亳邑呈送的奏報。內中大意言其查知，歡兜與其子三苗狼狽為姦，密謀殺害帝堯欲奪天下。其查知至此本應即將歡兜就地正

法，但念及其為先朝舊臣，從寬對其先期加以拘捕。不料亳邑其黨羽甚眾，竟被其破壁逸去，現已逃往南方，與其子三苗會合。歡兜父子陰謀即已顯露，就難保其不犯上作亂，請帝堯速作準備。

帝堯本就深知歡兜之心，對其父子心有戒備。這時看罷玄元此報，聯想到前時三苗蠱害自己之實，驚怕之餘便立即改變南巡百粵之想，開口道：「傳朕旨令，隨從眾人立刻啟程，隨朕火速返回京都。」

隨著他即啟程上路，行進之中方纔顧上把急報之情說與眾臣將。眾臣將聽了心驚之餘也都知道情急，擔心歡兜父子蠱害帝堯預奪天下一計不成，突出強兵攻殺上來，帝堯就將身有不測之險了。為此他們全都心中比帝堯更急，麾令眾兵跋山涉水日夜兼程，終在十余日後平安趕回到了京都。

「啟稟陛下，臣下聞報，歡兜逃回三苗封地之後，害怕陛下不赦他父子之惡，使用先下手為強之策，立即舉兵前去截殺陛下一行。」帝堯剛到京都，司農棄便急報道，「後來查知陛下一行歸來，心中氣惱，如今正在兵分兩路向北疾進，攻我平陽帝都而來。軍情緊急，請陛下速作定奪。」

「朕料他歡兜父子固然邪惡，卻也不敢率兵徑攻平陽。他們兵分兩路北進，仍舊是企圖半途截殺於朕。」司農棄此報，盡在帝堯預料之中，為此他聽後不驚不慌道，「今日聞朕平安回到京都，其軍兵定會返回去的。朕本來就不贊成用兵，歡兜父子又不敢領兵真來，即今鄰近諸侯嚴加防守便可以了。」

「陛下此言不妥。陛下既知歡兜父子險惡之心，又知其蓄謀已久遲早必有發作之日，而且今日險惡之心已現，陛下動作遲緩豈不就將釀成大禍！」司馬契對帝堯此言即不贊同道，「怎如趁其剛剛作亂之期，從速討伐。或者一舉剿滅之，絕其根本。如果不能，也要對之懲創，

使其戒懼。因而以臣下愚見，還是速作討伐為宜。」

其他眾臣將聞聽司馬契此言，也都一致贊同。帝堯見之，這時則突現為難之態道：「天下洪水氾濫久治不平，已經苦害得民眾近十載來災難深重。朕再為除去歡兜父子大動干戈，豈不更為苦難的民眾雪上加霜，再罹苦難。如此不德之舉，朕心怎忍啊！」

「陛下愛民之心可昭日月，但此番因戰苦害民眾則非陛下所為，乃是歡兜父子之罪。」篯鏗耳聽帝堯此言，立即勸言道，「再說陛下這樣行事，也正是為民眾除去更大的災厄呀！」

「臣下雖然言之有理，只是此舉事關重大，容朕再想一想吧！」帝堯聽後當然心知篯鏗之言有理，但一心繫於民眾的他，仍然難下決心道。言畢，就要罷議歸回宮去。

「啟稟陛下，歡兜軍兵已經越過雲夢大澤，將到漢水之濱了。」恰在這時，哨探前來急報道，「觀其勢頭，下步不攻豫州，便要進攻雍州。請陛下速派軍兵討伐。」

「這樣，朕之不德就只有加害於民眾了。」正在決心難下的帝堯聞聽此稟，無奈決心不下已無退步道，「此乃歡兜使朕不德，乃天意嗎？」

「陛下，事急燃眉，猶豫不得了呀！此非陛下不德加害於民眾，」司馬契等眾臣將聞聽帝堯此言，急齊開口道，「而是陛下施德救民脫出戰亂之災也！陛下，您就快下決心吧。」

帝堯無奈，遂最後下定決心，命令司馬契立即召集兵馬，待兵馬齊備，自己親率征討。並命司農棄籌集物資，以保供應。眾臣將聞命心喜，遂各作準備而去。

時間轉眼過去一日，司馬契來報一切準備停當，只待帝堯誓師發兵。

「啟稟陛下，歡兜軍兵分作兩路前來。一路聯合育唐國軍兵，溯丹水直攻華山，以窺雷首。此路可能為奇兵，以作包抄之勢。」正在這時，哨探又來稟報道，「一路由白河向北，直攻外方山，以窺汝、潁。如今其後路軍兵已到方城山，不日就要逼臨伊水。其奇兵現到何處，尚未探悉。」

「歡兜惡徒實在膽大包天，不僅膽敢這般作亂天下，又進兵這般疾急！虧得朕有準備，不然實是措手不及了！」帝堯聞聽此稟勃然大怒道。隨著他即議與眾臣將，決計分兵六師分別對之。

恰在這時玄元聽說帝堯出兵，領兵前來聽候調遣。帝堯大喜，遂命第一、三、六師，合玄元軍兵，迎擊歡兜所率軍兵。第二、四師直趨丹水，迎擊歡兜奇兵。下余第五師，居中往來策應。隨後，帝堯令兵誓師出發。一時間其軍兵真個是旌旗蔽日，兵甲連雲，浩蕩數里，向南開進而去。

歡兜父子此次弄兵，正乃本性使然。先前，歡兜助惡帝摯，行惡天下，當然知道其在朝野贏得的惡名。為此他雖有篡奪帝摯大位之心，但又知帝堯在側以其仁德和節儉贏得天下愛戴，在位的帝摯尚且不是他的對手，自己就更是壓根兒也不能實現野心，雖有野心也是白費。

同時又知帝摯不能長久，自己惡名在身帝堯必然不僅不會重用自己，說不定還會嚴懲自己。這便促使他與孔王沆瀣一氣，各領封地進行經營，以為自己鋪墊後路。此後帝摯死後帝堯果然不重用他和孔王，歡兜於是心思急轉定下了邪惡的陰謀。即留其子三苗經營封地，自己則離開封地去到亳邑做了玄元的師傅，以退防止帝堯懷疑自己，進則有朝一日可舉玄元旗幟攻伐帝堯。惡謀定下，歡兜便付諸實施，實施中他當然不會放過害死帝堯的一切時機。

　　為此他聽聞帝堯南巡三苗之時，便即寫信讓其子三苗設計害死帝堯，以為奪取天下鋪平道路。隨後他聞知帝堯一行中蠱心中大喜，歡喜中等待帝堯一行身死之時早些到來，不料卻傳來了帝堯一行蠱毒盡解的消息。

　　歡兜聞此消息驚怕至極，他知道帝堯本來就懷疑他父子，這次他父子又做出了蠱害帝堯不成的事兒，豈不證實了帝堯懷疑的正確，為此帝堯這次決不會放過他父子。驚怕至極之中，陰毒的歡兜心思不止也正無奈，恰在這時接到了其子三苗的來信。信中要他說動玄元，與之一起舉兵，乘帝堯巡視在外之機，截殺帝堯奪取天下。

　　三苗給歡兜寫來此信還是狐功之計。三苗與其父歡兜一樣驚聞帝堯一行蠱毒釋去，心驚至極，害怕帝堯懲戒他們，就要帶兵前去剿殺帝堯，遂把此想議於狐功。狐功即言不可，講說帝堯雖然僅帶五千軍兵，但若戰起其他諸侯即會率兵勤王，同時其平陽尚有六師軍兵也會來到。三苗屆時就會求勝不得，鬧得死無葬身之地。

　　然而狐功又知此次蠱害帝堯不死，狐狸尾巴已露，三苗不早下手誅殺帝堯就有反被其害之險。為此狡惡的他心思急轉，遂與三苗定下了要三苗寫信給歡兜，讓歡兜說動玄元舉兵，與三苗軍兵兩相呼應攻殺帝堯之計。

　　三苗依計而行，即給歡兜寫來了此信。歡兜正在驚怕無奈之中，收到三苗此信覺得惡計可行，遂立即付諸行動。他只想到玄元自幼由自己輔導，平日對待自己恭敬如父，自己對其一說其必行動。便對玄元進行講說，以說動玄元舉兵截殺帝堯。

　　但是出乎歡兜預料，玄元雖然自幼由其教導，但其長大之後察知先前其父帝摯皆為其與孔王二惡所誤，心中即生出了對其的萬分不滿。後來玄元又經帝堯訓勉，頗能向學，人又聰慧，更察覺出歡兜與

145

三苗父子經常鬼祟從事，時常通信頗為可疑。

為此玄元心中深恐他們於己不利，隨著便採用了一方面對歡兜表面竭力敷衍優容，一方面暗作防備的對付之策。這時玄元耳聽歡兜要他起兵截殺帝堯之言，表面不驚不卑不露聲色，順水推舟滿口答應。

但在歡兜退去之後，他則即帶數百親信徑入歡兜家中，一陣搜出三苗數封逆信，把歡兜扣押起來，擬即檻送平陽請帝堯治罪。不料歡兜在亳邑經營時久，權勢厚重，死黨眾多。到了晚間，其黨羽竟然把其劫奪出去，並返來攻擊起了玄元侯府。

虧得玄元平日甚得民心，民眾群起相助。歡兜眾惡眼見其勢不敵，方繞率其黨羽南竄封地而去，使得狐功的惡計又被打破得粉碎。歡兜逃到封地不敢怠慢，唯恐出手遲後被帝堯剿除。為此他即與三苗和狐功一陣計議，便立即起兵兩路，以期在平陽以南會合，向南截殺返回京都的帝堯一行於途中。待到截殺帝堯一行成功，再攻取平陽奪取天下。然而他們不知這時帝堯一行已經返回京都，因而料想不到其兩路軍兵一路剛過外方山，另一路剛到丹水，雙方已與帝堯之軍相遇，展開了惡戰。

歡兜軍兵訓練有素勇猛非常，其所用器械弓箭之上都塗有毒藥，按照常規人著即死。然而帝堯軍兵身上都佩有倕剛發明的避箭神器，歡兜軍兵所射之箭不到即落，因而射其不死。帝堯軍兵所射之箭則支支又遠又准，箭無虛發。一陣已把歡兜軍兵射殺無數，使其抵擋不住急忙敗逃起來。

帝堯軍兵隨後緊追，追得攻到外方山的歡兜軍兵盡數逃歸三苗國中而去。只有丹水一路軍兵憑藉丹水奇險，扼水而守，與帝堯軍兵頑固對抗。歡兜此路軍兵對抗十餘日過去，帝堯所率軍兵便全部會合到了這裏。帝堯遂令軍兵一邊安營紮寨，一邊伐木造筏以渡丹水。

　　但不料每到夜間，便有無數歡兜軍兵渡水攻來，弄得帝堯軍兵十分疲憊。雖不能對其軍兵造成大患，卻也不免有所損失。並且弄得其軍兵徹夜不安，一到天明他們即又全都退去。帝堯心中甚奇，丹水面闊水深，水上別無船隻，不知夜間歡兜軍兵究從何來又往何去，只得下令嚴防。

　　然而帝堯軍兵防守雖嚴，歡兜軍兵依舊夜夜來攻天明而去。轉眼又是數日過去，帝堯軍兵已經紮好許多渡筏，帝堯遂令軍兵下水試渡。但不料其軍兵遵命乘筏剛渡不遠，水下竟突然伸出無數長矛，向渡筏戳來。筏上帝堯軍兵無防，死傷眾多。

　　「怎麼，難道歡兜軍兵駐在水底嗎？」帝堯更為詫異道。帝堯話音剛落，又見對岸大隊歡兜軍兵一手持盾一手持刀，齊從水面上奔殺而來。歡兜軍兵無船飛渡，帝堯軍兵以為奔來歡兜軍兵皆為神兵，全都被驚愕在那裏忘記了抵禦。

　　歡兜軍兵為此上岸之後東突西殺，一陣便把帝堯軍兵殺得大敗。虧得兩旁帝堯軍兵趕來相助，方使殺來歡兜軍兵不敢再戰，又從水面上返奔了回去。帝堯眼見此景心中更為不解，急忙詢問當地土人，方知在此丹水上游龍巢山下丹水之中，產有一種丹魚。

　　丹魚浮上水面時赤光如火，倘若圍而取之，將其血塗到人的腳上，人便可以步行水面或久居水中。帝堯聞知此情心中大喜，急命司馬契領兵千名，前去龍巢山下丹水之中捕來了丹魚，割取其血塗在了眾兵腳上。

　　帝堯讓塗血軍兵入水一試，果如土人所言毫無差訛。帝堯大喜，遂命四千軍兵分為兩隊，各從東西渡過丹水，隱伏下來等待夾擊逃回的歡兜軍兵；並留下兩千塗血軍兵等待歡兜軍兵再來，上前攻殺。

　　歡兜軍兵不知其計已破，入夜又來騷擾。帝堯軍兵早有準備，一

陣大殺已把歡兜軍兵殺得敗逃而去。帝堯遂命塗血軍兵追過河去，恰與早已渡過河去的東西二路伏兵三方夾擊敗逃歡兜軍兵，一陣即把歡兜軍兵盡數殺死或者生擒，大獲全勝。

帝堯奪勝心喜，正要麾令眾兵再攻歡兜軍兵，剿滅歡兜父子永除叛亂，卻見惡酋歡兜著人求降而來。原來歡兜知道自己必敗，無奈只有求降以求再行韜光養晦。契等眾臣將勃然大怒，齊要帝堯不受其降繼續攻剿，以為天下永除此害。

「臣下之議固然很好，但朕總覺得戰爭乃為不祥之事。自從興兵以來，已近三月。諸多民眾逃避遷徙，恐慌勞苦，實在可憐至極。」然而帝堯這時卻開口否定道，「還有不少民眾，因之家產蕩盡，甚至性命不保。民眾無罪，橫罹此禍，令朕痛心！朕的主張是救民，未曾救民卻先來害民，這又何苦！」

「陛下，伐叛赦服，固然是陛下的寬大聖恩。」司馬契聞聽帝堯如此否定眾人之言，急忙開口諫止道，「但臣等以為，歡兜父子是不會因為陛下寬大其罪，而去改過的。」

「再說三苗之地，險阻深遠。歡兜軍兵，悍勇能戰。前日大戰朕兵死傷不少，朕心甚為憫憐。」但是帝堯不聽其言，繼續講說自己之想道，「如果不受歡兜之降，萬一他負隅頑抗，朕軍勞師日久，擾民更甚，豈不反失救民本意。叛而伐之，服而赦之，德刑成矣！我們還是赦免了他們的好。」

「陛下，倘若將來他們再休養生息完成，伺機作起亂來，豈不又要勞師動眾，擾亂再生嗎！」契等眾臣齊又勸言道，「與其將來再次勞師擾亂民眾，就不如趁此時機一鼓作氣，除掉叛酋，一勞永逸。」

「眾臣所言極是。但朕的主張是以德服人，不主張以力服人。歡兜父子是有不軌之心，」帝堯則又接言道，「對此朕是一清二楚的。

然而朕總覺得這也是因為朕之德薄所致，為此朕也應該罪及自身。」

契等眾臣聽到帝堯把話說到了這裏，方纔都不再言，隨同帝堯接受歡兜之降。帝堯遂讓歡兜派來之人回去傳信，讓歡兜親自前來謝罪投降。歡兜聽到帝堯准其投降的消息，心中雖喜猶驚詢問狐功道：「我此去見他，有危險嗎？」

「決無危險。帝堯素以仁德自命，」狐功即言肯定道，「這點信用，他還是一定會顧及的。」

歡兜心想片刻方纔將心放下，前往帝堯營中謝罪朝見而來。帝堯見之，嚴厲斥責了其一番。歡兜則把其罪完全歸咎於其子三苗身上，並請帝堯從嚴治他教子不嚴之罪，言說以後定當嚴教其子。帝堯則也不作深究，遂又訓勉他一番，僅令他歸回三苗侵佔他國轄地，只准經營封地，即讓他歸回封地去了。

放走歸降的歡兜，帝堯則即領軍兵返回京都。行至半途，他想到玄元首先發現稟報歡兜父子姦謀，並不避危險率師自願聽從調遣，功勞巨大，遂封玄元為中路侯，仍令其居住亳邑守候帝摯宗廟。其餘臣將留待回到京都，再行論功賞封。

十一、帝堯心灰

　　帝堯引領軍兵剛剛回到平陽城中，天空卻突然出現了奇跡。這奇跡真個是亙古奇絕，即在碧藍的天空上一齊昇起了十個火紅的太陽。個個烈焰四射，曬得地上酷熱似火人們承受不得。然而十日並出人雖難耐，卻也有其他好處。即蒸騰得地上四處氾濫的洪水，一天天竟然少去不少。

　　帝堯見到這般奇景，真個是頓然間心中又驚又異，又喜又憂。他驚異天上為何驟然間一齊昇起十個太陽，不知道是人間之福還是人間之禍。喜的是由於十日並出酷熱的蒸騰，地上氾濫的洪水終於迅速減少，再過數日就會被蒸騰淨盡，天下的洪水巨災就可以得到平治了。

　　為此他心喜這並出的十日可能是天意，即天遣十日並出平治天下十數載不治的洪水。但他也憂。憂的是十日並出酷熱難耐，剛過數日已使人畜忍受不住，死亡不少。樹木禾稼耐受不住，枯焦不少。若再這樣繼續下去，氾濫不息的洪水雖可得到平治，人畜樹木耐受不住，紛紛死亡枯焦將如何是好？到那時又有誰能摒退十日，拯救天下？如果無人能救神又不助，天下凡人不就將迎來末日了嗎？帝堯心中為此憂愁萬般。

　　帝堯在此驚喜憂愁交織之中，無奈只有祈求上蒼，以期上蒼給予

拯救。於是帝堯祈禱啊祈禱，他對上蒼是那樣地虔誠，那般地殷切，上蒼卻就是不應。一日不應，兩日還是不應。不應帝堯也是無奈，只有依舊繼續虔誠地祈禱不停。

「啟稟陛下，小人受務成子大師之命，」帝堯這日正在祈禱，突聞有人來稟報，「前來向陛下稟報一件喜事。」

「天上十日並出，地上洪水氾濫不息，」無奈的帝堯正在虔心祈禱，他想不出會有什麼喜事，便不以為然道，「民眾正受水災又受酷熱之害，會有何等喜事來稟？」

「陛下，天界來了一位神羿大神，」來人繼續稟報道，「此刻正在雲夢大澤西岸剿殺巴蛇，並要箭射十日為凡界除害。」

「這會是真的嗎？」帝堯聞聽此稟不敢相信，心中頓生驚疑道，「有可能嗎？」

「真的，務成子大師隨他剿除巴蛇去了。大師派遣小人飛馳來報，」來人見之又稟道，「以早解陛下之憂，並請陛下前往拜會大神。以求早日讓他箭射十日，為凡界除害。」

「真有此事！誰真正見過下凡的天神？」帝堯聽到這裏，方纔半信半疑道。半信半疑之中他也無奈，無奈中又想到是務成子大師遣人來報或者不會虛假，為此他決計立即前去見個分曉。那天神如果是真，自己就乞求他射落九日為民除害。想到這裏他才即不怠慢，乘上快馬與來人一道，離開京都一路向西南奔去。

帝堯在來人的引領下剛剛行出半日來到外方山下，正被十日曬得酷熱難耐，卻見天空一輪烈日軲軲轆轆滾落到了山上，熄滅了它灼人的光焰。帝堯心中正奇，便聞山頂眾人頓然齊聲歡呼起來道：「射得好，射得好，把它們全都射落下來！」

隨著這陣喊聲，又見一輪烈日從天空軲軲轆轆墜落到了山上。帝堯

這時更奇，那來人心機一轉明白過來道：「陛下，這一定是大神神羿殺罷巴蛇來到這裏，放箭射落了天日！」

來人話音未落，天空又一輪烈日軲軲轆轆從天空墜落下來。帝堯見之心中更奇道：「走，快上山去看看，誰個竟有這般本領！」

帝堯隨後一陣奔到山頂，詢問眾人方知，果如那人所報，那射落天日者不是凡人，乃為天降大神神羿。帝堯聞知至此心中正喜，卻見端站在山巔巨石之上的神羿已是一連射落了九日，又將神箭瞄準了空中僅餘的一日。

「大神住手！」帝堯大驚，急忙喊叫著上前攔住了射日的神羿，留下了僅有的一日。此後帝堯與神羿相見，神羿又射落了夜空中多餘的十一輪皎月，然後一路前往青丘，剿除大風怪為民除害而來。帝堯開始與之同行，到達黃河北岸尚儀村中。這時因為朝中有事，帝堯方纔無奈告辭神羿，返回了京都平陽。

帝堯回到平陽，恰見受命治水的孔壬前時見到天上十日並出，酷熱蒸騰地上洪水消失殆盡，前來報功覆命以了己任待在平陽。帝堯大惱，遂又嚴命孔壬即去奮力平治又起的洪水，以解民懸。如果再是久治無功，將受嚴處！

孔壬巧言善辯誇誇其談，這時受到帝堯訓誡心中不甘，為了解脫其治水無功之過，即向帝堯侃侃講說再三。末了直說得帝堯點頭稱是，方纔辭別帝堯心中快快，重又無奈離開京都治水而去。

孔壬去後轉眼又是數載，帝堯待在京都日夕懸念天下民眾，盼望傳來孔壬大治天下洪水的喜人消息。然而他久盼不得喜人消息，心中更憂更惱，多次傳旨督令孔壬奮力治水。

傳旨之後仍是不見孔壬治水有功，便心中思念洪水不治民眾遭殃，皆為自己不德所致。因而他便不再責備孔壬，而自己苦心思慮起

了新的治水救民方略。轉眼思慮數日過去，這日忽然想起一法道：「對，只有西去昆侖神山，乞求王母娘娘相助。」

帝堯想到，人力既已不能平治氾濫的洪水，就只有效仿先賢親自前去求見上神。求見上神上天無路，因為天梯已被顓頊大帝阻斷，要見上神就只有前去昆侖神山。昆侖神山坐落下界，是王母娘娘的臨凡居地。自己前去求之，或可救民出此洪水大災。

帝堯思謀即定，便立即議與朝中眾臣將。契等眾臣將聞聽，全都否定道：「不，陛下不可前去。此去昆侖路途遙遠，陸路行進雖稍近些，但有流沙之險，水路不僅遙遠而且有風浪之危。加之王母娘娘又不總在昆侖山上居住，陛下前去日久豈不天下凡人罹災更重。那樣，還是不如派人前去的好。」

「不，朕親自前去之心已堅。」帝堯則力排眾議道，只有朕親自前去，「才能誠心感動王母娘娘，助朕救民脫此水災大難。」

「不，陛下。前時先祖黃帝西去昆侖，」契等眾臣將聽聞，又齊勸言道，「經過流沙之地險遭不測，虧得曇花姑娘營救方纔脫離險境。」

「那麼，」帝堯這時則堅心不移道，「朕走水路。」

「不可，」契等眾臣將更驚道，「水路更不可行！」

「那怎麼辦？陸路不可去，水路又不可行，朕不就只有不去了嘛！」帝堯立刻氣惱道，「不去，不就只有讓天下民眾，永處洪水大災之中了嘛！」

「陛下不去，」契等眾臣將急又諫言道，「我們可以另想他法呀！」

「他法朕均已想過，皆無良法，只有西去昆侖乞求王母娘娘。朕心已定，眾愛卿不必再言。」帝堯即言道，「朕已慎思再三，陸路既近，朕就從陸路西去。以早日見到王母娘娘，早解民眾之厄。」

「陛下，陸路危險。」司馬契即又諫言道，「陛下還是別去了吧。」

153

「陸路雖有流沙之險,先祖黃帝當年曾遭不測之災,但朕是為天下民眾前去請命,豈能怕險!」帝堯即又言說道,「退一步講,即使朕為流沙掩死,也是應該的!」

契等眾臣將聞見帝堯把話說到了這裏,知道再勸也是無用,便全都不再勸言,任憑帝堯作出安排。帝堯則仍留司農棄主持朝事,由契、皋陶和籛鏗等一班臣將陪同,即日離開平陽一路向西,徑往昆侖神山尋求王母娘娘而來。

他一行向西行進剛過十日,這日來到了秦山地方。秦山桃林綿延數百里,皆為當年追日的誇父死後所擲手杖化育。這時正值早春,帝堯一行西進穿行於秦山桃林之中。只見兩山之上桃樹繁簇,桃花盛開,如錦如繡,若煙若霞,似雲似靄,連綿不見邊際。

帝堯連贊桃林之美,誇父之功。隨著他細睹桃林之中情形,只見在那桃樹的如雲煙花之下盡是田畝,許多農夫正在壠中忙碌春耕。更有數人正在一邊悠然耕田,一邊口中唱著甜美的山歌——

秦山的桃花兮若煙霞,
渭河的綠水兮清可鑒。
做人兮心應似桃花,
對人兮誠應水一般。
人無貪欲心靈美兮,
人有貪欲惡必戀兮。
高天湛藍兮懸日月,
光鑒九州兮人心現。
秦山花美人更美兮,
可愛我家鄉桃花園……

帝堯細聽這山歌歌詞，覺得說得很有道理。特別是於怡情悅性之中，寓有一種勸世醒俗的教化意味，與那些有傷風化的淫歌俗曲山歌迥然不同。為此他隨之走進桃林，詢問口唱山歌的耕種農夫道：「山民口唱山歌，是前人口傳，還是農夫自己心作？」

耕田農夫聽了此問，舉目見到帝堯衣雖不貴卻相貌不俗，身後又跟有眾官將和軍兵，已經猜知其是貴人。忙放下手中之犁，拱手對之道：「都不是，大人。是武仲先生教授農夫的。」

「武仲？」帝堯驟聞農夫此答，頓然心中大為驚喜忙又詢問道「是哪個武仲？」

帝堯是一位崇賢尚賢天子，夢寐以求的便是網盡天下英才而用於治理天下。因而時刻都在關注著天下英才的他，早就聽人講說天下有一位著名的隱者，名叫許由，字道開，又字武仲。為此他早就有心尋見這位飽學的武仲，以受其教，並且將之攬入朝中以佐自己治理天下，甚或他能迅疾治平天下氾濫的洪水。

然而帝堯雖然心懷此想，卻因為一直尋找武仲而不得，心中遺憾萬分！為此這時西行至此，突聞農夫言說「武仲」二字，他驚喜過望立刻想到這武仲，或許就正是他多年欲要尋見而不得的那位高人許由。但他又一時不敢相信事情真會這般湊巧，口出疑問之言詢問起來。

「大人，這個武仲非為別個，正是名震天下的許由。」農夫聞聽帝堯此問，開口回答道，「怎麼，大人認識他嗎？」

「怪道他教農夫唱的山歌如此之好，原來果真是他！」帝堯驚喜中聽到農夫此答果如其料，更是禁不住高興得大叫起來道，「他在哪裏？農夫快快引我前去見他。」

「許由住在往西二十里處，一個名叫桃花渚的地方。那渚背靠大

山，山上有壇，即為許由先生與我們經常聚會之所。」農夫眼見面前的貴人聽到許由這般驚喜，並讓他自己引領他們尋見許由，便對之道，「壇旁有幾座窯洞，便是許由先生的住處，無人不曉。大人前去一問便知，豈需農夫引領。」

帝堯聽後忙謝農夫指引，遂領眾人向西一路尋訪許由而來。他一行一路西行，一路之上只見沿途民眾熙熙攘攘，到處呈現怡然自得之景，實與別處大相迥異。末了來到桃花渚一問，果然眾人皆知許由住處。

帝堯隨之止住眾兵，僅領眾臣將來到許由所居窯洞門前，聽到窯洞之中瑟音英鏗。知道是許由正在鼓瑟，便站在窯洞門外等候。帝堯站在洞外轉眼等候過去片刻時光，忽聞窯洞內瑟樂戛然而止，帝堯便欲舉步入洞。

但在這時，卻見一人從洞中緩步走出。此人年約五旬，面白無須，一身瀟灑，氣宇不凡。帝堯知道此人正是人們講說的許由模樣，忙上前施禮道：「許先生您好，今日在此得遇，實乃天賜良緣！」

帝堯的舉動大出許由所料，為此許由耳聽帝堯此言先是一愣，接著方纔舉目看到是帝堯與其眾臣將一行來到。隨之便心中大為後悔自己前不留心，出門竟然如此驀然遇上了帝堯一行。於是他即為躲開帝堯一行，採取補救之策道：「大人認錯人了。小老兒不是許先生，大人要尋的許先生正在窯洞之中。」

帝堯聽聞許由此言一愣，許由已經借機向前走去。「許先生慢行！陛下思慕先生已歷數年，常常為尋找不到先生遺憾得夜不成眠，」筬鏗心中機靈，見之忙上前深施一禮攔阻道，「仰慕先生的一片至誠之心，實可謂無以復加。先生這般推諉，未免絕之太甚，使千古敬賢之君失望了吧！」

「承蒙陛下枉慕老夫，老夫自問無德無才，只好逃遁避開。」許由耳聽筊鏗言說至此，知道自己已經躲避不開，方纔無奈轉向剛才已經認出的帝堯，拱手答禮道，「現在陛下不遠千里來到老夫居地，老夫心覺不安之至矣！」

「這裏不是聚談之地，請陛下入洞坐吧。」帝堯剛要答言，筊鏗即已搶先道。許由這時無奈，只有引領帝堯與其眾臣將進入其所居窰洞。

帝堯入洞坐定，便將沿途所見秦山文明盛況說於許由，盛讚許由之功道：「眼見秦山地方文明盛況，朕方知先生盛名果然並非虛傳。先生真是居地一方，變一方民風呀！」

「老夫不敢當！老夫只是心想居此一方，」許由急忙謙虛道，「對民眾能夠盡一份力，總應該盡就是了。」

「先生所言極是，我們對於民眾若有能力盡一份力，就應該盡一份力。」帝堯即言道，「如今天下洪水為害民眾已歷十數載，加之前時天上又出十日警誡朕，加倍苦害了民眾，此皆為朕不德所致！」

「陛下過謙了！陛下德高齊天，」許由即言道，「眾望所歸，豈有不德之說！」

「先生飽學經綸，名揚天下，因而不該隱居一方，正應該為民眾盡力。」帝堯不接許由之言，繼續講說自己之言道，「為此朕今日得見先生，不僅是朕之大幸，更是天下民眾之大幸哩！」

「陛下過獎了！」許由又是謙虛道，「由不敢當也！」

「先生不必過謙！」帝堯隨之又言道，「朕因而就請先生答應朕迎請之誠，出隱隨朕入朝，佐朕大治天下吧！」

「由乃山野小人，無德無才。剛才言講為民盡力之事，乃為盡力為之之舉，」許由聞聽帝堯此言，立刻惶恐之至急言否定道，「並非

刻意為之之事。為此老夫決難遵從陛下聖命，入朝為官。」

「先生不為朕想，」帝堯隨之又言道，「難道就不為天下人想嗎？」

「非為老夫不遵陛下聖命，而乃老夫心想人生在世不過百年，」帝堯見許由固辭，忙又誠言請之再三，許由則依舊堅辭不允道，「壽數一終，一切化為烏有。入朝做官終身忙忙碌碌，又為何苦。」

「先生此言雖然入理，」帝堯聞聽，卻一時不敢苟同道，「但為了天下民眾，先生豈可固守此理呀！」

「老夫只想放浪山野之地，靜心求得多活幾年，」許由仍是堅辭不允道，「為民多盡幾分氣力，於願便已足矣！」

帝堯迎請許由之情此時雖切，聞見自己言說至此許由仍是不允，便知自己再言也是無用。為此他心機轉動決計不再言說，留待後日再來勸說迎請。常言只要心誠石頭也能開花，他既然已知許由居地，以後再來一次不行，就來它個十次八次，還怕請不出許由入朝前去。

想到這裏帝堯便不再逼請，因為前去請求王母娘娘救民水災事急，遂告辭許由繼續向西行去。帝堯一行在途行進半月，這日來到位居流沙邊沿的大夏國中。大夏侯聞知，急忙把帝堯迎進了侯邑。帝堯此行雖是尋求王母娘娘，但也身負沿途巡查各處諸侯政績功過之任。

大夏國距離帝都遙遠，朝中對其往往鞭長莫及，帝堯因而對其巡查格外認真。他細細考查大夏侯政績數日，越是考查越見其地弊政眾多。特別是大夏侯的兩項弊病，惡果特別巨大。

其一大弊病是貪。他常常藉口種種政費，專門搜刮民眾的錢財，供其淫樂奢侈，鬧得民眾困苦難熬，對其怨聲載道。其二大弊病是武備廢弛。大夏國中，兵甲盡廢，守備盡無。

大夏侯託名治國尚文德不尚武力，省下全年兵甲用款裝入私囊供其揮霍。帝堯查知此情勃然大怒，立刻下令廢棄大夏侯為平民。並令

契率將士毀去其宗廟，三分大夏之地為毗鄰三國治理。

帝堯如此嚴懲大夏侯之後，便又引領眾臣將繼續西進前往昆侖，不數日已是進入了流沙之地。流沙之地遍地黃沙，一年之中無日不晴無日無風，飛吹沙動仿佛流水一般。更為險惡的是如果碰上颶風陡起，天空便會被捲起的黃沙遮蔽，然後降為沙丘，人被掩埋其中喪去生命。

帝堯救民心切冒險前行，十餘日過去竟然平安穿過流沙之地，到了距離昆侖山不遠的搜渠國中。搜渠侯聽聞天子帝堯來到，急忙出迎。帝堯來到搜渠國不易，又是細查其國情。搜渠侯道德高尚一心為民，帝堯越查越見其政績卓著，封地民眾盡頌其功。

帝堯為此心中高興，遂表彰勉勵其一番，就要辭去西上昆侖。搜渠侯聞之急忙勸阻道：「陛下不可再向前去。前面就是弱水，其水無力，連芥子也漂浮不起，陛下怎渡？陛下前去怎會有功！」

然而帝堯對搜渠侯之言並不放在心上，而是信心滿滿講說道：「昔日人祖伏羲兩上昆侖，弱水突然為其架起金橋。後來伏羲再造的凡人離開昆侖奔向四方之時，以及黃帝西上昆侖尋見王母娘娘之日，那弱水全都化為平地失去蹤跡。朕此去乃為天下民眾請命，弱水有知，也定會再現奇跡的。」

帝堯說完不顧搜渠侯勸阻，即向西方徑奔弱水而去。然而來到弱水跟前，儘管帝堯對其祈告再三，靜謐的弱水不僅沒有為其架起金橋，也沒有化為平地變成坦途，一絲兒奇跡也沒有出現。

弱水不現奇跡帝堯心中陡地一沉，他已從中預感到了弱水不應自己之求，就是上神王母娘娘不應自己之求之兆！但他既然來到弱水跟前再行就是昆侖神山，便決計非要渡過弱水，登上昆侖尋見王母娘娘，為天下民眾求除水災不可！

決心至此帝堯便即領兵紮筏驗試，然而眾兵把紮好的渡筏剛一推入弱水之中，那筏便立刻沉入了水底。不負芥子的弱水，就這樣果然漂浮不起木制的渡筏。帝堯為此這時真的陷入了無奈，弱水悠悠水面無際，水上無渡，不現奇跡他實在渡不過去。

然而這時渡不過弱水帝堯仍是堅心不泯，他決計繞道梁州改行水路，浮過西海奔赴昆侖。他不相信一求神靈不應，數求也不動神靈之心。為此他即領眾人離開弱水，徑奔東南繞向了梁州。帝堯一行在途月余過梁州越巴山到岷山，這日忽見一人十分面熟，卻又一時想不起此人何名何姓。

「臣下久違陛下，」帝堯為此正在心中奇異，那人早已拱手施禮道，「不知陛下為何突然到了這裏，行往何處？」

帝堯這時方纔聽出，其是前朝老臣受封崇地，即今陝西祁縣的崇伯鯀。以前在亳邑時經常見到，如今轉眼過去三十餘載，鯀的面貌大變，自己認識不得了。於是他急忙還禮，一邊說明識別不出的原因，一邊說明自己來此西去昆侖之意。

「陛下這樣不重人力，尋求不可知的神仙，」不料鯀聽罷帝堯之言，卻忽然仰天大笑起來道，「這種做法，臣下不知真的可行否！」

帝堯素知鯀剛愎無人的性格，又知其生性誠厚又好直言。後來雖在前朝之中，與歡兜、孔壬並列贏得三凶之名，但其卻品格高尚。導引帝摯為惡等事皆為附從，贏其惡名皆為歡兜、孔壬二惡所累。

為此他對鯀素有敬愛之心，頗為敬仰，特別是愛其喜好直言的性格。因而這時雖聞鯀此言也不氣惱，而即轉話題詢問他為何此刻在此，一向身在何處。

「臣下在帝摯時雖蒙恩愛被封於崇，但卻從未去過封地。後見歡兜、孔壬朋比為姦，導引帝摯行惡，自己勸止不住心中氣惱。恰好當

時一家住在此處的親戚家中有事，臣下便借機來到了這裏，想不到一住竟是三十年過去。」鯀一口氣答到這裏，隨著舉手指著前方的一個小村接著道，「寒舍就在前方石紐村中（今四川石泉縣），相去甚近。陛下如果不吝，就乞寒舍一敘，令寒舍生輝！」

「好，朕正好前去敘敘。」帝堯聞聽大喜道。隨著，鯀便引領帝堯一行往石紐村行去。轉眼行出兩三里路程，便來到了村中鯀家中。帝堯入室坐定，即詢問起了鯀居住在此三十年間做何事情。

「家居無事，潛心研究天下山川水道，」鯀即回答道，「不問政事倒亦逍遙。」

帝堯正為天下洪水久治不平傷透腦筋，突聞鯀言猛然一喜。心想鯀或研究有成，正可用於平治天下洪水，遂又深問起了其研究心得。鯀對帝堯有問必答，而且處處引經據圖，切切實實，與孔王的空談迥然不同。

帝堯聽後見鯀確有研究心得實有學問，心中暗悔當初使用孔王治水，看來是用錯了人，遠遠不如用鯀。於是他便想到，如果此去不能見到王母娘娘，求得治平洪水之法，下步正可用鯀治平洪水。

想到這裏，他便為在此地邂逅見鯀大為高興，竟然一連與鯀談說三日，末了方纔告辭西行。帝堯西行跨過岷山，又向西越過西傾山，到了西海邊沿。站在西海東岸，他看見西海碧水沉沉一望無際。心中期盼渡過此海到達西岸三危山，就可以尋到王母娘娘的兩位青鳥侍者。如同去過之人所說，尋見王母娘娘就有希望了。

為此他心潮翻滾，高興不已。覺得自己見到王母娘娘，求得治平洪水方略之日就在眼前了。隨著帝堯心喜之中，即令眾兵伐木紮筏以渡西海。眾軍兵聞令不敢怠慢，一日過去便紮制好了所需渡筏。

帝堯見之心喜，即令眾兵放筏海中開筏渡去。但就在眾筏剛剛

開渡之時，突見西海上空飄起一朵白雲，雲上端站兩位妖嬈神女，眨眼便來到了帝堯筏前。帝堯正在驚奇，已聞一位神女開口道：「帝堯聽旨。」

帝堯雖然不知二女何來，一陣奇異愣怔，但他又知二女飄然而來絕非凡人，為此不敢怠慢，急忙伏身跪倒道：「堯在，堯接旨。」

「王母娘娘有旨，講你固然為民心切，求她心誠不懼艱險，但終因天下洪水乃為天數，她亦救治不得。」神女隨之道，「為此娘娘傳旨於你，讓你不必再泛西海歷險前去求她。因為求亦無用，你便泛海歷險無功，還不如早些歸去想想人治之法。」

「不，堯歷險跋涉數月，就為見到王母娘娘。」帝堯聽了此旨，立刻開口否定道，「如今就要見到，豈可無功返回！」

「違拗聖旨，」二神女隨之飄然而去道，「去亦無功。」

「開筏。」帝堯則仍是堅心不移道，「奔波數月，不見王母娘娘，豈可無功返回！」

眾軍兵聞令，繼續向海中渡去。然而帝堯率領眾筏剛渡不遠，便又見到前方飄來一片白雲駐在了筏前。只見雲上所站已不是剛才兩位妖嬈神女，而是兩隻頭臉緋紅眼睛漆黑，身著青衣相貌可怕的青鳥。

「我們是王母娘娘的青衣侍者，帝堯既然違拗聖旨，就怪不得我們了。」兩隻青鳥口中說著，已是翅膀一搧，在平靜的海面上倏地掀起了颶風。頓然間但見海浪狂作，一陣便把眾筏颳到了岸邊。

帝堯雖見眾筏被颳到了岸邊，但他仍是堅心不移，非要見到王母娘娘不可。同時他心想王母娘娘如此作為，也可能是驗試自己求她之心是否彌堅。為此他不相信自己一去不成，再去青鳥兩個還會阻止。於是他見青鳥兩個消失了蹤影，海面上風過之後又平靜下來，便又令軍兵開筏向海中渡去。

「堯你若再一意孤行，我們就要下狠手了。」然而眾筏剛又前渡不遠，青鳥兩個又是飄然而至呵斥道。隨著又是翅膀一搧，掀起颶風狂浪把眾筏颳回到了岸邊。帝堯當然還是堅心不死，隨著又令軍兵開筏渡海。青鳥兩個這時便不再言，倏然來到其前又是猛地一搧翅膀，掀起的颶風險浪竟把眾筏全部颳上了海岸。

帝堯如此反復令兵渡海三次，方知自己實在前去不能，求得王母娘娘相助絕無希望了，隨著心灰意冷到了極點。無奈之中，他只有引領眾臣將棄筏向東返回京都而來。

十二、苦雕朽木

　　帝堯引領眾臣將回到京都，心想沿途所見都是氾濫的洪水，民眾苦難深重，孔王治水無功，求神神又不應，心灰意冷中他只能更加痛責自己無德！如果自己道德崇高，上天定然不會這樣降下劫數讓洪水苦害民眾，上神也不會這樣不助自己平治洪水。

　　天下洪水氾濫平治無功殃及民眾，正是上天對自己無德，不配做一統凡界天子的示象警告。想到這裏，帝堯遂更加心痛自己無德殃及了民眾，決計把天子大位儘早禪讓給有德之人，以解天下民眾受害之苦。

　　決計至此，他隨著心想起了把天子大位禪讓給誰的大事。他率先想到了自己的二位同胞兄長棄和契，反思是否無德的自己褫奪了兩位兄長的天子大位，方纔釀成這般天下巨災。

　　他想到，其棄、契兩位兄長確實皆為有德之人。棄兄用心於教民稼穡，深得民眾愛戴被尊為后稷。契兄用心治國造福於民，也深受民眾擁戴。為此帝堯想到這裏，遂決計即把天子大位禪讓給棄兄。因為棄是他三兄弟中的長者，其又最受民眾愛戴。

　　為此帝堯立即來到棄的住處，對其講說了自己之想。「堯弟不可這般胡思亂想，胡言亂語。」不料棄聞聽其言，頓然大驚道，「這樣

胡思亂想胡言亂語，則更會殃及天下，民眾更要罹難遭殃的！」

帝堯不聽棄兄此言，隨又禪讓再三。棄不僅仍是堅辭不受，而且誠言自己德薄，更與帝堯相差遙遠！帝堯末了眼見棄兄實在不肯接受禪讓，無奈只有又去對契講說禪讓之事。

契對帝堯禪讓當然也是不受，言說自己德薄，不僅不可比擬堯弟之德，也遠難比擬棄兄之德。並且告誡帝堯不可因為一時之難，便心灰氣餒禪讓天子大位。

「無德堯某實在難熬至極呀！天下洪水氾濫不息，上神不來救助，自己的兄長也不救助堯某啊！」帝堯兩次禪位，兄長棄、契皆不接受，其心情便更加沉重，心想不停無奈自語道，「蒼天，堯某這不是害苦了民眾，也害苦了自己嗎？堯某這不是把天下的重任背在肩上，卸不掉了嗎？」

「堯弟不可此言，非兄長我不受小弟禪位，」帝堯這番話音剛落，恰好棄來到其面前，聞聽對之勸言道，「實乃是與堯弟相比，德行遠不能相及也！」

「卸去不能又肩背不動，不就只有等待堯某遭殃的末日到來了嗎？」帝堯這時對棄言聞若未聞，繼續無奈自語道，「蒼天，玉皇大帝，你們為什麼非把這重擔壓在無德的堯某肩上，任憑堯某再放在誰的肩上都不能呢？你們這怎叫公平呀！」

「堯弟若是非要禪位天下於人不可，」司馬契這時也來到了帝堯面前，聞之即言道，「堯弟可以依照帝父先例，禪位給帝子呀。」

「什麼，你們二位兄長不願背負這個天下，又來勸說讓我殃及幼子嗎？」帝堯不聞契此言猶可，聽了契言立刻勃然大怒道，「好呀，依你們之說，這個天下不就非我父子不可背負了嗎？」

「非也，堯弟。」棄見帝堯氣惱，急又勸言道，「實乃是如今天

下除非堯弟，無人德及天子高位也！」

「你棄兄別再恭維了，就這堯弟已經背負不起了。再說，若依帝父先例禪位於帝子，」帝堯聽了更是惱怒不息道，「我那帝子朱則是一塊不可雕琢的朽木，怎有身負天子大位的盛德可言呢！」

「子朱德薄雖然不可受此重任，次子考監明聰敏好學，」契隨之接言道，「品德端正，則可受此重任呀！」

「是呀，別個都不願意代替堯某背負天下，堯某也就只有將此重任卸負於此子了。」正惱的帝堯這才心中一動道。這是因為，帝堯深知考監明聰慧機敏，生性好學，品德端莊，對其深為喜愛，為此他聽到契言倏然心動。但他心動之中剛剛言說至此，突又心中一明道：「此子體質羸弱，能夠肩負得起這等重任嗎？」

「此子雖弱，乃為孜孜好學，焚膏繼晷，」棄即言道，「晝夜不息所致。與肩負天下重任無礙也！」

「陛下，帝子考監明患病日重，」棄的話音剛落，宮人急來傳報道，「娘娘請陛下速去看視。」

帝堯聞聽，立即辭別二位兄長，入宮看視而來。帝堯一陣來到宮中，考監明已經溘然長逝。原來娘娘派遣宮人前去傳稟之時，已是考監明將死之期。因此不待帝堯來到，考監明已經死去。

考監明素來體弱多病，但卻孜孜好學，身體因而更弱。體弱的他又格外關心帝父關心天下民眾，見到帝父為天下憂愁自己就憂之，見到帝父為自己之事憂愁他亦憂之。為此近來他便更加憂多體弱，竟然一病不治嗚呼而逝。

帝堯見之，傷痛至極。特別是在他欲卸肩上重任卸去不掉，剛剛擬將天子重任卸至其身之時，其又恰好離去，帝堯怎能不心中更痛至極。心痛之中，帝堯又想到這更是自己無德所致。不然，為什麼自己

剛剛找到一個替身，這替身便早不去晚不去，卻恰好在此時刻不辭而去呢？

然而後來人們知道了考監明之死，都說是帝堯教子太嚴害死了他。帝堯卻不說這些，心中痛子傷逝之餘，則更痛起了自己無德。心痛之中，無奈的帝堯又思謀起了可以禪位之人。他想到朝中除了不受禪位的棄、契二位兄長，其他就更是無人之德可受自己禪位了。為此，他只有把視界擴展到了天下。

帝堯既把視界擴展到了天下，他便首先想到了前時在岷山碰到的鯀。鯀既為前朝老臣，如今精研天下江河水道深有心得，今時天下又正需要能夠平治洪水之人執掌，於是他便認為鯀無疑是一位較為稱職的可受禪位者。

但他隨著又想到，鯀雖然身懷上述獨具優點，可他身為前朝老臣名在「三凶」之列，邪惡之名遠播天下，加之其又性格剛愎不容別人，他又是根本不可受到禪位的。自己若是硬把天子之位禪讓於他，天下民眾一定是更要遭受災殃的。為此想到這裏，帝堯便隨之又把鯀否定了去。

否定了鯀，天下可受禪位的還有誰呢？帝堯隨著又思謀一圈，末了便又想到了許由身上。他想到了秦山桃林中農夫口唱的山歌，想到了許由身居一方教化一方之功，想到了許由的高風崇德，想到了許由的滿腹經綸，想到了許由的節儉無求之風。

由此他認定許由是當今天下的最大賢者，是接受自己禪位的最當之無愧之人。所以自己若能把天子大位禪讓於他，以他的品德他的才學他的教化方略，天下是絕無不治之理的。

於是想到這裏，心灰意冷的帝堯方纔陡覺心中重負釋去，心鬆身輕，進入了少有的亢奮境界。他覺得肩上的擔子仿佛已被卸去，自

167

己已經得到了解脫。但他剛生這種感覺片刻，卻又心中一栗重又沉重起來。

因為他又想到，許由雖是當今天下的最大賢者，卻也是當今天下的最大隱者。上次自己在秦山桃林之中與其邂逅之時，就曾勸其出山入朝輔佐自己治理天下。但他說自己只願放浪山野，靜心求得多活幾年，不願入朝做官忙碌一生。

如今自己再去禪讓天子大位於他，怎保他會驟然變成另外一人，不辭而受天下重任？如果他繼續不受，自己怎麼辦呢？想到這裏，帝堯因而頓又陷入了無奈之境，心想起了許由如果不受天子大位，自己還有何法？

但他思來想去皆無良謀，因為據他心想，天下除了許由，其他已是再無可受天子大位之人。許由再若不受，他也是不能只顧自己輕鬆不顧天下民眾，把天子大位輕易禪讓於無德之人的，因而那樣就是他的彌天罪過了。

但是，如果許由不受天下又無受此天下之人，他又認定自己無德為了不再殃及民眾，決計禪讓帝位，這帝位又該禪讓給誰呢？於是他又作苦想，想到許由若再不受自己無奈，他就只有把帝位如同棄、契所說，禪讓給帝子朱了。

子朱之德雖然不配承繼天子大位，但自己若把此位禪讓給他，或許會使他身負重任自覺改過。再說自己卸此重任於其子，便沒有了推卸重任於別人之嫌，同時其子受任之後如果胡作非為，自己也好去作管教。而禪位於他人，受讓者胡作非為起來，自己就不好干預了。

想到這裏，帝堯心中又豁然明朗起來，決計照此行事先行教授子朱棄惡改過，做好自己無路可走之時的無奈準備。而且即便許由接受禪讓，子朱棄惡改過也是好事。為此他便決計先教子朱，待到教子安

排出了眉目，再去尋訪許由。於是帝堯為教子朱便首先想好了教子方略，然後即命人傳召來了子朱。

子朱雖為帝堯正妃散宜氏所生，但其出生之後智質不高，性格劣頑，甚不喜歡學習，一心酷愛遊戲玩耍。帝堯雖然屢屢教誨於他，他卻總是當面唯唯或不作一聲，而一到帝堯離去便依舊無所不為。

帝堯雖為至聖之君，卻也對他無可奈何。因而子朱這時雖已長成了一個十五六歲的大小夥子，卻生性依舊如前不僅毫無長進，相反更比先前劣頑貪耍。帝堯前時以為子朱已是一塊不可雕琢的朽木，方纔抱著深深的遺憾對其生出拋棄不顧之心，而把親情全部傾注到了次子身上。

這時次子考監明已去離開子朱又無別個，帝堯方纔苦苦心想出了針對子朱之病，對症下藥教其圍棋改其性情之法。子朱這時聞傳戰戰兢兢來到帝堯面前，心中不知又要受何訓斥正在害怕，舉目卻見帝堯面前几上擺放著一塊方方的木板。

木板上刻畫著許多方格，格子上分佈著許多小而圓的更小木塊。有黑的，有白的，旁邊則堆著許多同樣的黑白小圓木塊。帝堯手中則正拿著一枚白色的小圓木塊，坐在那裏對著木板凝思。

「帝父和你師父前日讓你熟讀之書，你讀完了嗎？能夠領略書中之意了嗎？」子朱的到來驚動了凝思的帝堯，他隨之即問子朱道。正在戰兢害怕的子朱耳聽帝堯此問，由於貪於玩耍根本沒去讀書，所以更加害怕半天沒有回答上來。

「你不喜歡讀書，帝父亦對你無可奈何。但你除了讀書之外，」帝堯見之歎一口氣道，「究竟都是喜歡什麼？今日可向帝父說明，以便帝父教你。」

子朱這時當然更加不敢言說，因為他除了喜愛遊戲玩耍，別的什

麼都不喜歡了。帝堯要求他的，他知道則是讀書學習不是遊戲玩耍，他怎敢把自己的真正喜愛說於帝堯，受到訓斥呢！

「你不說，帝父也知道你喜愛遊戲玩耍。但是帝父對你說，一個人不論做什麼事情都要用心。不但讀書學習要用心，就是遊戲玩耍也是要用心的。」帝堯見子朱不言，無奈道，「凡事不肯用心，不要說讀書學習不能學好，就是遊戲玩耍也是遊戲玩耍不好的。現在你既然不願意讀書，帝父就暫且不再對你勉強，而先教你做一種遊戲，看你肯用心否。」

說到這裏，帝堯立即將几上所擺圍棋的對弈之法，細細講說給了子朱，以讓其用心研究收其貪愛玩耍之性。戰兢害怕的子朱這時出乎預料地聽到，帝父不再逼他讀書學習，並見其真的對他教起了進行耍玩的圍棋之法，方纔心驚盡釋，高興得一陣便學懂了對弈之法。

帝堯見之，要其自己用心研習而去。帝堯如此安排好子朱，遂決計西去秦山桃林地方去訪許由。許由先前居於此處，徑往前去定可尋見。帝堯為此即把朝事再次交付司農棄代理，遂引領契等臣將離京西行，徑向秦山尋訪許由而來。

然而心情急切的帝堯一行在途月余，來到秦山許由昔日居處，卻尋找不見了要尋的許由。帝堯尋找不見許由心中焦急，急忙詢問於其四處鄉鄰。許由昔日鄉鄰聞聽帝堯之問，立即回答道：「當年陛下前腳離開此地，許先生在後悔當時沒能逃脫陛下之余，害怕陛下前言不行再返回來勸說於他，後腳便離開此地去了。」

「先生去了哪裏？」帝堯聞聽急問道，「你們知道嗎？」

「不知道。先生一去此後不僅不歸，」鄉鄰聞問回答道，「而且一直杳無音訊。小民實在不知他去了哪裏。」

「許由先生，真乃高士也！」帝堯聽後大失所望，卻也心中更加

敬重許由十分讚歎道。隨著，他又詢問面前民眾道：「你們昔日常年與許先生為鄰，除了此處，還聽說許先生有別的住處嗎？」

「許先生在此僅居數載，在此期間我們是曾聞聽別個傳言，許先生居處有十餘處之多。其中一處在山西太行山上，一處在中條山上，」民眾這時紛紛道，「一處在泰山之南，一處在江蘇沛澤，一處在黃山東麓，一處在浙江虎林山上，一處在外方山箕山之下潁水之陽。還有人說，許先生由此去後，住在沛澤，不知真假。」

帝堯聽聞此答，雖然感到尋找許由實在不易，卻也覺得比之先前終於有了眉目，心中已是歡喜起來。臨到末了，又聞人言許由居於沛澤，便心中更加高興。因為他熟悉沛澤，認為許由若在沛澤就好找到了。為此他連忙開口感謝道：「感謝鄉鄰指引之恩，朕告辭了。」

帝堯告別鄉民之後，隨著即領眾臣將離別秦山，一路返回平陽準備東去沛澤尋找許由。帝堯一行此後在途月餘，這日回到平陽附近。行進中他正在心想自己此去來回已是三個多月時光過去，不知子朱在家學習圍棋是否心性有變，能否在將來許由萬一不受自己禪位之時，有資格代替許由接受禪位，以解自己的後顧之憂。

不料就在這時，他卻聽到前方攔路的汾水之中傳來了熱鬧非凡聒耳沸天的絲竹鐘鼓齊奏之聲。帝堯心中奇異，忙舉目看向河中，只見河中正有許多船隻在遊弋逗樂。他勃然大怒道：「眼前天下洪水氾濫二十載不退，民眾饑寒困苦，人心憂愁惶惶，誰人竟敢在此優遊作樂！這究竟是何事體？他們怎能這樣全無心肝！」

隨著，帝堯即命人前去探視。然而更使帝堯奇異的是，其派出之人剛剛前去，水中絲竹鐘鼓之聲竟然戛然而止，遊弋之船也頓作鳥獸散了開去。帝堯正在心奇，不一會兒遣去之人返來稟報道：「啟稟陛下，水中遊弋之人非為別個，乃為帝子朱。」

帝堯聽聞，頭腦即「轟」地一下懵愣在了那裏。受遣之人則繼續稟報道：「剛才帝子正在水中遊樂，突見陛下歸來，驚得棄樂逃回宮中，因而水中樂聲驟止。」

帝堯這時實在惱怒至極，也憂愁至極。但他僅僅長歎一口氣，卻什麼也沒有言說，便疾回京都而去。他能再說什麼呢？他無話可說了呀！

原來在帝堯西去秦山走後，帝子朱前時倒也真的熱愛上了圍棋，孜孜不倦地進行了一陣研習。但無奈其心性僅僅新鮮一陣，時日一久便對其生出了討厭之情。這一是因為研習圍棋極需潛心凝志，極費腦力；二是其沒有對手，無以弈棋。所以他日覺無味，不久即丟掉了它。

丟掉了圍棋子朱無事可做，便又重新放蕩遊戲玩耍起來。這時子朱年紀已大，出到宮外結交了一批淫朋損友。初時不過群聚終日，言不及義，胡鬧一通便了。隨著漸漸發展到酣歌恒舞，無晝無夜地淫樂起來。

末了這也不能滿足他的貪耍之心，他便又趁著帝父不在京都之機，與那幫淫朋損友一道出城，到河上遊船作起樂來。不巧剛在河上戲耍兩日興頭正濃，恰逢帝堯歸來被其撞上。子朱看見帝父歸來大驚失色，嚇得棄船拔腿逃跑回了京都。其淫朋損友見之亦知情勢不妙，急各上岸獸散鼠竄而去。

帝堯回到帝宮之中，即遣人傳召剛剛逃回宮中的子朱。子朱聞傳心驚不敢前來，又知不來不行，無奈只有戰戰兢兢地來到了帝父面前。帝堯嚴斥於他，他表面垂手低頭戰兢局促，臉上卻絲毫不生愧恥之色。

帝堯見之知其斷然不會改過，便在氣惱中趕走了子朱，胸中憂悶至極。雖然數月奔波一身疲勞，入夜卻也不能成寐。夜不成寐帝堯繼

續心想教育處置子朱之法，他苦思許久之後決計將其放逐遠方，加以圈禁的嚴處方略。

隨後他又想到朝中遺有不少事情待他處理，同時擔心自己去了沛澤仍是尋找不到許由，遂先遣機敏心腹前去沛澤代他隱蔽探視，一俟尋到許由居處自己再行前去。想到這裏天已明亮，帝堯即起床視朝而來。

「朕思謀一宵，」朝堂之上，帝堯一陣處理罷朝事宣佈退朝，而留下棄、契兩位兄長對之道，「決計嚴處子朱逆子。」

司馬契聞聽即問道：「陛下怎樣嚴處朱姪？」

「放逐遠方，圈而禁之。」帝堯堅定道，「不然照此下去，朕恐逆子將有性命不保之憂。」

「臣兄以為，不必這樣。一個子弟的不好，」司農棄則即不贊同道，「總是被那些淫朋損友引誘壞的。先前帝摯之時，就是受了這種引誘。」

「棄兄之言何意？」帝堯聞聽不解道，「關鍵是說去怎麼辦。」

「如今既然姪朱又受這等引誘，可以先將那些引誘之人全都召來加以嚴處，以戒他們蠱惑帝子之罪。」棄隨之講說未完之言道，「這樣引誘之人絕跡，我們再對姪朱擇師教之，或者可以挽回。不知堯弟以為如何？」

「棄兄之意，堯弟全都心想到了，但有兩層為難。一層，其淫朋損友之害的確為實，但推究起來朱兒亦非良朋益友。」帝堯聽到這裏，口中不禁歎言道，「究竟是他們引誘壞了朱兒，還是朱兒引誘壞了他們？論起理來，其淫朋損友則就只能是個脅從。朱兒應該辦得重，那些人反倒應該辦得輕了。」

「堯弟所言雖是，」棄則不顧這些道，「但為了帝子，我們顧不得那麼多了。」

「不，不可如此。因為我們假如不問緣由不先去辦朱兒，反將那些人先嚴辦起來，天下人豈不就會以為朕偏袒帝子，」帝堯這時犯難道，「仗著天子之威淩虐民眾了嘛！為此，朕不敢去做也不肯去做，這就是為難的了。」

「堯弟此言有理。」棄聽後言之道，「還有嗎？」

「第二層為難是，子朱如今年紀已大，不比年少時父母可以強制，如今豈可把他長期幽閉家中。」帝堯隨之又言道，「年齡既大，意志已堅，即使有嚴師督責在旁，也是只可拘其身而不能拘其心的。並且積憤之後反抗起來，恐怕越加不好收拾，這也是為難的。」

「堯弟言之固然有理。但眼下突放侄朱前去遠方，兄長總是覺得未免太狠心。」契這時也是無奈道，「兄長心想，可將侄朱暫先交給我與棄兄……」

「對。由我二人共同對他進行懇切勸導，曉之以理，明之以害，或許能夠使他覺醒，豈不是好！」棄這時心明，不待契說完打斷道「如果不能達此目的，屆時再行此法處之。不知堯弟意下如何？」

「好吧。堯弟雖然屢屢嚴教於朱兒，但因父子關係有些話也不便深說。」帝堯聽後好是思慮一陣，方纔贊同道，「現在有二位伯父教導於他，不妨格外嚴屬。倘能使其洗心革面，痛改前菲，那麼堯弟實在感謝不盡了！」

帝堯如此說罷，即對二位兄長相謝稽首施禮。棄、契見之，亦即忙還禮。然後他二人告辭帝堯，歸回棄處召教侄朱而去。子朱聞召這時雖然不知伯父棄為何召他，但他心中甚虛便聞召不敢怠慢，一陣急急來到了伯父棄居處。

子朱進門眼見棄、契兩位伯父都在那裏，急忙躬身施下一禮。板著面孔的棄見之，立刻開口訓斥道：「你的行為，真是荒唐極了。你

有學問不肯去求，有德行不肯去修，反而終日在宮中酣歌恒舞，耽於逸樂，成什麼樣子！」

子朱進屋即遭如此嚴斥，頓然發懵愣在了那裏。契則接著訓斥道：「近來又有甚者，則跑到外邊任意浪遊。天下洪水蕩蕩，民眾顛沛流離，你帝父為之憂心如焚，你卻日日只顧游玩耍樂。實如你帝父所說，你全無心肝嗎？」

契剛說到這裏，棄又板著面孔接著訓斥道：「你作為帝子，本來是有承繼天子大位之望的，可現在由於你的失德已經無望了。你帝父已經決定不僅不要你繼位，並且要將你驅逐到遠方去，不許你再住在京都，限你明日即行。你現在可以回去收拾，明日上午我與你伯父一道為你送行。」

子朱剛才聞聽兩位伯父怒斥，清醒之後還以為他們不過怒斥自己一頓罷了，實在想像不到契伯父末了會出此言。因而聽了之後頓然再次驚得呆愣在了那裏。棄見之又言道：「一個人總要能夠改過。你的種種失德，你帝父屢屢勸誡於你，可你總是不肯改過，終至到了今天。你不去收拾，還有何言可說！」

「侄兒乞求二位伯父寬容，」子朱這才又從呆愣中驚醒，急言道，「侄兒不願到外邊去，侄兒願意改過。」

「我看你不僅決不會改過，也決不肯改過。」契這時則做出決絕不允的樣子道，「再說你這時才說改過之言，已經晚了。你不要再說空話，還是快收拾去吧。」

「侄兒向二位伯父保證，」子朱這時更加心急著火，連忙乞求道，「今後一定改過自新！」

「真的嗎？」棄這時慎問道，「不會放空炮吧？」

「真的。」子朱這時急言道，「決不放空炮！」

「那麼好吧。既然你敢於向伯父起誓，看來就真有改過之心。這樣，我就替你再求於你帝父，饒你先不遠去，」契依舊不允，棄這時則故作緩和道，「等待你改過。如果以後沒有改過表現，再有失德之事發生，伯父也就決不替你求情了。」

子朱這時不敢怠慢，急忙伏身跪倒在伯父面前，連謝伯父相救之恩。棄、契遂對其又痛斥教訓一番，方纔放其離去。子朱此後果然不敢再去漫遊，也不敢再與那幫淫朋損友接近。

那些淫朋損友也都知道子朱因為他們的引誘，險受放逐遠方的重處，方都唯恐帝堯連同他們一併懲治在內，此後便也不敢再與子朱接近。時間轉眼過去一載，子朱果然沒有再做失德之事。

帝堯眼見棄、契兩位兄長教育朱兒有功，連連感謝二位兄長大恩，並要二位兄長繼續對子朱嚴加管教。恰在這時，帝堯一年前派出代他尋訪許由的心腹返回稟報道：「啟稟陛下，小人受陛下盛命前往沛澤尋訪許由，經過一年尋訪，終於尋見許由蹤跡。」

帝堯聞稟大喜，但卻不敢怠慢唯恐許由再次遁去，便即把朝事和教子之事託付於棄，與契帶領隨從急在返回心腹引領下，前往沛澤尋見許由而來。帝堯一行東行二十餘日來到沛澤，三追許由行蹤又是過去二十餘日，這日方在一條河上追上了許由。

「堯某與先生秦山一別，不想竟過數載。其間堯某為救天下數尋先生，」帝堯一見許由，真個是頓如見到救星，忙對其執弟子大禮道，「也曾到過秦山，但終不得見。不想今日再次尋見先生，實乃堯某之幸，天下之幸！」

「陛下過譽了，期望也過高了。」許由忙言道，「由不敢當也！」

「堯某德薄能淺，踐位以來先是天下洪水氾濫不治，繼之天又並出十日示象警誡，致使天下民眾因了堯某連遭禍殃。」帝堯這時得見

許由，實在高興得再也壓抑不住禪讓天下於許由的急切之情，隨著便對許由道，「堯某自知德薄不稱天子大位，當今天下又無別個德比先生能如先生，故而堯某決計將天下禪讓於先生治理。願先生不辭慨然受之，以救民眾，實乃天人之幸！」

「陛下過獎甚之又甚矣！由無德無學，治國安邦，實在力不勝任，擔當不起。」許由剛才不聞帝堯此言還罷，這時聽了帝堯此言真個是頓然面目失色，身子不寒而慄，口中連連講說道，「陛下高擡貴手，饒恕了由吧！」

帝堯尋見許由不易禪讓天下心切，當然不會放過許由，隨之又對其讓之再三。許由當然又是推辭再三，但帝堯仍是非讓不可，弄得許由實在是一時間無可奈何起來。

「陛下若是非要禪讓天下於人不可，」無可奈何之中，末了許由為了脫身避開帝堯糾纏，只有心機急轉向帝堯舉薦巢父道，「由向陛下舉薦一人，此人比由德能均強過萬分！」

「噢，」帝堯正因許由執意不受禪讓無奈，聞聽許由此言頓然心喜道，「那人是誰？」

「此人乃由某之友，名為巢父者。」許由道，「其實在是當今天下賢者，滿腹真才實學。」

「噢！」帝堯這時驚喜道，「堯某怎麼從來不曾聽聞？」

「陛下所以不曾聽聞，則正說明巢父是個真正的隱者。巢父姓樊名仲甫，號巢父。他居住在外方山中，距離陽城約有一日路程。」許由接著道，「此人久居深山，而且樹巢而棲。他酷愛學習，對理政治國深有研究，辦事卓有遠見，說話理正意深，並對耕耘牧漁之事瞭若指掌。」

帝堯聽聞許由講說巢父德高若此，才學卓絕，當然喜出望外。「堯

177

某深謝先生指引，」因而他不待許由說完，便即言謝道，「實乃民眾之幸哩！」

「要讓天下，陛下還是前去禪讓於他為好。」許由則繼續舉薦巢父道，「若能那樣，實在是天下民眾之幸哩！」

「如果巢父不受禪讓，堯某還是要把天下禪讓於先生。」然而末了，帝堯的心思又轉了回來道，「因而堯某敬乞先生不棄，約於堯某再見之期。」

「明年今時，見於此地。」許由這時為了擺脫帝堯糾纏，當即應允道。但他心中卻在想他明日就返回外方山箕山居地，隱居不出，讓帝堯再也尋找不見自己。

帝堯則對許由之言信以為真，忙施禮相謝自己打擾了許由，一陣任憑許由離別而去。末了眼見許由去遠，方纔引領眾人返歸平陽，然後再去外方山中尋訪巢父。

十三、許由受斥

　　帝堯一行又是在途二十餘日方纔返到平陽，這時來回路程相加已是兩個月時光過去。帝堯本打算回到京都稍作休歇，即起程前往外方山中，依照許由指引尋訪大賢巢父。

　　但不料其剛到京都，卻聽到了子朱惡性複萌，更加邪惡到了日日玩耍陸地行船的消息。帝堯心中為此頓然憂悶萬分，將先前高興尋到高人有望、期盼子朱改惡有成的心境一掃盡淨，一言難發又是一夜不能成寐。

　　子朱在帝堯東去沛澤尋訪許由前的一年中，懾於被遠放之怕和伯父與帝堯之威，雖然沒有敢去再做失德之事，卻也是已定改變不好的。其在此間只有積極地不做失德之事，日日修德進德，正氣日充邪氣日退，持以時日邪氣被根本肅清，方可成為有德之人。

　　可他不做壞事，卻純粹是被逼迫的消極行為。所以他不去修德進德，是根本不會改好的。為此帝堯東去沛澤前腳離開京都，他便覺得威懾已去，舊病重又開始復萌起來。起初，司農棄留在京都他尚存害怕，只是在宮中無由虐待從人，發洩心中壓抑了一年的種種怨懟鬱悶之氣。

　　不久司農棄因事離開了京都，他頓然驚怕盡釋，溜出宮院遊逛耍

玩起來。說來事也湊巧，他這日溜出宮院剛剛走出不遠，便恰好碰上昔日那幫淫朋損友。舊友闊別相見，顯得格外親密。他們不免各訴相思，言說闊別。

傾談之中不覺間便把一年中壓抑著的不德之心，全都攪動得翻騰起來。於是他們隨即提議尋找一方避人之地，前去盡情耍玩快樂一日，以解壓在心中一年的鬱悶。隨著他們一陣計議，便決計仍舊乘船到水上遊樂。因為乘船既可以避人耳目，又可以盡情耍玩作樂。

計議既定，他數人便立即來到河邊，乘船溯流向上游遊去。子朱乘坐船上游在河中，在其昔日淫朋損友的簇擁之中，早把其帝父與伯父對他的教誨忘了個一乾二淨，只顧暢意遊樂。其淫朋損友也都久無這般開心時機，全都肆無忌憚地狂樂起來。一時間，只見他們有的奏竹，有的彈絲，樂不可支。

正行之間，突見河岸一旁百步地方生有一方大湖，湖中心有一小島，島上百花盛開。子朱大喜，即叫船夫停船，引領眾淫朋損友上岸欲到那湖上賞花。但他們來到湖濱一看，只見那湖心小島四周環水，湖中無船可渡，只能望見不可企及。

「湖中無船可渡，我們觀花不成怎行。」子朱與其眾損友正在焦急，一位損友突然心生邪想創議道，「我看可以這樣，即命河中我們乘坐那只船的船夫，把船從河中拖進湖來，事情不就成了嘛！」

「這個恐怕不成。」其另一淫朋則即不贊同道，「船身偌大，兩名船夫怎能將船拖過來。」

「就叫他倆拖，他倆敢不拖！拖不過來，我們就打他們兩個無用的東西。」子朱這時遊興勃發，不能遏制自己的邪惡情緒，聽到這裏立刻嚷叫道。叫畢，即率其淫朋損友回到船前，讓船夫從河中把船拖過陸地，拖往湖中。

「你們開什麼玩笑，這麼大的船，」船夫開始以為是子朱他們在開玩笑，笑言道，「起碼重逾千斤，我倆怎能拖進湖去！」

「你們兩個無用的狗才，」不料其話剛落音，便見子朱即把臉一沉道，「竟敢違抗我的旨令，你倆是要討打！」

子朱的那幫淫朋損友聞聽，也一齊開口催逼。「大人，不是小人吝惜氣力不肯拖船，」兩個船夫始知驚怕，急忙求饒道，「實在是小人拖不過去，就請諸位大人饒恕了小人！」

子朱也不再言，走過來「啪」地便是一掌打在了一個船夫臉上，嚇得兩個船夫全都不敢再說了。這時又一淫朋走上前來假作解圍，對船夫道：「不論你倆拖動拖不動這船，帝子既然有令，你們不妨暫且上岸拖拖試試。實在拖不過去，再說也是不遲。」

兩個船夫無奈，只有上岸拖起船來。船體巨大得二十個人也在陸上拖動不得，兩個船夫當然拖其不動。但見他們一陣拖其不動，已經圍來了眾多看視之人，他們都說這樣根本不能將船拖動。

「你這兩個無用的狗才！」子朱這時則不僅不聽眾人之言，而且心中更惱，隨著口中怒罵，腳下已是踢了過去。兩個船夫被踢不敢動彈，子朱幾下便把他倆踢得蹲在地上亂叫起來。

子朱見他二人蹲下不動心中更惱，正欲用力再踢，卻見一位身長丈余的大漢手操一柄大杖，擠過人群來到子朱面前道：「足下要將此船拖上岸來做何？」

子朱聽到有人問他心中又是一怒，但舉目見是一位長過常人兩倍的偉岸漢子，手操一柄大杖，不禁心中一驚，暗叫天下竟有這般高大之人！這時恰巧趕來做甚？別是為船家伸張正義啊！如果是那樣，自己就碰到麻煩了！為此他不敢怠慢，便即對大漢和氣道：「欲將此船拖到湖中，到湖心島上看花。」

「這個容易，」子朱如此口中說著心中仍在驚怕，卻聽那大漢開口輕鬆道，「我替船夫為足下效力。」

子朱聽了大漢此言，仍是不知大漢此來何舉，擔心大漢是與自己為敵，卻見大漢隨言落已將手中大杖一伸鉤住了船頭，用力一拉將船拖上了陸地。隨著他又用力一陣拉動，便把船拖到了湖中。圍觀眾人無不咋舌稱怪，擔心大漢做完此事尋子朱的岔子，驚怕得紛紛躲避而去。

子朱這時心中雖然也是驚怕至極，卻也心喜大漢輕易把船拖進了湖中。「好漢真乃功力過人，身不虛量也！」為此他便不敢也不願怠慢，立即上前讚譽詢問大漢道，「但不知大漢尊姓大名？家居何方？」

「我的名字叫長人，是誇父族人的後代。」大漢的行為完全出乎子朱與眾人預料，他拖完船隻不僅沒有找尋子朱之事，而是聽問即答道，「朝中工師有倕，則是我的伯父。」

「原來是這樣。」子朱聞聽長人此答，方纔擔心頓釋大喜過望道，「我們正可一齊耍玩作樂哩！」

「如此實在是好。」長人當即贊同道。隨著便應子朱之邀，一齊登船向湖中游去。暢遊之中，長人對子朱眾淫朋損友道：「我長得身長過人，最喜歡四方奔走耍玩，因而不樂仕進，終年到處跑來跑去。我跑得很快，最快時從天下極東跑到極西，還不需一個時日哩。」

「好！你現在不願做官，無非是害怕拘束耍玩。待到明朝我做了天子，」子朱聽聞長人具有這般異能，又與自己性情契投歡喜耍玩，更是心喜不盡道，「就一定非要你做官不可。那樣你正好隨我遊歷四方，不受拘束。你願意嗎？」

「你是何人？」長人突聞子朱此言，不禁詫異道，「竟敢口出這般狂言！」

「他就是當今天子帝堯之子朱，」子朱的淫朋損友聞之，全都一陣「嘎嘎」狂笑起來道，「還虛得你是工師的侄子哩，連帝子也不知道。」

「小人經常暢遊在外，不在京都怕受拘束。」長人聽到這裏頓然一愣，隨著急欲施禮道，「因而不識帝子，請帝子見諒小人！」

「既然你我已是朋友，何必拘禮。」子朱「哈哈」笑著攔阻道，「我剛才說的話，你願意聽嗎？」

「不僅願意聽，而且樂意做！」長人急答道，「不過來去一切，要有我的自由。」

「一切隨你。」子朱答允道。長人聞聽大喜，此後便成了子朱的一大損友。子朱與長人說到這裏，其所乘之船已到湖心島前。他眾人立刻棄船登到島上賞玩，剛玩一陣天便黑了下來。子朱初出帝宮不敢久待，眼見天黑心中甚為為難返回不得。

「帝子不須為難，返回平陽不過數十里路程，」長人見之不以為然道，「只需眼睛一瞬，小的即可把你送到帝宮。」

「對了，我剛才怎麼忘了長人有此異能。」子朱聞聽大喜道，「那麼，長人就快作一試。」

長人答應一聲即讓眾人上船，命令船夫划船靠岸。然後他叫子朱眾人坐著別動，其則一人跳上岸去將船鉤在杖頭，拖起便走。他不是讓船走在水中，而是陸行返回帝都而來。

子朱眾人坐在陸行船上，但覺船行「颯颯」，黑暗中兩旁樹木房屋紛紛從船旁向後掠過，身子如同騰雲駕霧一般。不過片刻時辰，已經回到了帝都之中。只是那只船的船底，已被陸地磨穿。

子朱眾友下船，齊贊此行有趣。子朱尤為樂不可支，重賞兩個船夫之後，即邀長人入宮陪他。長人聞聽不敢道：「不可。小人形狀

駭人，到宮中去恐有不便。帝子若要我來，明朝小人在城西門外等候便了。」

子朱只有贊同，與眾友約於明早再見。隨後他悄然回宮，幸喜無人查問，心中方纔平靜下來。轉眼到了次日清早，子朱無人管束又出宮赴約而來。他來到城西門外，長人與其淫朋損友早已等候在那裏。他們隨之一陣商議游程遊法，末了子朱還是要長人拖船陸行，他們坐在船中耍玩。

「這個使是使得，但有兩個不便。一是白晝眾人看見駭怕，同時來往人多我們行走快疾，」然而長人卻是不敢苟同道，「害怕撞上行人。二是奔行太遠，船底損壞恐怕返回不得。」

「那麼就依舊水中行船，」子朱無奈贊同道，「晚上你再拖回來吧。」

長人這才答應，眾人隨即上船劃了出去。然而劃出時久，子朱覺得老是在水上行船沒有滋味，便對長人道：「這樣氣悶極了，還是你上岸拖吧。撞殺了人也不怕，有我呢。再說船壞了，別的地方總是還會有船的，可以再換一隻。」

「這個，」長人還是害怕道，「這個……」

「這個長人莫怕。即使沒有船，你也可以背著我們返回。」子朱這時即言道，「這麼大的船你都能拖動，還怕背不動我們幾個人。」

「帝子既然有令，好吧。」子朱此言，把大家說得一陣哄笑起來，長人於是答應下來道。隨著他跳上河岸，伸杖拖起船來便在陸上行進起來。沿途眾人看見，全都議論紛紛深以為怪。

長人則奔走迅疾，一日行走甚遠，竟然磨穿了六七隻船底。直到半夜方纔返回平陽，幸喜沒有撞傷他人。此後一連數日，子朱均都陸行乘船耍玩，沿途強迫借用民間船隻，鬧得各處怨聲沸揚。恰在這時帝堯返回京都聞知此事，氣得一語不發，一宿未眠。

「如今天下洪水氾濫數十餘載，朕因不德實在平治不成。」次日早朝，心灰的帝堯即問眾臣將道，「眾卿想想，究有何人可以舉他出來，繼承朕之天子大位？」

眾臣聞聽，都覺得帝堯言說不當，緘口不語。「啟稟陛下，以臣下的意思，」突然，竟有一臣開口道，「帝子朱思想開通，資質聰穎，陛下可以傳位給他。」

「朱兒這個人，口中從來沒有忠信之言，心中歷來不聽師友勸告。如此之人，怎可承繼天子大位！」帝堯耳聽此臣之言，不禁慨歎道，「天子大位，乃天下之公器。朕絕對不敢以私情而害公義，臣下不必再說了。」

言說之臣這時當然不敢再說，其他臣子也無人贊同，讓帝堯禪位子朱之議方纔就此作罷。但是帝堯到了退朝之時，則又留下剛剛返回的棄、契二位兄長，與之一齊商議道：「朱兒先前朋淫漫遊，兄弟本想把他放逐出去。後經二位兄長斡旋，留京察看一年。一年之中他雖然沒犯大的過錯，近日卻又舊病複萌，並比先前有過之而無不及。」

「這個，」棄、契聞聽犯難道，「陛下的意思……」

「尤其危險的是，剛才朝堂之上竟有一名正直之臣，推戴朱兒繼承天子大位。那臣心中尚懷此想，可見心中懷有此想之臣還會有人。」帝堯繼續講說道，「這樣萬一兄弟明朝百年之後，竟有人推戴起朱兒做了天子，豈不是就要害了他自己，也害了天下嗎？」

「兄弟的意思，總是想擇賢禪位。可又擔心兄弟雖然尋見了可以禪位的賢者，」帝堯說到這裏，本想聽聽二位兄長的意見，不料他二人卻久久不語，他無奈只有接著講說自己之想道，「朝中卻有人擁戴起了朱兒，與賢人爭奪天子大位，事情豈不就要糟糕至極！」

「這個，」棄、契聞聽帝堯言之有理，這時方纔贊同道，「陛下

185

所言也是。」

「因此，兄弟總以為還是先把朱兒放逐出去為是。這並不是兄弟心中不疼朱兒，」帝堯見契、棄二位兄長贊同，即又接言道，「實在是只有這樣，方可保全於他，保全天下。二位兄長以為如何？」

棄、契這時當然也全已看清子朱是塊朽木不可雕琢，雙雙不語同意了帝堯之言，等待帝堯言講把子朱放往何地。帝堯主張把子朱放往遙遠之地，棄、契聽後則主張把其放往近處，使他可以常來歸省。既保全家人親情，又對他可以進行訓教。

帝堯末了同意，他三人又是一番計議，方纔議定把子朱放往汾河上游天柱山下地方。天柱山距離平陽不過數百里路程，十日之內便可返回。帝堯即讓棄擔當此任，把子朱送往流放之地。

司農棄次日帶著子朱啟程，帝堯見之又對其嚴訓一番，方纔讓他伯侄起身。這時，帝堯之妻散宜氏雖然愛子心切，心中不願把子朱放逐，但因大義所在，她也顧及不得，只有與之揮淚離別。

棄將子朱送到天柱山下，為他築起數間房舍讓他居住，方纔返回京都。子朱從此居住在天柱山下，遠離了其害怕的帝父和二位伯父，生活雖然苦些，身卻自由起來。為此不久他便把長人與其舊友全都聚集過來，繼續做起了他們喜愛的耍玩之事，暢樂不息。

帝堯放走子朱心中更加沉痛，因為他禪位子朱的希望完全破滅了！為此他待到棄兄返回，即把朝事再度交付於他，又引領契等眾臣將依照許由指引，一路西南奔向外方山尋找大賢巢父而來。

帝堯一路上心想，如果巢父真如許由所言，德才勝過許由，尋見之後他就將天子大位禪讓於他，以保天下民眾幸福。帝堯心懷此想在途行進疾急，跋山涉水十數日即來到了陽城地方，往許由所說陽城山巢父居處尋來。

尋到陽城山下，帝堯即令眾隨從在山下等待，他則引領契等數臣將向山上尋來。他一行轉眼尋到山半腰間，遠遠看見前方一棵大樹之上，在高高的樹枝杈間築有一個樹巢。帝堯看見樹巢，心知按照許由所指即為巢父居處，便急往樹下尋來。

帝堯一行一陣尋到樹前，恰見一位白須飄然氣度不凡的老者，正在走出樹巢緣樹而下。老者轉瞬下到地面，即凝神去解拴在樹上繫著牛犢的繩子。帝堯眼見此景認定這老者必是許由所言巢父無疑，便忙上前拱手施禮道：「請問先生，可是巢父了吧？堯某今日得見，實乃心喜之至！」

「聽你言說，你應該就是當今天子了。」巢父驟聞帝堯此言，不慌不忙舉目將帝堯與其隨臣上下打量一番道，「但不知陛下聖駕至此，有何貴幹？」

帝堯聞聽巢父此言，便講說起了自己前來尋訪既為討教，末了又略露欲要禪讓天下於他之意。巢父眯眼聽罷帝堯此言，當即「哈哈」大笑道：「陛下牧的是民眾，巢父牧的是孤犢。同是一個牧字，各人牧各人的也就是了。陛下何必惴惴然拿了自己牧的，來讓給我呢？我用不著這個天下。」

巢父如此說完，竟自頭也不回，牽著牛犢離別而去。帝堯見之，急忙向前追趕再三，言說再三。但無奈巢父硬是理也不理，依舊頭也不回地悠然向前走去。帝堯無奈，不勝悵然道：「大賢君子，都是這樣隱遁高蹈嗎？可歎堯某這無德薄能之人禪讓不掉天下，卻要如何是好啊！」

帝堯言畢，隨著歎息不已。「巢父這般神氣，是決絕非常的。陛下在此喟然悵歎，便也是徒然的了。」司馬契在旁無奈，開口勸言道，「為此不若暫且歸去，另外再尋大賢君子。臣想天下廣大，大賢君子

還總是會有的。」

帝堯聽聞司馬契此言，頓然心中一明想到，許由先生約我明年再見於沛澤。可是人們卻都傳言，他實則一直住在箕山之下、潁水之陽躬耕自給。如今箕山潁水恰好距此不遠又順道路，巢父決絕不受禪讓，自己何不再去尋訪禪位於他！

想到這裏帝堯即不怠慢，急又引領眾人下山向箕山尋訪許由而來。許由在秦山桃林地方被帝堯尋到，逃避帝堯不掉聞聽帝堯對他那番話語之後，不敢在秦山居住，帝堯前腳走他後腳便逃出秦山，其後一直隱居在箕山之下與巢父為友。

箕山風景秀麗，潁水俊俏嬌美。許由隱居躬耕，悠然自得萬分。不料前日他因事一遊沛澤，恰巧碰上了帝堯，帝堯又非要禪讓天下於他不可。一時間弄得他無以脫身，無奈中只有向帝堯舉薦巢父，並約定明年沛澤再見之日，方纔得以脫身歸來。

許由回到箕山正喜自己箕山居地未露，與帝堯相約明年再見之地仍為沛澤。為此他認為帝堯斷然不會再訪自己尋到此地，遂又沉入了隱居躬耕悠然自得之境。悠然之中這日興至，為表心志作歌一首道——

> 登彼箕山兮，瞻望天下。
> 山川麗猗兮，萬物榮枯。
> 日月運照兮，靡不記睹。
> 遊放其間兮，憂慮皆無。
> 欸彼帝堯兮，獨自愁苦。
> 勞心九州兮，憂勤後土。
> 謂餘欽明兮，禪讓天下。

　　　　我樂如此兮，不曾盼顧。

　　　　河水長流兮，源自高丘。

　　　　傲彼帝堯兮，居吾箕山。

　　許由作罷這首歌詞，正在田間邊耕邊唱，心覺悠然萬分。「先生，你叫朕尋得好苦呀！」不料正在這時，突又聞聽耳邊傳來喊叫之聲道。許由耳聞此言大為驚詫，因為他聽出了這是帝堯的聲音。

　　為此許由急忙擡頭看視，果見是帝堯站在了他的面前。許由這時不僅更加詫異萬分，而且不喜之情立刻溢於言表道：「陛下怎麼到了這裏？」

　　「堯某前時受先生指引，今時前來尋訪巢父。不料大賢巢父態度決絕，不受禪讓，堯某只好再來訪求先生。」帝堯即對許由誠懇道，「當今天下，堯某思謀才德之人，皆無出於先生之右者。為此堯某特來竭誠敦請先生，出任九州之長輔佐堯某。先生若能不棄，實則不僅是堯某一人之幸，而乃是天下民眾之幸哩！」

　　許由聽了帝堯此言道：「陛下總理九州，就是九州之長。由從未聞聽在陛下之外，還有什麼九州之長。為此對於陛下此言，由甚為不解。」

　　「本來是沒有這個官名，這則是堯某為請先生出山輔佐，」帝堯即答道，「特設官職以表對先生的敬重，為此還請先生不吝屈就！」

　　「由聞人言，匹夫結志，固若磐石。」許由這時即言否定道，「由為養性，一向採於山而飲於河，決非為貪天下。天下尚且不要，何況九州之長乎！」

　　「此地田間，立談不便。」帝堯見許由又是推辭，急欲再言勸說，許由則已搶先道，「舍間就在近旁，請陛下屈駕前去坐談如何？」

「由來自田間，塵土沾體塗足，殊不雅觀。請陛下稍坐，容由進內片刻洗手濯足。」帝堯當然想與許由細談，他見許由推辭正擔心其不與自己言談，再像巢父般倏然離去。為此他立即答應下來，跟隨許由到了其居室。許由請帝堯坐定，說著立刻進入內室而去。

帝堯坐在外間誠心等待，卻久等再也不見許由從內室出來。帝堯為此心中大為蹊蹺，又一時不好進內詢問。如此一直等到金輪西墜，方纔無奈向內室喊叫起來。他喊叫一陣仍是不見有人應聲，心中更為蹊蹺急進內室尋找。結果他進內尋找一遍，卻不見了許由的蹤影。

「許由，真隱士也！」帝堯這時方知許由早已離去，只有開口慨歎道。隨後，他便也只有悵然離去。其後他當然又去多次尋訪許由，卻都再也見不到了許由的蹤影，竟然斷了見面之緣。

原來許由見到自己又被帝堯糾纏，在田間一時脫身不得，自己又不願再聽帝堯所說汙耳之言，無奈心機一動便把帝堯引入了居舍。隨後則以進內洗濯為名，從內室逃出後門，一路翻過後山向箕山深處行去。逃走之中，他害怕再被帝堯追上，便一路奔跑不止。

「我是個逃名遁世的人，隱居深藏，不求人知，也就心滿意足了。但帝堯卻這樣三番五次地來尋找我，」奔跑之中，許由心中更是越思越想，越以為帝堯禪位於自己是自己的恥辱，為此口中深深自責道，「一定要把不入耳之言說給我聽，真是可怪！難道我前番的逃，他還不明白其中的意思嗎？」

許由如此說著跑著想著，不覺間已是來到了潁水岸邊。潁水兩岸草茂花繁，河中水清見底。他見之心想自己逃奔已遠，帝堯不會再追上來，便站在河邊歎氣道：「水清若此，我卻偏是受了這種濁氣，聽了這種濁言。我的兩隻耳朵真是給污濁了，快洗一洗吧！」

許由說著隨之伏身水邊，立即掬水洗起了耳朵。此後許由洗啊

洗，唯恐耳朵中的污濁清洗不淨。但就在他凝神洗耳之時，巢父恰好牽著他的牛犢，飲水來到了許由東方下游河邊。巢父見到許由凝神洗耳，詢問道：「老友這是做什麼？為何用水洗耳不止？」

許由聞聽是巢父來到，即對他講說了自己的雙耳聽了帝堯的一番污濁之言，自己正在洗耳以去污濁。巢父這時也正在為帝堯前日污濁了自己，一腔氣惱無處發洩。聞聽此言，立刻借機發洩責備許由道：「這個就都是你不好了！你如果真心避世，為什麼不深藏起來？你若住在高岸之上，深谷之中，人跡不到之處，又有誰人能夠看到你呢！」

「老友所言甚是。」許由這時接言道，「只有那樣，才能免受污濁啊！」

「譬如豫章之木，生於高山，工雖巧而不能得到。現在你偏要到處漂遊，沽名求譽，以致屢屢聽見這種污濁之言。」作為老友，巢父繼續其言道，「你的兩隻耳朵既然已被污濁，洗過的河水便也是污濁不堪。我牧的這只潔淨牛犢，豈能再飲你污濁過的河水！」

巢父如此說著便即牽了牛犢，到許由西面上游飲水而去。隨後許由則與巢父一起，從此避進了深山。但是其後許由雖如巢父所言匿跡韜光隱進了深山，再也使人尋他不到，可是此前帝堯一次向他禪讓天下，一次召他為九州之長的事兒，卻迅疾傳遍了天下。

為此人們紛紛講說這些故事，一方面借之讚譽帝堯之德，一方面借之讚譽許由高潔。就這樣許由因為逃名，卻為之贏得了大名。許由聽說之後，心中更為難過，這日又訴說於巢父。

「我問你，你為何會弄到這般地步呢！還不是你不能隱自己的形，藏自己的光之故嘛！」巢父聽後生氣道：「我前時已經對你說過，你去做了嗎？你這個人，這樣行事怎能做我的朋友呢？」

許由受此嚴斥，只有一言不發，因為巢父說得有理啊！為此他竟

又到潁河水邊再次洗耳，以除污濁，以便今後真正成為巢父的朋友。其後，巢父與許由真的就這樣一齊隱居箕山，開荒耕耘，儉樸度日。每當夏日，他倆便在耕作之餘避暑之期，來到潁水岸邊山崖之下乘涼。

　　說來也是神奇，先前他二人未到這裏之時，崖壁很低，河水也不甚旺盛。自從他二人到此乘涼之後，不僅崖壁越長越高，河水也越來越加旺盛。到了盛夏酷暑之期，這裏更是清水瀟瀟，涼風習習，人只要坐在崖下便會汗水不揩而去。

　　後來巢父、許由逝世，人們尋到這裏，方纔知道這裏的奇異，這裏因而便成了中嶽有名的避暑勝地。每到夏日，來此避暑的人們絡繹不絕，稱這裏為「箕陰避暑」。這裏夏日實在清涼宜人，很多人對此題詩讚譽。其中一首這樣寫道——

> 獨愛雲林境界幽，綠蔭蔽日翠光浮。
> 漫長崖畔排煩熱，洗耳溪邊枕細流。
> 每有涼風來樹底，更無塵事到心頭。
> 許由巢父今何在？千古箕山五月秋。

十四、崇伯建勳

　　帝堯禪位巢父與許由失敗之後，心情十分沉悶。特別是恰在這時又傳來了子朱到了放逐之地，不僅依舊不因被放心性改過，相反惡性倍增玩樂更甚的壞消息。他聞此惡信，心情便更加沉悶到了極點。

　　怎麼辦呢？自己誠心把天下禪讓於大賢他們不受，禪讓於子朱其不能成器。不僅子朱不能成器，其他帝子也都個個不能稱職，難繼天子大位。洪水氾濫不息的天下，難道就這樣真要永遠背在自己肩上了嗎？

　　帝堯此後就這樣在沉悶的心境中苦苦地生活著，轉眼已是過去數載。在這期間，他看到洪水不息民眾苦難，也曾又去尋訪許由、巢父禪讓天下，但卻再也難謀他們之面。他尋訪不到許由、巢父心中更苦，正在這時天下恰又發生了山崩地裂的連月大地震。既震驚了天下民眾之心，也更震驚了帝堯之心。

　　地震不僅使得天下洪水之勢大變，也使得帝堯所居平陽帝都居住不成起來。平陽帝都西方不遠處有一座孟門山，地震之後山上之水奔湧而下，一個勁地向坐落在低窪地上的平陽彙集，很快便使得平陽地方成了汪洋。

　　平陽變成汪洋帝堯居住不成，只有決計把帝都遷往北方今日太原

地方的唐城。為此帝堯便在平陽一方面組織遷都事宜，一方面派員前去考察各州震情，以便妥善安排天下民眾，忙得日夜沒有空閒。

帝堯雖然這樣繁忙，但他仍是處處以民眾為重，以民眾為先。平陽不能居住都城遷往唐城，遷徙之中城中民眾沒有遷徙走盡，他便不肯先期離開平陽。但就在帝堯等待遷徙未盡民眾之時，這日山上突然奔來了更大的洪水，猛地把城中之水加深到了沒過人頂的深度。

帝堯在城中為此不能再待，只有一面引領後妃家人及未走臣子，乘船向東面附近的一座小山上避去，一面命令臣子乘船全力營救未走民眾，以保他們全部到達東面小山之上。

帝堯如此剛剛引領眾人全部來到東邊小山之上，回頭望見洪水已經漫過了屋頂，把平陽帝都淹沒在了洪水之中。帝堯眾人眼見至此，全都後怕不已。同時眼見這次洪水來勢迅猛若此，又都擔心他們腳下所站小山不高，再被這樣迅猛上漲的洪水淹沒。

時間在帝堯眾人的擔心中轉眼到了天黑，小山雖低眾人雖怕，卻也再向別處躲避不成，只有在驚怕中熬過長夜。長夜在帝堯眾人的驚怕煎熬中平安過去，不想卻在夜幕退去天明到來，帝堯眾人舉目看向周圍之時，奇異地看到周圍昨天比他們所在這座小山都高的大山，夜間竟然全都被洪水淹沒了去。

唯獨他們所在這座最低的小山，依舊兀立於水面之上，仿佛拔高了數十丈浮出了水面似的。奇異之餘他們心想猜知，這一奇跡的出現定是帝堯盛德所致。不然是絕對不會有此山巒隨水驟長，避過水淹奇跡的！為此他們皆讚帝堯盛德比天，並給小山取了一個叫做浮山的名字。

帝堯眼見此景雖然也與眾人一樣心奇萬分，但他看到水勢狂猛天已明亮不敢再待，即命眾人乘船起程，渡水徑向新都行來。一路之

上，帝堯不僅眼見地震災害嚴重，也見洪水狂猛，民眾苦不堪言。

「此皆堯某不德所致，苦害了天下民眾。」為此他更是憂心如焚，口中不住聲地責歎自己道，「蒼天呀，你怎麼不示堯某以大賢，讓背不動天下的堯某卸去此任呢！」

就在帝堯如此不住聲的責歎聲中，他一行乘船渡水終在十數日後，來到了新都唐城。一到唐城，帝堯便立即坐聽四出考察歸來臣子稟報各州災情，以審天下情勢。考察臣子一一細作稟報，所報災情一州重過一州。

帝堯真個是不聽此報還罷，聽了此報心情更加憂如火焚。心情焦憂之中，他隨著又問考察諸臣，天下災情為何這樣？諸臣回答道：「前時地震雖為天下帶來了大災，但卻不是人力所能抗拒。只是那受命治水四十一載的孔王，不僅年年治水年年洪水氾濫未獲寸功，相反卻幫助這次地震加害了天下。」

「噢，」帝堯不解此言之意，接著慎問道，「此言何意？」

「一則孔王使用的『壅防百川，墮高堙卑』治水方略，壓根兒就不是平治洪水的可行之法。壅防遏抑，越壅洪水就會聚得越多。」諸臣道，「同時人壅的堤防難以抵擋增溢洪水的晝夜衝擊，必然壅防得越甚潰敗得愈烈。」

「此說有理。」帝堯聞聽贊同道，「還有呢？」

「再者墮高堙卑，使水停蓄不流，也同樣會堙塞得愈久，水彌漫得愈廣，造成更大的災害。」諸臣又言道，「孔王採用此法壅塞起了眾多的洪水，這次地震震潰了堤壩，便給天下造成了更大的災害。為此，孔王是有推卸不去重大責任的！」

帝堯聽到這裏，更是頻頻頷首稱是。「一是孔王既擔治水要職，便應盡心勉力從事。但其治水四十年來，卻『虞於湛樂，淫失其身』。」

諸臣見之繼續道，「陛下知道孔壬原是巧言令色，引誘帝摯為惡之徒。此間重又得志，遂舊病複萌，湛樂荒淫亦為必然。為此孔壬不僅治水無功，而且罪責難容！」

「孔壬這個人，說起話來滔滔侃侃，很像有經天緯地才能之人。可是一旦做起事來，卻一點兒能耐也沒有。」帝堯聽到這裏，不禁口中慨歎道，「看其外表很是恭順，心中實懷叵測。他專司治水已達四十一載之久，洪水不僅不治而且愈治愈烈，其罪固然難逃，也實則是堯某用人不當之過也！」

「陛下不可過謙，此乃與陛下無關，」諸臣這時又言道，「實則罪在孔壬！」

「目前洪水氾濫滔天，已溢至高山半腰，小陵早已沒頂，天下苦難已極。」帝堯聽了諸臣之言，說著話鋒突然一轉詢問道，「眾卿快說除去孔壬，何人可以擔當平治洪水重任？」

帝堯這時說著，已是下定了革除孔壬治水之職的決心。並初步想到了啟用前些年在岷山碰上的崇伯鯀，擔當治除洪水的大任。雖然他知道鯀為剛愎至極之徒，不可予以重用。

但值此孔壬前罪未贖，現又治水無功，不革其職無以謝罪天下民眾之時，別個無人可用。他便也只有暫且啟用雖然身有毛病，但卻身懷治水之能的鯀，以平治天下洪水，解救天下民眾。

帝堯心懷此想言說完了，只待眾臣舉薦替代孔壬治水之人。「臣下心想，如今天下可以取代孔壬者莫過於崇伯鯀。陛下知道我們先前西去昆侖路過岷山，遇鯀談及天下水害，」他等待許久，方聞司馬契開口舉薦道，「鯀言講其數十年凝心研究天下山川水道，頗有心得見地。任用他，或可平治天下水患。」

「鯀這個人豈可任用！他的壞處是慣於自以為是，好以方正自

命，又自負其才。」司馬契此想雖然與帝堯恰好想到了一處，但是帝堯這時卻又想了很多，因而聽聞司馬契此言，立刻搖頭歎氣道，「擔當大任的人，第一便是要虛懷樂善，舍己從人，只有這樣才可以集思廣益。鯀既然剛愎得自以為是，哪裏肯聽別人的善言？對其豈可用之！」

「既然如今舍鯀無人可用，陛下就只有暫先試用之。」司馬契也是無奈道，「如其實有過錯，可再立即廢之。不知陛下以為如何？」

「那麼，就試試看吧！」帝堯也是無奈，末了只有贊同道。於是他一邊遣人前去召回孔王，一邊即命司馬契親自前去岷山傳召鯀入京受命。

司馬契聞令即行，十數日後便飛馬來到了岷山之中鯀舍門前。鯀這時已是六十二歲高齡，其子禹則只有六歲。鯀夫婦不僅暮年得子對禹愛若珍寶，其子禹也生性聰明仁聖，智慧非常，確實令人喜愛。

鯀雖生性剛愎，卻是聰慧好學博學多才之人，為此他決計把自己所學教授給禹。這時禹雖少小年幼，卻頗能領悟，尤其喜歡聽父親對其講說水文地理知識，恰好與鯀平日喜好契合。為此鯀尤喜愛禹，時常拍著禹的肩頭道：「禹兒，難道你將來是要身兼治水大任嗎？」

司馬契來到鯀舍門前之時，鯀正在屋中向禹講授水文地理知識。突見司馬契來到舍前，不敢怠慢急起身迎進舍中詢問道：「司馬一別十數載，這時驟然來到寒舍，是路過小敘別情，還是身負陛下聖命？」

「契某此來非為小敘，乃為身負陛下聖命。」司馬契身負帝堯聖命不敢稍怠，聞聽鯀言即答道，「即專程前來迎請先生入京，受命平治天下洪水。」

鯀聽了司馬契此言，頓然心中暗喜。前次帝堯見他之時，他雖然精研天下山川水道，卻還沒有平治天下洪水之法。後來他見天下洪水

氾濫不息，為害民眾無人能治，便為天下民眾受苦心疼至極。雖然有心前去使用自己的研究心得平治水患，但是思來想去，卻也覺得自己一時無法治平洪水。

為此鯀曾日夜焦思難寐，轉眼已是時過經年。這日下午，鯀焦思無奈之中來到野外漫步，以清醒清醒頭腦謀得拯救民眾平治水患之法。就在他低頭移步向前正行之時，恰好遇見一隻貓頭鷹與一隻烏龜互相拖拽著向他走來。

「崇伯大人，你為何悶悶不樂？」鯀見之正在心奇，那貓頭鷹和烏龜見他焦愁不樂，竟然雙雙口吐人言向他詢問起來道。鯀聞問更加心奇，無奈中便把心中無法治平洪水的焦愁，對它們講說了一遍。

「啊呀，崇伯大人這是為天下民眾身遭水患焦愁呀！」貓頭鷹與烏龜聽罷鯀言，隨又雙雙一起開口道，「這個不難，我們給大人想個辦法。」

鯀聞聽，更是奇異得半信半疑道：「你們有什麼辦法？」

「大人知道，」它們開口詢問道「天帝有一種叫做息壤的寶物嗎？」

「聽說過，」鯀對此問不解道，「但不知這寶物有何異能？」

「這寶物是一種具有生長不息異能的土壤，尋到一點點放在需要的地方，」貓頭鷹與烏龜繼續道，「它立即就會生長增多積眾成堤。用這寶物堙塞洪水，難道還有不能平治的嗎？」

「好呀！那麼就請二位精靈指途，」鯀聽到這裏頓然大喜，急問道，「告知鯀某到何處可以尋到這寶物？」

「此物就在地上，需要大人去尋去竊。」貓頭鷹與烏龜這時相視一笑道，「如果稍事聲張被天帝察知，就將事情盡毀了。」

鯀聞聽急忙言謝，貓頭鷹與烏龜卻已颯然而逝不見了蹤影。鯀奇異之餘知道此乃神靈指途，便決心尋遍天下也要找到息壤藏處，竊取

得到平治洪水拯救民眾。為此他返到家中便要告別妻子前去尋找,恰在這時見其兩個心腹大章與豎亥來到。鯀見之心中更喜道:「你倆來得正好!若此,則平治天下洪水之功,就真的要落到鯀的肩上了。」

大章與豎亥皆都身長丈餘,儀表偉岸,只是大章面白豎亥面黑二者不同。他二人都有行走如飛日行千里之能,為此當年鯀在梁州遇到他二人交鬥,便上前解之並使之結成了兄弟之好,他二人為此對鯀都佩服非常。

此後鯀見他二人相貌不凡,又有善走之功將來可派用場,便刻意籠絡以到用時為其奔走。這時他二人剛剛進門,便被鯀的沒頭沒腦話語說懵了頭腦,雙雙立即詢問道:「大人所言何事?怎麼這樣言講?」

鯀聞此問,即把自己所見與出門欲去的打算對他們講說了一遍。大章與豎亥大喜,齊言不勞大人動身,他二人善走定不負大人之命。隨著他二人即去,不久果真分別一在梁州岷江下游地方,一在衡山之南湘水之濱,找到了息壤藏地。

鯀聞知心中更喜,但他秘而不宣,唯恐洩露天機。從那時起,他便覺得自己有了平治洪水之法,只待有朝一日朝廷延請,他便受任赴命平治洪水拯救民眾。他等啊等呀,雖然一等數載朝廷無人前來延請,但他依舊堅心不改,相信朝廷終有一天必會前來延請於他。

今天,他終於在等待中等來了希望到來的一天。「鯀某無才,豈堪身受如此重任。」為此聽了司馬契之言難禁心中暗喜,表面卻假作歉意道,「陛下身邊英才濟濟,平定洪水自有高人,何須千里迢迢來召鯀某?」

「先生說到這裏,契等真是慚愧之至。契等食朝廷之祿,受朝廷之命,數十載洪水之患,皆無救治之策。真是枉占朝廷之位,枉食朝廷俸祿,實屬罪過哩!」司馬契聞聽鯀言推辭,急忙稽首便拜道,「今

日契某身受陛下之命來請先生，先生若是拒而不出，契某怎去覆命！因而務請先生以天下民眾為重，勿再推辭。」

「既然司馬身奉陛下聖命前來，鯀某豈敢不奉陛下聖命。」鯀眼見至此，方纔立即改變口吻道，「這樣，鯀某就只有為了天下，犧牲自己所好了。」

「先生奉行陛下聖命，誠乃天下民眾救星！若此，契某就在館舍恭候，請先生速作準備，以便早日動身，入朝奉命。」司馬契見鯀答應，立即道。然後又與之聊了一番閑天，方纔告辭離去。

司馬契走後，鯀立即入內告知了妻子女嬉。「先生數十年間一向在家專心讀書，夫婦團聚，何等快樂！」女嬉也不知道鯀已尋得息壤之事，聽後即言反對道，「宦海風波，夷險難定。先生又不是不知，你又前去做甚。依妾愚見，還是不如託病辭去了好！」

「我豈不知道愛妻之言美好，只是帝堯也太不識人了。幾十年來就仗著兩個阿哥和幾個白面書生，便以為能夠治天下了，可天下究竟治在了哪裏！」鯀則即言否定道，「即如洪水之患，專任那個慣於巧言令色的孔壬去治，直到現在不僅沒有治平，反倒越治越甚。他無奈前來尋我，我若推辭不去擔當，豈不顯得鯀某無能了！」

「夫君，」女嬉又言勸說道，「你……」

「我半世讀書，一身才華。不趁此時機去建些功業，給天下後世看看，實在覺得對不起自己。所以我答應了。」鯀不待女嬉言說，已是打斷其言道，「至於託病推辭之言，愛妻休得再言，你快給我收拾行裝吧。」

「前程如何，」女嬉仍是放心不下道，「問問卜筮吧！」

「大丈夫心志已決，」鯀則鏗鏘道，「已經答應於人，筮它去做什麼！」

「那麼先生幾時動身？「女嬉無奈只有詢問道,「選個吉日吧。」

「選什麼吉日,」鯀已不耐煩道,「明朝就動身。」

「明朝就動身？」女嬉頓然吃驚道,「這太倉促了吧!」

「有什麼倉促。大丈夫不答應人則已,既然答應了人,」鯀則大聲道,「就應該儘早履約,愈早動身愈好。再在家中偷安幾日,算什麼呢!」

女嬉無奈,只有急忙給鯀收拾行裝而去。這時,聰明的禹在旁聞知了一切,開口詢問道:「父親,您這次前去治水,有把握嗎？」

「當然有把握了,」鯀正心中高興,聞問即答道,「沒有把握,父親豈敢擔當這般大任。」

「那麼父親可以把治水方略,」禹則又問道,「大致對孩兒講說一下嗎？」

「好呀。父親的治水方略,」鯀隨之道,「大致可以歸納為四個字,即水來土堵。」

「父親,孩兒以為,」禹聞聽不禁一驚,立即提醒道,「這四個字治不了洪水。」

「孩兒是怕父親的這個法子,」鯀則對禹言不以為然,「嘿嘿」一笑道,「不能持久吧。」

「是的。土堵水漲,焉有治平洪水之期。」禹即肯定道,「再說,水漲土崩,豈不就要釀致更大的水患!」

「真是個聰明的孩子!不過孩兒應該知道,」鯀卻「哈哈」大笑道,「你小孩子家尚知此理,難道父親就不知此理嗎？」

「父親既知此理,」禹則不服氣道,「為何不依此理治水呢？」

「孩兒不要再問,父親也不能再對孩兒講說了。父親另有一種神秘之法,」鯀則即現神秘之態道,「這時尚且不能與孩兒言明。孩兒

只需在家侍奉母親，靜待父親的好音便了。」

禹這時不知父親究竟有何種神秘之法，雖百思不解卻也不敢再問，只有在心中留下深深的疑問。轉眼到了次日早晨，鯀打點行裝就要動身。臨別把一封信交給女嬉道：「大章、豎亥兩人來了，你把此信交給他們，讓他們前往京都尋我以派用場。」

鯀如此言畢，立即告別女嬉與禹，便毅然出門徑到館舍尋契上路而來。司馬契這時正在焦待鯀來講說動身之期，突見鯀早早來到館舍，以為鯀是前來答拜自己，急忙起身相迎道：「大人太客氣了，還來答拜嗎！」

「不，不是答拜！」鯀即言否定道，「我是前來找尋大人，動身上路的。」

「噢，大人這麼快疾！」司馬契驟聞鯀言不禁一詫道，「家中一切，都安置好了嗎？」

「君子既然以身許國，」鯀即慷慨道，「還顧什麼家事！」

司馬契見鯀赴任慷慨若此，方纔心異頓釋。隨之即忙收拾一切，與鯀一道上路奔赴京都而來。行進途中，司馬契與鯀曉行夜宿不必言說，只是當司馬契與鯀談及別的事情之時，鯀總是有問必答。獨有問及其治水方略之時，鯀總是唯唯不答，使得司馬契深以為異。

「水患災害天下，」這日司馬契眼見京都將到，又與鯀談起了水患道，「真使人心中難安啊！」

「是呀！鯀某多年蟄居岷山未曾出門，只知天下洪水氾濫不息，終究只是聽聞不曾眼見。」鯀聞聽隨之慨歎道，「這次一路行來，眼見沿途民眾為水所害，流離失所，實在苦不堪言。不想幾十年來，水患竟然嚴重這般！追尋禍源，究竟罪歸誰個，實在是可歎至極呀！」

「這一罪過，皆為我等薦人失誤之故，不用再去講說它了。如今

唯一的希望就在崇伯了，我等曾在陛下面前力保崇伯，」司馬契隨之接言道，「並喜崇伯願來擔此重任，真乃天下民眾之幸！但不知大人治水方略若何，暫先示知一二，我等也好對陛下講說呀！」

「今天的水情，已與先前不同。先前洪水僅在雍、冀二州經常氾濫，如今則已氾濫於天下。」鯀於是道，「為此，須待鯀某受任之後，考察一番方可定出方略。故而，這時無以相告。」

「先前孔王治水，專事墮高就卑，雍防百川。」司馬契這時見鯀言之有理，而且不失謹慎之答，便心中高興卻也仍不滿足，接著淺探道，「雖得一時安寧，時久卻水患更甚。大人精研天下山川水道，不知傾向何法？」

「此乃不儘然哩！俗言水來土堵，」鯀聽聞司馬契言說至此，終於首次含糊表露心中傾向道，「此乃不易之理。只是要看辦法如何。」

司馬契耳聽鯀出此言心中一詫，隨著深問於鯀，鯀卻仍持這般含混之說。司馬契不解鯀意，心中深以為異。但又覺得鯀或許真有高招，便不再繼續向下探問，徑直與其向帝都奔來。

帝堯聽說司馬契領鯀來到京都心中大喜，這時孔王也已於前日來到帝都。帝堯於是便不再等待，即於次日早朝之上召見鯀道：「臣卿系先朝重臣，由於萬事紛雜朕先前未能任用。今日朝中眾臣舉薦臣卿平治洪水，臣卿自問能夠擔此重任否？」

「臣下自問能夠擔當！臣下請求陛下專職任臣，勿掣臣肘，」鯀則立即稽首肯定道，「期以十年，必能收效。否則，請治臣下之罪！」

「那麼朕就敕封你專心治水，」帝堯道，「切須小心謹慎！」

鯀答言謝恩，隨著退入臣班去了。帝堯接著召問孔王道：「臣下專職治水四十一載，有功還是有過，臣下知道嗎？」

「臣下知道，」孔王急忙出班稽首道，「臣下有過。」

「既知有過，」帝堯立即屬色道，「過當怎麼處置？」

「過當不赦，」孔壬頓然心驚道，「臣請陛下恕罪！」

「不是朕不赦臣下，」帝堯這才和緩道，「而是赦之不仁，天下不應！」

「陛下仁德齊天，今天就饒了罪臣一條老命吧！」孔壬聞聽帝堯再說下去，就該是誅殺自己了，頓然大驚失色不敢怠慢，「撲通」跪地求饒道，「罪臣雖老，但今後變牛做馬，也定當報償陛下饒命之恩！」

「非朕不仁，」帝堯隨之揮淚道，「而是不殺臣下，朕不仁於天下呀！」

「孔壬雖然身負不赦之罪，卻也有一定勳功。」棄、契與鯀等眾臣將眼見帝堯真要斬殺孔壬，齊出班跪地為孔壬求饒道，「請陛下念及其功，饒其一命不死吧！」

「那麼好吧，看在眾臣將的面上，朕就赦免孔壬一死。但將孔壬推下去重責一百刑杖，罷免其職，趕回封國。」帝堯眼見眾臣將都為孔壬求情，末了方纔改口道。孔壬聽到帝堯饒其不死，忙又伏地叩謝帝堯盛恩。

「好，你二人既已來到，我們今日就動身考察災情去。」此後朝罷鯀回到居處，恰見大章與堅亥兩個心腹來到。鯀大喜，當即對之道。說著他又選出十名隨從，即與大章二人一路離開京都，先到呂梁山、孟門山，又到青、兗二州沿海考察而來。鯀考察數月自覺查知了天下水情，方纔返回京都。

「臣下已有治水之法。」回到京都鯀向帝堯稟報道。

「如今唐城以南平陽之地水患甚重，幾近危及帝都。因而臣下決計，先治唐城以南平陽之地的洪水。另外青、兗二州水勢亦甚，也應

同時治理。」帝堯問他究有何法，鯀即答道，「冀、雍二州之水是從下而上的，這兩處之水若能治好，其他諸州水患便可隨之盡除。」

「眼下物料未備，需待臣下先去荊、梁二州一趟，回來才能動工。」帝堯聽鯀言說輕易，便問他何時動工，鯀即答道，「只是採備物料需動人役，人役需要錢餉，請陛下批撥之。」

「所需錢餉，」帝堯當即應允道，「臣下可到司農棄處支取。」

鯀即言遵命，便到司農棄處領取錢餉。鯀當日領齊所需錢餉，次日便帶了大章二心腹及眾隨從，動身離開京都前往梁州。鯀領眾人來到梁州岷江下游地方，召集五千人夫和五千套鍬鎬畚箕，交付大章引領道：「你在這裏率領這班人夫，五月五日早晨開始行動。至於做什麼，大人不言你心中也明，但注意不得有絲毫違拗。」

「遵命！」大章對鯀言答道。鯀見之，方領豎亥與眾隨從奔向荊州。鯀領眾隨從翻山越嶺，隨後來到荊州地方衡山之南湘水之濱，又徵集五千人夫及相應的鍬鎬畚箕。他們剛剛準備停當，時間已經到了五月五日。鯀於是即命五千人夫早早起床，各個到達指定地點，不得言說悄然挖土裝滿畚箕。

眾人夫依令而行，很快到達指定地點挖土裝滿了畚箕。眾人夫不知這樣偷竊一般挖土去做什麼，心中已是奇異不已。隨著又見他們挖開處之土隨掘隨長，頓然間全都長得平平坦坦沒有了痕跡，心中更加奇異不已。然而鯀卻不言，只是命令眾人夫擔土隨他一路北上而去。

鯀與豎亥引領五千擔土人夫來到漢水岸邊，恰與大章所領五千擔土人夫會合一處。鯀見大章所率人夫肩挑畚箕中也都裝滿了泥土，心中大喜，遂領眾人夫一道向北繼續行來。轉眼行到外方山近處太行山下，鯀便令豎亥引領人夫把畚箕中的土一路向今日濮陽倒去，他則引領大章眾人夫前往京都唐城以南。

鯀率眾人夫來到唐城地方，即向司農棄講說物料已經備齊，就要開工治水。司農棄聽了急來觀看鯀所備治水物料，眼見竟是泥土，頓然笑不出了聲來道：「泥土何處都有，大人何必捨近求遠，去到青、荊二州索取？」

「非也，司農大人，此非尋常之土，而是天帝所藏寶物息壤也。它能夠自己生長繁衍不息，」鯀則立即笑言道，「就如同人繁衍子孫生生不息一般。它是天帝禦水的寶物，今日我偷竊了來治洪水，決無不成大功之理！」

「果真這樣，則就是天下民眾之幸了！」司農棄聽說過息壤之奇，想不到今日竟被鯀真的竊取了來，為此即言道，但隨著，他又「哈哈」一笑話鋒一轉道，「只是這個竊字，用得太不好了。」

「不，大人，這個竊字用得恰好！此物必須偷竊始能得到。事先說明，或掘取之時造出聲響，掘取之人就會立即死去，」鯀即言道，「被掘之地也會隨之生出巨災。為此我令人悄然取之，使用偷竊之法。這也是鯀某先前不敢對司馬大人言說的秘密所在哩！」

司農棄與眾人聽了，方纔恍然大悟，齊贊鯀竊得息壤治水將奪大功。鯀當然也心喜難耐，休歇一日便領眾人夫挑了息壤，一路向唐城之南，沿冀東廣宗、清河、故城一帶築堤而來。

鯀領人夫奔走數月之後，果然用息壤築起了兩條長逾千里的堙水大堤。一條從大伾山即今河南省浚縣東經今日濮陽向東北，一條則在今日河北大陸澤之南，從廣宗經清河至故城往南。然後兩條大堤聯結在了一起，形成了一個巨大的長條形蓄水之池。

不僅如此，這兩條合龍的大堤都用息壤築成，全都見水自長，水漲堤高。把從平陽以西孟門山泄出的洪水，全部攔阻在了大堤之內，一時間消除了周邊大部分水患。天下眾人見之，齊贊鯀立大功。鯀更

被上述成功沖得頭昏腦迷，剛愎至極起來。

轉眼數年過去，鯀又根據水情，令人用息壤在青、兗、冀、雍等多地水患之處，築起了眾多的攔水大堤，真的使得天下洪水大治起來。但只是由於水漲堤高，鯀所築長堤大都長到了九仞的高度，堤中堵滿了滔天的洪水。人們擔心有朝一日水沖堤潰，給天下造成更大的災難，紛紛提醒鯀快快設法排水。

「你們懂得什麼。不要胡亂嘰喳，」然而鯀卻不能聽進，剛愎道，「我按我的主意辦事。出了事，我用腦袋擔保！」

十五、帝堯訪舜

　　鯀不聽眾人之勸，依舊看著息壤大堤日日長高，圍堵起了更多的洪水。轉眼又過數載，天下氾濫的洪水雖然繼續有所救治，帝堯心中卻也越來越加不敢稍微輕鬆，相反則更加放心不下起來。

　　他知道，孔壬當年治水無功，並給天下造成了更大的災難，使用的便是堙堵之法。如今鯀用來堵水的物料雖與孔壬不同，但其使用的方法仍是堙堵。此法前車之轍歷歷在目，鯀又堵起了越來越多的洪水，他怎能不擔心大堤一旦崩潰，災難更加深重呢！

　　特別是他又聽到鯀以功自恃，更加剛愎至極不聽別個之言，便更加擔心起了禍患的降臨。擔心至此，加之他看到自己年已老邁，便越加想把天下禪讓於人，以免自己無德再負天下民眾。

　　但他想到數十載來，一直尋而不得可受天下的賢者，這時心中則越思越想越加焦急。無奈之中，這日他心想半宵剛剛睡去，便立即做起夢來。他夢見自己尋到了一位賢者，賢者生得身材修長，皮膚黝黑，兩隻眼睛裡與常人不同，皆生兩個瞳仁。

　　帝堯與其論說治世之道，其言辭證實他的見識、議論、學問都非常人可比。帝堯於是心喜，忙將天下禪讓於他。他聞聽不受道：「你要我接受天下，你還有一件事情沒做呢！」帝堯問他何事，那賢者聞

而不答，起身向帝堯宮中走去。

帝堯心中一詫，驟然驚醒過來。醒來之後心想此夢，覺得夢境實在荒唐至極，一直想到天明仍是處在不解之中。眼見天明他立即起床，決計前去議與朝中眾臣將，以圓分明。

「朕踐位五十餘載，其間造成貽害民眾之事實在不少。僅如治水一項，四十年來不僅一直沒能平治，而且竟然愈治愈甚。」轉瞬來到朝堂，帝堯即對眾臣將道，「這便是朕之不德所致，殃及了天下民眾。如今朕已年逾七十之數，精力日差，再這樣下去豈不更加貽害天下蒼生，罪戾加甚。」

「陛下不可此言，」眾臣將對於帝堯此言，全都否定道，「因為他言不屬實。」

「為此朕多年尋訪賢者不得，今日欲在眾朝臣中禪讓大位，誰個自問可勝大任，朕就將天下禪讓於他。」帝堯則接著前邊的鋪墊，這時才講說真情道，「此乃天下為公之意，不帶一點私情。眾愛卿為天下民眾著想，切切不要客氣。」

「眾愛卿不言，看來就是全都認為自己無此大德，不勝天子大任。那麼眾愛卿可以想想，除去眾位愛卿之外，」帝堯至此言說完了，聽得眾臣將早已面面相覷，久久無人言說一語，帝堯等得焦急，末了又言道，「不論是在職的官吏，或是在野的貴族，以及草野微賤之人，是否有德才可勝此任之人？眾卿可以不拘資格，廣作舉薦。」

帝堯本想說到這裏，若是再見眾臣將不言，他就接著講說自己的夜間奇夢，以讓眾臣將圓之，或可據之尋找夢中賢者。不料其言剛落音，眾臣將即悚然為之群情一振，隨之不約而同地一起舉薦起了一人道：「有一個鰥夫，在畎畝之中，名字叫虞舜……」

帝堯聞聽此言，不待眾臣將說完便想了起來道。「虞舜？虞舜！

對呀，我曾經聽人說起過他。此人究竟怎樣？」帝堯言說至此，即又想起了他的奇夢，欲要眾臣將驗之道，「此人生相若何？與常人有異否？」

「虞舜生相與常人稍微有異，其異處即是其兩隻眼睛之中，」眾臣將聽了帝堯此問，即言道，「都生有兩個瞳仁，故而其名又叫重華。」

「真的？」帝堯聽到此言正應自己奇夢，頓然大奇不敢相信道「這是真的嗎？」

「真的。」眾臣將不解帝堯為何這樣驚異，即齊聲肯定道，「這是千真萬確的事實。」

帝堯看到自己的奇夢已被證實，眾臣將又異口同聲一齊舉薦，與其所夢賢者相像的虞舜，便隨之興致更高開口詢問道：「虞舜其人如何？」

「虞舜是個瞎子的兒子，其父既瞽又生性愚頑，其後母心地惡毒，其弟象心地既惡且傲。」篯鏗這時簡言道，「虞舜生活在這樣的家庭之中，雖然處境十分艱難，卻總是以和順侍奉父母，以和氣對待兄弟。」

「自己雖歷千般困苦萬種艱難，總是把勞動掙得的財帛盡數獻於父母享用，一次兩次十次百次奉獻不倦。」棄則隨之接言道，「他知道父母兄弟有害他之心，便千方百計地躲避，以保父母不罹不義之罪。他這般良苦用心，實在難能可貴至極。因而其孝順之名，不脛而走四方。」

「快，快，誰個能夠講說清楚，向下細細對朕講來。朕好據之做出定奪！」朝堂之上，眾臣將言稟不敢細講，僅僅簡言至此。然而帝堯凝心細聽至此，卻要向下繼續聽講。為此他聽到眾臣將言說之語戛然而止，隨之心不滿足道。眾臣將相互對視一陣，隨著即你一言我一

語互相補充，向帝堯細細講說起了虞舜之事。

虞舜是顓頊大帝的六世孫，生於諸馮山下姚墟媯水地方，其父名叫虞。因世居虞地，即今日山西虞鄉縣，故稱有虞氏。虞槑的高祖乃顓頊之子名窮蟬，窮蟬生敬康，敬康生句望，句望生喬牛，喬牛生舜父虞槑。虞槑頭腦糊塗，遇事不講道理，娶妻握登生虞舜。

虞舜沒有出生之前，舜母握登曾經遇到奇事。這天握登上山砍柴，正砍之時突見半空現出一條絢麗的彩虹。握登頓時被彩虹的絢麗吸引，一陣凝眸看了過去。剛看片刻，那條彩虹卻突然斂起光彩降落到了地上，倏地化作一名美貌男子徑向其身上撲來。

握登一愣那男子已經撲到，她則頓然身子不能自主只有任其所為，只是整個身心驟然生出一種如癡如醉的快樂感覺。及至男子離去，握登方纔看到自己躺在草地之上，渾身衣衫狼藉。她害怕被人看見生出議論，急忙起身整好衣衫，下山返回家去。

握登回到家中依舊意緒綿綿，她雖然不知怎麼驟生這般奇事，其身上卻由此有了身孕。握登懷孕數月之後，虞地洪水氾濫嚴重不能再住，便跟隨虞逃水離家到了姚墟媯水岸邊，其後順產虞舜。

舜是一種花卉，因此虞舜號作華。又因舜眼中重瞳，亦被叫做重華。後人因之推測，天上那條絢麗的彩虹乃為星精所化，虞舜則是上天之子。然而虞舜雖是上天之子，其命運開始卻是十分不好。

先是他剛到十歲，其母握登患病身逝。隨後不久，其父又為其娶了一位心地狹窄、潑辣兇悍惹其不起的後母。其後母不久為其生一弟弟名象，象的秉性亦同其母無異，非常粗野和傲慢，完全沒有一點做弟弟的禮貌。再後來，其後母還為虞舜生了一位小妹名叫敤首。敤首雖然也有一些壞習性，但終究不像其母，還有一些常人之心。

舜父虞槑本來就腦袋糊塗遇事不講道理，後來又因病雙目失明，

被人們叫做瞽叟。由此瞽叟完全聽信後妻之言,單單寵愛起了後妻和後妻所生的兒女,與後妻一樣把虞舜看成了眼中釘,不僅每每欺辱之,並且心欲害死而後快。

早年喪母的虞舜突陷這般境況之中,心中的悲苦和家境的難處,便是可想而知的。為此,可憐的虞舜便經常受到父母的毒打。每逢遭打之時,虞舜看到打來的棍棒是自己吃得消的,便眼含熱淚用身子去承受。見到實在是吃不消的大棍子,就只好逃避到荒野裡去,向著蒼天號啕痛哭,呼喚死去的親娘。

虞舜在家中的處境雖然這樣困苦,他對頑劣不堪的弟弟象的伺候,卻依舊小心翼翼親愛之至。在伺候中他看到象弟心喜,他自己也就心喜。若看到象弟心生憂悶,知道其惡脾氣又要發作,自己的禍事又要來到,也就不禁悚然憂悶。他總是想方設法伺候好這位頑劣不堪的弟弟,儘量取得後母的歡心,讓自己少受虐待。

然而虞舜雖然孝順至此,其心腸歹毒的後母,卻依舊恨不得把他殺死方纔稱心。同時作為幫兇的又有其後母的親生兒子象,和糊塗的舜父瞽叟。這樣虞舜便在家中存身不住,只好一人單獨分居去到外邊。為此他來到媯水附近的歷山腳下溈汭地方,結造一間茅屋,開出一點荒地,孤苦地挨度時日。

在此期間,他看到山中的布穀鳥帶著孩子,快樂地一道在天空飛翔。母鳥銜了食親昵地哺養樹上的小布穀鳥,充滿親愛和睦的家庭溫馨氣氛,便會想到自己的家境心中感慨萬千!為此他作歌追思亡母,排遣心中的悲懷道——

陟彼歷山兮崔嵬,
有鳥翔兮高飛。

瞻彼鳩兮徘徊，

河水洋洋兮嚶嚶，

設置張胃兮思我父母力耕。

日與月兮往如馳，

父母遠兮吾將安歸？

虞舜在歷山腳下為洰地方，就這樣心情鬱悶萬般地苦苦生活著。但是不久為洰之人便受到了其德行的感化，紛紛爭著讓田給他來耕。他隨後又到雷澤去捕魚，雷澤的漁夫也紛紛爭著讓出漁場讓他捕捉。他再到河濱去作陶器，河濱的陶工紛紛教他幫他做起了陶器。

就這樣此後虞舜去到哪裏居住，人們就都跟隨他到哪裏去居住。使得虞舜居住的地方，一年就會變成小小的村莊，兩年就會變為較大的村莊，第三年則就會變成集鎮。這種情景屢屢出現，實在令人奇異萬分。

「這些沒有什麼值得奇異的，這正是虞舜的德行所在！」帝堯凝心靜聽至此，禁不住喜溢言表道，隨著他話鋒一轉道，「好，眾愛卿此言已經講說清楚了虞舜的德能，朕以為虞舜如果真能這樣，則已足以承繼天下大任了。不過為了天下民眾，朕還要親去歷山，訪察虞舜！」

說去就去，帝堯說罷即下朝堂引領一班臣將隨從，徑向歷山訪察虞舜而來。帝堯一行在途十餘日來到歷山腳下，帝堯眼見距離虞舜所居為洰地方已近，便留下眾臣將隨從就地等待，他則僅領篯鏗一臣，徑直向前尋訪虞舜。

帝堯所以這樣行事，是怕人多虞舜與民眾認出自己，其難以訪知真情，誤了大事。他要悄然訪察，訪知真情，好下步作出定奪。帝堯

心懷此想引領篋鏗向前行來，沿途看見被問之人聽到是問虞舜之事，便個個即生敬仰之情，詳作指引唯恐他君臣前去不到。

他君臣眼見至此，已是心中讚歎十分，認定眾臣將所言虞舜之事果然不虛，虞舜實在是一位大德賢人。為此他君臣在沿途眾人的指引下加快腳步向前尋去，剛過半晌，便尋到了虞舜正在耕種的田頭近處。

他君臣舉目看到，虞舜的田頭圍滿了議論紛紛的人群。田中正有一頭大象捲動著碩長的鼻子，在翻捲耕地。他君臣大奇，忙近前偎到人群中聽看。這時人群也正圍在犁田的虞舜周圍，詢問大象為何會奇異地幫他耕田。

帝堯君臣邊聽邊看虞舜的模樣，剛看一眼帝堯已是心中大喜起來。他看到虞舜果然生得身材頎長，龍顏大口，臉上無毛，雙眼各生有兩個瞳仁，相貌非凡，恰如自己夢中所見賢者。

稍有不同之處，則是虞舜由於自幼身處逆境，操勞憂危太多，背項稍微有些後駝，面目也顯得有些黧黑。就在他君臣正看之時，則聽一位老者詢問虞舜道：「虞舜，這大象是你捉來的嗎？瞧它耕田耕得多好！你怎麼不早些告訴我們，我們也去捉些用來耕田。」

「不，老伯。這大象不是我捉來的，」虞舜即言回答道，「是它自己從那邊山上走來的。過去我也不知道它會耕田，又耕得這樣好。」

「這就神了！這大象自己跑來耕田，」眾人聽了虞舜此答，全都更為奇異不解道，「又專門跑到你的田中來耕！」

「是呀，這為什麼，」虞舜也覺不解道，「我也不知道。」

「這樣看來，大德虞舜，定是不凡之人！」眾人聽聞虞舜此言更加奇異不解，看著大象耕田不息全都不言起來。剛才那位老者看視一陣，則又言說道，「瞧這異事，誰曾見過。將來你們瞧吧！」

眾人聽了全都附和贊同，頓然間竟把虞舜奉成了神明一般。帝堯

君臣耳聞至此更是稱奇，突然又聽人群中一名青年大叫道：「你們快瞧那邊，那群鳥兒奇也不奇！」

正看大象耕田的眾人被青年的喊聲驚醒，齊舉目向青年手指的方向看去。只見鄰近虞舜所耕這塊地的旁邊，虞舜種上禾稼的另一塊田中，突然飛落下來一大群美麗的鳥兒，在虞舜的禾稼田中忙忙碌碌，齊用嘴一棵棵喙去莠草，代替虞舜耘起田來。

「這真是天下奇事了！大象不捉自來代替虞舜耕田，這鳥又不叫自來代替虞舜耘田，」那老者剛看一眼，便更是大奇起來道，「象耕鳥耘，誰聽說過！我們的虞舜不是個大大的奇人才怪哩！」

眾人聽了，又都齊聲贊叫起來。帝堯君臣眼見至此，全被虞舜的大德折服了去。他們怎能不被折服呢？眼前象耕鳥耘之事正如那老者所說，別說別個見到，誰又聽說過呢！象來助耕鳥來助耘，若不是虞舜之德感動天地，豈能生此奇跡！

於是帝堯便不再等待再作察訪，立即圍上前去欲與虞舜進行攀談。帝堯剛剛圍到虞舜身前，又奇異地看到為虞舜攙犁的黑、黃二牛屁股之上，都綁有一個柳條編製的簸箕。帝堯心奇詢問道：「虞舜，你把這牛屁股上綁個簸箕幹啥？這不帶累了牛嗎？」

帝堯一生儉樸，這時又為暗訪私察虞舜而來，身著衣裝更與普通人無異。「多謝老者關照。只因鞭子打在牛的身上牛會痛疼，因而虞舜給牛屁股上綁了個簸箕。牛走慢時打它一下打在簸箕上，」虞舜聽聞其言舉目見是一位老者詢問自己，即忙回答道，「它知道打它緊走幾步趕上去就行了。為了不打在牛身上使牛疼痛，綁個簸箕雖使它帶累一點，也只有這樣了。」

帝堯聽了，心中更是暗贊虞舜對牲畜尚且這般疼愛，對人的親愛之心便是可想而知了！為此他接著又問道：「請問虞舜先生，是你的

黃牛快，還是黑牛快呢？」

「我的黃牛快，」虞舜聞聽回答道，「黑牛疾。」

帝堯聽聞虞舜此答，頓然大失所望。他覺得虞舜太不誠實，你的黃牛快就說黃牛快，黑牛快就說黑牛快，兩頭牛總不會一樣快，怎麼能說黃牛快黑牛疾呢？失望至此，他便不再言說，即轉身向人群外走去。

帝堯走出人群，即與篯鏗向來路返去。他失望了，他不能把天下禪讓給這般心地不誠之人，讓天下民眾跟著遭殃！他決計返回京都，不再講說虞舜之事。然而就在他君臣剛剛走出百步之遙之時，卻見虞舜追了上來道：「老人家，且稍留步。」

「老人家，我知道您對我的回答不滿意，因而轉身便走。這裏我對您老人家實說吧，本來我的那頭黃牛快些，黑牛稍微撐不上趟。」正在失望的帝堯耳聽此言，稍一愣怔腳步一慢，已見虞舜來到跟前，對之悄聲道，「但剛才你在牛跟前問我，我若說黃牛快些，黑牛聽見心裡是啥滋味？所以我說黃牛快，黑牛疾。」

「原來是這麼回事！後生果然辦事細心，」帝堯聽了虞舜此言，方纔失望頓消，連連點頭道，「有方法，這樣一定啥事都能辦好！」

「青年人果然不負盛名，」篯鏗也忙接言道，「實乃道德高尚，才能超眾也！」

「不敢！虞舜不才，」虞舜這時急忙拱手施禮道，「還乞二位老伯指教！」

帝堯心中失望既掃，便要繼續對虞舜進行察考，遂與虞舜就地坐下拉起呱來。帝堯向虞舜問了許多問題，虞舜都回答得令帝堯非常滿意。他們一直拉到天色將晚，帝堯君臣方纔與虞舜告別返去。

「陛下，」帝堯君臣走在返回的路上，篯鏗禁不住詢問帝堯道，「你

覺得虞舜怎樣？」

「虞舜不錯。」帝堯道，「不過還有一點令朕可怕。」

籤鏗不解道：「陛下怕他什麼？」

「朕怕有一種人善於作偽，善於沽名，外面做得切切實實，」帝堯沉思道，「內裡卻全是虛假的東西。若把天下禪讓給了這樣的人，定會貽誤天下民眾。」

「陛下不必心生此怕。以臣下看來，虞舜絕對不會作偽，」籤鏗即言否定道，「也非沽名之輩，因而敬請陛下放心。不然若如陛下所怕，豈有象耕鳥耘之事降臨其身！」

「還有一種人，雖然內行非常純篤，心中非常仁厚，種種至行確系出於本真。但卻才幹不足，度量不宏，驟然加之以非分，他就會震驚局促手足無措。」帝堯對籤鏗此言則聞若未聞，繼續其言道，「如果把天下禪讓給這種人，也一定會貽誤民眾。虞舜這個人，究竟是怎樣一種人呢？我用什麼辦法才能驗試出來呢？」

籤鏗聽聞帝堯言說至此，一時也想不出辦法，只好口中不言心中想著，跟隨帝堯向前走去。籤鏗跟隨帝堯向前剛剛走出不遠，帝堯突然開口道：「有了，朕心想可以這樣驗試虞舜，其內行外行就都會被看到無疑。」

「怎麼試？」籤鏗聽聞帝堯講說有了辦法，隨之心喜詢問道，「陛下！」

「朕有十男二女，除去不肖的子朱被放逐在外，」帝堯隨之道，「其他九男二女均在宮中。朕想之法就是讓諸帝子前去服侍虞舜……」

「陛下，」帝堯剛剛說到這裏，籤鏗已被驚得忍不住了道，「這樣切切不可！」

「怎麼不可，」帝堯聞聽一笑道，「愛卿？」

「陛下之子雖說也是普通民眾，但叫他們去到畎畝之中去服侍一個農夫，」篯鏗急言道，「這太難堪，也恐怕他們不肯去吧！」

「這就是勢利之見了。朕以為，人的貴賤在品格德行，不在於去做什麼。朕為天子，到處奔走，不論遇到什麼人，只要他道德高尚，」帝堯又笑道，「學問深邃，朕就拜他為師。朕讓兒子前來服侍道德高尚的農夫，有什麼難堪的呢！朕不但叫九個兒子前去，還要叫朝中百官都一同前去，這些臣下儘管放心。」

「那麼陛下之法，」篯鏗聞聽帝堯言說至此，只有無奈又問道，「二是什麼呢？」

「朕用上述方法驗試虞舜的外行，二則是用以驗試虞舜的內行。」帝堯隨之回答道，「朕聽說虞舜還是一位鰥夫，為此決計把朕之二女嫁給他……」

「陛下，」帝堯剛剛言說至此，篯鏗已被驚得大叫起來道，「這就更加不可了！」

篯鏗知道，帝堯的兩個女兒大的名叫娥皇，小的名叫女英，年紀都在二十歲左右。她們不僅相貌俊美，而且德行溫良，為帝堯向來所鍾愛。陛下的嬌嬌二女，怎能全都下嫁給耕種畎畝的虞舜呢！為此他聽到帝堯此言，頓被驚得大叫起來。

帝堯則堅定道：「怎麼不可以呢？」

「陛下二女，為陛下所鍾愛。陛下應該好好為她們婚配，怎能拿了她們去做試驗虞舜的器具呢！再說，」篯鏗急言道，「假如通過試驗虞舜是好的，一切均好。如果虞舜不好，怎麼成呢！兩位帝女嫁給了他，豈不是害了二位帝女的終身嗎？」

「臣下所慮雖然有理，但朕心想，虞舜作偽盜名尚不至於。他如果真作偽盜名，豈能這樣長久不敗，名聲傳播四方。」帝堯聽了篯鏗

此言，方纔歎一口氣道，「對這一點，朕試虞舜的之意不深。朕試虞舜之意，關鍵在其才不勝德方面，必行此舉方可真正試出。」

「陛下，難道就沒有別的驗試虞舜之法了嗎？」籛鏗聽到這裏又忙懇求道，「臣下以為還是再想他法為好！」

「朕都心想過了，此舉也是不得已而為之。朕心想，如果虞舜的德行真好，即使才能差一些，女兒嫁給他也不為恥辱。」帝堯這時則又堅定道，「朕在位六十載，時時想以天下禪讓於人，卻一直找尋不到可以承繼大位的賢者。如今既然尋到了虞舜，若不細作考察就輕讓天下於他，萬一有誤豈不是朕之大罪！」

「若如此說，」籛鏗聽到這裏，也是無奈道，「陛下言之也有道理。」

「再說，如果虞舜真的不好，朕為天下民眾犧牲二女，」帝堯繼續其言道，「二女為朕犧牲一生，朕對天下則不失為忠，二女對朕也不失為孝。朕也只有這樣了！」

「陛下既然這樣主意拿定，」籛鏗聽到帝堯說到這裏，已是無言再勸道，「就等我們返到眾臣隨從在處，計議之後再作定奪吧！」

「不，不必再議了！臣下立即返回虞舜處去，」帝堯則即不怠慢道，「對他說明朕意。朕則立即返回京都，等待臣下的消息。」

「臣下遵命。但是臣下心想，欲說此事需要先說於虞舜父母。」籛鏗無奈道，「可是此刻臣下尚且不知，虞舜的父母居住何處。」

「以朕之見，則不必先尋虞舜父母，」帝堯聞聽沉吟片刻道，「臣下直接前去說於虞舜便可。」

「此乃不可，陛下。虞舜乃為大孝大德之人，」籛鏗即言否定道，「婚姻大事他豈敢不告知父母自作主張。只有先與其父母說好，方可再去言說於他。」

「朕豈不知這些，只是虞舜的父母待其極為不好，萬一其父母拒

絕，」帝堯歎一口氣道，「虞舜就無法答應了。屆時反倒會把事情弄僵，豈如先對虞舜講說了好。」

「以臣下之見，做父母者沒有不希望兒子過好的，即使平日對兒子失愛，其子若能飛黃騰達，父母亦會回心轉意的。」筬鏗聞之道，「況且此乃陛下聖命，又是陛下之女為他們去做兒媳，他們求之不得呀！為此臣下以為，虞舜的父母斷然不會不應，同時還定會使他們去掉惡子之心。」

「以朕看來，這事斷然不會這般美好。愛卿想呀，虞舜父母平日懷有恨不得兒子早死之心，如今兒子不僅殺害不死反要飛黃騰達，」帝堯則即搖頭道，「他們豈不生出嫉妒之心。他們不許虞舜婚娶，豈有挽回的餘地。為此，愛卿還是先去對虞舜講說，要其不告而娶了好。至於其父母處，婚後對之再說也是不遲。」

「遵命！」筬鏗聽到這裏，只有應聲告辭帝堯，向虞舜居處返來。

十六、帝女負屈

　　箋鏗來到溈汭地方虞舜居處之時，虞舜正在與兩名青年歡聚敘談。這兩名青年不是別個，乃是剛剛來到虞舜居處的老家鄉鄰，其好友秦不虛和靈甫。箋鏗的突然到來使虞舜心中一奇，隨著想到其可能有事詢問，便急忙站起身子道：「老伯返臨寒舍，請問有何指教？」

　　「虞舜，」箋鏗身負帝堯聖命，聞聽虞舜之言便坐下來，不慌不忙道，「你可知道剛才問你黃牛快還是黑牛快的那位老者是誰嗎？」

　　「不知道。怎麼？」虞舜一愣道，「剛才虞舜對待那位老者，有什麼不恭之處嗎？」

　　「不，不是先生有什麼不恭之處，」箋鏗即言否定道，「而是那位老者，就是當今的天子帝堯啊！」

　　虞舜耳聽箋鏗此言，不僅自己驚得「啊」一聲愣在了那裏，就連正在坐著的秦不虛和靈甫也被驚得口中「啊」一聲叫喊，身子都隨著霍地站了起來。隨後虞舜愣怔一陣，方纔驚醒過來不敢相信道：「那怎麼可能？老伯別跟我虞舜開玩笑了！」

　　「怎麼不可能呀！你虞舜大德之名揚播四海，」箋鏗見虞舜不信自己之言，「哈哈」笑言道，「天子仰慕大德之人，故而特來微服訪察於先生。」

「如果真是那樣，」虞舜眼見筬鏗話語嚴肅非同兒戲，但仍是不敢全信半信半疑道，「那就是我虞舜有眼不識泰山，怠慢當今天子了！」

「天子見過先生，倍加仰慕先生之德。」筬鏗則神色凝重道，「因而特遣老身筬鏗返來再見先生，以為先生作媒。」

正在半信半疑的虞舜真個是不聽此言還罷，聞聽此言特別是聽到筬鏗講說其名，方知面前竟是朝中重臣到了！為此他哪敢怠慢，驚得「撲通」跪倒在地道：「原來大人早到眼前，快受小人一拜！」

「先生快快請起，」筬鏗急忙俯身攙扶道，「先生這就折殺老身下了！」

「大人快快莫要再說，與小人開這麼大的玩笑！大人身受小人叩拜乃是不易之理，」虞舜被扶一邊站起，一邊口中道，「豈有折殺大人之說！小人耕於畎畝之中，豈有天子讓大人為小人作媒之理！」

「不，虞舜先生！」筬鏗眼見虞舜仍是不信自己之言，即又開口道，「這一切決非老身與先生開什麼玩笑，乃是天子聖命，老身之職矣！」

「若依大人此說，大人為小人作媒乃為天子聖命。小人知道當今天子為德行崇高之人，便更知道男女婚娶必先告於父母之規。」虞舜聽了筬鏗此言，又是愣怔半天還是不敢確信，末了心機一轉開口詢問以作證實道，「據此設想，大人身負天子聖命來為小人作媒，不去告知小人父母徑來說於小人，則完全違背天子之行哩！這樣，小人又怎麼能信呢！」

「先生之德，果然深孚眾望！誠然，男女婚娶之事當由父母決斷，」筬鏗聽聞虞舜言說至此，不禁一笑道，「須先稟於父母。此乃天下孝順父母之規，陛下豈不知曉。」

「因而大人之言皆為虛假，不會真實，」虞舜聽到這裏，即言打

斷道，「不就是與小人開個大玩笑嘛！」

「不，虞舜先生，老身前言只是說了事情的一面。事情的另一面則是，陛下全都知道先生的家境，」篯鏗則不笑一絲，認真道，「想到那樣先說於先生父母，先生父母拒之就好事難成了。因而陛下違拗常理，特遣老身前來徑向先生講說，期望先生立即定下此事。」

「這個……」虞舜聞聽篯鏗此言有理，方纔信而不疑，卻又頓陷為難之中喃喃道，「這個……」

秦不虛與靈甫兩個在旁聽到這裏，早都抑制不住了心喜。看見虞舜主意難定，秦不虛率先道：「虞舜兄長，篯鏗大人說得對呀！如果大人率先說於伯父伯母大人，他們是斷然不會答應的。」

「我們在家中知道，近年來鄉鄰為兄長說媒者雖眾，卻全都被伯父伯母大人禁絕了去。方使得兄長至今鰥寡一人，所以這次是斷然言稟不得的。」靈甫也即接言道，「依照我們愚見，兄長還是先依了篯大人之言，婚娶之後再行稟伯父伯母大人也是不遲！」

「你們這樣促我，不是要把我虞舜推上無父無母的不孝之地嗎？」然而虞舜聽了秦不虛二友此言，則也耐不住了焦急道，「不可，不可，萬萬不可！」

「虞舜先生，你的兩位鄉友說得對呀，而且天子也正是這個意思。」篯鏗這時接言道，「你想呀，萬一你向父母稟明之後，你父母拒不答應，難道你就鰥居終身嗎？」

「鰥居無後，是謂不孝。不告而娶，亦是不孝。」秦不虛這時又即幫言道，「現在告而不得娶，日後再不告而娶，那就要更不孝了呀！」

「是呀，先生還是不如這時先不告而娶為是。」篯鏗立即接言道，「再說，這也是身奉當今天子聖命，身不由己呀！」

「虞舜兄長，你還是快做決斷吧！你原是極有辨別決斷能力的

呀！」靈甫聽到這裏，又即接著勸言道，「再說辦事宜速不宜遲，不然伯父伯母大人有了風聞，反會生出波折的呀！」

「那麼，我虞舜就這樣決斷了嗎？」虞舜聽到這裏，方纔為難地心傷淚落道，「虞舜的不孝之罪，既然已經上通於天，也就不在乎這一遭了。」

「好，虞舜先生！」筬鏗聽到虞舜此言，立即大喜道，「既然這樣，老身就回京覆命去了。」

「大人且慢！」虞舜聽了筬鏗此言，急忙攔阻道，「小人如今雖然遵命做了決斷，但小人卻還不知大人作媒何人啊？」

「是呀，是呀！」筬鏗耳聞虞舜此言頓然心中一明，不禁「哈哈」一陣大笑起來道，「你瞧老身只顧高興，竟把這事給忘了！」

「這才是正事呀！」秦不虛在旁插言道，「若不是虞舜兄長提醒大人，大人豈不又要勞頓一遭。」

「大人快說，」秦不虛此言，倒把正笑的筬鏗說得更加大笑不止起來。靈甫見之催促道，「我們都急等著知道未來的嫂嫂是誰呢！」

「你們未來的嫂嫂非為別個，」筬鏗這才止住笑聲，嚴肅道，「你們想想天子讓老身前來作媒，還能是說誰個？」

虞舜與靈甫三人聽聞筬鏗此言，真個是頓然全都吃驚得瞪大了眼睛，「啊」一聲愣怔在了那裏。他們從筬鏗的話語中聽出，他為虞舜作媒之女仿佛是天子之女，但又怎敢相信啊！所以一時間全都愣住了。

「是的，你們當然不會相信，也不敢相信，這事情聽來太如晴空霹靂一般驚人了！但這卻是事實，是老身身負的天子聖命。」筬鏗這時繼續道，「天子有兩個女兒，一個年剛二十，一個年剛十八，才貌雙全，德性溫良。天子為虞舜先生的大德所感，要將二女全都嫁給先生為妻。」

「啊，這會是真的嗎？」耳聽籛鏗說到這裏，別說是虞舜自己，就連在旁的秦不虛和靈甫也都驚愕得重又不敢相信道，「這不可能！」

「真的。」籛鏗立即肯定道，「這是千真萬確的真言。」

「不，小人乃一介草野農夫，怎有福氣上攀天子之女！再說，」驚愕中的虞舜這才被籛鏗之言喚醒過來，心中充滿不信口中急言道，「天子之女豈有下嫁農夫之理，這樣就辱沒了天子呀！大人切切不可再言，前言皆算未說。謝謝，小人謝謝大人了！」

「先生此言，太世俗了。天子乃民眾之僕，何以言貴？」籛鏗聽到虞舜此言，又即接言道，「先生道德參天，何以言賤？因而先生婚娶天子之女，豈有上攀之說。」

「大人，一切既如大人所言，又是天子賜婚帝女，」秦不虛這時清醒道，「也只該賜降一女，又怎該賜降二女？這不可能呀！」

「謝謝大人美意，小人對大人的盛情心已盡領。只是這事斷然不可，就請大人萬萬莫再向下講說！」虞舜這時已經不想再說此事，因為此事上連天子之女，若為虛假豈不將把自己鬧得尷尬至極，為此他心思一轉推辭道，「因為若如大人之言好事能成，二位帝女長於帝宮習性驕奢，豈能安於畎畝之中。」

「先生之慮完全多餘，老身可以為二位帝女作保絕對不會。帝堯以儉治身，宮中奉養與下民無異。」籛鏗聞聽虞舜此慮，忙又接著道，「二位帝女秉承庭訓，資質溫良，儉樸無奢。因而定能安於畎畝生涯，故請先生儘管放心。」

「大人前說雖是，只是小人一貧如洗，歷歲勤勞所得都用於供養父母，哪有能力聘娶帝女為妻！」虞舜眼見自己之言又被籛鏗否定，心機一轉又作推辭道，「因而這事斷然成就不了，謝謝大人的一片好心美意，此事還是就此了結了罷。」

「陛下崇尚節儉，其身體力行節儉天下皆知。因而他會要求先生一切婚禮從簡，」然而，篯鏗聽到這裏則繼續講說道，「絕對不會鋪排闊氣。所以先生一貧如洗，正合天子之意哩！」

虞舜聽聞篯鏗說到這裏，眼見自己前推後辭都是推辭不掉，頓然一時無言以對起來。篯鏗則又繼續道：「再說，先生的情形陛下完全知道，一切從簡正合陛下之意。所以先生儘管放心，安心在家等待。老身回京稟報陛下之後，再來傳告於先生。」

「大人，」虞舜見到篯鏗真要把事辦成，並且聽出其有立即離去之意，心中遂又一急道，「您……」

「老身告辭了！」篯鏗不等虞舜向下再說，立即拱手辭別道。隨著，他便轉身離別而去。此後，篯鏗在途十數日回到京都，即把情形向帝堯作了稟報。帝堯聽稟大喜，立刻傳命篯鏗護送二位帝女與九位帝子，引領朝中百官前往歷山虞舜居處。

臨行，帝堯又著令篯鏗代他簡辦二位帝女與虞舜成婚事宜，並留在潙汭引領九位帝子與朝中百官服侍虞舜。篯鏗領命不敢怠慢，次日一早便領眾位帝女帝子，與朝中百官離開了京都。

篯鏗眾人在途又是十數日過去，這日半晌來到了歷山腳下潙汭地方虞舜居處。虞舜在篯鏗走後仍是不敢相信其言為真，對之能否歸來充滿懷疑。這時突見篯鏗引領眾多朝中大臣和帝子帝女來到，方纔對篯鏗之言完全相信。

為此他不敢怠慢，立刻熱情地迎上前來。篯鏗也是即不怠慢，眼見還有時間，便當即為虞舜與二位帝女辦完了成婚事宜。隨後他又按照帝堯的吩咐，令人為虞舜蓋了幾幢房屋和穀倉，並送給了虞舜一群牛羊。

就這樣，虞舜驟然之間由原來的一位普通農夫變成了天子之婿顯

貴騰達起來。然而虞舜的地位雖然驟生此變，大德的他卻受寵不驚，顯貴不恃，待人處事下地耕作一切作為皆同先前。人們見之皆盛讚之，僉鏗眾臣見之也都盛讚不已。

「虞舜此番婚娶之事，不先告於父母已為不孝，為人子者又不能一輩子不見父母之面。」轉眼十日過去，虞舜眼見一切都已安排妥當，這日便與僉鏗等人商議道，「今日虞舜已經完婚十日，決計攜帶二妻前往老家拜見父母，並且迎請父母來此潙汭地方共聚，不知諸位大人以為如何？」

「帝婿言之有理，」僉鏗率先贊同道，「這是極應該去做的事情。」

「虞舜兄長，以愚弟之見不如再過幾日，別圖良法為好。愚弟心想，伯父伯母大人若是知道了這個消息，定會勃然發怒。」然而，秦不虛卻不同意道，「盛怒之下他們重罰兒子亦為當然之事，如果一並重罰於兩位兄嫂，她們身為天子之女又剛新婚，豈不就會把事情鬧僵，這是很可慮的。」

「這個不要緊，兄弟不需多慮。兄長已把家中情形盡數講說給了你二位嫂嫂，並已對之諭以大義。」虞舜聞聽即言道，「你二位嫂嫂都能聽得進去，因而為兄料想，不至於把事情鬧僵。」

「既然如此，就快點去吧。」靈甫聽到這裏，則立即開口催促道，「以免再向後拖延時間，使得兄長所負不孝之罪更重。」

虞舜覺得靈甫之言有理，便立刻與其二妻告別眾人離開潙汭地方，徑返家鄉拜見父母而來。就在虞舜攜帶二妻向家鄉返來行至半途之時，其做了天子之婿的消息便已傳到了家鄉。眾人初聞這一重大喜訊，全都不敢相信，因而對之議論紛紛。

虞舜後母初聞此信也是不敢全信，但在半信半疑之時，她心中便生出了嫉妒與難過。她早已求不得虞舜早死從此乾淨，這時又出人意

外地傳來了虞舜飛黃騰達的驚人消息，她怎能容忍得了！

「怪不得你是個瞎了眼的東西，瞧你生的孝順兒子！他竟敢連婚姻大事都不來稟報父母一聲，擅自做主娶了妻子。他心中還有你我這個父母嗎！」為此她回到家中，立刻破口大罵瞽叟道，「我平常說他不孝，你瞎子話語中總是有點兒幫他，說他心地還是好的。現在你說他好在哪裏！你這個瞎子生的好兒子，實在是辱死了我！」

瞽叟聽了虞舜後母此罵，雖然心中也是對之半信半疑，但癡心於後妻的他心中的怒氣還是被激了起來。恰在這時，象又趕了回來。虞舜後母見到，又把虞舜之事說給象聽。象聽後不相信地搖搖頭道：「這事不可相信！我想天子的女兒多得即使發起饊來，也不會拿來嫁給一個赤腳爬地的農夫的。」

「是呀，即使要嫁，嫁給一個也就夠了，怎有嫁給兩個之理呢？再說天子如果真的選中他做女婿，」虞舜後母這時也是心中不解道，「也應該先叫他到帝都裡去，封給他一個官，然後再嫁給女兒。因此天子這樣嫁女之事，亙古未聞，斷然不會！」

象與其母如此說罷，與瞽叟方纔都以為是，不再生氣。但是時間轉眼過去兩日，象真的得知其兄長虞舜不僅娶了天子二女為妻，而且歸來拜見父母就要來到家中。他為此心中大惱，因為他也是求不得兄長虞舜早死了事的！

「爹、娘，虞舜那惡真的娶了天子二女為妻，現在馬上就要來到家中了。」於是他怒衝衝地急忙跑到家中，告訴父母道，「那惡不告而娶，對父母不孝至極。父母見不見他們，請速速做出定奪！」

「我不見他，我沒有他這個不孝的兒子。」瞽叟聽了不待象母開口，頓生氣惱道，「你給我攔住他們，不許他們進門！」

但是其言未落，虞舜已領二妻到了門口。象見之忙遵父命上前

阻攔，可他剛到門口看視兩個嫂子一眼，已是被她們的絕美之色勾去了魂魄，忘記了父親的攔阻之命，一時間只顧把眼睛盯在兩位嫂嫂臉上，心中則恨不得立刻一手一個摟在懷中。

象就這樣癡呆在那裏，竟使得虞舜問他父母現在何處，他也耳中沒有聽到，口中不作言語。象當然色饑若渴，他這時正值二十多歲青年階段，情欲熾盛之期。但由於他性情惡頑，無人給他做媒。致使他對女人更加垂涎三分，這時眼見兩位嫂嫂現醜若此。

虞舜眼見自己問象不得答理，便不再對其言說，即率二妻徑入後堂而來。正在癡望二位嫂嫂的象見之，也即隨二位嫂嫂之後癡望著入內而來。瞽叟眼瞎，看不見這時進入內室而來的虞舜與二位兒媳。其後妻看得清楚，立刻放下臉來惡罵道：「哪來三個賤人，竟敢擅自闖進人家內室？快快給我滾了出去！」

「爹，娘，」虞舜這時則早已引領二妻，一起跪於堂前齊聲討饒道，「你們就饒恕不孝兒媳三個吧！」

「畜生，你們既然無父無母，」瞽叟這時聽了，也是開口大罵起來道，「今朝又跑了來做什麼？還不快快滾了出去！」

象聽父母此罵，這時則替父母舉起手杖，敲在了虞舜身上。虞舜則伏地不動，連連叩頭。虞舜二妻見之，也跟著跪伏不動叩頭不止。事情至此，瞽叟夫婦雖然蠻橫至極，卻也一時對虞舜三個無奈起來。

因為他們罵也罵了打也打了，虞舜夫妻三個硬是跪伏不動討饒不止，他們也實在是沒有了別的懲罰之法。無奈之中，瞽叟夫婦便只有任憑他夫妻三人長跪不起，轉眼已是過去了半個時辰。

「爹、娘，孩兒請求二老暫息雷霆之怒，饒恕哥嫂這一次吧！」這時，虞舜後母所生小妹敤首心中不忍，在旁開口為虞舜夫妻三人講情道，「哥嫂既已知過，以後改過不就是了嗎！」

「誰是你哥？我沒有他這個兒子，」虞舜後母耳聽鼓首此言，勃然大怒立即破口改罵鼓首道，「你又哪來的這個哥哥！」

「娘你息怒，饒了他們吧！」鼓首隨之賠笑道，「他們跪下已久，受不住了呀！」

「誰叫他們跪了，我又沒有叫他們跪。他們是天子的女兒女婿，」虞舜後母仍是怒氣不息道，「咱們是貧家百姓，哪裏受得起他們的大禮！快叫他們滾出去。」

「哥哥、嫂嫂，既然父母叫你們出去，你們就且從父母之命出去，」機靈的鼓首立刻順水推舟道，「不要再違拗父母，有話明朝再說吧。」

鼓首口中說著，即已上前攙扶娥皇、女英二位嫂嫂。娥皇與女英這時跪過半個時辰，早已跪得骨酥筋酸，臉色漲得血紅，雖有鼓首來扶，也是一時站不起身來了。呆看在旁的象見之，急忙要來攙扶。鼓首見之急忙推開道：「象哥，你扶嫂嫂不得，男女之間有別。」

象無奈，只有停步住手，對二位嫂嫂跪的苦疼心痛不已。虞舜與鼓首把娥皇與女英扶起，她們都腿腳麻木許久行動不得。末了等待一陣，方纔血脈流通緩和過來。她二人與虞舜隨著一起開口辭別道：「爹、娘，兒、媳遵命去了。」

言畢，娥皇兩個跟隨虞舜一道方纔出門而去。鼓首隨後把他們三人送到門外，眼見距離父母稍遠悄聲道：「哥哥、嫂嫂，你們今天受了委屈，明朝一定再來。家中盡由小妹疏通，哥嫂儘管放心便了。」

鼓首說完不敢停留，即返身回屋而去。虞舜三人繼續向前走去，虞舜看到娥皇與女英二妻身受這般磨難，果然身為帝女毫無怨言，感動得口中連聲讚叫不已！

「誰要你這丫頭片子這樣多事，」鼓首回到屋中，其母見之則立

即責罵道，「去扶他們做什麼？」

「娘，女兒看見兩位嫂嫂跪了半日，怪可憐的，便去扶了她們。」戩首則一笑道，說著，她見象哥垂頭喪氣地站在一旁，連連頓足不住歎氣，遂心機一轉詢問道，「象哥，你為何這樣煩惱？」

象這時心中正在煩惱，對戩首之言聞若未聞沒有回答。瞽叟這時在旁插言道：「我看那孽子今天雖然去了，明日定會再來。象兒，你給我今日快快設法把門堵了，讓他們明日前來不成！」

「爹，以女兒之見，舜哥既然做錯了事情，父母責備處罰都是應該的。」戩首見象仍是不語，便接過父言斡旋道，「但一定不許他們進門，就不僅有點不好，反倒便宜了他們。」

「女兒快說，」瞽叟聽後不解道，「怎麼反倒便宜了他們？」

「對舜哥這個人，女兒依他平日之行想來，是不至於這樣不孝的。這次不告而娶，」戩首隨之道，「或者是屈從於天子的威壓，被迫為之亦不可知。不然舜哥不來稟告，天子方面也是應該前來稟告的。」

「女兒所言也是。」瞽叟聽後贊同道，「或許正是如此。」

「為此女兒心想，定是平時父母屢為哥哥辭媒之事被天子知道，天子方纔不來稟告也不許舜哥前來稟告。」戩首借機斡旋道，「今天既然木已成舟，父母硬是不見哥嫂反倒使得他們有辭可借，明日逍遙地享福去了，父母豈不是便宜了他們！」

「若依女兒此說，」象母聽到這裏，覺得戩首言之有理，即忙開口詢問道，「爹娘該怎麼去辦？」

「若依女兒之意，做兒媳的應該侍奉父母。明日他們來了，父母就容留他們在家，責成他們恪盡兒子兒媳的孝道。」戩首耳聽母親此問，暗喜自己斡旋已經有成，不禁「咯咯」一笑繼續斡旋道，「兩位

舜嫂是天子之女，想來定然受不住恪盡孝道之苦，做不慣盡孝之事，那樣他們就會失理了。父母屆時再責罰她們不孝，豈不是有理有據恰恰正好。」

「小妹說得對，母親！」象聽殺首說到這裏，心喜依照首此說，二位嫂嫂明日就要來到家中，自己便又可以見到美人了。為此他頓然大喜過望，立即幫助殺首道，「兩個女的都叫她們來，只有那個男的叫他滾！」

「豈有此理！」殺首立即否定道，「留兒媳驅走兒子，父母對人怎麼講說？」

「女兒說得有理，」象母出於自私之想，這時終於拿定主意道，「就這麼辦。」

轉眼到了次日天明，虞舜夫婦三人一大早便來到了父母門前。這時不僅瞽叟夫婦沒有起床，象也沒有起床。象夜晚苦想兩位絕色嫂嫂，大半夜失眠起床不得。獨有殺首知道虞舜兄嫂要來，早早已經起床，這時忙開門迎接兄嫂悄言道：「昨日父母處小妹已經疏通，今日父母可以容留哥嫂。二位嫂嫂在此務須耐住苦勞，一切自有小妹從中維持。」虞舜夫婦聽後，連連感謝殺首不止。

「哥哥，二位嫂嫂！」象這時聽聞兄嫂來到，也急忙起床跑了出來，對虞舜夫妻非常恭敬地連叫兩聲，隨著又作三個大揖道，「兄嫂大喜，愚弟沒能前去祝賀，心中十分抱歉！」

象如此說著，兩隻眼睛又死魚般地盯在了二位嫂嫂臉上。娥皇與女英被看得無奈，只好低下頭去。虞舜則對象道：「象弟，愚兄做錯了事情，惹得父母大人生氣。還請弟弟向父母討情，愚兄不勝感激之至！」虞舜這樣說著，即物件作了兩個揖。

「哥哥儘管放心，」象這才對之道，「此事包在愚弟身上。」

「是呀，這事也是象哥應該做的嘛！」敤首立即接言道，「一則，可以釋去父母之氣。二則，兄弟乃手足之情，正要互相幫助才好。」

「叫她進來伺候！」他們兄妹哥嫂五人正在門口這般講說，瞽叟夫婦聽聞虞舜夫妻來到，象母立刻起身厲吼起來道。敤首聽到急忙向虞舜與二嫂示意，隨著便引領她們入內伺候而來。

「虞舜這個不孝兒子，我本來就不認他了。現在你們兩個又自稱做了我的兒媳，還是天子之女。」虞舜與二妻剛剛入內來到父母床前，便聞其父道，「為此我告訴你們，我家雖為鄉村農家，但國有國法家有家規。就是天子之女到了我家，也要遵守家規。」

「一應掃地、揩桌、洗衣、煮飯、挑水、劈柴之事，你二人都要親自動手去做。你們兩個好好想想，」象母不待瞽叟說完，也忙插言道，「是否能夠吃得下這份苦？若能吃下，就在此伺候。吃不下，就快快與逆子一塊滾走，免得在此假惺惺地糾纏我們。」

「謝過爹娘大人收留兒媳之恩！兒媳情願在此竭力侍奉二老。至於虞舜對待二位老人的種種不孝，兒媳知道後已對他埋怨再三，如今他也已經心中愧悔。」娥皇與女英聽到這裏，急忙一齊跪地叩首道，「因而兒媳請求大人饒恕他這一次，以後兒媳定當處處規勸，讓他孝順雙親不得違忤。若有違忤，兒媳甘願一同受罰。」

「好了，以後的事情以後再說。現在快快給我站起身來，」象母聽後，仍是臉色不放道，「女英給娘疊床，娥皇快給娘去端洗臉水來。」

「謝過娘親！」娥皇與女英聽了，齊言一聲隨之起身疊床端水而去。待到內室侍候停當，二女又立即來到灶前一個燒火一個做飯。一會兒便把早飯做好，喊叫爹娘用餐。

然而瞽叟與象母雖然受到二位兒媳這般周到伺候，頑惡之心卻仍是沒有為之改變絲毫。他們心中想的依舊是要難為虞舜與其二妻，以

讓他們自己離去。為此他們雖然聞喊立即雙雙用餐而來，卻對虞舜依舊理也不理。機靈的敤首見之，故意開口詢問虞舜道：「哥哥，你在門外堆積的是什麼？」

「是你兩位嫂嫂帶來敬獻父母的禮物，」虞舜聽聞即答道，「剛才眼見二位大人惱怒，沒敢進獻。」

「哥哥還不快快搬進屋來，」敤首即為虞舜搬下臺階道，「敬獻父母大人。」

虞舜知道敤首之意，即出門把一應禮物搬進屋來。敤首見之，遂一一打開看視。虞舜則對其一一講說道：「這是獻給爹的，那是獻給娘的。這是送給象弟的，那是送給小妹的。」

「小妹承蒙兄嫂恩惠，謝謝了！」敤首末了心喜，靈機一轉又言道，「但是小妹以為，二位嫂嫂獻給父母的禮物太少了，怎麼只帶來這樣一點？」

「帶來的禮物是不多。這是因為兄嫂此來，一是為向父母謝過，二是想領你二位嫂嫂拜見父母，」虞舜隨之即言道，「三則是前來迎請父母與兄妹，前去潙汭地方去住的。」

「噢，那好。」象正求不得寸步不離二位嫂嫂，這時聞聽有了機會，頓然高興起來道，「那裏都有什麼？」

「那邊有陛下賜給哥哥的房舍糧倉，各種用具齊備，父母去後不僅會住得舒服一些，」虞舜即又回答道，「同時兄嫂也可以盡些孝心以補前過。因而這次帶來的禮物不多，請父母原諒孩兒！」

虞舜說著，即迎請父母隨他前去潙汭地方去住。

「我們沒有這等福氣，謝謝了。」瞽叟則對虞舜之請應也不應，象母則對之拒絕道。但她雖然口中拒絕，卻終久已與虞舜答起話來，並且兩手也已經去翻弄虞舜送給她的禮物了。

　　鼗首眼見此景，急忙又為虞舜疏通一番。但只是其父母仍是不應，飯畢象母又叫娥皇二女去做各種雜務，甚至去做為其敲背捶腿之事。娥皇二女則叫做什麼就做什麼，日日做到深夜方纔休歇，口中也不出一句怨言。次日，又是早早起床開始勞作。

　　轉眼時過近月，娥皇二女日日精心伺候父母毫不倦怠。其間她二女也曾屢屢遭到後母斥罵責打，但都對之小心順受不作絲毫躲避。只有弟象對娥皇二女虎視眈眈，使娥皇二女不好處置。好在有鼗首在旁攔擋保護，方使得她二人安然無恙。

　　「娘，潙汭地方既然有福可享，您老何必非要在此受苦呢！再說，象哥在此一直無人上門提婚，」這日，鼗首看到勸說父母的時機來到，便又勸說其母搬往潙汭地方去住道，「女兒心想是因為咱家貧窮之故。搬到潙汭地方父母享福，象嫂也會尋上門來，豈不是好！娘，走吧，咱們快搬了過去吧。」

　　象母聞聽鼗首言之有理，知道那邊定然很好，同時她也知道象的心事，末了終於同意下來道：「好吧，你就去同那虞舜說了，就說我們前去。」

　　鼗首聞聽大喜，立刻高興得蹦跳著來到舜哥與二位嫂嫂住處，把其母親的話語對哥嫂說了一遍。虞舜夫妻大喜，當日幫助父母準備停當，次日一早便奉了父母弟妹，前往歷山腳下潙汭地方行來。

十七、舜巧脫險

　　瞽叟四人隨同虞舜夫妻三人在途數日，這日來到潙汭地方虞舜住處，即住進了虞舜早已為他們安排好的寬敞房子裡。瞽叟夫婦眼見其所住房屋果然如同虞舜先前所說，不僅極為寬敞，而且器具齊備飲食充足，雙雙心中甚為滿意。

　　但是不久，瞽叟夫婦看到虞舜顯榮之至，不僅有百官事他，還有九位帝子奉他，並且擁有成群的牛羊和數座倉廩。便聯想到了他們當初把虞舜逐出家門，本來是要致他於凍餓死地的，不料如今他卻富貴這般。當初是希望他鰥居終身的，如今他卻娶了天子的兩個女兒。心中不僅妒忌到了極點，也惱恨到了極點。

　　然而象的心情這時卻與之不同，他想的是自己怎樣才能早日得到兩位絕色嫂嫂。為此便表面對虞舜假作親近，內心咬牙霍霍恨不得立即把虞舜殺死。同時他還經常趁舜不在家的時候，去與兩位嫂嫂攀談以便勾取其心。娥皇與女英全是極為聰明之人，當然看出了象這般作為的邪惡用心，對象雖然心中氣惱至極，卻也不敢有一點得罪。

　　她們害怕象再在父母面前添加惡言，使她們與虞舜遭害，只有心中忍住氣惱，表面對其進行敷衍。象見此情狀不知真情，反倒以為二位嫂嫂對其已經有心，便更想儘早殺掉舜兄奪取二位嫂嫂。但又思來

想去，一時心想不出殺害舜兄的萬全之法。

虞舜夫婦的住房，距離瞽叟夫婦住房不遠。虞舜每日引領二妻前往拜見父母，多則三次少則一次。其他時間虞舜則依舊耕田種地，晝作夜息。時當初夏，娥皇與女英也是採桑養蠶勞作不止，與農家婦女無異。敤首心中喜歡二位善良勤勞的嫂嫂，經常前來與之談聊，雙方逐漸建立起了深厚的情誼。

在這期間，虞舜外出或勞作之後回到家中，常常見到象弟在其家中與娥皇二女無聊攀談，眼露癡迷之色。他心中雖然氣惱，又知其邪惡用心，表面對其卻仍親熱非常，以用誠意去感化他。或者立即招集九位帝子與百官前來，與其一齊聚而研討治世與做人的道理，希望以此引導象弟走上善途。然而象的心思不在這裏，眾人一到他便立即離去。

轉眼月餘時光過去，象眼見自己雖然用盡了心機，卻仍是難以奪去舜兄性命，不得二位嫂嫂入懷，便對二位嫂嫂更加眼熱心中焦急起來。為此他回到家中常常無緣無故地暴躁發怒，其母見之雖然深知其心思，卻也一時無可奈何對其無法進行幫助。

「我象不殺死他舜，」這日，象又在其母面前發起怒來，咬牙切齒道，「不把美人弄到手中，就不是人！」

「休得胡說，」象母聞聽即言道，「殺人是要償命的！」

「我不怕！我殺了他還叫他不知道。」象則怒氣不息道。隨著，便把嘴湊到母親耳邊，將其想好的辦法對之講說了一遍。

「妙，妙，」象母聽後頓時喜笑顏開，連聲叫好道，「象兒如此，實在是妙法哩！」

然而，象與其母在外悄然言說雖覺機密，卻是難防隔牆有耳，恰被正在里間的敤首聽到。敤首雖然沒有聽到其後象湊到母親耳邊所

說悄悄之言，但她聞聽象與其母所說前言，便已知道他們是對舜哥而發，心中甚是放不下來。

隨後她立即出門前去找到娥皇二位嫂嫂，告訴她們象哥與其母已生惡意，要她們與舜哥日後小心留意。然而鼓首去後數日，娥皇二女與虞舜相信鼓首之言處處小心留意，卻也一直沒有見到事情有異。虞舜夫妻三人雖然心中不安，一切安然如常他們也是猜度不透，無奈之中只有繼續時時處處小心留意。

這日，天上突然下起了淅淅瀝瀝的小雨，虞舜夫妻冒雨給父母問安來到父母住處。他三人剛剛來到父母面前，瞽叟便按照象與其後妻想好的殺死虞舜之法，要虞舜前去為他塗修倉廩道：「重華，爹後面藏米的倉房漏雨了，裡面的米被漏濕不少。你明日來給爹修修。」

「爹爹放心，孩兒明日一定修好就是了。」虞舜不敢怠慢道。隨後父母無事，他便引領二妻告辭而去。虞舜夫妻回到家中，覺得塗修倉廩之事有異，便對之議論起來。娥皇率先道：「我看這事不好，說不定就是鼓首小妹告知的象弟所設惡計，以借夫君去為爹爹塗修倉廩之機，加害夫君。」

「夫人過敏了吧，這怎麼可能！」虞舜則不相信道，「我去塗修倉廩，象弟有何法可以害我至死呢？」

「即使此舉與象弟所設惡計無關，鼓首小妹既已告知，」女英則即接言道，「我們也總須防備才是，以防萬一！」

虞舜聽後道：「我們怎麼防呢？」

「不去塗修。」娥皇提議道。

「不去塗修怎成，」虞舜為難道，「爹叫去做的事情，不去做怎能說得過去！」

「是呀，夫君說的也是。不去塗修違拗父命，又要落下不孝之

名。」女英也說道,「那就去,去前好好想想危險可能出在什麼地方,做好防備以保無虞便了。」

「妹妹此言甚是。」娥皇立即贊同道,「要去就只有先期察知可能遇到的危險,才好設法防備。」

「我想這事的險處,無非是登上倉頂之後,」女英這時已經胸有成竹道,「急切不能下來,或者被摔下來兩個險處。」

「女英說得對。向下深一步去想,」虞舜聽了道,「這兩個險處又都與下不來有關。若都設法破得此厄,不就可以萬無一失了嘛!」

「對,只要能在遇險之時平安下到地面,」娥皇道,「就再險的事情也可以化險為夷了。英妹腦子轉圈快,快想想法兒。」

「法兒好想。要從倉頂平安下到地面,」女英這時也已經想出了法兒道,「手中拿個如蓋如笠的東西,讓氣頂著慢慢飄落下來就可以了。」

「妹妹這個想法好,正與姐姐所想一樣。姐姐想那如蓋如笠之物最好可收可藏,」娥皇聽後大喜道,「明日攀上倉頂的時候,收起來藏在身上不使人看見,遇到急難時則立即撐起飄下。」

「姐姐想得更妙!」女英道,「這樣我們就快做吧。」

「好,」娥皇與虞舜道,「快做。」

虞舜夫妻隨之立即行動。他們先去找來竹子,然後用竹梢做幹,把竹根割成細片,在上面打眼穿線蒙上麻布,並在下面設置機巧進行掌握,便製成了可伸可縮的今日傘樣之物。製成之後,他們眼見太大身上無法藏放,又改小重做以藏在兩個袖筒之中。隨後他們忙碌到深夜,方纔製成了兩隻可藏於袖中的今日傘樣之物。

娥皇大喜,即讓虞舜試藏之。虞舜試藏之後,娥皇看視一番仍覺顯眼,心機一轉又對女英道:「英妹,快,我們再把夫君的衣袖放大

一些，藏下此物就不顯眼了。」

「對，姐姐。你我一人改放一袖。」女英聽後心喜，說著即與娥皇一齊為虞舜改放起了衣袖。須臾，巧手的娥皇與女英為虞舜改放好了衣袖，重把所制之物藏入其中，果見如同無物一般。

「夫君的這身衣裳，我想給它起個名字，叫做鵲衣裳。」虞舜與女英聞之心喜，娥皇又說道，「明日夫君前去塗修倉廩，可以叫做鳥工。但願夫君在空中能夠身如喜鵲一樣任意飛翔，脫離險厄才好。」

「姐姐說得雖好，妹妹心想斗笠也不可或缺。」女英這時隨之道，「平時人們登房蓋屋，頭戴斗笠固然是為了遮陽，但若是飄落下來時戴有斗笠，也會添些昇力，更平穩些。」

「妹妹說得對，」娥皇即言道，「那就快把斗笠取來，我們縫牢。」

於是她們便又取來斗笠，一陣細縫。「如今我們人事已盡，下步依靠的就只有天命了！」末了她們縫好了斗笠，則無奈地歎氣道。言畢，他三人眼見夜已將明，急忙休歇下來。

轉瞬天明，虞舜立刻起身藏好傘樣雙蓋帶上斗笠，離家前往父母住處問安並塗修倉廩。虞舜三人剛剛走進父母院中，便見象與其後母迎了出來。他們早已照其惡計做好了準備，即在瞽叟要虞舜塗修的倉廩中堆滿了薪柴，以在虞舜登上倉頂之後，點火將其燒死。

為此他們早已在焦躁地等待著虞舜的到來，這時正在等得心急唯恐虞舜不來，突然看到虞舜果真塗修倉廩而來，便急忙強抑心中的邪喜，表面上裝出反常的殷勤之色迎了上來。

虞舜當然從象與其後母的反常情態上，察覺出了事情有異。但在異事沒有出現之前，他也猜想不出究竟會有何種異事發生。因而便也無以言說，只有強抑心中的不安，表面裝出歡笑，在與象及其後母的奉迎中，進屋給父母問安而來。

「你來得正好，今日天氣已晴，」虞舜進屋問安剛了，其父瞽叟便說道，「你可以按照爹爹昨日之言，前去為爹塗修漏雨倉廩了。」

「好。」虞舜不敢怠慢，口中連聲答應道。隨後，他便留下二妻收拾家務，其則即往後院塗修倉廩。心懷鬼胎的象見之，忙為虞舜搬著梯子，走向後院倉廩。象母也是心懷鬼胎，這時擔心所設惡計敗露害死虞舜不成，也跟隨其後向後院倉廩走來。

「象弟，既然倉廩漏雨，今日天氣晴好，倉廩門窗就不可仍然關著。」他們母子三人眨眼來到倉廩門前，虞舜對倉廩上下打量一眼不知是詐，立即真誠地對緊隨其後的象說道，「你快放好梯子，與為兄一起把門窗全都打開透透風，減少漏濕糧食黴爛。」

虞舜口中說著，就要動手去打倉廩之門。但其此舉恰好戳在象的麻骨之上，心懷鬼胎的他正在擔心惡計敗露害不死虞舜，突聞虞舜此言眼見虞舜此舉，心中一詫以為虞舜果真一眼看穿了其惡計。為此他害死虞舜心切也不怠慢，急又邪心一轉上前攔阻道：「哥哥不可動手打開倉門！母親有言，非她誰也不可開此倉門。」

虞舜聞聽象言停下了欲動之手，他知道後母的厲害。同時也心機轉動察知其中或許有異，自己正好點在了象弟的疼處，為此心中甚為後悔。就在這時跟隨其後的象母也已趕到，她也聽到看到了剛才虞舜的言辭舉動，甚為擔心又要壞了她母子設下的惡計。為此立即開口對虞舜道：「倉稟門窗切切不可打開，其中母親放有緊要物什。」

象母剛剛言說完了，唯恐虞舜多想察知有異的象則即不怠慢，在旁急忙放好梯子扶著虞舜催促道：「哥哥，快別再管倉中之事，依照父命上去塗修倉頂要緊，上去吧。」

「好吧，上廩。」虞舜心中雖然詫異之至，卻也一時不得其中真情，只有無奈不露聲色道。說著，便攀著象用手扶著的階梯，一級級

向上攀去。虞舜轉眼攀到階梯半腰倉廩窗戶跟前，透過窗戶向倉中一望，心中驟然大驚起來！因為他看到倉廩中並沒有什麼穀米，堆放的全是乾燥易燃的薪柴。

虞舜這才知道其後母與象，或許是在等他登上倉頂之後，即將倉中薪柴點燃，如同鼓首小妹所言害死自己！然而虞舜心知至此卻也不敢流露絲毫，不敢退下正攀的階梯。事情還沒有發生，他退下即是違背父命，就要落下不孝之名！為此只有心懷驚怕，無奈地依舊硬著頭皮攀上了倉頂。

虞舜剛剛攀上倉頂雙腳離開階梯，可怕的事情便果真隨著發生了。剛才他攀著上來的階梯，在其雙腳離開時已被象弟搬了開去，使他下去不得了。與此同時象弟剛把階梯扔在一邊，便隨著打開倉門進內點燃了薪柴。虞舜眼見至此心知禍事已經臨頭，但倉廩四周沒有階梯，他也一時下去不得。

無奈之中他便不敢怠慢，急忙爬上倉脊察看四周情形，以尋脫險之策。倉廩四周面面臨空，只有一處房舍靠近稍許卻也跳不過去。就在這時，虞舜看到倉中火燃煙焰已從窗門中竄了出來，若再等待大火燒塌倉頂，自己墜入其中就休想活命了。

虞舜再也不敢怠慢，他心機一轉急忙戴牢斗笠，取出袖中所藏傘樣雙蓋，迅速展開一手舉起一個，隨著不顧倉頂距離地面尚有高度，縱身向下跳去。虞舜跳下之後但覺身子一陣飄飄蕩蕩，隨著便輕輕地落在了地面之上，身體沒有絲毫損傷。

虞舜這時知道自己大難已過，心中大喜，急忙丟掉二蓋棄去斗笠，就要撲救大火。眾鄰居也在這時全都擔水持械救火來到，領頭之人看見虞舜在此忙問道：「重華，你怎麼一個人在此救火？我們在外邊看見火起前來撲救，你象弟卻死死攔住我們不讓進來。後來幸虧鼓

首大聲呼喊，象才放我們進來。」

「多謝諸位鄉鄰來救，快快動手撲滅大火！」虞舜聞聽忙言道。虞舜剛剛言畢，九位帝子與朝中百官也都在篯鏗的引領下趕到。此後雖經眾人七手八腳拼力撲救，卻終因火凶風猛硬是不能撲滅，眨眼已把一座好端端的倉廩燒成了灰燼。

就在眾人撲救大火之時，象後來也圍了上來。他不是前來救火，而是心想火猛至此虞舜必死無疑，前來看清情形便去落得兩位嫂嫂。不料他剛到火場，便看到虞舜不僅沒有死在倉中，而且正好端端地在人群之中與眾人一齊拼力救火。象為此驚怕之餘心中大奇，暗叫虞舜定有遠跳的本領，能夠脫此險厄。

「哥哥，這火太可怕了！你登上倉頂之後，」轉瞬火熄眾人離去，象不敢怠慢急忙上前假裝不知，欲蓋彌彰道，「我和母親就進了倉中，這火究竟是從何處突然燒起來的？」

「我也不知道，」虞舜淡淡道，「大概是誰遺落的吧。」

「哥哥，」這時篯首跑了過來，關切地詢問道，「身子沒傷著吧？」

「沒有。」虞舜深情道，「父親受驚動了吧？」

「還好，」篯首道，「沒有受驚。」

「走，快去看看父親，免得他掛心。」虞舜對篯首道。說著，即離火場向前院走來。虞舜與篯首正行，迎面看見擔心至極的娥皇二女跑了過來，雙雙見到夫君無恙，頓然心喜地隨著虞舜到了父母房中。

瞽叟正在房中平靜如初，虞舜見了講說自己無事之後，便即告辭而去。然而一出屋門，他便再也抑制不住心中的悲痛，淚水「颯」地傾流出了眼眶。他悲痛別人的父母總是十分疼愛自己的孩子，為什麼自己的父母總是這樣設法害死自己！他想自己或許是身有罪孽，但這罪孽又在哪裏？

就在這時，象與其母害舜不死心中更惱，他們此後更是心思不停，決計再設惡計害死虞舜。她母子轉眼又是思索十餘日過去，這日象終於再次想出惡計，對其母親道：「娘，上次讓虞舜不知怎的從空中逃掉，這次我叫他虞舜地下逃跑不成。」

象母聽聞其言怕其聲高走漏風聲，急忙叫象小聲秘言於她。但是，鼓首這時正在外間恰好聽到她母子之言。此後雖然象與其母都悄言講說，鼓首再也聽聞不到，但從剛才聽到的象言之中，她已經知道其母與象哥又要去害舜兄了。為此她又是不敢怠慢，即把此情前去告知了娥皇兩位嫂嫂。

娥皇與女英聽聞鼓首此言，頓又心中憂慮萬分。因為上次鼓首所報已被證實，這次所報後母與象再害虞舜也定然不會為假。只是她們一時猜不透上次象與後母施惡空中，這次「地下」他們又該如何施害於虞舜？

不弄清他們如何在「地下」施害虞舜，她們也就無法幫助夫君去做防備。為此娥皇二女憂愁焦慮萬分。就在這時，虞舜從外邊回到家中。娥皇二女見之，忙把此情對虞舜講說一遍。

「哦，我明白了。這地下之事定是要我前去挖井，」虞舜聽罷娥皇二女之言，沉思片刻醒悟道，「然後在井中害我。恰好父母居處有一口水井。」

「哦，原來是這樣，」正在百思不得其解的娥皇二女聽了虞舜此言，兩人頓然一驚道，「我們怎麼去防？」

「怎麼防呢？」虞舜也是無奈道，「不去不成，去又怎麼辦呢？」

「有了，」突然，娥皇心中一亮想出了辦法道，「我有辦法可保夫君安然無恙。」

「對，夫君此去雖然還是凶多吉少，」女英這時也倏然心中一明道，

「但是夫君儘管前去，我姐妹定可保得夫君萬無一失。」

原來，娥皇二女突然想起她們臨來之時，母親散宜氏曾經送給她們一件繪滿龍紋的萬能寶衣，並告訴她們虞舜若有急難讓他穿上此衣，定可化險為夷。這時她們想起此衣心急頓解，猜定此衣定可為虞舜解除險厄。

虞舜聽聞二妻言之鑿鑿，不解其意便對之詢問一番。此後得知真情，方纔最終放下心來。放心之後，虞舜三個便立即前去給父母請安。他們來到父母居處剛剛請安完了，瞽叟果然說道：「舜兒，你常年耕種經常鑿井，故聞人們講說鑿井是你的長技。爹後院那眼水井有些乾枯，明天你來給爹挖挖。」

「是。孩兒遵從父命。」虞舜三個聞聽父言果如他們三個所料，不禁心中全都暗暗叫起苦來。但只是表面他們卻不敢絲毫露出聲色，口中連連應諾道。隨後，他們立即告辭父母返回了家中。

「夫君之命為何這般苦啊！別人的爹娘都是護著自己的孩子，夫君的爹娘為何以害死自己的兒子為能事呢！」他們轉瞬回到家中，娥皇二妻一進門口，便禁不住一起連連為虞舜叫苦不迭道。虞舜聽了心中更苦，隨著禁不住流下淚來。

轉眼到了次日早飯之後，虞舜前去為父親挖井的時間到了。娥皇二女見之，即從衣箱中找出那件寶衣，讓虞舜穿在了破衣服裡面。並對他講說遇到急難之時，只要脫去外面的舊衣，裡面的寶衣就會帶著他生出奇跡。虞舜立即依照二妻之囑穿好寶衣，隨後即動身為父親淘井而來。

須臾他來到父母居住院內，又像上次塗修倉廩時一樣，遠遠地便見到象弟與其後母看到自己來到，雙雙迎了上來。象與其母當然又是這般作為，這次挖井又是他母子設下的害舜惡計。他們認定這次必定

害死虞舜無疑，為此他們看見虞舜送死而來迎了上去。

「象兒，爹既然叫你舜哥前去挖井，挖井需要幫手。你快去助你舜哥一把，把你舜哥繫到井中。」待到虞舜來到屋中向瞽叟稟說完了，徑向後院挖井去時，象母則立即對象道。象聞此言即領母親之意，遂應一聲跟隨虞舜之後，向後院井前走來。

虞舜來到後院井臺跟前，只見井臺四周堆滿了新搬來的沙石泥土。眼見至此其心中更加猜定敤首小妹所言不假，自己此番果真就要在此井下身遭不測，不禁心中暗叫道：「若非小妹通報，我虞舜此命就真要休在井下了！」

隨著，他也不露聲色地帶好工具，讓象把繫他下井的繩子在樹上拴牢，立刻攀著繩子向井下滑去。鑿井是虞舜的一項長技，只見他向井下一陣下滑，轉眼就要下到井底。但是就在這時，他突覺手中所攥繩子猛地一鬆，不待他察知生出了何種變故，其突失支撐的身子已是「撲通」一聲落入了水中。

虞舜身落水中，方知繩子定是被象弟突然砍斷所致，不然絕對不會有這種事情發生。但他知道至此也是無奈，因為巨大的危機已經降臨到了他的頭上。無奈之中他便不敢怠慢，隨著急忙脫去身著破衣，等待裡面所穿寶衣生出奇跡。

虞舜剛把身著破衣脫去，井口上又果真如同其料，一陣「嘩啦啦」向下落來了土石，頃刻間就要砸上他的頭頂。虞舜見之更驚，因為他還不知道其身穿寶衣的真實功效，值此危難將至之時，也還沒有見到寶衣生出奇變呀！為此他不禁驚怕地開口大叫道：「蒼天，難道我虞舜真的就要身死此地了嗎？」

隨著虞舜話語落音，卻頓覺其身著寶衣倏地緊縮起來，眨眼間便把其裹成了一條身披鱗甲、銀光閃耀的夭矯游龍，挺身鑽穿井壁徑向

他處穿去。轉眼之間，又從另一眼井中鑽上了地面，把虞舜變作原樣安放在了地上。虞舜這時方纔放下心來，一陣心喜邁步向家中走來。

象與其母設此惡計欲要害死虞舜，剛才象見虞舜緣繩下井而去，便在其下到井半腰間之時，突然用刀砍斷繩子，欲要摔死下井的虞舜。但在砍斷繩子之後，他仍是擔心摔不死虞舜，這時恰好其母也已趕到，他母子便一起向井下拋起了土石，欲把虞舜砸死埋在井中。

此後他母子邪惡地一陣奮力拋擲土石，硬是把一眼水井填平了去。填平之後他母子料定虞舜這次必死無疑，便在井口之上踏著填平的新土高興萬分。高興中象踏著新土道：「娘啊，兒這謀略好吧。這次不是果然殺死了虞舜嘛！」

「是的，比上次的謀略強。上次虞舜可以從屋頂上跳下來，」象母肯定道，「即使跳不下來，鄰人見到也會把他救下來。結果白燒一間倉房，也沒能把虞舜害死。」

「這次他虞舜再也活不成了！走，咱們快領我爹到虞舜家中，接收他的老婆和財物去。」象聽後隨之接言道。象母這時也是心喜，答應一聲即與象一起返往前院居室，立即帶了瞽叟與敤首，轉瞬來到了虞舜家中。

虞舜家中，娥皇與女英正在為虞舜此去吉凶放心不下。雖然她們給虞舜穿上了寶衣，但那寶衣神功究竟怎樣，她們也沒有見到過。她們擔心寶衣無功，因而為虞舜把心提到了嗓子眼上。這時，她們看見高興的象與後母引領父親與妹妹，一起興高采烈地走進了其家門。娥皇二女知道象與後母的高興必因虞舜遭難所致，便更是擔心至極。

「二位嫂嫂從此儘管放下心來疼我，我那舜哥此番再也回不來了。」果然象來到娥皇二女面前，立即高興至極道。娥皇二女這時真個是不聞象言還罷，耳聽此言頓如頭頂炸響了驚雷，兩人一陣呆愣，

隨著齊放悲聲跑進內室大哭起來。

「爹、娘，這次主意是孩兒出的，按理財產孩兒本應多得一份。」頑劣的象心中更喜，便在正屋得意忘形地與父母商量起了分配虞舜財產的方案，他指手畫腳道，「但是孩兒為了孝敬父母，什麼財產都不要。牛羊不要，土地不要。孩兒只要虞舜的這把琴，和兩個嫂嫂陪著睡覺。」

象口中說著，手已伸到牆上取下琴來，隨著心滿意足地錚錚□□地彈撥起來。瞽叟與象母則歡喜得雙雙在屋子裡轉圈，摸摸這裏看看那個。只有心中不信眼前場景的鼗首，聽到兩位嫂嫂哭聲悲慟，前往勸慰而去。

正在這時，只見安然鑽出地面的虞舜，像平常一樣從外面神色自若地走進了屋中。虞舜的突然到來，頓然驚呆了正在彈琴的象和父母，開始他們都以為虞舜這是死而復生了。後來當他們確認虞舜是人而不是鬼時，象才急忙面帶訕色道：「哥哥，我心中正在想念你，憂悶得很呢！」

但像話未說完，便已雙頰漲得緋紅起來。由此可見，惡人也終究有些羞恥之心哩！「是呀象弟，我知道你正在想念我。」虞舜眼見象弟此狀，則仍是不和他認真道，隨著則又話鋒一轉道，「象弟來得恰好。我這幾日正忙得很，你有工夫就幫我做些事吧。」

象聽了虞舜此言心中更加不安，忙支吾幾句引領父母返回家中而去。象一進家門，便對父母道：「怪，怪，這實在是怪了！看來虞舜即使不是神靈，也定是妖魔了！」

「是呀，是我母子親手把他埋在井下的，他怎麼又鑽出了地面？」象母也奇異不解道，「這實在是怪了！走，我們再去瞧瞧，看他究竟是從何處鑽出地面的。」

象母說著，便與象向後院井邊走來。她母子來到井邊一看，見到剛才他們填平的水井紋絲未變，不見有任何虞舜從井下鑽出的痕跡。象母心中大疑道：「難道這個人有鬼神護祐，處處暗中予以救助不成？不然，我們為何害他不死呢！」

「我定要害死虞舜，不管是誰祐護他！」象則怒氣更甚，咬牙切齒道，「不然，我的願望就只能付之東流了！」

十八、帝堯試舜

象殺害虞舜之心不死，隨後便繼續心想再殺虞舜之策。他轉眼想過多日，這日終於又在無奈之中想出了設宴灌醉虞舜，然後親手殺害的惡計。因為他思來想去，看到天上殺害虞舜不成，地下也殺害虞舜不死，虞舜暗中總是得到鬼神祐護，再施他計也還是殺其不死。無奈之中他只有設此惡計，親手殺死虞舜，讓那些在暗中祐護虞舜的神鬼祐護不成。

惡頑的象想定此計立即說於其母，其母聽後卻大為放心不下起來。她知道，殺人是要抵命的，這是古之常理。為此她對象道：「象兒，此計雖可成功也為無奈之舉，但殺死虞舜之後我母子要去抵命，豈有奪其財產得其妻子享福之日。」

「娘親所言甚是！孩兒先前只是心想殺死虞舜，卻沒有去想後果。」象聽了其母此言，也真個是頓然一時犯起難來道，「此計不成怎麼辦呢？難道娘親就讓孩兒這樣忍氣吞聲地活一輩子嗎？」

象母聞聽此言心中雖然難受，卻也一時無可奈何起來。她母子如此無奈一陣，象邪惡的心中突然一明，又生出了惡計道：「娘啊，孩兒心想只有這樣一法了。」

「何法？」其母急問道，「孩兒快講。」

「常言父母因為兒子不孝，殺死兒子是無罪的，即使有罪也不至於抵命。」象隨之道，「按照此理我們殺死虞舜之後，讓我父親去說是他殺的，不就沒有什麼要緊了嘛！」

「這個……」其母聽了，頓然犯愁得說不出了話來道。象見其母猶豫，即又急言催促道：「娘啊，難道你護著爹，就不怕你的兒子去受死嗎？再說我爹是個瞎子，即使替兒子死去，留下我們母子二人共用幸福，又有什麼不值得的呢？」

「你……」其母又是猶豫半天道。

「娘，如果兒子死去，你能過得好嗎？」象見之又進一步逼迫要脅，真要去拿繩子上吊尋死道，「如果你老人家真能過好，兒子這就死去算了。」

「好吧，象兒，娘與你一起對你爹說去。」象母心中一驚，方纔最終同意道。說罷即與象來到瞽叟面前，象母先讓象對瞽叟講說了其殺害虞舜的惡計一遍，然後接著說：「瞽叟啊，妻聽人們講說，父母因為兒子不孝，殺死兒子是無罪的，即使有罪也不至於抵命。為此象兒殺死虞舜之後，你這瞎子就承認是你殺的，將事情平息下去，我們就可以共用幸福了。」

瞽叟聽了象母此言，半天沒有言語。「先前我們本來不想牽涉你這瞽叟，設法求得不留痕跡。不料虞舜神通廣大，暗中總有鬼神祐護殺害不死。」象母見之又言道，「只有這樣直接殺之，舍此已無他法。事情做成之後，你承認一下擔當下來就完了。不然，你真的忍心看著我與象兒兩個去抵罪嗎？」

「好吧，」瞽叟聽後又是心想半天，愚頑的他方纔終於答應下來道，「我承擔就是了。」

「這太好了！」瞽叟如此一語，頓然說得象與其母高興得齊聲叫

了起來道，「我們母子今後就只有好好伺候你了。」

象與父母三人後邊的對話，又恰好被剛剛歸來的叝首聽見。叝首雖然沒有聽見前邊象對瞽叟說的惡計，但從他三人後邊的話語中，已經聽出這是象與其母又設惡計施害於舜哥。

為此她心中一驚想到，這次不知他們又設的是什麼毒計，想來一定是比前兩次更加狠毒。舜哥的命為什麼這樣苦啊！想到這裏她決計此後留心察看，以在厄難之時再次救助舜哥。

叝首的到來使得象與其父母隨之不再言說，他們怕叝首走漏風聲一切立刻歸於平靜。轉眼到了次日，叝首看見象哥從外邊買來兩甕好酒，高高興興地帶進了家中。叝首頓然心生疑竇，因為象哥這樣買酒來喝，是少有的事情啊！

她隨之聯想到象哥與父母昨日之言，猜定這酒或許與再害舜哥有關，便立即詢問象哥道：「哥，今天不逢年不逢節的，你買來這麼多美酒做甚？」

「喝。我喝，」象道，「我與舜哥同喝，難道不成嗎？」

「成，怎麼能不成呢！」叝首聽了象哥此言，特別是其中「與舜哥同喝」之句，使她心中察知了一切，知道此酒果然是用來再害舜哥的。為此她便一邊口中搪塞象哥說著，一邊心中決計儘快將此情告知二位嫂嫂，讓她們與舜哥早做防備。

恰在這時，虞舜與二妻又給父母請安而來。叝首見之，立即趁機給兄嫂遞過去了眼色，讓她們防範喝酒。虞舜與二位嫂嫂會意，問安後立刻告辭而去。虞舜與二妻回到住處，立刻議論起了叝首示意他們防範喝酒，定是告知他們酒中有毒之意。

議論至此，虞舜知道這又是父母與象弟對自己施害，心想父母對其施害再三，又不禁心中悲傷哭泣起來。娥皇二女見之，忙又勸言道：

「事已至此，哭亦無用，總須設法防備才是。」

「看來這次定是父母要我過去喝酒，然後在酒中下毒害我。」虞舜於是強抑哭泣道，「我若不去違拗父母之命則為不孝，前去就將被害身死。這怎麼辦呢？」

「是呀，去與不去都不成，」娥皇聽罷虞舜此言，也頓然犯起難來道，「這可怎麼辦啊？」

「姐姐不必這樣犯難，臨來帝父給我們帶來的百草丸，」女英這時則「咯咯」一笑道，「具有解除百毒之能，這時正可派上用場哩！」

「對，對，我怎麼忘了！」娥皇聞聽頓然大喜道，「妹妹，咱們快找出來。」

娥皇說著與女英一陣忙活，把盛藏百草丸的盒子找了出來。娥皇打開盒子一看，頓覺異香撲鼻。便對虞舜道：「夫君，你先吃一些下去。」

「這百草丸是解毒之藥，應該中毒之後服食。」虞舜這時也已無奈頓解，但聽了娥皇之言卻即開口否定道，「這時尚未中毒，服它無用豈不浪費了此藥。」

娥皇二女聽聞虞舜言之有理，即把百草丸藏起，以備屆時使用。然而她二女剛把百草丸盒子合上，卻見象跑了過來。象對虞舜一反常態地開口，千不是萬不是地賠起罪來道：「哥哥，從前的種種不是，都是小弟之錯。小弟今日終於醒悟，特來向哥哥賠罪。」

「小弟不要這樣。小弟本無罪，」虞舜不知弟象何意，當即真誠道，「何有賠罪之說。」

「不。為了表示賠罪之誠，小弟今日特意備下薄酒，」象這時則假裝真誠道，「來請哥哥嫂嫂前去與弟共飲。以解前怨共敘明日之好，乞哥哥嫂嫂不計前嫌，前往赴宴。」

虞舜聽了象此言，聯想到小妹要他注意防範喝酒的提醒，終於察知了象所以情態如此反常賠罪的本意。又見其笑容中微露猙惡，眼神中時閃凶光，更猜定其設宴是假害己為真。於是立即開口辭謝道：「象弟不必此言，更不必備酒相待。你我兄弟之間，沒有是與不是之說，只要以誠相待也就是了。」

「哥哥嫂嫂不去，便是看不起小弟。」象聽舜言推辭不去，忙又說道，「而且此事小弟已經告知父母，父母若是知道哥嫂不去，該是多麼掃興呀！」

「象弟不必這樣多禮。愚兄今日恰好身體不適，剛才正欲服藥，」虞舜聽聞象言至此，雖然知道自己不去已是不成，但也知道自己此去凶多吉少，便依舊儘量推諉道，「故而不能前去。謝謝象弟，象弟的心意愚兄盡領也就是了。」

「不，哥哥。今日之事，父母心中歡喜，都在家中等待哥嫂前去，」象聽舜言知其推辭不去，其惡計便要落空，隨之則堅請不讓道，「哥哥嫂嫂不去怎麼行呢！再說，哥哥若是身體不適，稍坐一時少飲一點也就是了。」

虞舜聽到這裏，知道自己再說也是推辭不掉。無奈心中雖然疼痛至極，表面卻也只能不露聲色，隨後不再推辭道：「好吧。既是這樣，象弟就先回去，愚兄隨後就到。只是你兩個嫂嫂，由於不勝酒力，就免了吧。」

「謝謝哥哥賞光！兩位嫂嫂既然如此，就太遺憾了。」象聞聽舜答應下來心中歡喜，當然更喜兩位嫂嫂不去，那樣他正好下手。於是他言說一聲，即轉身離別而去。

虞舜見象去了，口中又禁不住發出一陣哀歎，但他不去也是無奈。末了只有依照娥皇二妻之言，先是吃食一些百草丸做好防備，並

記下娥皇二妻對其少吃少飲的千般叮嚀，方纔辭別二妻向父母住處行來。

虞舜來到父母堂前，率先映入眼簾的即是已經擺好的宴席。「哥哥賞光來了，請坐，快請坐！」心懷邪惡的象這時正怕虞舜不來，見其來到心中大喜，急忙迎接道。但是虞舜剛欲坐下，見其後母與鯀首正從廚房中端菜出來。虞舜心中不安，便不敢坐下急忙上前迎住其後母道：「娘，你與弟弟妹妹太辛苦了，讓孩兒自己來端吧。」

「孩子，你象弟性情不好，喜歡惡作劇。前時數番戲弄於你，」其後母則一掃平時對舜的冷酷情態，笑嘻嘻地對之道，「我和你父親知道後都非常生氣，屢屢嚴訓於他。如今他終於悔悟，要求設宴與你對飲，釋解前怨以結後好，我與你父親都很高興。」

虞舜聞聽後母此言，甚為不安道：「孩兒謝過母親厚愛！」

「為此，你作為哥哥，對你象弟以前的種種不是，千萬不要介意，更不要放在心上，」其後母則繼續道，「就原諒了他年幼無知吧！常言兄弟如手足，雙方總是應該以和氣為主，孩兒說娘的話是不是呀？」

「母親儘管放心，孩兒絕對不會介意。象弟他人很好，」虞舜聽到這裏心中更覺不安，急向廚房走去道，「不過只是一時之錯罷了。母親請坐，讓孩兒自己來端。」

虞舜剛剛走進廚房門口，便與正端菜出來的鯀首走了個迎面。鯀首眼見虞舜故作未見之態，腳下卻一腳踢在了虞舜的腳上，隨著輕言道：「留心刀。」

虞舜陡然一驚，因為他一時不解鯀首之意。他心中一直想的是象弟這次設宴請他，定是要在酒中下毒害他，絲毫沒有想到刀上。鯀首此言出乎虞舜預料，他心中無防頓然一驚。但轉瞬他又想到用刀也

255

好，因為酒中下毒難有逃脫之法，而用刀戮他心有防備就好逃脫了。

「哥哥快請去坐，」虞舜想到這裏心中剛剛輕鬆，已見象走進廚房道，「菜由象弟來端，哥哥不必客氣。」

「不，象弟。哥哥沒有讓母親給我端飯的道理，哥哥一定要自己來端。」虞舜堅持道。說著，便端起菜向外走去。臨到門前，他才看見門後隱放著的兩把明晃晃的大刀。這時他雖然看見了大刀，由於心中已經明白便也不再驚慌，隨著來到席前，便坐下與父母弟妹共起餐來。

虞舜與父母弟妹五人共席，瞽叟目不可見不過口中對虞舜勸食勸飲。象與其母則心懷鬼胎，對虞舜殷勤備至，輪番為其斟酒一杯接著一杯。虞舜心知象與其後母在施惡計，便以身體不適為由屢屢推辭，以期避過災厄。

然而象與其母目的沒有達到，雖聞虞舜推辭不飲，也仍是勸飲不止。隨後他母子對虞舜死死糾纏不放，百般勸飲不休。瞽叟聽了也不時插言道：「舜兒，你能飲就多飲幾杯。這既是你象弟，也更是你母親的一番美意，你怎麼可以不飲呢！」

虞舜聽了心中雖然悲苦萬分卻也無奈，只有繼續飲食下去。虞舜與父母弟妹此後轉眼從午時一直飲到半下午，他也不知道自己究竟飲下去了多少酒。好在虞舜對酒海量，加之其在來前又服食了解毒之藥百草丸，同時知道此乃禍事臨頭，心中設有防備，因而雖然已醉，卻也不敢表面露出絲毫醉意。

戲首在旁這時早急炸了心肺，只是她也一時無法使虞舜脫身離去。然而這時她唯恐舜兄再喝酒醉起來，象與其母乘機把舜兄害死。隨之她便急中生智，乘人不備，偷偷地把甕中之酒倒掉了一半。

一會兒象取酒時，看見甕中之酒已將喝盡，虞舜不僅依然不生

醉意，並與平時一樣神智不迷談笑清醒。遂心中陡生氣惱驀地走到廚房門後，取出刀來就要前去殺害虞舜。恰在這時其母過來與其商量辦法，象才沒有立即前去施惡虞舜。

象與其母在廚房中一陣計議，恰好給虞舜離去空出時機。正在無奈的鴃首眼見時機來到，急忙以手示意虞舜快快離去。虞舜心也不迷，看見鴃首手勢立即會意，急趁此機起身告辭盲父返回家去。

象與其母計議完了，立刻手執利刃殺害虞舜而來，到了席前卻不見了虞舜。象心中大急，急忙詢問首道：「舜哥去了哪裏？」

鴃首則靈機一動道：「舜哥說他出去方便。」

象聽鴃首此答信以為真，急忙追往廁所。廁所中當然不會有虞舜的蹤影，象立即想到虞舜有離去的可能，又急忙走出廁所向門口追來。追到門口仍不見虞舜的蹤影，心急的他急忙詢問守門人道：「可曾見到虞舜去了何處？」

守門人道：「他已返回其家中去了！」

象聽此答，真個是頓然氣得七竅生出煙來。他賠了許多酒肴不說，還費了許多心思和小心，末了竟又是殺害虞舜不成啊！虞舜這時則已回到家中，一進家門心知大禍已去，心一輕鬆頓覺天旋地轉，腳下一輕便已栽倒在了地上。

娥皇與女英正在焦急地等待虞舜歸來，聞知虞舜歸來栽倒地上，急忙前來把他擡進了房中。好在虞舜先期服食了百草解毒藥丸，這時醉過片刻一陣嘔吐出食下的酒食，便已清醒過來。

娥皇與女英見之大喜，急忙為虞舜洗身更衣，以讓其好好休歇儘早解脫險厄。

就這樣虞舜在娥皇二妻的精心照料下，休歇一宵轉眼到了次日，果然酒去身輕覺得恢復如同先前。

　　娥皇與女英見之正喜，忽聞朝中傳來聖旨，傳詔虞舜帶領二妻與百官入朝觀見帝堯。帝堯此番嫁女遣子既是驗試虞舜，其帝子帝女與隨來百官便早將驗試結果源源不斷地回饋到了帝堯耳中。

　　帝堯通過驗試，果見虞舜名副其實，確為德高才隆之輩。遂心中大喜，決計召見虞舜親自再作驗試。以期隨後酌情賜予官職，以再作進一步考察，方好定奪是否禪讓天下於他。

　　虞舜接到帝堯傳召不敢怠慢，立即告別父母鄉鄰起身入都觀見帝堯。虞舜引領二妻眾臣在途十數日過去，這日來到了唐城帝都。隨之在他見到帝堯行罷翁婿之禮休歇半日之後，帝堯便把虞舜召到面前，與之談起了治理天下之事。

　　「愛婿，朕欲使天下民眾皆來歸心，」帝堯率先詢問虞舜道，「以乞天下太平民眾安樂，用什麼方法好呢？」

　　「以小婿之見，可用下述三法，第一，執一無失；第二，行微無怠；第三，忠信不倦。」虞舜不卑不亢道，「如果能行前述三法，則天下民眾定然就會歸心而來，太平無虞。」

　　帝堯聽了微微點頭道：「那麼我們應該師法什麼呢？」

　　「我們應該師法於天。天德出而寧，」虞舜朗朗道，「日月照而四時行，若晝夜之有經，雲行而雨施。」

　　帝堯又問道：「我們應該效法什麼？」

　　「我們應該效法於地。大地執一無失，」虞舜回答道，「行微無怠，忠信不倦。它佈德於四海，施恩於天下。」

　　「愛婿所言甚善。果然表裡如一，毫無虛飾。」帝堯聽到虞舜說到這裏，頓然大喜道。隨著他決計對虞舜委以重任，再作驗試道，「愛婿，朕心想如今大司徒年事已高，又身患疾病需要休養。為此，朕決計飭令愛婿身代其職。」

「帝父不可如此，」虞舜不聽此言還罷，耳聽帝堯此言急忙推辭道，「小婿乃鄉野草民，豈敢擔當如此大任！」

「愛婿不必推辭，朕已盡知愛婿之能哩！」帝堯則不退讓道，「今後愛婿若有好的謀略，盡可自行實施。切不可因為自己身為代理，束手束腳。」

虞舜眼見推辭不掉，只有稽首受命。隨後虞舜代理司徒之職轉眼過去數日，這日來向帝堯稟奏道：「帝父，臣婿以為治世之道，以得賢人為先。為此臣婿擬舉幾位賢者，幫助臣婿奉行教化之事，不知可行否？」

「愛婿言之有理。如果愛婿果有賢才，」帝堯立即贊同道，「不妨盡為保舉，朕當一一任用。」

「臣婿見到，帝父的八位胞弟，伯奮、仲堪、叔獻、季仲、伯虎、仲熊、叔豹、季狸八個，」虞舜隨之舉薦道，「皆為逸群之才，可以擔當奉行教化之任，請帝父任用之。」

「原來愛婿保舉的是他們，朕真是疏忽了。自從先父逝世之後，」帝堯聽了道，「庶母就帶領他們去了別處，朕一直未曾見到。愛婿果真知道他們有此才幹，賢能可用嗎？」

「他們確實有此才幹。臣婿不僅見過他們，」虞舜肯定道，「如今天下民眾也都知道他們賢能，稱頌他們為『八元』，確實可以重用。」

「那好，」帝堯聞聽虞舜說到這裏道，「愛婿就快把他們召入京都，予以任用吧。」

虞舜聽了，立即稽首受命而去。轉眼兩月時光過去，虞舜方把伯奮八元全部召到了京都，這日引領他們上朝謁見帝堯。帝堯見到伯奮八元道：「朕一直不知諸位胞弟身居何處，為何時日過去這麼長久，你們不到朕這裏來？」

「陛下，此乃因為貴賤有別。臣等如果來見陛下，」伯奮即言道，「知者以為臣等是來敘說兄弟之情，不知者會以為是來攀求富貴。故而臣等恥之，不敢前來謁見陛下，實乃死罪。」

「你等這樣，實在是太耿直多心了。」帝堯聽後慨歎道，隨著他話鋒一轉道，「現在，虞舜舉薦你等佐理朝事，你等應當各敬其事，謹慎作為。你等與朕雖為胞兄胞弟，佐理朝事乃為公義。若有失職，朕亦難以私情去廢公義，諸位兄弟自當慎之。」

伯奮八元聞聽，齊稽首謝恩隨舜而去。虞舜引領伯奮八元下了朝堂，即到自己府中共商對天下施行教化之法。商討之中，他們看到教化要化為具體行動，方能奏效。便細作商討，制定了君臣、父子、夫婦、兄弟、朋友之間的五種規範標準，以作天下人際關係的五種規範。

他們把君臣之間的關係標準叫做「義」，把父子之間的關係標準叫做「孝慈」，把夫婦之間的關係標準叫做「別」，把兄弟之間的關係標準叫做「序」，把朋友之間的關係標準叫做「信」。然後把這五種人際倫理教化任務分別落實到人，各司其職施行教化。

議定之後，虞舜又與八元入朝稟報帝堯。帝堯聞稟大喜，遂把這五倫之間的關係標準叫做「五典」，以示尊崇，敕命虞舜據之教化天下。虞舜受命之後，又與伯奮八元擬定了種種具體教化之法，隨後便開始實施對天下進行教化。此後行此教化僅過半年時光，便見天下風氣大變。帝堯見之，心中更喜虞舜之能。

恰在這時，大司農棄出外賑濟災民，朝中需人代理司農棄總攬百官。過去司農棄出朝他去，此任總由帝堯親自擔當。這時帝堯便想到了讓舜代替司農棄司掌朝中百官，驗試其是否具有統馭群臣之能，旨命虞舜代起了司農棄之職。

虞舜代起司農棄之職，總馭朝中百官轉眼過去數月，帝堯看到

不僅朝中百官個個對虞舜賓服之至，各司其職沒有一人廢事。同時虞舜在其期間還對朝中百官個個細作考察，發現其中才德賢能者固然不少，卻也有尋常庸碌之輩摻雜其間。為此他又向帝堯保薦其昔日舊友——雒陶、靈甫、東不訾、秦不虛、方回、續牙、伯陽七人，入朝為其庶官。帝堯聞薦，又是盡都應允。虞舜立刻命人尋來雒陶七友，與八元一起共參朝政。頓然間虞舜府中，八元七友共聚一庭，實可謂英才濟濟。

然而這時，朝中卻也有人眼見虞舜新進不久，不僅總攬朝中大權，而且今朝薦八元入朝，明日又舉七友上殿，帝堯聞薦無不依他，生出一種嫉忌之心，向帝堯獻讒道：「臣等聽聞，人君只有使用自己的耳目，方可避免臣下欺蔽人君，暗地結党盜權。如今陛下只相信一個虞舜，達到了其薦幾人用幾人的程度，這恐怕是不可為之事吧！」

「謝謝你等的忠告。朕覺得朕的舉舜，已經用盡了朕的耳目。」帝堯聽了如此讒言已知進讒者之意，對之淡淡一笑道，「如果對虞舜舉薦之人，再用朕的耳目去監察之，將來就還要再用朕的耳目去監察之。那樣朕的這副耳目，不就將輾轉相用，終無了期了嘛！」

獻讒者聽了帝堯此言，頓然作聲不得，尷尬得連忙稱謝而去。是年正值四方諸侯朝覲之年，這時遠近諸侯前來朝覲者絡繹不絕。帝堯為了驗試諸侯對虞舜的看法，遂又命令虞舜作朝中接待總臣，接待四方前來朝覲的諸侯。

虞舜受命之後勤懇勞作，對東、西、南、北四方一批批來朝諸侯，無不接待得周到備至，使各方諸侯滿意十分。特別是帝堯看到各方諸侯見到虞舜的威儀，聽罷虞舜的高雅談吐，都立刻生出了無限的敬仰不舍之心，更是心中感到欣慰之至。

欣慰之中帝堯認定虞舜實可委以天下，方纔最終下定了禪讓天子

大位給虞舜的決心，隨著思謀起了與禪讓有關的具體事宜。不料就在這時，大司農棄歸來稟報道：「陛下，鯀築的大堤突然崩潰，冀州東部水患大起，民眾多為魚蝦，災難深重啊！」

「孔壬堵，鯀又堵，他們這樣治水究竟存何用心？」正喜的帝堯驟聞此稟，頓然心疼萬分道，「孔壬以堵治水失敗了，鯀為什麼不接受其教訓，又以堵治水呢？」

「以堵治水，水必越聚越多。」虞舜在旁道，「聚多又無出處，必然沖潰堵水之堤，造成更大的災難。」

帝堯聞聽虞舜此言，心中疼痛的他決計火速設法營救天下受災民眾，並借此時機進一步驗試虞舜道：「虞舜，冀州水患驟起，朕本擬親往視之。無奈朕年已老邁不禁危險，為此朕命你與司農棄一起即去考察，弄清究竟是鯀治水之法不善所致，還是天災地變所為。以速作定奪，設法救助災民。」

「遵命！」虞舜聽了正合心意，遂立刻稽首答應一語，即與司農棄離開京都，一路向東前往冀州東部察看災情而來。

十九、三凶謀逆

　　冀州東部洪水所以突然氾濫，正是因為鯀用息壤所築堙水長堤，近年來堵水越來越多，終至長堤抵擋不住越聚越多洪水的衝擊，大堤轟然崩潰所致。

　　虞舜與司農棄探察水情一路東行，十餘日後來到大陸澤西岸一看，果見東方洪水漫地，比先前的大陸澤不止擴大了一倍。原來在這裏居住的人們盡都離去，澤中船隻也都沒有了去向。

　　他們想渡到東岸去察看水患，也無船隻渡去不成。無奈他們只有沿著一道伸向澤中未被水淹的山脊，奔向東岸。虞舜與司農棄向東奔行途中，只見山脊為森林覆蓋，無路無人，荒僻至極。

　　「二位大人，這等山林之中，」眾隨從見之，放心不下道，「定多毒蛇猛獸，請多留心。」

　　「大家都要小心，」虞舜與司農棄心覺此言有理，齊言道，「做好防範準備。」

　　「是！」眾隨從聞聽，齊聲答道。不料眾隨從之聲剛落，前方山林中已是傳來了悚人心膽的群狼嗥叫之聲，愈來愈近。眾隨從全都心中大驚，他們從傳來的群狼嗥叫聲中，聽出這一狼群隊伍真可謂巨大到漫山遍野。

想到值此洪水遍地群狼無食之際，這樣眾多的餓狼遇上他們，他們定然難有活命之機。因而驚怕中眾隨從不僅全都不敢再向前行，而且隨著他們先是止步，而後則全都轉身退了回去。司農棄也不禁被驚愕在那裏，止住了正行的腳步。

「害怕什麼！都不要害怕，跟隨我走！」這時，獨有虞舜一人耳聞狼嗥不驚不慌，如同平常一樣向前邊走，邊對眾隨從道。說著竟自向前走去，把驚愕的眾隨從連同司農棄，全都拋在了後邊。

但他剛剛向前走出一箭之地，大群惡狼便兇猛地嗥叫著竄到了他的面前，擋住了他的去路。虞舜無奈，只有站立不動。眾隨從與司農棄見之，全都為虞舜驚怕到了極點。

大家正欲上前打狼營救虞舜，眼中卻奇異地看到群狼來到虞舜身邊，不僅不去撲殺虞舜，相反卻一隻隻這個用鼻子嗅嗅虞舜之身，那個用舌頭舐舐虞舜之足，隨著對虞舜一陣搖頭擺尾，竟自扭頭紛紛返身而去。此後眾狼你去它來，片刻時光竟然全都離去，轉瞬不知去了何方。

司農棄與眾隨從見此奇景，齊上前詢問虞舜道：「太怕人了！大人使用何法，這樣遣退了狼群？」

虞舜則「哈哈」一笑道：「並無方法。」

司農棄與眾隨從聽了，更覺奇異萬分。虞舜則不奇不異，引領眾隨從繼續向前行進。轉眼轉過一座山峰，來到一片森林稀疏之地。就在這時，卻見前面山根洞口之外，正有一雌一雄兩隻斑斕大虎，雄的閑臥石上，雌的正在洞口乳哺幼虎。二虎看見虞舜與眾隨從走來，虎威陡發站起身來，如雷怒吼一聲，便向眾人撲來。

眾隨從大驚，齊欲揮械鬥虎。「我等乃奉當今天子之命，到此考察洪水災情以救民眾，不料遇到了你們。」虞舜在前則攔住眾隨從，

開口對虎道，「如果我等是來給你們送食，你們就來吃食我們。不然，就快快返回洞去，以免障礙我等。」

虞舜剛言至此，在前的雄虎竟然如同心中有知一般，立即斂起虎威收起惡性，俯首貼耳地返到雌虎面前，嗚嗚嗚叫兩聲，隨著便一起前去衛了小虎，徑入洞中而去。司馬棄與眾隨從眼見至此心中更奇，司馬棄便忙詢問虞舜道：「重華，你這伏虎奇術，從何處學來？」

「舜某哪有伏虎異術，不過是剛才與二虎狹路相逢，料知若鬥我方必有傷亡。為此想到面對惡獸，我們人總應該有人的威武氣概，」虞舜則又淡淡一笑道，「故而我奮起勇氣隨便說了兩句，不料竟真有效果驅去了猛虎。想來這乃是天子的恩威在遠遠地庇護著我們，豈是我舜某的本領。」

司馬棄與眾隨從聞聽，更加人人心中佩服虞舜的見識，折服虞舜的鎮定。虞舜說完與司馬棄繼續引領眾隨從沿著山脊東行，穿林過嶺正行之際，不覺間天已黑了下來。虞舜與司馬棄眼見天黑，知道再往前行山險林密，行走更難，無奈只有就地紮營休歇過夜。

他們沿途行進疲累，躺下之後不覺已經睡到了天明。虞舜見到天明急欲起身，忽覺股旁有物攜帶涼氣蠕蠕移動。感覺至此虞舜即忙俯首看視，只見一條七尺長蛇，正在擦著其股上肌膚向前爬去。睡在虞舜身旁的一位從人這時也看見了這條大蛇，驚得陡然大叫起來道：「大人，快躲！這是一條蝮蛇，毒到極點。」

從人喊叫之時，腹蛇則已曲折蜿蜒穿出帳篷而去。司農棄聞喊看到了離去之蛇，驚怕得忙問虞舜道：「重華，傷著了嗎？」

虞舜聞問道：「感覺沒有。」

「蝮蛇是毒蛇之最，其毒最毒。它遇到物什就咬，但其咬物並非求食，而是為了發洩毒氣。」司農棄放心不下，忙過來察看虞舜全身，

邊看邊說道,「每到秋天,其毒尤甚。由於無可發洩,便咬草木以洩其氣。草木被其咬者,無不枯死。」

「司農大人,」虞舜聽罷棄此言,方覺放心不下道,「我股部被它咬傷否?」

「沒有。蝮蛇經你股畔擦你肌膚過去,」司農棄這時細看完了虞舜周身,奇詫道,「竟然沒有咬你,你實在是吉人天相!」

「不,這只能是偶然的僥倖!」虞舜這才放下心來道。隨著,便與司農棄引領眾隨從起身上路。虞舜兩個此後引領眾人又行兩日,第三日半晌便來到了所沿山脊,伸向水中的最東沿。

他們看到,這裏有數條小船依靠水邊。他們隨之即不怠慢,急登船向東岸渡去。行進之中,虞舜詢問船家道:「這裏地作何名?」

「這裏叫做大鹿(即今日河北巨鹿縣)。」船家道。虞舜與司農棄聽了,皆記在了心裡。小船隨後向東行進半日時光,方見南方隱隱現出一條帶有無數缺口的長堤,洪水從缺口中向南滾滾流淌而去。

司農棄與虞舜知道那定是鯀所築埋水長堤,又問船家道:「那就是鯀築的長堤吧?」

「正是。從前崇伯初來之時,聽說他竊來天帝的息壤,築成了如此大堤。」船家答道,「這大堤也確實神奇,只見水長它也即長,硬是攔住了滔滔洪水,漸漸平息了水患。」

「那麼後來呢?」虞舜聽到這裏,又問道。

「但終因這大堤蓄水太多,不料在一個月前之時,這大堤突然潰塌幾處缺口,洪水奔溢而出,」船家隨之回答道,「一下子淹塌了無數民居,淹死了無數民眾,造成了一場空前的浩劫!如此大堤缺口難補,洪水氾濫不息,天下怎有寧日呀!」

「請問船家,堤潰的原因,」司馬棄這時詢問道,「你們知道嗎?」

「有人說，是因為崇伯竊取天帝的息壤，天帝知道後動怒於崇伯所致。」船家思忖片刻道，「也有人說，是堤築得太高，抵不住所堵洪水的壓力崩潰而致。」

虞舜與司馬棄聽了，知道船家難答確切，隨後便不再詢問。而一路向東穿過大堤缺口，到災區巡視一番，方纔返回大澤西岸。然後陸路返回唐城，向帝堯稟報而來。

帝堯前時正在心想自己禪位虞舜的具體事宜，聞聽司農棄來報冀州東部洪水大起，頓使他感到心中禪讓之想雖切，卻也趕不上救民災厄之情更急。再加上他當時尚且沒有把禪位虞舜的有關事宜思慮成熟，也沒有想出具體禪讓方略，心急之中只有決計暫且先讓虞舜與司農棄一道前去探察水情。

這樣一來，可以為其定奪解除水患之法提供依據，二來可以進一步驗試虞舜，三則也正可以為自己贏得思謀時機。為此他即讓虞舜與司農棄一道探察水情而去，他則隨著苦苦思慮起了禪位之事。

帝堯思啊想呀，他心中想到了與禪讓有關的各種情況，預料到了與禪位有關的各項事宜。為了天下民眾之福，他不敢稍有大意。此後轉眼二十餘日過去，這日帝堯正在繼續思謀，突聞一臣來報道：「啟稟陛下，臣下剛從帝子朱流放地歸來……」

「噢，」帝堯聞聽心中不禁一栗，急問道，「那裏情況如何？」

「臣下在那裏聽說，帝子朱聞知陛下欲將天下禪讓給虞舜十分氣惱，揚言果真那樣，」那臣繼續稟報道，「他決不會與陛下善罷甘休！他還說天下是他帝子朱的，任憑誰個也休想奪去！」

帝堯不聞此稟還罷，聞聽此稟真個是頓然皺緊了眉頭。在他近日心想過的諸種情況眾多事宜之中，當然就有子朱日後是否安定這個問題。如今果然禪讓未行，子朱已給自己傳來了決不安定的資訊。

　　子朱日後不安定與自己爭鬥還罷，如果是在自己禪位之後與虞舜爭鬥起來，不就將天下大亂作害民眾了嘛！為此他心中難平，決計痛下先前不曾下定的決心，再將逆子朱流放到遙遠的荒僻之地，以避免其將來與虞舜爭鬥。

　　決計至此，帝堯便立即傳來司馬契，兄弟二人一陣商議起來。帝堯率先對司馬契道：「為保禪讓之後天下平安，朕決計把不甘安定的逆子朱，流放到遙遠的荒僻之地。兄長你看，將其流放到哪裏去為好？」

　　司馬契早已知道帝堯禪位虞舜之心，也極為贊同帝堯的這一禪位之舉。因而聽了此言忖片刻道：「侄朱既然已露不安之跡，以臣兄之見，可以把他流放到三苗西方丹淵地方。那裏距離京都遙遠，地又荒僻，方可無虞。」

　　「好。上次去戰三苗，朕與兄長到過丹水上游丹淵地方。那裏荒無人煙，地方遙遠。」帝堯即言贊同道，「將子朱流放到那裏，他就作亂難成了。這樣契兄，朕就只有再煩勞兄長一趟，把逆子送放丹淵去了。」

　　司馬契當即遵命而行，離開京都移送子朱而去。子朱從此被移居於丹淵，人們隨後易名其叫丹朱。這時，帝堯敕命司馬契移放子朱去後心中輕鬆，正在再想禪讓事宜，卻見虞舜與司農棄返了回來。帝堯即不怠慢，忙問二臣冀東災情究竟如何。

　　虞舜兩個聞問，即把考察所見情形，向帝堯稟報了一遍。帝堯聽完氣惱道：「若依二位愛卿所言，這次災患雖不盡為崇伯之過，崇伯也逃脫不了罪責。朕當對其降旨予以嚴責！」

　　「陛下，崇伯只知道築堤堙水，經唐城南邊往東的大堤，已經築到九仞高了。」虞舜這時補充道，「將來一旦堤潰，其禍定比這次大

陸澤災禍更慘十分！為此陛下降旨責鯀，更應該飭其火速對其大堤設法防範以防不測，免得再害民眾危及帝都。」

帝堯聽了虞舜此言心中更惱，當即依據此情書寫聖旨一道，命人頒旨於鯀而去。聖旨傳出之後，虞舜二人方纔休歇而去。朝堂之上頓然間只剩下了帝堯一人，他看到虞舜歸來，便又隨著心想起了禪讓之事。

他思啊想呀，轉眼到了次日。這時帝堯已經心想成熟，他便即召司農棄對其講說了自己之想。即自己欲要禪位虞舜，為防不測已由司馬契將子朱移放去了丹淵，自己心想等待司馬契歸來即行禪讓。

司農棄聽了交口稱頌帝堯此舉聖明，並將此行途中虎狼雖惡皆不傷害虞舜、蝮蛇雖毒也不咬害虞舜的情形，對帝堯講說了一遍。帝堯聽了更喜道：「這就更可見到其為天助了！」

「是呀，不僅這次現此神跡，當年在歷山腳下象耕鳥耘若非神助，又焉有那等神跡生出！」司農棄即又接言道。帝堯聞聽，更是連連頷首稱是。

此後轉眼過去二十餘日，司馬契移放帝子朱返回到了京都。帝堯見之，便於次日朝會之時，對虞舜講說起了禪位之事。朝堂之上，只見帝堯率先召令虞舜近前，對之道：「虞舜愛卿，你結婚已過三載。朕細想朕先前問你之言考你之事，如今全都一一應驗。為此朕以為，天的祐助在你身上，你可以代朕執掌天下。」

虞舜聰明至極，先前當然早已察知帝堯有禪位自己之意，但作為臣下的他對此卻從來不想不問，視之為無。這時陡聞此言，便禁不住驚得驟然色變身顫，惶恐之至連連道：「不可，不可！如此萬萬不可啊，陛下！」

「為使愛卿身受禪讓之後不負天下民眾，」然而帝堯不待虞舜把

話說完，即又接著道，「朕還有兩句心得忠言叮嚀愛卿……」

「帝父訓言，臣下小婿定當洗耳恭聽。只是臣下小婿才薄德淺，」正在惶恐的虞舜耳聽帝堯又出此言，更加惶恐之至，連忙稽首再拜道，「萬萬不敢接受禪位。因而還請帝父另擇德高才厚之士禪之，乃天下民眾之幸也！」

「天下人間最難做到之事，乃為一個『中』字。所謂『中』，即為不偏不倚，無過又無不及。」帝堯則對虞舜此言聞若未聞，繼續向下講說道，「『中』是極活動不確定的，一個地方有一個地方之『中』，一個時候有一個時候之『中』，一件事情有一件事情之『中』。做時相差釐毫，結果就會謬之千里。」

「帝父陛下，臣下小婿雖會牢記您的叮嚀，」虞舜仍是推辭道，「但是決不接受您的禪位！」

「為此愛卿要緊緊把握住這個『中』字，如果稍有謬誤，就必致四海於困窮矣！」然而帝堯則對虞舜此言仍是聞若未聞，依舊向下講說道，「這是朕七十年來的心得經驗，愛卿一定要兢兢恪守。」

「帝父此訓，小婿定當牢記在心。」虞舜這時仍是固辭不受禪位道，「只是帝父禪位之事，小婿定當不受！」

「朕自即位以來，就抱定了求得賢者禪位於他的心思。」帝堯聽了，則不讓虞舜再行推辭道，「但一晃五十載過去，朕先前僅尋得了一位可稱大賢之人許由。朕本欲禪位於他，可他卻不肯接受。」

「那麼帝父可以再選高人，」虞舜這時繼續推辭道，「臣下小婿絕對不敢擔此重任！」

「可是如今朕遍觀朝中之臣，論賢無過於愛卿之右者，為此朕要禪位於愛卿。」帝堯這時繼續道，「當然，朕知道擔當天下大任，是極苦的事情。但朕心想愛卿年富力強，應該為天下民眾犧牲自己。因

而朕望愛卿莫再推辭！」

虞舜聽到這裏，仍是固辭不受不肯答應。司農棄眼見虞舜再讓下去了無竟時，遂心機一轉接言道：「陛下，臣下細察虞舜固辭之心，當然是謙虛大德，但也或許是因為陛下在位，他不肯顛倒君臣名義不肯接受禪讓。」

「帝兄言之有理。」帝堯聞聽棄言有理，隨著對其詢問道，「那麼帝兄有何高見？」

「若依臣下之見，可否暫且不言禪位之事，而以攝政之名讓虞舜主持朝事。」司農棄隨之道，「這樣陛下仍在大位，一對君臣名義不至於顛倒混淆，二對陛下頤養休息亦無妨礙，豈不是一舉兩便！」

帝堯本來心想禪位虞舜，是要築壇設座舉行禪位大典的，改用攝政之法典禮就不必那麼隆重了。他思謀一番覺得這樣也好，這樣既可以節儉財物少作鋪排，又可以對虞舜再試一段時日，便答允下來道：「這樣也好，就依此法辦理吧。」

虞舜聽了，當然仍是固辭不受，帝堯這時則執意不允道。虞舜至此方纔無奈，只有跪拜謝恩。「朕意已決，就此行事！」此事既告一個段落，帝堯遂又議於眾臣將道，「讓虞舜攝政代朕主理朝事，需要有一個恰當的名稱。眾卿議議，這名稱以何為好？」

眾臣將聞聽隨之議論起來，然而他們議論一陣，所言官名帝堯皆不稱意。末了司馬契道：「可叫太尉，取意自上安下，希望虞舜能夠安定天下民眾。」

「好，太尉這個官名好。」帝堯這才大喜道，隨著他便轉對虞舜道，「虞舜愛卿聽旨，朕封愛卿為朝中太尉，主理朝中之事。攝政之日，始於明年正月初一。」

太尉舜聞聽，無奈又只有連忙伏地謝恩。眾臣將則久久不止地向

帝堯連呼起來道：「萬歲！萬歲！萬萬歲！」

　　帝堯敕封虞舜為太尉攝政朝廷的消息，隨之迅疾傳遍了天下。恰在這時，兇殘的歡兜與孔王二凶來到了唐城京都之中。歡兜上次被帝堯戰敗放歸封地之後，心中當然不會真正誠服，相反則更加充滿仇恨。特別是當他想到那時險遭殺身重處，末了又被削去奪占轄地嚴處之時，便心中更惱不息，只待有朝一日攻殺帝堯奪取天下。

　　而在那時，險惡刻毒的孔王治水無功受到帝堯嚴教，也被放歸回封國而去。孔王心懷仇恨回到封國之中，即開始對帝堯圖謀不軌。特別是他想到那一百軍棍險些奪去其性命，便一刻也不停歇心中欲報此仇。為此他便立即與歡兜溝通聯繫，相約各占一方慘澹經營，一旦伺得時機，即一齊舉兵共伐帝堯，平分天下。

　　這時他們聽說帝堯年老倦勤，洪水經久不治為害民眾，認為時機將至，便相約以假借朝覲帝堯為名，實為察看動靜窺伺時機入朝而來。歡兜與孔王來到京都聽說帝堯讓虞舜攝政，雙雙都對虞舜不以為然，以為區區一位鄉野農夫主持朝政，正為他們贏得了難得的舉兵奪取天下良機。

　　為此他們便在京都住了下來，以靜窺朝中之變等待時機。只待帝堯離朝之期虞舜主持朝政之時，便雙雙舉兵伐之。就在歡兜與孔王躲居京都靜窺時機之時，恰值崇伯鯀因為冀東堤潰受到帝堯詰斥之期。鯀當時正在為其所築長堤轟然崩潰，民眾為之遭害心中慘痛愧悔萬分，又受到帝堯如此詰斥當然氣惱萬分。

　　他氣惱帝堯不知自己築堤的艱辛，不講自己前些年治水的勳功，只知斥責自己此次堤潰之過，實在是冰涼了自己的一片救民水火苦心！他更為氣惱其身邊之人對他講說，他這次受到帝堯的詰斥，都是因為虞舜前來考察的結果。

「虞舜他算什麼，不就是歷山腳下的一個鄉野農夫嗎？他知道什麼，他敢說我！」為此他立即勃然大怒道。言畢，便即動身徑奔唐城，以向帝堯傾泄心中的惱火而來。奔到唐城，他便聽到了帝堯已讓虞舜攝政的消息。

鯀為此心中更惱，正在尋找發洩氣惱之處，卻聞歡兜這時正躲居在京都，遂立即尋訪歡兜以泄心中之憤。鯀訪到歡兜居處，一進屋門便意想不到地看見孔王也在那裏。他三凶數十載不曾見面，這時陡然相聚免不了先是一陣寒暄，隨著便說起了朝廷之事。

「帝堯現在年紀老了頭腦昏了，」鯀心中正惱得無處發洩，議到朝廷之事耿直的他率先道，「竟然要把天下讓給一個耕種於歷山腳下的鄉野村夫，真是豈有此理！」

「是呀，老朽正在與孔大人議論此事。」歡兜聽聞崇伯此言，兇殘的眼睛一閃，立刻張開不整的嘴口贊同道，「他流放兒子，寵愛女婿，無情無理至極，實在是老昏頭腦了。」

「帝堯老兒拿他女兒送給村夫，別說兩個，就是十個八個，」白面細目內藏險毒的孔王聽了，連忙接言道，「另外再加上他的正妻散宜氏一概都送給虞舜，我們也不稀奇。這是他的家事，我們沒有必要去管。」

「孔大人這是何意？」鯀對孔王之言一時不解，詢問道。

「只是這天下乃為公器，天子之位乃為大位，他帝堯老兒不管三七二十一，也不問天下人應也不應，」孔王繼續講說道，「就又要拿了去送人，實則為賣天下賣民眾的罪惡之舉！為此別說我們，就是別個稍有人心之人，也都是萬萬不能置之不理的。」

「孔大人實乃高見，」兇殘的歡兜聽了孔王此言，又極力贊同道，「誠心拯救天下民眾之心殷切。」

「那麼二位大人別再僅講道理，」性直的鯀則怒不可遏道，「說說如何對付帝堯此舉吧！」

「這樣對付，明朝我就去見那帝堯老兒，諫止他此舉。」刻毒的孔壬隨著不假思索道，「他不聽我諫，我就返歸轄地向民眾宣佈，他要將天下授受於人的罪狀，和他斷絕君臣關係！」

「不，我的意思不是這樣。我想帝堯老兒雖已昏瞶，其手下棄、契、有倕、皋陶那班狗官，」歡兜老謀深算兇殘狠毒至極，這時則胸有城府道，「也會為其出謀劃策，阻其聽信我等之諫的。我等去諫，只能徒然自討沒趣。」

「那麼以大人之見，」孔壬聽了歡兜此言，頓陷不解道，「我們該怎麼去辦？」

「我的意思是明天見過帝堯老兒，我就立即返回轄地，向民眾宣佈帝堯老兒之罪。」歡兜這時兇狠道，「如果村夫虞舜膽敢靦顏受讓真做天子，我就起兵討之。二位大人以為此法如何？」

「大人此法甚好，但我覺得只是缺少道理。我的意思則為，諫是不可缺少的。」鯀則立即接言道，「不諫而即起兵，其非在我；諫之帝堯不從，我們舉兵聲討則名正言順，天下人無可非議！」

「崇伯大人所言甚好，只是我與歡兜大人均有一個封國，可以據之起事。」孔壬聽聞鯀言雖覺有理，但他突然想到是鯀接替了他的治水之事，心中氣惱頓生對之開口揶揄道，「崇伯大人雖然也有一個封國，大人卻不去經營。大人身後沒有憑藉，憑什麼去舉大事？」

「我怎麼就不可以起事！譬如一隻猛獸，翹起我的角來，」鯀心中怒氣正在無處發洩，突然又受孔壬這般揶揄火氣陡騰萬丈道，「可以為城；舉起我的尾來，可以為旌。我怕什麼？難道就只有你們二位有舉事的本領不成嗎！」

　　歡兜與孔王見鯀發起怒來，便雙雙不再言說。轉眼到了次日，歡兜三凶果然一齊入朝拜見帝堯。帝堯見到他們，即開口責備鯀道：「崇伯愛卿，冀東何以釀成這般巨災，你知道了嗎？僅僅築堤，看來是難以根治洪水的。你的前任孔王之轍，不是已經給你做出了明證嗎？」

　　鯀的一腔怒氣尚未得到發洩，想不到如此竟又兜頭受到帝堯嚴斥，心中便更惱至極。他正要拿話向帝堯辯說以泄胸中之氣，卻聞帝堯繼續道：「你該清醒了，以後必須改變策略竭誠盡責。如果再有疏漏，朕對之定當嚴懲不貸。」

　　「陛下，臣從西方來時，」孔王這時不待鯀對帝堯回話，即按預先想好的諫言程序，搶先開口道，「路上聽說陛下把天下禪讓給了虞舜，請問果有此事嗎？」

　　「此事並非傳言，實為真實。」帝堯當即回答道，「朕已決定這樣去做，並已先期敕封虞舜為太尉，從明年正月初一起代朕攝政。」

　　「陛下，臣下知道陛下一向是極為聖明的，」孔王聽了帝堯此言，即借機向下諫言道，「不知為何這次竟然突失聖明，把天下讓給匹夫呢？」

　　「天下者，乃天下民眾之公器。某個人的才德若能勝任天下重任，即便是個匹夫，又有什麼妨礙？」帝堯聞聽孔王出言不遜，心雖氣惱表面卻依舊平靜道，「如其不能勝任，即便是個貴冑，又怎有禪位給他的道理！朕用人，專問德才，不問貴賤。」

　　「不祥至極了，」鯀聽了帝堯此言，再也忍抑不住心中的氣惱道，「拿了天下傳給匹夫！」

　　帝堯聽鯀口出此言，不禁一愣反問道：「怎麼不祥至極？」

　　「臣下聽人講說，得天之道者為帝，得地之道者為三公。如今臣得地之道，陛下本應該令臣作三公。」鯀則繼續怒言道，「陛下不僅

不令臣下做三公，倒反令匹夫作帝。請問陛下，虞舜這個匹夫，能夠得天之道嗎？」

「虞舜是否得天之道，的確暫無確鑿證據可舉。朕把天下禪讓給他，如果他不能勝任，」聽到這裏，雖知鯀對他已經到了信口雌黃的地步，但他還是強抑氣惱不與其爭辯道，「自然當由朕負責。朕意早已決定，你等可以靜觀後效，這時不必再行爭辯。」

帝堯如此言畢，遂退朝而去。鯀與孔王心中雖惱正欲再言，卻也沒有了言說之機，只有心中氣惱更甚。獨有歡兜一直一言不發，只在一旁袖手姦佞地微笑，這時與鯀和孔王一起離朝而去。

「我昨天就說，強諫也是無益，」孔王三凶離開朝堂又聚在了歡兜住處，但聽歡兜率先道，「如今果然被我料了個正著。」

「既然這樣，」孔王則又氣惱道，「我們就各按昨日所定計謀，分頭行動好了。」

「好，孔大人。不過我們不僅依照昨日之計而行，我又聽說帝堯為防帝子朱後日與虞舜爭位，」狡惡的歡兜耳聽孔王此言，立即眼睛一亮道，「已把帝子朱從汾水上遊移放到了丹淵，恰好在我的轄地西邊。我想回去之後舉其為旗，起兵征伐帝堯，必可大獲全勝！」

「若此則就更加興師有名了！」險惡的孔王聞聽頓然大喜道，「好，歡大人南邊舉兵，我孔王西邊回應，共擊帝堯老兒也就定了。」

「孔大人之言，正與歡某不謀而合哩！」歡兜更是高興道。說著，竟自一陣「嘎嘎嘎」姦笑起來。

孔王在歡兜的姦笑聲中，開口詢問鯀道：「請問崇伯大人有何妙舉？」

「孔大人儘管放心，鯀某自有鯀某的辦法。」鯀受孔王此譏當即狠狠道。言畢，即起身不辭而去。次日一早，鯀起身獨自向北，歡兜

與孔王一道向南，先後不辭帝堯離開了京都。

　　歡兜與孔王所以一道向南，是他們昨日在鯀離去之後，又一陣議定先去丹淵共同勸說丹朱，然後議定舉兵方略再各回封地。為此他倆一路南行，行進中歡兜又作了一篇討堯檄文，令人返送給了帝堯，痛斥帝堯禪舜之罪。

　　鯀離開京都一路北行走在路上，真個是越思越想心中越加氣惱。他既惱自己慘澹經營築起的大堤，竟在冀東驟然崩潰已是不幸；更不幸的則是，自己為此又兩次受到帝堯的嚴厲訓斥。同時他也更惱自己昨日在朝堂之上強諫帝堯，結果竟在大庭廣眾之下討了個沒趣。

　　當然他也又惱歡兜與孔王兩個，笑他沒有封地可以憑藉，無力與他們一起舉事攻伐帝堯，更是可惡至極。想到這裏，他行走一日身子雖然疲累，夜晚躺在床上卻沖天的怒氣消退不去，一夜翻覆不能成寐。

　　次日天亮，鯀心中雖惱卻也一籌莫展。正在這時，忽見帝堯遣使來召，說有要事尚須與他商議。心中正惱的鯀聽了，怒氣更是陡騰萬丈道：「不聽我的諍諫，又來召我做何？我不去！」

　　使者聽聞，只有立刻返回京都向帝堯覆命。鯀則滿懷怒氣，返向其水次居地而去。

二十、丹朱伐父

帝堯在朝堂之上拒聽鯀與孔王的亂言之後，轉眼到了次日。這日帝堯想到天下洪水越聚越多，險惡越來越重，既然鯀到了京中，自己恰好借此時機與他具體商議治水之事，以求大治洪水消除天下之災。

為此他即命人召鯀，不料鯀不辭而別離京而去。他又命人追出京都傳召，聞稟鯀不來還罷同時口出不遜之言。同時他還聞報歡兜與孔王二惡，也像鯀一樣不辭別離京都而去。

帝堯對鯀的舉動已是氣惱十分，又聞歡兜與孔王二惡不告而別便更氣惱。為此他立刻召集群臣商議處置之法，恰在這時又接到了歡兜著人送來的討堯檄文。帝堯接過檄文，開始還以為是歡兜的辭別表文，心中暗道歡兜終久不敢盡失君臣之禮。但他打開文書一看，方知竟是討他的檄文。

文中歡兜說他寵愛女婿，私授天下，實罹大逆不道死罪。帝堯不見此文還罷，看罷此文心中大為犯疑道：「前日朝堂之上，鯀與孔王雖然胡言一通，但他二人尚且不失君臣之道。而這歡兜在朝堂之上不發一語，走後卻呈此亂文，則用心叵測了。」

「歡兜三個皆乃前朝三凶，罪惡不小。如今陛下不咎其罪，各用其長，實可謂待之厚重了。」司馬契這時看過檄文道，「然而他們不僅不

建功立業，相反卻朋比結黨，同日不辭而別，鯀又拒召，歡兜這樣肆意訕謗陛下。臣下思謀這三惡難保不有一種結合，或者惡謀作亂天下。」

「為此臣下以為，陛下應嚴責他三惡之罪。」皋陶這時接言道，「他三惡膽敢再行違拗，即應出兵滅之。請陛下定奪！」

司農棄和太尉舜等眾臣聽聞司馬契與皋陶此言，也皆稱言之有理，要帝堯快下決心，以免拖延時日釀成大患。帝堯也覺眾臣言之有理，但卻因事情重大一時難下決心，陷入沉思之中。帝堯沉思剛過一瞬，有人急來稟報道：「啟稟陛下，大事不好了！」

「何事不好？快快講來。」帝堯聞稟驟然一驚，急問道。他心中正在思想歡兜三惡之事，以為他三惡真的作起亂來呢！然而事情完全出乎帝堯預料，來人隨著稟報道：「陛下，洪水洶湧漫了過來，京城西門外水已盈尺了。」

「真的嗎？快，到城西門外看看去！」帝堯聞聽此稟，驚得叫出聲來道。隨著，便即領眾臣出了朝堂，前往城西門外察看水情而來。帝堯引領眾臣來到城西門前一看，果見城門外洪水滔滔，大地全都變成了澤國。水中不僅奔走有逃水的難民，而且有漂浮的屍體和器具。

「陛下，臣下心想此厄定是鯀所築萬仞長堤崩塌，洪水漫溢所致。」司農棄這時率先慨歎道，「幸喜京都地勢尚高，危害尚小，只是下游民眾卻要遭受大難了。」

「任用庸人，害及天下，朕之大過呀！」帝堯心情沉痛至極道。隨著他即命契、棄組織人力，四出拯救災民，並即命人前去打探水災根源即時返回稟報。

轉眼到了次日，帝堯派出打探災源之人返來稟報，果然如同司農棄所料，是鯀所築九仞長堤抵不住越聚越多的洪水衝擊，突然崩塌洪水漫出，淹死民眾無數。帝堯聞稟勃然大怒道：「鯀這個人，溺職殃

民！既然這樣，應該怎樣懲處？」

「以臣下之見，應該明正典刑。先前陛下對歡兜、孔王處置手軟，已經錯了。」法官皋陶即言道，「如今崇伯殃害民眾，而且懷有不臣之心，不正典刑何以服眾！」

「皋愛卿之言，」帝堯聞聽，遂問於眾臣將道，「眾卿以為如何？」

「皋法官言之有理，以罪論刑，」眾臣將聞問，齊聲贊同道，「鯀乃罪有應得！」

「好。那就等鯀前來請罪之時，」帝堯即下決心道，「立刻執行。」

「陛下，此則斷不可能。陛下試想，」工師有倕這時則即言否定道，「前日傳召鯀尚且不來，此後豈有前來請罪之理！請陛下速派人去，就地正法！」

帝堯聞聽工師有倕言之有理，即言詢問道：「派誰前去為好？」

「崇伯是個大臣，誅戮大臣，理應鄭重。」樂正夔這時接言道，「因而非有威望重臣前去不可，請陛下定奪！」

「好吧，那麼朕就派太尉前去。朝中重臣都與鯀有舊，」契、棄等大臣聽了，也齊贊虞舜言之有理。帝堯於是稍作思慮道，「誅之恐礙於舊情屆時手軟，耽誤大事。太尉新入朝廷，正好擔此重任。」

虞舜聞命，立刻依令而行。但見他帶領伯奮八元及數十名隨從離開京都，一路西北前往鯀的居地水次誅鯀而來。但十數日後尋到水次，卻不見鯀的蹤跡。虞舜即問鯀的執事從人道：「鯀到哪裏去了？」

「小人不知。小人只知道大堤崩塌那日，」眾從人聞問道，「崇伯和他最親信的大章、豎亥一齊離去，從那時至今一直沒有回來。」

「那麼，」虞舜聽了又問道，「你們知道他們的下落嗎？」

「不知道。崇伯要求小人極嚴，其行蹤從來不對小人講說。」眾從人答道，「他不叫小人他去，小人只好待在這裏，算來已經十多

日了。」

「那麼，」虞舜又問道，「你們就沒有聽到他的一點消息嗎？」

「消息倒是聽到一點，」眾從人聞聽至此，方言道，「只是太不確切，故而不敢對太尉大人講說。」

「講，」虞舜隨即鼓勵道，「不確切也沒有關係。」

「小人聽聞，有人說崇伯已經投水自盡，」眾從人這才講說道，「有人說他北遁幽都去了，也有人說他入都請罪去了。誰知道哪是真的呢？」

「太尉，臣下心想，」伯奮聽後即對虞舜道，「崇伯入都請罪之說最不確切。我們剛從京都趕來，並無其事。」

「是的，」虞舜聽了伯奮此言，即言肯定道，「那不可能。」

「自盡之說，或有可能。」伯奮接著道，「崇伯性格剛正耿直，為民負責，或會為之。」

「如果其已自盡，屍首在哪裏？他決不會拋屍於荒溝，不使人知道！」虞舜聽後生疑道，「如果他讓親信收斂，外人也是應該知道的。可是現在無人聽聞，因而死也難定，說不定是畏罪潛逃了。」

「那麼他能逃到哪裏去？若逃，」八元之一的仲堪，聽罷虞舜此言心想道，「他也只有西投孔壬，或者南投歡兜。他們可能結成了私黨啊！」

「不，崇伯絕對不會去投奔他們。我知道他們三人的關係，在前朝就不契合。」伯奮則即言否定道，「況且小人之交，勢利為先，有勢有利，方纔可合。鯀既失勢，即使往投他們也不會收留於他。再者鯀性傲至極，也絕對不會前去投奔的。」

「那麼，以伯大人之言，」虞舜聽後心覺伯奮之言有理，但又沒有主見道，「我們該到何處尋找崇伯？」

「北方幽都。剛才其從人有一說去了幽都，這有可能。鯀一沒有前去京都，二未身死，三不會去投歡兜、孔王，」伯奮思慮片刻道，「除此之外依其性格推斷，就只會遁跡荒僻之地，隱身躲居下來。北方幽都位居北極，荒無人煙。鯀或者正去此處，因而此說最為可信。」

「伯大人言之有理。走，我們前往找尋去。」虞舜聽了心中一明肯定道。隨著，便即領眾人離開水次，徑向北方幽都荒僻之地探尋而來。鯀這時當然沒死，並被伯奮猜個正著去了北方幽都。

先前，鯀離開京都拒絕帝堯召見，回到水次居地竟然一連三日三夜心神不寧，飯食無味，睡眠盡失。他正在心奇自己這是究為何故，第三日夜間突然大雨狂注，第四日早晨山洪暴發，頃刻間沖得其所築九仞長堤崩塌數處，使得堤中所堵之水頓如脫韁的野馬一般，從大堤崩塌處順流疾下向東沖去。

一時間那洪水真個是勢如奔馬，聲聞百里。堤外民眾在睡夢中被陡來的洪水驚醒，卻奔逃不及也無法奔逃，只有眼睜睜地盡被大水捲去。有個別機靈者慌忙攀上大樹或者爬上屋頂，也無奈洪水捲來拔樹摧屋，他們仍是只有葬身魚腹。因此汾河下游頓然間積屍不可勝數，浩劫空前。

「算了吧！我崇伯罪當萬死，只有以死了之啦！」鯀初睹此景已是驚得魂魄俱飛，及至乘船一看，更知自己犯下了彌天大罪，萬難立足於人世。為此他先是眼望奔湧的洪水放聲大哭，隨著則開口大叫一聲道。叫畢，就要縱身投水赴死。

「主公，」其心腹大章、豎亥見之大驚，急忙上前拖住急叫道，「這怎麼使得呀！」

「你們拖我做什麼？我崇伯十年治水之功，如今毀於一旦。」鯀被拖住投水不成，方又絕望至極道，「此間被害之人，已難計出其數。

我罪當萬死，不死怎麼對得起被我所害眾人啊！你們快放開我，叫我死了吧！」

「主公斷然這樣不得。常言辦事成敗乃事之常理，」大章則依舊死死拉住鯀道，「何況主公所辦是治水的大事，又是偶然的失敗呢！」

「再說，主公為了治平天下洪水，起早睡晚，櫛風沐雨，艱辛備嘗，忠貞為民。」豎亥也在一旁死死拉住鯀，勸言道，「一片丹心，大可告白於天下！若說主公有罪，也不過是個為公之罪呀！」

「豎亥說得對。主公，您不能死呀，若說主公要以死謝罪於受害民眾，那麼先前治水的孔壬該死幾死呢？」大章聽了忙又言說道，「他治水四十一載，荒淫享樂四十一載，水沒治平還淹死了成千上萬的民眾，天子也不過僅僅是免了他的治水之職，打了他一百軍棍嘛！」

「我崇伯與他孔壬怎可相比，他醉心於利祿淫樂，不顧天下民眾。我乃一心為了天下民眾，如今天下諸多民眾為我的治水之過而死，」鯀聽了大章此言，立刻否定道，「我怎能不以死謝罪於他們！我要以死謝罪於天下因我治水不力慘遭死難之人，你們不要攔我了！」

「主公言說雖然有理，但這次長堤崩塌並非主公所為，而是天災之故。」豎亥聞聽，又急忙勸言道，「故而此災與主公並無牽連，主公則全是救民的意思。所以此災雖然害死了諸多民眾，民眾們還是會原諒主公的！」

「不，話絕對不能這樣講說，事也絕對不能這樣去做。這樣去說去做，完全是替自己開脫，」鯀聽聞即又否定道，「哪裏還有拯救民眾的道理呢！我給民眾帶來了大災大害，我以死報之，這才足見我鯀的心為民眾之誠啊！」

「主公即便非要以死謝罪於天下不可，也應該見見禹公子，把家事安排一番。」大章眼見豎亥此言之後，仍是勸阻不住崇伯，忙又心

機一轉道，「現在公子不在此處，主公不妨暫緩一時隱起身來，待到見過公子再死不遲。」

「主公，大章所言極是。你就先隱遁起來一時，」豎亥聽了也即勸說道，「待到見過公子吧！我二人情願追隨伺候主公，不論天涯海角，雖死不辭！」

「好吧。承蒙二位兄弟如此厚愛，鯀實在感激之至。」鯀這時方纔「唉」地歎一口氣道，「不過我罪不容赦，總該是死的。只是當初我不聽禹兒之言，致有此敗實在心愧至極！為此我就暫躲一時，待見禹兒一面再死吧！」

隨著，他即回身艙中，揮筆履牘，給禹寫起信來道——

吾兒禹知悉：

你父治水之事今日已敗，非死無以謝罪於天下民眾。為此你父本該立即赴死，但為大章、豎亥所阻，暫緩須臾。你父並非畏死，乃為未見吾兒之故。

你父精研水利數十載，自謂頗有心得。不料實行之際，乃至鑄成大錯。尤誤者，偷竊天帝的寶物息壤，竊以為獨得奧秘，企圖借此以竟全功，不料潰敗更慘。或者天帝怒我竊其息壤，降罪處罰矣！

往事已逝，不堪再言。你父此刻以垂死之身，尚致函於兒者，一為父子之情不忍不留一言，免得吾兒將來抱憾無窮。二為此次你父闖禍太大，身雖赴死不能稍得寬恕，故而期望吾兒將來能為天下效力，治平洪水。若此，則為你父之罪寬恕一分矣！

吾子學識，頗有過父之處。前日不聽吾兒之言，至今悔愧莫及！為此，為父但願吾兒日後勿蹈父轍，虛心從善。並盼吾兒功到垂成，涵蓋為父之愆。

「兄弟，你去為我尋到禹兒，將此函交送於他，愚兄謝之不盡哩！」鯀一口氣寫畢，即將信函交給豎亥道，說著，遂起身對豎亥一揖。

「主公，俟兒前來見你，」豎亥急忙還禮道，「會面定於何處？」

「我們父子，從此再無見面之機哩！」鯀聞問「唉」地歎一口氣道，「況且愚兄行蹤未定，說它做什麼！」

「雖是這樣，」豎亥則執著追問道，「小人總要知道一個覆命之地呀！」

鯀於是低頭沉思一陣，方言道：「在北方沒有陽光之地吧。」

豎亥聽了，立刻如飛而去。鯀與大章在豎亥去後，立刻改換小船，變易服裝，急急向北方行去。行進之中，鯀看到沿途到處都是洪水淹毀的村莊遺跡，到處都是淹死的民眾屍體，並聽見到處都是人們的毀罵之聲。

鯀深知這些都是自己的罪過所致，心中便更加難過，也更加堅定了其以死報償淹死民眾的決心。但好在他身邊有大章日夕勸慰看視，方使得他一時赴死不成，二十餘日後來到了北方幽都附近的羽山之上。

羽山上有一個大淵名叫羽淵，其水深不見底。鯀在山上住了兩日，越想自己的罪過心中越愧，便更加堅定決心自殺以謝淹死的民眾。這日他與大章來到淵旁漫步，正行之際突乘大章不備撲身投入了淵中。大章大驚，急欲撲身水中營救，卻見鯀身突然化成一條黃龍，倏然沒入羽淵水中，再也不見了蹤影。

大章至此欲救無奈，只有「撲通」跪身岸上失聲痛哭鯀的不幸。他哭啊哭呀，不知道哭過了多長時間，淵中卻也絲毫沒有動靜。就在這時，太尉舜引領眾隨從追尋到了淵畔，見是大章便即詢問道：「鯀

到哪裏去了？天子遣臣下前來正法於他，快說實話。」

大章聞聽太尉舜此問，正哭的他則頓然心喜起来，鯀死得好，正好免去了受戮之辱。為此他不再諱言，立即開口如實把長堤崩潰之後，鯀的心態一直至此的情形，全對太尉舜講說了一遍。

「崇伯乃為非常之人，那黃龍定為其精靈所化也！」太尉舜深知鯀的治水之誠，聽到這裏即言道，隨著他即命大章道，「你為崇伯生前心腹，若此你就在此為崇伯建起廟宇，永駐守祭吧。」

「遵命！」大章說著，忙叩拜謝恩。鯀就這樣死去了，後來人們卻對其死生出了種種傳說，並且不少訴諸典籍傳至今日。其中一說是，由於鯀偷竊了天帝的息壤，所以在他將把洪水治平之時被天帝知道了。天帝大怒人間生出了這樣的叛孽逆子孫，即派火神祝融臨凡，把鯀殺死在了羽山，奪回了其剩餘的息壤。使得鯀治洪水，「為山九仞，功虧一簣」。氾濫的洪水又漫溢上了大地。

還有一說是，鯀雖然失去息壤身死，死卻精魂不散，屍體時過三載仍不腐爛。這是因為在其腹中正在孕育著新的生命，即其兒子禹。他把自己的精血和心魂一齊用來餵養這條小生命，要他將來繼續去完成自己未竟的事業。禹就這樣在其父親的腹中生長變化著，三年過去生長出了超過其父的神力。

就在這時，鯀死後三年屍體不爛的奇事被天帝知道。天帝害怕鯀再變成精怪與自己搗亂，便派了一個天神帶著一把「吳刀」，到羽山之上把鯀的屍體剖開了。就在天神刀剖鯀屍之時，鯀被剖開的肚腹中倏然騰出一條虯龍。那虯龍頭上長著一對堅利的角，盤曲騰躍徑直飛上了天空，那虯龍便是禹。鯀的屍體也立刻化作別的生物，跳進了身旁的羽淵之中。

至於鯀的屍體究竟化成了何種生物做何去了，則說法更多。一說

是鯀死後化作黃熊，跳進了羽淵。也有人說鯀化作黃熊之後並未跳進羽淵，而是越過窮山的岡岩，到西方請求巫師把他治活去了。比如，屈原在其《楚辭・天問》中就這樣寫道：「阻窮西征，岸何越焉？化作黃熊，巫何活焉？」

二說則是，鯀自沉於羽淵之後化成了玄魚。玄魚究為何物今人雖然不得而知，古書上卻為此常常把「鯀」寫作「鮌」，即是為此。第三種說法則是化了黃龍，《山海經・海內經》郭璞注便說：「鯀死三歲不腐，剖之以吳刀，化為黃龍。」我們採用此說，因為鯀的兒子禹也是一條龍。不然，他怎能成為龍呢！

鯀死後的變化皆為後話，當時太尉舜教罷大章，即引領眾隨從返往京都，於二十餘日後回到朝中，向帝堯稟報了一切。帝堯聞稟之後即問眾臣將道：「鯀雖伏罪，自沉羽淵而死，但眼下水患正急，不可無人平治。眾愛卿想想，如今誰人可以擔此重任？」

眾臣聞聽，一時全都默然無語。「啟稟陛下，臣下觀見鯀之子禹，對治水之理深有研究，」太尉舜見之道，「鯀不聽其言，以至失敗。為此臣下舉薦他擔當治水大任，以奪全功。」

「殺其父而用其子，」帝堯聽了，不禁沉吟道，「他肯來擔當此任嗎？」

「陛下殺鯀乃為公義，不因私怨。禹是個賢者，深明公私之別，臣下心想他不會那樣誤解的。」太尉舜立即釋言道，「再說他若能治平洪水，也正是完成了其父未竟之願啊！因此，他必定樂於擔當治水大任。」

「太尉言之有理。」帝堯這才大喜道，「那麼就依太尉之言，命禹繼父平治洪水。」

太尉舜聽後更喜，即命人尋禹而去。但就在太尉舜所派之人剛剛

離去之時，卻突見一名軍將失急慌忙跑進朝堂，倒身便報道：「陛下，大事不好了！」

「又有何事不好？」帝堯見那軍將慌忙至極已是心中一詫，聽聞其言更是驚詫不已道，「快快稟來。」

「丹朱，」那軍將這才緩過氣來道，「丹朱他舉兵殺向京都來了。」

「啊！是這逆子！」帝堯不聞此稟還罷，耳聞此稟頓然驚得叫出聲來道，「朕剛剛把他孤身一人移放到丹淵，他哪裏來的伐我軍兵？」

「陛下，丹朱並無軍兵。」軍將道，「他帶的是歡兜與孔王二惡的軍兵，舉的是自己的旗號，已經殺到長江北岸了。」

「噢，原來是這樣。朕處置他們晚了一步，」帝堯這才驚定心明道，「他們果然先下手了。下手也還罷了，又挾著逆子丹朱，他們太可惡了。」

「是呀，陛下移放丹朱本想保得天下平安，」司馬契隨之道，「想不到反倒恰好為虎作倀，更亂了天下。」

「逆子，」帝堯聞聽大怒道，「想不到我帝堯生下這般逆子啊！」

「陛下，那歡兜領兵二萬，皆為兇惡之徒；孔王領兵一萬，」軍將見帝堯氣惱至此忘了軍情，急忙催叫道，「也為好戰之旅。他們二軍遙相呼應，互為配合，殺進迅疾，陛下要快作定奪呀！」

「水來土堵，兵來將擋。陛下，」司馬契這時大怒道，「你就快發命令吧！我五萬軍兵以逸待勞已數十載，早盼著用兵之日了。」

「我們只有五萬軍兵，還需留下兩萬守衛京都。」帝堯沉思片刻道，「那丹朱逆子亂兵合在一起卻有三萬，我們進兵也需擇定奪勝之策方好啊！」

「陛下，此則不難。丹朱亂兵雖有三萬，」司農棄道，「但兩軍不在一處。如果我軍擇其一路率先攻滅之，我軍即可變劣勢為優

勢了。」

「司農言說雖是，但如果戰勢不依我意，」帝堯仍是犯難道，「歡兜與孔王兩軍前後夾擊我軍，我軍豈有優勢可言。」

「啟稟陛下，」前來稟報軍將聽到這裏，則立刻插言道，「歡兜與孔王二軍相距遙遠，雙方之間有二百餘里之遙哩！」

「好。朕要領兵親征，先滅東路歡兜亂兵。司馬契，點兵出發！」帝堯聽到這裏，方纔最後下定決心道。司馬契遵命，隨之點兵去了。

丹朱與歡兜這時領兵確已渡過長江，正在向北殺進，這當然是老謀深算的歡兜的惡計。歡兜在京都聞知丹朱被帝堯放到丹淵之後，便知這是帝堯害怕丹朱不服自己禪位之舉採取的第一個對策。

為此邪惡的他立即計上心來，決計回去之後立即前去聯絡丹朱，以其為號舉兵伐堯，這樣便可名正言順號召天下了。待到伐堯成功奪得天下之時，再對付一個丹朱對他來說，就易如反掌了。

歡兜剛剛想到這裏尚未說於孔王，恰好鯀來到了其居處。他三惡隨著一陣計議，孔王與鯀卻要次日朝見諫止帝堯禪位之舉。老謀深算的歡兜對他們講說諫也無用以期阻止，孔王與鯀不聽其勸次日果然諫於朝堂，結果恰如其料被帝堯拒絕。他則依照自己之想，不發一言返回了居處。

孔王與鯀二惡回到歡兜居處心中氣惱，歡兜見之對他二惡講說了自己欲舉丹朱之旗，起兵伐堯之想。孔王聽了即表贊同，鯀因受到孔王譏訕心中氣惱而離去。鯀去之後歡兜與孔王沒有分開，他二惡又是一陣計議，決計先去共同說動丹朱，以舉丹朱旗號攻伐帝堯，奪勝之後他二惡平分天下。

計議定後他二惡次日一早不告而別，一道離開京都徑奔丹淵尋說丹朱。丹朱先前在汾河上游流放之地，聽說帝父要把天下禪讓給虞

舜，便氣得火騰萬丈道：「我與他不共戴天，天下是我帝子朱的，別人任憑誰個也都休想得到。」

邪惡的丹朱有他的想法，他雖然知道自己邪惡不能繼得天下，但又知道自己只有得到天下，方能毫無顧忌地盡情施惡享樂。為此他聽說帝父要把天下禪讓給虞舜，便氣不可抑，即與長人等淫朋損友計議起了對付之策。

但不料其惡即被帝父察知，不僅把他移放到了這荒無人煙的遙遠丹淵，而且剪除了其身邊的全部淫朋損友，使得他隻身一人孤單單地來到了這個沒有一個熟人的地方。為此丹朱來到丹淵孤苦至極，整日沉悶不樂。

「帝子至此受苦了，蒙冤了！」這日正在孤苦沉悶之時，突見歡兜與孔王二惡來到身邊，對之道，「我二臣雖然年已老邁，但甘願為帝子驅使，躬效犬馬之勞！」

「我丹朱心想此後，就我一個在此苦度終生了呢，」正在沉悶發呆的丹朱聞聽歡兜與孔王口出此言，頓然大喜過望道，「想不到二位老臣前來助我，實乃三生有幸了！」

歡兜與孔王見之，頓然心中暗喜。隨著一陣與之侃侃交談扯上了近乎，然後便依計談起了他二惡之想。邪惡的丹朱正在一腔怒火無處發洩，聽完歡兜二惡攻伐帝堯之想，禁不住高興得開口大叫道：「好啊，這真是一件天大的好事呀！」

隨著，他三惡便一陣計議起了具體攻伐方略。他三惡計議商定，歡兜出兵二萬，從南徑伐帝堯。孔王出兵一萬，從西徑伐帝堯。兩軍南、西遙相呼應，共舉丹朱旗號，以號召天下共誅帝堯，並約定了出兵日期。

商定之後，歡兜與孔王為在舉事之前保密，仍讓丹朱居住丹淵等

待。他二惡則立即告辭丹朱，奔回封地準備起事兵馬而去。起事的日子到來了，歡兜派人到丹淵迎去了丹朱，按期發兵二萬，舉起丹朱旗號，一路向北攻伐帝堯而來。

然而封國在西方的孔王雖然心有異想，卻也依約而行，按時發兵一萬，舉起丹朱旗號，一路向東攻伐帝堯而來。歡兜與孔王起兵眾多，又有丹朱旗號聲勢浩大，因而飛快地傳遍了天下，傳進了京都帝堯耳中。

二一、帝堯奪勝

　　帝堯待到司馬契點齊兵馬，即遣太尉舜留守京都，自己則親領三萬軍兵向南迎殺歡兜亂兵，數日後來到了黃河南岸。這日帝堯領兵向南正行，忽見探馬來報道：「啟稟陛下，歡兜亂兵已經殺到前方十餘里處了。」

　　「陛下，歡兜狡惡，」司馬契聞聽即對帝堯道，「又是有備而來，我軍必須防其施用惡計。」

　　「管他施用什麼惡計，他也定然勝朕不得！朕軍多他三分之一，」帝堯這時惱怒至極，聽聞司馬契此言立刻開口大叫道，「還怕他施用惡計不成。殺，殺他個潰不成軍，看他還敢前來伐朕！」

　　「陛下，打仗計詐為先，」司農棄聞聽帝堯心中氣惱言語失當，也即言勸說道，「司馬大人說得對，我們不得不防呀！」

　　「好吧，你們都怕歡兜施計，你們都先到一邊去。朕不怕，」不料正惱的帝堯聽了司農棄此言，更加氣惱十分道，「朕要與他來個陣對陣，將對將，兵對兵。朕倒要看看那逆子丹朱來到陣前，怎樣見朕！叛臣歡兜，敢來殺朕！」

　　帝堯如此說著，即麾大軍抖擻精神，徑向前去迎殺歡兜亂兵而來。帝堯領兵剛剛向前行出半個時辰，便見前方塵頭大起，已經與打

著丹朱旗號的歡兜亂兵迎在了一起。

帝堯即命眾兵列陣，等待歡兜亂兵到來。他要在陣前嚴教逆子丹朱，痛斥叛臣歡兜。歡兜亂兵須臾來到，歡兜眼見帝堯之軍已經列陣待在那裏，便也立即一邊令兵列陣，一邊與丹朱雙雙出到陣前。

「逆子，你不思改邪歸正，」帝堯見之，即刻勃然大怒痛斥丹朱道，「反倒惡上加惡攻伐於朕，知道今日便是你的死期到了嗎？」

「帝堯，你雖為兒朱的帝父，但卻昏惡至極！你不把天下讓給我丹朱，反倒把天下輕易讓給外人！」丹朱「嘎嘎」一笑也不相讓道，「天下乃天下人之公器，能是你昏惡的帝堯輕易讓人之物嗎？因而你今日既然來了，便是你的死期到了，就容不得孩兒對你手下留情了！」

「逆子，想不到你竟然渾惡至此！你不知道帝父先前要把天下禪讓於你嗎，但你邪惡至極帝父方纔放逐你，」帝堯聽了更惱道，「以期使你警醒改邪歸正棄惡從善！可你今日不僅邪惡不改，竟然聯惡舉兵前來與帝父強奪天下，那麼帝父就只有剿殺你不可了！」

「帝堯老兒，別再胡攪謬理了！輕易拿天下公器的帝位禪讓於人，天下人不答應，我們不答應！舉兵討伐之，此乃順天之意，合地之理，人心所向也！」歡兜這時早聽不下去了道，「丹朱行得正，做得對！如果你老兒頭腦尚且不昏，就快快束手就擒，宣佈將天下讓給丹朱。以免雙方再動干戈，傷害生靈了吧！」

「胡說，屁話！朕真後悔上次沒有殺了你這亂賊，竟又生出今日之亂，並挾迫逆子丹朱從你為惡！」帝堯聞聽歡兜此言，早氣得渾身顫抖起來道。說著，再也抑制不住心中的氣惱，即麾眾兵向歡兜亂兵迎面殺了過去。

歡兜當然也不相讓，也即麾亂兵向前迎殺上來。轉眼之間，他雙方軍兵便惡殺在了一起。這是一場惡戰混殺。一時間只見千軍萬馬兩

相衝殺，馬嘶人喊，刀械撞擊。鼓聲撼天，殺聲動地。

眨眼間已是殺得狂風大作，塵土陡起，天昏地暗。帝堯兵將個個奮勇除惡，拼力殺敵。歡兜亂兵人人助惡而來，殺不相讓。須臾之間，已殺得屍橫遍地，血流成河。

帝堯見之更惱，急忙親播戰鼓催軍奮力又是一陣大殺，方殺得歡兜亂兵現出抵擋不住之態。歡兜見之也不怠慢，急忙令兵向南撤退。帝堯豈能相讓，即令眾兵隨後向南窮追猛殺，以期一舉剿滅歡兜南撤亂兵。

然而帝堯這時只顧督軍窮追猛殺，恰好中了狡惡的歡兜之計。歡兜老謀深算狡惡異常，他早在數日之前，聞知帝堯率兵三萬徑直向他攻來之時，即心想起了對付之策。

開始，他想到帝堯軍兵勢眾於自己，決計即合孔王亂兵共戰帝堯。但旋即他便想到，自己亂兵雖然勢弱於帝堯，但如果巧施惡計，就一定可以創下以少勝多的奇跡。為此他隨之思謀起了施用何種惡計，並與三苗、狐功、丹朱一齊商議起來。

「大王，這個不難。」狡惡的狐功聽了歡兜此想，率先「嘿嘿」一笑道，「我軍善於計戰，我們的兩個奇招使出任何一招，都可以一舉制勝帝堯之軍。」

「對，父親。我們先施火象陣，」三苗聽了也頓然大喜道，「帝堯軍兵雖多，我軍火象陣一攻，其軍兵也定會遭敗使之勢弱於我。」

「不，首戰還是不使火象陣，使用毒蛇陣擊之為好。」然而狐功卻不贊同道，「因為首戰之時帝堯軍兵肯定無備，我軍設伏使用毒蛇陣擊之，定可奪獲全功。火象陣留到硬戰時再用，為不得已用之之策的好。」

「狡徒言之有理。」歡兜對狐功此言，立即贊同道，「先施毒蛇

陣擊之，下步再見機而行。」

歡兜眾惡計議既定，便領兵繼續向北迎殺帝堯軍兵。這日正行之間歡兜聞報帝堯軍兵殺到，已經距之只有十里之遙，並且沒有他計可施，便立刻依計而行。遂命三苗與孤功各領一軍左右埋伏，其則與丹朱領兵向前列陣迎殺帝堯。

待到其與丹朱領兵敗退，引得帝堯軍兵追殺到伏擊圈中之時，三苗與孤功兩軍再從兩邊齊放毒蛇，上前咬殺帝堯軍兵。歡兜如此佈置停當方來迎殺帝堯軍兵，惡戰之中帝堯無備絲毫不知。見到一陣惡戰歡兜軍兵向南撤去，便以為歡兜軍兵真的不堪一擊敗下陣去，即麾動眾兵隨後窮追猛殺起來。

帝堯麾兵向前追殺，恰好中了歡兜的惡計。其眾兵剛剛向前追殺一陣，已全部進入了歡兜設下的伏擊圈中。領兵南撤的歡兜眼見帝堯中其惡計，心中大喜即今正撤的軍兵止步，回頭列陣迎住追來的帝堯，「嘎嘎」大笑道：「帝堯老兒，你私禪天下不聽眾臣之諫，今日你到了死期就怪罪為臣不得了。」

「惡孽，朕叫你今日死無葬身之地！」帝堯見之大惱道。說著，即麾眾兵向前奔殺更疾。以期一舉沖潰歡兜身後軍兵，擒殺惡酋歡兜。不料帝堯只顧麾動眾兵向前拼命奔殺，卻突聞其兩邊軍兵一陣齊聲驚叫起來。

帝堯聞聽心生驚詫，急舉目向兩邊看去。只見其軍兵兩邊草地之上，陡地竄出了覆滿地面的成千上萬條劇毒猛蛇，兇猛地向其軍兵奔竄過來。那毒蛇千姿百態，真個是有長有短，有粗有細，身覆七彩，條條口吐紅紅的毒信，奔竄猛疾。

倏然之間，在前者已經竄到了其軍兵腳下，把靠近的軍兵咬倒在地上。更有甚者，則把近前的軍兵纏倒在地上。嚇得帝堯眾兵驚怕不

已，大聲驚叫起來。帝堯見到這裏當然更驚，那毒蛇不是一條兩條十條八條，而是鋪天蓋地而來。即使自己令兵出械殺之，也是一時殺滅不及，自己軍兵必會被咬傷眾多。

驚怕至此，帝堯又倏然心異起了值此時刻，究從何處驟然奔來了這樣眾多的毒蛇？他沒有想到這些毒蛇會是歡兜軍兵所放，他想像不到狡惡的歡兜會以蛇代兵用於打仗。所以他驚怕毒蛇鋪天蓋地向自己軍兵撲來，是上天之意，就如同上次天上十日並出示象警誡自己一樣，這又是示象警誡自己不要出兵攻伐歡兜與丹朱。

若是這樣，則就是自己出兵錯了，歡兜他們對了！可他又覺得這壓根兒也不可能，歡兜他們是錯的呀！然而時間不容許帝堯在驚怕中繼續多想，那鋪天蓋地的疾猛毒蛇已經撲了上來。驚怕中的帝堯不敢怠慢，急忙令兵向後撤退。

但無奈其軍後路也已被毒蛇攔斷，帝堯眾兵聞令前軍變作後軍向後一擁，已把後軍全部擁進了毒蛇群中，眨眼間被毒蛇咬傷纏住無數。帝堯眾兵見之更加驚怕，頓然陷入了更加混亂之境。就在這時，歡兜軍兵又返殺了回來，左右埋伏的三苗與狐功伏兵，也一齊喊著殺聲殺了出來。

至此帝堯聞聽三面殺聲大起，方知鋪天蓋地的毒蛇皆為歡兜所佈，心中便更惱歡兜萬分，決計與其拼以死戰。但無奈這時其眾兵不知歡兜究竟引來了多少兵馬，只聽三面殺聲震天，全都驚怕得連地上的毒蛇也顧及不得，一齊死命向沒有喊殺之聲的北方突去。

可歎帝堯軍兵此後硬是從毒蛇身上踏將過去，向北奔出數里方纔紮住陣腳。其軍兵經此一戰，或被歡兜軍兵打殺或被地上毒蛇咬傷，竟然死傷近萬之數。帝堯心中大惱，發誓次日再戰歡兜軍兵，以盡滅其兵剿殺惡酋歡兜以雪此恨。

「陛下，歡兜狡惡，今日又首戰奪勝，」司馬契這時眼見天將傍黑，放心不下道，「臣下料他今夜必會領兵前來襲奪我營。我軍不得不防。」

帝堯聞聽一驚道：「是呀，臣下所料極是。朕只顧氣惱，險些又鑄成了大錯。如此我軍正好將計就計，大敗歡兜軍兵不在明日，就在今夜了！」

「對，陛下。我軍可以空出營來，」司馬契道，「前去四面設伏，他歡兜軍兵定然難逃覆滅厄運。」

帝堯隨後心想一陣，方纔命令契、棄二臣各領一軍，出營東西兩邊埋伏。又命皋陶引領一軍，到營西南設伏以斷歡兜襲營軍兵退路。待到天黑，契、棄與皋陶三臣領兵去後，帝堯也自領一軍出營向北設伏而去。

帝堯軍兵做好了伏擊歡兜襲營軍兵的準備，歡兜這時則真的正在準備帶領軍兵，前來襲奪帝堯軍營。天黑之前，狡惡的狐功就連連對歡兜道：「大王，帝堯軍兵初戰遭此慘敗，其軍中上下定然個個心驚，今夜必無防備。我軍如果趁夜襲奪其營，定獲全勝。」

「可那帝堯老兒也並非呆子，」歡兜也為老謀深算的狡惡至極之徒，聽了狐功此言，兇殘的雙眼立刻連轉數轉道，「其身邊又聚有一班精明臣子，我們掉以輕心不得啊！」

「父王太多疑了吧！父王多謀，不能就說帝堯老兒就也心眼眾多。這樣疑慮太重，先把自己給嚇住，」三苗立即接言道，「哪裏還有奪勝帝堯之理。父王，孩兒預料狐功言之有理，帝堯老兒軍中定然無防，我軍乘夜擊之必奪全勝，您就下決心吧！」

「好吧。快快命兵造飯。」歡兜剛才也實在正在猶豫不決，這時聽了三苗這番言辭，方纔下定襲奪帝堯軍營的決心道，「二更出發，

297

襲奪帝堯老兒軍營！」

　　二更天時很快到來，歡兜領兵出發襲奪帝堯軍營的時刻到來了。「孩兒，你與丹朱引領一軍留守軍營。如果我軍兵遭遇不測，你二人領兵速去接應。」然而狡惡的歡兜臨出發前重又心生猶疑，忽然命令三苗道。言畢，方纔引領大批軍兵悄然出營，向北襲奪帝堯軍營而來。

　　歡兜軍兵駐地距離帝堯軍營不遠，出營剛過一個時辰便已襲到了帝堯營前。黑暗之中，歡兜看到帝堯軍營中燈火通明，旌旗獵獵，平靜無異。為此他心中大喜，暗贊身旁的孤功道：「狡徒，我歡某不如你也！帝堯老兒果然被狡徒料個正著。」

　　「大王，」孤功這時也不謙讓道，「殺吧！」

　　「好，殺他帝堯老兒個措手不及！」歡兜隨之高興道。隨著，歡兜便率先領兵向帝堯營中沖去。歡兜在前轉眼殺進帝堯軍營之中，但他向前衝殺許久，卻見帝堯營中只有通明的燈火，獵獵的旌旗，卻不見帝堯一卒一兵。

　　「狡徒，你毀了我軍也，快撤！」歡兜至此始知中了帝堯之計，心中大驚道。說著急忙掉轉馬頭，麾其軍兵就要退往營外。然而歡兜此舉已經遲了，這時其軍兵四面全都響起了驚天的喊殺之聲，傳來了撼地的軍馬奔騰之聲。歡兜聞聽更驚，隨著開口大吼道：「撤，快撤！」

　　歡兜軍兵在此驚怕之中剛剛撤到帝堯軍營門口，棄、契兩路伏兵已從左右殺了上來，與歡兜軍兵殺在了一處。這是一場惡殺，黑暗中只見棄、契軍兵個個奮勇，人人拼命。歡兜軍兵也不相讓，拼力抵擋，拼死逃命。如此雙方殺得正烈，南邊皋陶伏兵與北面帝堯軍兵，又從兩面殺了過來，把歡兜軍兵團團圍在了正中。

　　原來帝堯思謀歡兜會全軍出動而來，自己軍兵正好將其圍而剿之。這時帝堯心中仍抱此想，卻不知道歡兜在其營中，還留有三苗與

丹朱接應軍兵。因而對其軍兵大叫道：「兵將們，殺呀！剿滅歡兜亂兵，平定天下就在如此一舉了！」

帝堯口中如此喊著，便率先殺進了歡兜軍兵之中。其兵將見之，更加個個奮勇，人人爭先。轉眼間已將處於驚怕之中，又勢弱於帝堯軍兵的歡兜軍兵，殺死三分之一還多。

「快向南沖，三苗與丹朱率兵接應我們來了！」然而就在這時，大殺中的帝堯突聞其南方軍兵身後，一陣殺聲陡然傳了過來。帝堯心中正奇，又聞被圍的歡兜開口大叫道。隨著其即領亂兵，急向南方皋陶軍兵衝殺了過去。

帝堯至此方知歡兜果然狡惡異常留有一手，心中更惱急命眾兵拼死圍殺，不讓歡兜軍兵向南突圍。但無奈事生驟然，先前沒有防範，正在南面圍殺歡兜軍兵的皋陶軍兵，一時間抵擋不住歡兜軍兵的正面猛衝和背後三苗與丹朱軍兵的狂殺，其軍頓被兩方軍兵殺出了缺口。使得歡兜引領亂兵得到接應，迅疾從缺口中突圍向南逃去。

「追，叫他歡兜軍兵逃脫不掉一兵一卒！」帝堯見之大惱，隨後吼叫道。隨著麾兵向南急追過去。歡兜軍兵經此惡戰死傷近萬，剩餘萬餘軍兵抵擋不住帝堯成倍軍兵的窮追猛殺，因而突圍之後再也不敢停留，慌得連營帳也顧不及收帶，便穿營向南逃竄而去。

帝堯則麾兵隨後窮追不捨，沿途又追殺其軍兵無數，轉眼已是追出三日時光過去。奔逃無奈之中，歡兜也曾數次派人前去聯絡孔王軍兵，以迅速前來共戰帝堯軍兵反敗為勝。歡兜心想孔王軍兵如果來到，他二軍合為一處，恰好與帝堯軍兵勢均力敵，便可再與帝堯軍兵決一死戰。

然而，歡兜派出聯絡之人去後，轉眼在奔逃中已經等待到了第四天上午，卻仍是不僅不見孔王軍兵來到，竟然沒有得到孔王軍兵的點

滴消息。軍情急如火燒，歡兜實在忍不住了道：「孔王老兒，你究竟是怎麼著了呢？」

歡兜固然老謀深算又兇殘至極，他這次還是沒有能夠狡惡過表面文質彬彬恭順非常，內裡卻比歡兜更加狡惡三分的孔王。孔王軍兵所以一直不來，又一直沒有點滴消息傳到，正是狡惡的孔王按其所想作為而致。

三苗這時聽聞歡兜把希望全部寄託在了孔王軍兵身上，對自己軍兵下步行動毫無打算，立即邊逃邊提醒其父道：「父王，孔王軍兵等待不來，我軍兵卻也往南不可再逃了。」

「孩兒何出此言？」歡兜這時真的心思全在孔王軍兵身上，對其前途沒有他想，驟聞三苗之言不禁一愣道，「快講。」

「父王，此地距離長江僅僅還有一日路程。」三苗道，「父王想想，如果我軍兵逃到了江邊，江上又一時無船可渡，我軍兵不就處境更加險惡了嗎？」

「是呀，多虧了孩兒提醒，不然父王早把長江忘了個一乾二淨。」歡兜聽到三苗說到這裏，心中方纔一明頓然一驚道，「你們快說，我們不往南逃，下步怎麼辦？」

「再來他個以少勝多，」狡惡的狐功這才敢於開口道，「以計奪勝。」

「孔王軍兵不來，」歡兜一時不解狐功此言之意，立即反問道，「我軍兵施用何計，能夠以少勝多？」

「大王怎麼忘了，上次我們使用毒蛇戰陣，」狐功隨之道，「曾經大敗帝堯軍兵。而我軍還有一個絕招火象戰陣藏而未施呢！」

「對，使用火象戰陣，」驚急中的歡兜聽到這裏，頓又恍然大悟道，「再破帝堯軍兵。」

「大王，快令軍兵停止奔逃，」狐功於是接著道，「列陣迎候帝

堯軍兵。」

「不，我軍兵還僅有這一種絕招，剿滅帝堯軍兵全都寄託在這群火象身上了。為此我們要火速聯絡孔王軍兵，以待我軍兵用火象陣攻敗帝堯軍兵之時，我二軍合力剿之方可奪得全勝。」歡兜這時卻突然否定狐功之言道。隨著，他丟下狐功之計暫且不用，又命人火速聯絡孔王而去。

但是，歡兜這次派出之人又是轉眼去了半日過去，不僅仍是沒有歸來，也沒有得到孔王軍兵的點滴消息。歡兜至此終於再也不敢寄望於孔王軍兵，再也不敢怠慢了，因為其軍兵再往南逃不過半日時光，就要到達長江岸邊了。

為此歡兜無奈即施狐功之計，命令正逃軍兵停步列陣，陣中列好火象。只待帝堯軍兵追來，立即放出火象突而擊之。帝堯領兵在後連追歡兜軍兵多日，見到歡兜軍兵只是敗逃，不曾停步一次。

這時帝堯正追之中突見歡兜軍兵一反常態，停止奔逃列陣迎殺於他，雖然心中一詫不解歡兜欲行何舉，卻也不把歡兜軍兵放在眼裡。不禁又怒又笑開口大罵道：「歡兜叛賊，你逃不脫了，你的死期就要到了！」

帝堯口中如此罵著，便不顧歡兜軍兵列陣待他之軍，即麾動眾兵向前衝殺而去。

然而就在這時，只見歡兜猛地把手一招，其身後軍陣之中便倏地沖出了列陣的大象。大象尾巴上個個都綁著燃火之物，燒騰著騰騰的火焰。

那火焰越燒越猛，隨著便燒得眾大象怒火沖天，徑向帝堯軍中疾沖過來。轉眼沖入帝堯軍中，發怒的眾大象紛紛舞起碩長的鼻子，捲起面前帝堯軍兵狂烈纏摔起來。一陣便把在前的帝堯軍兵踏傷摔死

無數。

帝堯軍兵突受眾多狂象攻襲，猛然防備不住，一陣即混亂起來。攻來眾大象這時則被尾巴上的烈焰燒得更疼，一頭頭更加瘋狂憤怒纏挃殺人更甚，帝堯的混亂隊伍也便更加混亂。

歡兜眼見其象陣出戰奪勝心中大喜，隨著急麾眾兵跟隨眾象之後，殺向了帝堯軍兵。帝堯軍兵正被狂怒的大象踏挃得東躲西避，歡兜軍兵上前便一陣殺死帝堯軍兵無數。

帝堯這時眼見其眾兵一是抵擋不住瘋狂的大象，二又見到歡兜軍兵趁機殺來，便不再怠慢急忙令兵後撤。但不料帝堯此令一下，其兵後撤之中由於身後有瘋狂的大象狂猛追殺，卻把帝堯此令變成了向後潰逃行動。

帝堯軍兵向後潰逃，恰正契合歡兜之意。歡兜見之即命其軍兵跟隨大象之後，向帝堯軍兵窮追猛殺。一時間，真個是殺得帝堯軍兵潰不成軍起來。帝堯眼見鬥場形勢陡生此變心中大惱，但他一時間也是無法扭轉敗局。

瘋狂的大象與歡兜軍兵正在帝堯軍兵之後窮追猛殺，自己軍兵抵擋不住帝堯也是無奈。無奈之中帝堯心中雖急，也只有裹在眾兵之中，隨著向前奔逃。就在這時，鬥場上卻又陡然生出了奇變。正逃的帝堯軍兵突然聞聽正追的歡兜軍兵身後突然殺聲震天而起，隨著歡兜軍兵便全都停止了追殺，一片混亂起來。

與此同時，綁在眾大象尾巴上的燃火之物也已燃盡，眾大象瘋狂一陣過後全都用盡了氣力，變得一頭頭疲憊不堪起來。正逃的帝堯軍兵見之，即一齊停止奔逃，向後觀看起來。帝堯這時則不怠慢，即令眾兵返身衝殺向了混亂的歡兜軍兵。

正在追殺帝堯軍兵的歡兜軍兵所以突生此亂，是其背後不從何處

突然殺來一支軍兵。這支軍兵從背後對歡兜軍兵一陣大殺，殺死歡兜軍兵無數，殺得歡兜軍兵大亂。就在這時帝堯軍兵又返身殺了過來，混亂中的歡兜軍兵便更加抵擋不住起來。

歡兜眼見至此，心知再戰自己軍兵已臨覆滅之境，遂不敢再戰。急領敗兵向東南方向，無軍攔殺之處奔逃而去。帝堯見之也不怠慢，即又領兵隨後窮追。追殺之中，帝堯方知剛才殺來為他解難之軍，是歡兜封國西方鄰國育唐國軍兵。

育唐國與歡兜封地相鄰，平時深受其害，育唐侯心中早就氣惱十分。為了防備不測，育唐侯見到歡兜先前暗練軍兵，便也暗暗組建起了一支近萬人的軍隊。前時不久，育唐侯眼見歡兜突然舉起丹朱旗號，領兵向北攻伐帝堯而去，放心不下派人時刻探察歡兜軍兵的動靜。

當他弄清了事情真相，得知帝堯親自領兵征伐而來之時，心中大喜，立刻領兵出發勤王而來。恰在此處解了帝堯軍兵急難，然後便與帝堯軍兵合為一軍，窮追起了歡兜敗兵。

歡兜經此敗戰軍兵又是死傷半數心中大驚，再也不敢奢望在此長江北岸攻殺帝堯軍兵。這不僅是因為經此敗戰歡兜軍兵更弱，帝堯軍兵又有了補充得到了加強，還因為歡兜知道其軍兵已經逃到了長江岸邊，若是再戰不勝就有回不到江南之險了！

為此他設想引領殘兵立刻渡過長江天險，以奔回江南老巢再聚軍兵大戰帝堯。他設想只要能夠逃回江南老巢，在其轄地之上對付帝堯軍兵，就會遊刃有餘。

心懷此想歡兜不敢稍怠，他見長江天險就在眼前不遠之處，為了渡過長江心思急轉一陣，便一邊領兵向東南方向奔逃，以延長逃奔的距離拖延到達江岸的時間。一邊急命一支快騎飛速搶往東南江岸，以預先備好船隻，待其敗兵到達江岸之時立即登船渡江，甩掉緊隨其後

追殺不止的帝堯軍兵。

帝堯這時只顧領兵追殺沒有想到這些，他想的是自己只要領兵隨後緊緊追殺，不給歡兜敗兵空出時間，他們就絕對渡不過長江。自己就可以領兵借助長江天險，把歡兜敗兵剿滅在長江北岸平定這次戰亂。

帝堯心懷此想領兵隨後緊追不捨，歡兜敗兵轉眼又已逃出半日，來到了預定江岸。逃到了預定江岸，歡兜舉目見其先頭騎兵已經依令備齊了船隻，便急令其敗兵登船渡江。

帝堯眾兵隨後追到江岸之時，歡兜敗兵已是全部渡到了江心之中。帝堯見之大惱，但卻水中無船，其眾兵一時向前追趕不得。無奈之中他只有令兵搶紮渡筏，渡過長江再去追殺歡兜逃兵。

二二、孔壬害己

　　帝堯軍兵紮好渡筏渡到長江南岸，歡兜敗兵已經上岸逃去半日。帝堯心中更惱，便即令軍兵循跡緊追，不把歡兜敗兵追殺淨盡決不收兵。眾軍兵聞令也不停急，上岸即向歡兜敗兵逃去方向窮追起來。

　　歡兜引領殘兵僥倖渡過長江，擺脫了帝堯軍兵追趕，當然不敢停歇，隨著便按既定逃回封地再戰帝堯軍兵之想，引領殘兵向其封地逃奔。奔逃之中，歡兜為了擴大隊伍，增強實力再戰帝堯，即在沿途號召眾人參加其軍伍。

　　然而事情完全出於歡兜所料，儘管他眾人奔逃一路號召一路，卻硬是無人響應，隊伍擴大不成。歡兜正值敗逃，心緒敗壞之時，又遇這等擴軍不成的敗興之事，其敗壞情緒遂立刻變成了沖天的氣惱。

　　氣惱至極之中歡兜也是無奈，無奈中殘忍的他則從緊繃的不整嘴口中，狠狠地崩出一個字來：「抓！」比歡兜更加兇殘的三苗在旁聽到父親此言，早已氣得憋不住的他，則又從嘴唇中崩出一字，補充其父道：「拉！」

　　歡兜父子氣惱無奈之時抓拉二字吐出唇來，便立即作為命令化成了其軍兵的實際行動。頓然之間，其奔逃中的敗兵一遇村寨，便立刻團團圍住抓拉起了丁夫，以壯其軍伍。

　　歡兜敗兵開始抓拉之時，雖然抓到了一些丁夫，但隨後再往前去消息早已傳到，丁夫壯男們全都奔逃一空，他們就再也抓拉不到了丁夫。特別是三苗封地，雖為歡兜父子苦心經營數十載，但由於他父子對封地民眾實行嚴刑酷法，民眾們早對他父子積滿了仇恨。只因時機不到高壓之下，人們敢怒而不敢言說罷了。

　　這時民眾們聽說帝堯引領大軍來到，歡兜父子兵敗逃歸將被剿滅，他們終於盼來了向歡兜父子報雪仇恨的時機，當然就誰也不去應其父子之召，參加其軍伍抗擊帝堯軍兵了。

　　為此不僅歡兜敗兵過處的村寨中的青壯年男子紛紛躲避而去。其敗逃歸來軍伍中的敗兵路過自己家門附近，也紛紛逃脫軍伍回家而去。從而使得歡兜敗兵隊伍，不僅不是越逃越大，而是越逃越小起來。

　　歡兜與三苗見此情景，心中實在是又驚又怕氣惱萬分。他們驚怕其敗兵隊伍再繼續奔逃下去，其敗兵就會逃散淨盡，只剩下他父子數惡成為孤家寡人，好事不成只有死路一條。他們氣惱自己本來是要逃回老巢，全民動員共戰帝堯軍兵，想不到竟是民眾全都離心離德逃避他父子而去。

　　然而他父子心雖驚怕氣惱至極，卻也無奈，無奈之時還是狡惡的三苗率先道：「父王，這樣我們就只有大開殺戒一途了！即軍伍中有敢逃跑者，格殺勿論！民眾中有敢不應從軍者，格殺勿論！」

　　無奈的歡兜雖然心中充滿了驚怕和氣惱，但老謀深算的他畢竟還是知道殺人越多，就會越失去人心的道理。他父子這時所以身處這般境地，就是因為先前三苗殺人過多，失去人心的必然結果。為此他無奈中立即否定三苗之言道：「不，再格殺勿論下去，人心失盡，他們還不殺死我們嘛！」

　　三苗聽聞歡兜此言雖覺有理，但身至絕境無奈至極的他，則還是

決計使用其殺人舊招，仍是執意要行殺人之道道：「父王，刀把子裡面出權威。先前如果不是孩兒在轄地大開殺戒，殺得屍橫遍野，血流成河，人見人怕，這些蠻夷之人豈會歸心於我！」

「你……」歡兜聞聽急又制止道。

「因而此刻只有重開殺戒，才能殺出我們的威風，」然而三苗不待其父言說，即言打斷道，「殺得眾人不敢離散他去。父王，常言人皆畏死，不殺別無他途了呀！」

歡兜聽罷三苗此言，無奈中也覺言之有理，舍此實在別無他途。為此他雖然老謀深算至極，其兇殘的本性卻還是限定了他，這時忽視了這樣一個現實。即先前三苗可以殺出威風，是因為民眾們當時無處言說，不敢言說。這時帝堯大軍來到，他父子成了將滅之惡，民眾們有恃無恐於他們了。

歡兜既然忽視了這一現實，又覺得三苗言之有理，老謀深算的他值此無奈之時，便也算在了空地之中。遂開口贊同三苗之言道：「那麼好吧，就依孩兒之言行事，舍此也確實別無他法了。」

隨著歡兜此言出口，其殘兵便立即在內部和外部一陣大殺起來。在其內部，對逃兵格殺之。在外部，則到一處殺一處。一時間，真個是走一路殺一路，走到哪裏殺到哪裏。

歡兜殘兵大殺不止，到處殺得屍橫盈野血流遍地。不僅更加殺背了民心，也更加殺背了軍心。其殘兵也皆由民眾中來，他們眼見自己的兄弟姐妹橫遭殺戮慘凄至極，怎能不一個個心生對被殺眾兄弟姐妹的同情，怎能不一個個心生對歡兜父子眾惡的深仇大恨！

為此，歡兜父子不僅殺得其殘軍過處人皆躲避，以免被抓被殺而且紛紛堅壁清野，不給其殘軍留下可食可用之物，促其殘軍早些被帝堯大軍剿滅。與此同時，仇恨至極的人們還紛紛自覺組織起來，與其

殘軍展開了小規模的戰鬥。在歡兜殘軍內部，也出現了眾多的反對小團體。他們開始組織殘兵，成批成批地逃離殘兵隊伍。隨後，又組織起了倒戈擊殺其他殘兵的行動。

歡兜父子的倒行逆施，給所過之處造成了深重的災難。帝堯軍兵追擊之中見到沿途慘狀，全都仇恨滿腔，恨不得立刻追殺上去剿滅歡兜殘軍，為民除此大患。為此其軍遁跡追趕迅疾，不兩日已追到了歡兜殘兵近處。

歡兜聞知此情大驚，身後帝堯追兵已近，自己殘兵少到了不足二千之境！如果被帝堯軍兵追上，自己殘兵就要覆滅於頃刻之間了。歡兜於是再也不敢怠慢，盡失了先前萌生的重集軍兵，壯大軍伍再戰帝堯軍兵之心。

歡兜如此無心再戰，無奈決計全力逃出三苗封地，前去民眾不仇恨自己的西南地方躲藏起來，韜光養晦，養精蓄銳，以待日後東山再起攻伐帝堯。無奈的歡兜既然心生此想，便急令其殘兵沿途停止殺人，以隱去蹤跡逃脫帝堯軍兵追趕，逃向西南荒僻之地以作隱蔽。

歡兜此想雖妙，但無奈對他父子充滿深仇大恨的其封地民眾，深仇未報大恨未雪豈能讓他父子逃去。他們不僅處處設防予以阻攔，而且隨時都把歡兜殘兵逃去的方向報告給帝堯，以助帝堯領兵早日剿滅其殘兵。

為此，狡惡的歡兜雖想領其殘兵隱跡逃遁他去，卻隱去逃奔痕跡不能。此後剛又逃出兩日，逃到丹水上游丹淵地方，正欲渡過丹水尚未渡及，帝堯軍兵已經追了上來。

這時，歡兜殘兵僅在丹水之上找到了十數隻小船，因此其兩千殘兵無論怎樣，也不能憑此小船一次渡到對岸。歡兜見其殘兵一次渡去不成，帝堯追來軍兵眾逾數萬，自己殘兵與戰無異於以卵擊石，只有

死路一條。為此驚怕至極之中不敢怠慢，急領三苗、狐功、丹朱數惡登上一隻稍大渡船，欲圖搶到對岸逃保性命。

然而歡兜眾惡的搶登渡船之舉，為其驚怕至極的殘兵們做出了榜樣。他們立即仿而效之，急忙一起搶登渡船。頓然間，便擠得連同歡兜所乘那只小船在內的十數隻小船，全都欲渡不成起來。

歡兜見之大急，這是其生死攸關之時生死攸關的事情！「快，快快趕殺上船軍兵。」為此他立刻大喊三苗道，「開船，開船！」

河岸上，帝堯軍兵這時已經借著丹水，把歡兜殘兵包圍起來。「你們都不要害怕，朕不會擊殺你們。朕知道你們都是被歡兜惡徒脅迫而來的，為此你們只要不再抵抗放下屠刀，朕就放你們回家。」帝堯出到陣前，對歡兜殘兵大喊道，「朕之不赦惡徒，只有歡兜、三苗、狐功、丹朱四惡。你們如果有心改惡從善，就立即動手前去擒殺他們四惡，莫讓他們逃掉！」

歡兜軍兵當然皆為歡兜脅迫至此，因而一個個心中也都充滿著對歡兜父子的深仇大恨，此前只是不敢動作無以報雪。加之聽信歡兜對他們講說的帝堯盡殺作亂之人，方纔跟隨歡兜眾惡逃奔至此。這時聽了帝堯這番言講，方纔心中後怕盡消仇恨陡昇，立即齊聲喊叫著衝殺向了水中船上的歡兜眾惡。

正在船上欲逃的歡兜，眼見自己船開不走逃去難成，船上眾軍兵已是揮械殺向了自己，心知自己死期已到。「壞吾大業者，孔壬蟊賊也！」隨之心想自己這次反叛之敗，不無遺憾地開口大叫一聲道。隨著，即抽劍「颯」地自刎死在了船上。

三苗與狐功見之，也都知道自己只有死路一條。便雙方不敢怠慢，害怕再怠被軍兵所殺死得更慘，急出劍自刎而死。丹朱開始還想著自己是帝堯之子，能夠保得一條活命不死。這時眼見歡兜、三苗和

狐功三惡死後，仇恨已極的歡兜軍兵全向自己殺來，自己也已毫無存活的希望。無奈之中，他也只有無奈至極地立刻抽劍，自刎在了丹水之上。

剿平歡兜軍兵的一場大戰至此終告結束，帝堯心中大喜。特別是又見到歡兜剩餘軍兵全都棄械於地，列隊等候自己發落之時。帝堯於是也不怠慢，即對列隊等候的歡兜軍兵道：「你們家中都有父老兄妹，你們的家人也都受盡了歡兜惡徒的蹂躪，這是朕用人不當給你們及你們的親人造成的罪過，朕對不起你們！既使你們的家人受到了殘害，又使你們受到了歡兜眾惡脅迫，飽嘗了戰亂之苦……」

「不，陛下。是我們有罪，我們助長了邪惡，負罪於陛下，陛下就嚴處我們吧！」歡兜眾殘兵聽到帝堯誠言至此，全都心受感動至極，不禁齊聲高叫道。隨著，全都「撲通通」跪倒在了地上。

「本是我們從惡攻伐陛下有罪，陛下反說自己對不起我們有罪，實在是折殺了我們！」帝堯見之急叫大家快快站起，眾軍兵則全都如同未聞一般，依舊跪地不起道，「陛下如果不處罰我們，我們實在不敢站起！」

帝堯聽到這裏感動至極，他聽出了這是一群好人，先前他們全都是受到歡兜脅迫所致。他們是無辜的，他們所以身受脅迫幫助了歡兜眾惡，完全是因為自己錯用了歡兜，給他們造成的罪過。

「眾位兄弟都不要再說了，你們家中的父母兄妹都在掛念著你們，等待著你們。」為此他更感到自己對不起跪在自己面前的這群好人，禁不住也立即「撲通」跪倒在地道，「如今惡酋已除天下已平，你們都快快站起身來，回家團聚去吧。」

「不，陛下。我們要參加軍伍，保衛陛下！孔王惡酋尚未除去，」眾軍兵眼見此景耳聽帝堯此言，則都仍不站起道，「戰事就還沒有最

終結束！為此敬請陛下收留我們，讓我們戴罪為陛下建功贖罪！」

「孔壬惡酋雖然尚未除去，但他只有一萬亂兵，朕現在則有大軍五萬，剿除孔壬亂兵已經足夠用了。你們儘管請起，放心地回家去吧！」帝堯這時急言道。歡兜眾兵聽到帝堯說到這裏，方纔連連叩謝帝堯再三，準備起身回家團聚。

「啟稟陛下，」不料就在這時，卻突見哨探慌忙跑到帝堯面前稟報道，「孔壬軍兵從西北方向殺過來了。「

「噢，一直不見他孔壬軍兵，」帝堯的情緒正沉浸在送走歡兜剩餘軍兵之中，驟聞此稟不禁一奇道，「這時怎麼突然殺到了這裏！」

「事生驟然，哨探不及，」哨探道，「他們已經殺到我軍跟前了。」

「噢，悄然而來，還是個襲擊！」帝堯聽到這裏方纔立刻起身道。隨著他心思一轉，即命眾兵道，「快，快把他孔壬軍兵團團圍住，就地殲之！」

然而帝堯眾兵聞聽此令正欲行動，西方卻一陣飛來了如雨的石塊，全都砸向了帝堯眾軍之中。飛來的石塊又大又猛又多，帝堯軍兵見之急忙躲避，倏然間已是大亂起來。帝堯見之大奇道：「何來飛石，如此眾多？」

「石飛遙遠，又這樣眾多，」棄、契這時也是全都不解道，「看來非人力所為，這就奇了！」

「這實在是奇了！那邊剛說孔壬軍兵殺到，這裏就驟然飛來了一場石雨。」帝堯聽了棄、契之言，不禁大驚道，「若非孔壬軍兵所為，不就是天助孔壬軍兵了嘛。嗯，是的！孔壬軍兵斷無這等異能，飛播這場石雨！」

然而帝堯剛剛說到這裏，紛飛的石雨已經鋪天蓋地般落在了其眾兵之中。軍兵混亂中躲避不及，早有不少被砸得身傷斃命。帝堯見之

也是無奈，心奇中只想這場石雨一陣就會過去，隨後自己再麾眾兵向前攻殺孔王亂兵。

但是事情大出帝堯所料，石雨此後不僅一直下瀉不息，而且大有越下越猛之勢。一會兒更砸得其軍兵死傷慘重，砸得其未死眾兵紛紛向後逃躲起來。帝堯這時更驚道：「蒼天啊，難道您真又示象警誡於我堯某，示我堯某無德不能身肩天子大任嗎？不然您怎麼驟下這場石雨，助那叛賊孔王亂兵攻殺我堯某呢？」

帝堯驚怕中不解此石皆為孔王軍兵所拋，心疑之時卻也一時無法遏止這場石雨，混亂中只有跟隨眾兵一道向後躲避而去。孔王所以這時引領軍兵來到這裏，是他反復預謀的結果。

原來，這白面細目的孔王實在比狡惡的歡兜更加狡惡三分，而且毀信廢忠，不講一絲兒信義。他本來與歡兜一齊來到丹淵，尋到丹朱約定了起事方略。但在其返回封地的路上，卻心思連轉數轉拿定了自己的主意。

他想到，自己只有萬餘軍兵，歡兜卻有二萬。但是兩方軍兵加在一起當有三萬餘數，若從兩面襲奪唐城帝都，或可奪勝帝堯軍兵。可他隨著又想到奪勝帝堯之後，歡兜兵多必居首功，自己兵弱必居次臣之位。歡兜必然得到的好處多，自己相應得到的就少。

狡惡的孔王據此決計改變這一局面，以在奪勝帝堯之後居於首功之位。心懷此想他見帝堯先期領兵全力攻殺向了歡兜，便心思一轉思謀好了改變之策。即在歡兜進攻帝堯軍兵之時，他袖手旁觀不上前去。

那樣歡兜兵少必然遭敗，帝堯軍兵在爭戰中也會受到損傷。自己不戰保存實力，而待歡兜兵敗到弱於自己之時，帝堯軍兵也傷亡到自己易勝之期，自己再麾軍兵突出擊之，奪得戰勝帝堯軍兵，居於首功之位。

　　定下此策，他於起兵之後立即付諸實施，首先斷絕了與歡兜的聯繫，使得歡兜摸不著自己的舉動。與此同時派出眾多哨探，時刻打探帝堯軍兵與歡兜軍兵的消息，以為自己行動當好耳目。

　　再者為了不洩密於歡兜，則對歡兜派來信使來一人殺一人，不使其有一人返回。狡惡的孔壬這樣作為，果然使得他對戰場情狀瞭若指掌，歡兜摸不著了他的根底，末了只有不作依靠，孤軍奮戰。

　　歡兜孤軍奮戰到孔壬所料在丹水慘敗之時，孔壬則認為恰正到了自己軍兵最好的出手奪勝帝堯軍兵建立首功之期。為此他設想帝堯麾兵攻擊歡兜之時，自己麾兵從旁突出擊之，歡兜敗兵再返兵殺之。他與歡兜軍兵雖弱於帝堯軍兵，但加上自己軍兵的拋石奇術，並與歡兜軍兵兩方夾擊，帝堯軍兵必敗。

　　據此他便麾兵悄然奔到丹淵西方，正在帝堯軍兵待在丹水岸邊之時，即施拋石奇術攻打起來。孔壬軍兵的拋石奇術實在邪惡，它是孔壬為了攻伐帝堯，數年間組織工匠苦心研製的一種利器即拋石器。

　　這種拋石器使用杠桿原理製作，杠杆一動便可把前方的石塊拋擲出去，遠者可拋出兩箭之地。孔壬製成此種利器之後秘而不宣，只等關鍵時刻用之奪勝。這時孔壬欲要奪勝帝堯軍兵認為關鍵時刻來到，便突施此種利器打得帝堯軍兵死傷無數，一陣大亂起來。

　　帝堯不知這場石雨是孔壬軍兵這樣播佈，以為是天示凶象警誡自己，同時他也無法避此石雨，無奈中只有命兵向後退避。帝堯令下眾兵驚怕石雨，退避起來立即變成潰逃。孔壬見之當然不讓，他期待中的與歡兜軍兵共滅帝堯軍兵之期，就在此時一舉了！

　　為此他在開戰之後，不見歡兜軍兵攻殺上來夾擊帝堯混亂軍兵，便急忙一邊派人聯絡歡兜軍兵快快行動，一邊自己即令其兵隨後狂追猛砸起了帝堯軍兵。帝堯軍兵見之更驚，向後奔逃更疾。帝堯軍兵此

313

後轉眼向後逃奔過去半個時辰，孔王軍兵搬帶器械畢竟追趕不疾，方使得其軍兵擺脫了追趕。

帝堯軍兵擺脫了孔王追兵，便擺脫了頭頂降下的石雨。但他們卻也一個個不敢停歇，唯恐那怕人的石雨再降到了頭頂，依舊向前奔逃不止。正在他們繼續奔逃之中，卻見一位哨探突然來到帝堯面前道：「啟稟陛下，石雨的奧秘小人探察清楚了！」

「噢，」帝堯聞稟心喜得一愣道，「快講。」

「那石雨並非上天示象警誡陛下，」哨探立即道，「乃是孔王亂兵發明的一種拋石器，用之拋擲石塊所致。」

「原來是這樣。」帝堯聽到這裏，方纔心中輕鬆下來，隨著帝堯既知石雨來處，便已有了對付之法道，「你再說說，他們都是能將石塊拋擲多遠，多高？」

「遠可拋出兩箭之地，」哨探道，「高則僅可拋出半箭之地。」

「陛下，我軍兵登上此山，」司馬契聽了，立即一指身旁的小山道，「孔王軍兵就無能為力了。」

「好，」帝堯也正心懷此想，當即贊同道，「上山。」

帝堯眾兵聞令轉眼登上了山頭，孔王亂兵追到山下果然失去了拋石之能，他們的拋石器無力把石塊拋上山去。孔王站在山下見之，頓陷無奈驚怕之境。這時他已聽說了歡兜眾惡的敗死，其亂兵的覆滅。帝堯此後使用數萬軍兵對付自己一萬軍兵，無異於吃食一碟小菜。

但是驚怕至極之中他也無奈，他既然已與帝堯軍兵交上了手，要走一時是走去不脫的。為此他只有一邊硬著頭皮決計與帝堯軍兵惡鬥下去，一邊絲毫不敢怠慢，挖空心思地尋思起了奪勝之招。

苦思之中，孔王當然大為懊悔自己先前未與歡兜誠心聯手共戰帝堯，錯過了攻滅帝堯的絕佳時機。使得這時歡兜軍滅，自己亂兵又將

被帝堯軍兵擊破。帝堯領兵這時待在山上，雖然躲過了孔王軍兵拋來的石雨，卻也心不停歇。他見孔王亂兵正在山下，便即與眾臣將計議起了奪勝孔王亂兵之策。

「要破孔王亂兵，首先必須破其拋石異術，」計議中帝堯率先道，「誰有破此異術的高招，率先講來。」

「這個不難破得。孔王亂兵的拋石器只能往遠方拋擲，」司馬契率先道，「如果我軍靠近它突然襲之，使其拋石器無法拋石，便可奪勝他亂兵。」

「契弟言之有理，」司農棄隨之道，「舍此則別無他法可破哩！」

「是呀。破掉孔王此術必須搶去其拋石利器，搶奪必須近前，否則就又要遭受其害。」帝堯聽後道，「這樣正好，孔王亂兵正在窪處近在眼前。天黑之後我軍派出一隊軍兵靠近襲之，大軍隨後攻之，則必奪全勝無疑。」

眾臣將聞聽全都贊同，帝堯遂令司馬契即做準備，等待天黑一更行事。一更天時很快到來了，司馬契即依帝堯之令，引兵憑著天黑掩護，悄然出發向孔王亂兵靠近過去。

孔王亂兵雖有防備，但當他們發現司馬契所率軍兵之時，司馬契軍兵已經到了其面前。隨著不待他們反應過來，便已徑向其拋石器周圍撲了過去，繼之便與周圍亂兵大殺起來。

這殺聲響起驟然，嚇得正在無計可施的孔王心中一驚。他正在害怕帝堯軍兵悄然襲來，使得其拋石利器失去效用，其勢弱之兵就必敗無疑了。為此他聽到殺聲驟起不敢怠慢，急欲起身前去看視，卻見哨兵失急慌忙跑來道：「報……報大王，帝堯軍兵襲奪拋石器來了。」

「啊！」孔王驟聞此報驚得叫出聲來道，「來……來了多少軍兵？」

「天黑，看不清楚。只見來人眾多，」哨兵道，「我們一發現他們，

他們便已搶到了拋石器周圍。我軍抵擋不住，石是拋不成了！」

「壞了，完了。」孔王這時心涼至極道，「這最可怕的事情發生得太快了！」

孔王的驚怕之語尚未落音，帝堯軍兵所在山上，又頓然響起了山崩地裂般的喊殺之聲。孔王聽聞此聲知道，帝堯大軍已經隨後殺了過來。這時帝堯軍兵果如孔王所料，帝堯在司馬契領兵去後，早已令兵做好了向前攻殺的準備。只待孔王營中殺聲響起，他們就出發徑攻孔王軍營。

司馬契兵出得手，殺聲驟起，為帝堯傳來了信號。帝堯知道孔王亂兵的拋石利器已成廢物，對自己軍兵的危害已經解除，便即領眾兵向孔王營中喊著殺聲攻殺過來。

孔王這時不敢怠慢，他知道自己的奪勝奇術已經失去，自己軍兵勢弱，若被帝堯軍兵圍住，就將有逃脫不掉全軍覆沒之險了。

「撤，快隨我撤！」為此孔王大叫一聲道，隨著即領亂兵徑向西北方向其封地奔逃而去。其亂兵當然皆知鬥場形勢險惡，全都早已心中驚怕不已。這時聞聽孔王之令，誰也不敢怠慢一步，急拔腿跟隨孔王之後逃命而去。

然而孔王敗兵逃跑雖疾，帝堯軍兵隨後窮追更猛。孔王後尾亂兵硬是逃跑不掉，轉眼已被帝堯追兵殺死無數。「快，拋棄身上負重，只留兵器，快逃！」孔王見之更驚，急對眾亂兵大叫道。其眾亂兵聞令，急忙減重狂奔。

孔王這一惡計施出果然加快了奔逃速度，其剩餘數千亂兵一陣便甩掉了帝堯追兵，向前疾逃起來。孔王亂兵雖然這樣一時甩掉了帝堯追兵，卻也並未把帝堯追兵真正甩遠，只是兩軍拉開了互相看視不見的距離而已。因而孔王亂兵在前拼命疾逃，帝堯軍兵在後仍是窮追不止。

「陛下,前方就到長江邊上了。」他二軍一逃一追轉眼過去半宵半日時光,追趕中的育唐侯突然對帝堯道,「陛下正可快設奇計,借此長江天險剿滅孔王亂兵。」

「好,剿滅孔王亂兵,就在此長江邊上了。」帝堯聞聽大喜道,隨著他即命育唐侯道,「愛卿,你率來軍兵慣走山路,你就立即率領他們強行軍,趕到孔王亂兵前頭江邊,攔住孔王亂兵。我們把他孔王亂兵圍在江邊,看他們還往哪裏逃。」

育唐侯即言遵命,遂領兵向前疾奔而去。育唐侯之兵果然不負帝堯之命,剛過一個時辰便搶到了孔王亂兵前頭來到江邊,攔住了正逃孔王亂兵的去路。孔王領兵正逃,突見前方道路被一支軍兵攔住,心中大驚。

因為他右邊是浩浩長江,後邊有帝堯窮追大軍。特別是他看到攔他之軍,竟是原先合入帝堯之軍的育唐國兵,便知道自己敗兵被帝堯軍兵圍於江邊已成定局,為此他頓然絕望到了極點。

就在這時,帝堯軍兵果如孔王所料,從南、東兩方迅疾圍了上來,與育唐國兵三方把其敗兵團團圍在了江邊。帝堯眼見自己軍兵圍住了孔王亂兵,立即出到陣前對孔王亂兵喊叫道:「你等軍兵皆為孔王惡孽脅迫而來,因而你等無罪,朕不忍心傷害你們。只是你們要快快反戈攻殺惡酋孔王,將功贖過,方得赦免。」

「我孔王聰明一世,想不到反被聰明所害!」孔王亂兵當然皆為孔王脅迫而來,聽聞帝堯此言,便立即全對孔王仇怒頓生,齊聲喊叫著殺向了孔王。孔王見之大驚道,遂拔劍自刎在了江邊。

帝堯眼見至此自己大獲全肚,便即遣散孔王軍兵和育唐國兵,對育唐侯犒勞一番,並將歡兜封地封其轄有。然後便在育唐侯的歡送之中,班師凱旋返回京都唐城而來。

二三、堯避朝事

　　帝堯引領得勝之軍在途十數日過去，這日凱旋回到京都唐城，太尉舜引領朝中百官出城相迎。與此同時，太尉舜還為帝堯眾臣將擺好了慶勝筵宴。帝堯心中高興，便與眾臣將宴會歡慶一日，以慶剿平歡兜、孔王二惡之勝。

　　轉眼到了次日，帝堯詢問之後得知自己去後朝中之事，全都得到太尉舜的妥善處理，一切平安，心中更喜十分。恰好這時到了歲末郊祭天地之期，帝堯便令太尉舜即作準備，以俟三日之後準時郊祭天地，祈告蒼天厚地為天下民眾賜福。太尉舜當然不會怠慢，隨即帶領眾臣將忙碌準備起來。

　　太尉舜轉眼準備三日過去，時間到了郊祭之日。帝堯便在這日一早虔誠沐浴之後，率領朝中眾臣將到祭所行祭而來。帝堯郊祭天地之所建在京都南門之外，是一座在平地上人工築起的丘陵。丘陵高約十丈，廣約十畝，四邊作圓形，故名圜丘。

　　登上圜丘的通道在丘的北面用石階鋪成，石階共有九十九級。登上石階攀上圜丘，迎面是一座平壇。壇名泰壇，高約三丈，上面堆滿薪柴和各種引火之物。圜丘正中，有一座大殿，廣十三間。正中一間設有神座，神座下方擺列有鼎俎，鼎俎兩旁分列有無數祭品。祭品兩

邊及殿外，站滿了肅穆的手執鐘、磬、竽、笙、簧等諸種樂器的樂工。

帝堯引領眾臣將出了朝堂須臾來到祭所之前，便要拾階向圜丘之上登去。唱祭官見之，即令樂工奏樂。隨之，莊重肅穆的音樂之聲驟然而起，徑揚九霄。帝堯與眾臣將踏著樂聲拾階行進，轉眼便攀完九十九級石階繞過丘上泰壇，來到了大殿之中。帝堯與眾臣將於是依次站列，靜待祭祀時辰到來，郊祭儀式開始，樂聲驟止。

「郊祭開始！」祭祀時辰轉瞬到來，帝堯與眾臣將聞聽唱祭官一聲唱叫道。隨著，便聞鼓樂齊奏，樂聲再起。就在這隆盛的鼓樂聲中，靜穆肅立的帝堯轉身緩緩步行出殿，在贊禮官的引導下向省牲處，迎接祭天所用犧牲而去。

省牲處備下的犧牲是一頭小牛，小牛頭上的角僅有蠶繭般大小，可見是一頭乳牛。帝堯先是虔誠地把這犧牲迎進殿堂，然後又虔誠至極地把它安放在鼎俎之上，隨著便開始了獻爵祭祀儀式。

獻爵祭祀儀式即為獻酒祭祀天地，須作三次敬獻大禮。祭祀用酒當時盛在爵中，故而叫做三獻爵。這時獻爵開始，帝堯身為天子，先行初獻爵大禮。只見他在鼓樂震響聲中，來到備好的祭爵之前，拱手施禮之後用雙手將祭爵捧起，然後祭供在了神座正中間。帝堯初獻爵禮畢，即退回到了原位。

帝堯行完初獻爵大禮，樂聲乃止。隨著太尉舜行亞獻爵祭禮，樂聲隨之又起。太尉舜又在樂聲中像帝堯一樣，將準備好的祭爵捧獻到了神位之上，完成了亞獻爵祭禮回到了原位，樂聲隨之又止。

接著，由司農棄行終獻爵祭禮，樂聲隨之又起。司農棄又像堯舜一樣，將備好的祭爵捧放到了神位之上，完成了終獻爵祭禮回到了原位，樂聲隨之停止了鳴奏。

三獻爵祭祀儀式進行完畢，司馬契接著開始朗誦祭文。帝堯與眾

臣將在朗誦之始，便全都在又起的音樂聲中拜伏下去，隨著司馬契朗誦的祭文，各個口中發出微微的祈禱之聲。

帝堯祈禱的話語，無非是心中想的禪位虞舜和早日治平洪水；眾臣將祈禱的則無非是天下太平，萬民安樂。一時間，只聽祭殿中蕭穆的祭樂聲輕盈飄蕩，虔誠的祈禱聲唯喏嚶嗡……

「唐堯，如今天下洪水為害已達極點，」就在這時，神殿正中神座上突然發出一聲異響，隨著若有人聲對帝堯道，「大禹正可治之！」

帝堯與眾臣將正在司馬契的祭文朗誦聲中虔心祈禱，驟聞這一異響無不為之震動，全都心中立刻暗想到：「神靈果真顯現，誠則靈矣！」帝堯則更是對之奇異萬分道：「鯀之子禹，難道真的可以建立治平洪水的蓋世勳功嗎？「

「先前朝中剛剛議定此事，」正在與帝堯一樣心中奇異萬分的太尉舜，聽了帝堯此言頓然更加奇異道，「此刻神靈竟又申而言之，實在是神妙之至哩！」

「舜愛卿，朕離開京都征戰歡兜已經數月有餘，」帝堯聽到太尉舜此言，即忙詢問道，「朕著你派人尋訪禹的下落，尋找到了嗎？」

「沒有，臣下也正在為此焦急，」太尉舜聞聽帝堯此問，忙如實回答道，「但不知他究竟現在何處。」

「尋人不易，加緊尋來便了。」帝堯道，「愛卿舉薦之人，神靈顯現申而張之，可見其必將建功於今世矣！」

「事生奇異，」太尉舜道，「看來定當會有奇異結局的。」

「尋來之日，」帝堯道，「讓他即來見朕。」

太尉舜即答是字。隨後，祭祀繼續依照儀程安排向下進行。末了半日過去祭祀完畢，帝堯與眾臣將方纔離開祭所返回城中。太尉舜回到城中眼見朝中無事，便返回府邸而來。他剛剛回到府中，心腹即來

稟報道：「大人，你數月來苦心命人尋找的禹，找來了。」

「好，」太尉舜聽聞此稟，頓然大喜過望急問道，「禹現在何處？」

「就在府中，」心腹隨之道，「等待大人召見。」

「好。」太尉舜即言道，「快快引他前來見我。」

心腹聞命出去片刻，即引禹來到了太尉舜面前。「先生，你一向身在何處？累得舜某派人好尋！」太尉舜見之急忙高興地對之道，「如今陛下已經贊同先生繼承尊大人事業繼續治水，先生應該為之高興！」

「謝過陛下任用盛恩，謝過太尉大人舉薦之勞！這也正是小人禹的殷殷夙願！」太尉舜這時只顧為找到了禹心中高興，並想著禹聽了自己之言也會心中高興，不料禹剛一見到太尉舜聞聽此言，心中先是陡地一喜道，然而，隨著他卻陡地心轉沉痛道，「但這怎麼成啊！」

太尉舜只顧高興驟聞禹此言，也禁不住心中陡地一沉。他想到了禹父鯀末了雖是自盡，但卻總算是被帝堯逼死的，而且是自己前去執行的。同時帝堯還讓自己攜去了吳刀，即使鯀不自盡，亦必為自己所殺。如此說來，帝堯與自己則正是禹的殺父仇人啊！

這樣，禹與帝堯和自己只有不共戴天之仇，焉有做臣稱下之理。那樣，也對不住其死去的父親啊！他正擔心禹為此不受帝堯之命，想不到自己一言禹即說到了自己擔心之處。為此他不敢怠慢，即言道：「怎麼，為什麼不成？難道先生還能為了私仇而不顧公義嗎？」

「不，小人不是這個意思。朝廷對小人之父所施是公法，不是私怨。私怨宜報仇，公法不能計較。」禹聽太尉舜誤解了自己的意思，他也最擔心自己被別個這樣誤解，便急言道，「況且先父遺命亦叫小人繼續治水，並不說什麼仇不仇的。所以小人只要能夠趕快治平洪水，方纔對得起死去的父親！」

「那麼先生心有治水夙願，並且只為公義不計私怨，」太尉舜的

擔心至此方纔消散淨盡，隨著開口道，「如今陛下又已任用先生，先生為什麼又說不成呢？」

禹先前聽到父死之時，便擔心朝廷將來不會任用自己承繼父業再去治水，使得自己雖尋得治平洪水良法也沒有用武之地，不能造福天下民眾。這時帝堯殺其父而任用他，正是他盼望已久乞求難得的好事，也是他的治水心願實現了第一步。

但他卻又說這樣不成，這並不是他不願擔當此任，而是依照當時的朝廷之禮，孝服在身之人不得出來擔當國事，出來擔當人們會斥其為不孝。禹正是犯愁至此，方纔說出了「怎成」之言。

「大人怎麼忘了，小人此時孝服在身，出來擔當國事於禮不合。」禹為此這時聽了太尉舜此問，便即言道，「大人這樣行事，不就是要陷小人於不孝不義之地嘛。小人做人尚且不成，又怎能前去治平洪水？」

「原來為此！」太尉舜聽到禹言至此，方纔心中盡明道，「舜某只顧替先生高興，想不到竟將此事忘了個乾淨。」

「為此小人誠謝大人舉薦隆恩，小人雖想擔當此任治平洪水，」禹則隨之道，「解救天下民眾倒懸，卻也實在不能擔當此任。」

「不，話不能全部這樣講說。禮，本來就有其不變和可變的雙重性。講到不變，」太尉舜初聞禹出此言，頓陷無奈之境，隨著他心機一轉道，「先生自然應當為父守喪三載，其間不可出來擔當國事。但若說到其可變的一面，先生就應該因事而易，遵行天子之命節孝就職了。」

「大人此言雖然有理，小人也實在想這樣去做，但卻不敢這樣去做，害怕受到眾人唾罵。」禹聽太尉舜說到這裏，雖覺此言正合自己心意也想答應下來，但卻還是開口推辭道，「為此，小人還是為父守

喪三載之後，再來擔當治水之任的好。雖然小人也為洪水不治心急如焚，恨不得立刻就去治平洪水！」

「先生，舜某心想你這擔心完全多餘。先生試想，如今天下洪水已經氾濫數十餘載，民眾遭殃。天子為此憂患難眠，尊大人以死殉職。」太尉舜聽到這裏，唯恐其再言說出決絕之語，急忙阻止道，「常言救難如救火，先生繼承父志接受帝命，不計為父守喪小節，而為治水救民之大節，此乃不僅不會受到眾人指責，相反則只會受到眾人稱頌！先生，你是聰明人，應該想通呀！」

太尉舜這樣一番言語，頓然把禹說得無言以對起來。是呀，若依太尉舜之言，為天下民眾為天子計為父親未竟之志計，他都實在應該出來擔當治水之任，再說這也是他的夙願。為此禹陷入了沉思定奪之中，許久沒發一言。

「歷山別後，先生近年都去了哪裏？」太尉舜眼見禹此狀，心知他已是將要答應擔當治水之任，便不再與禹講說此事，而轉換話題，詢問起了其近年的情景道，「舜某一直得不到先生的消息？」

原來，禹在父鯀治水離家走後八載之時痛遭母喪，他便在葬罷母親之後東來中原尋找父親，曾在歷山腳下虞舜耕處二人相見。他二人傾談契合結為摯友，方使得太尉舜此時這樣講說。

禹聽聞太尉舜此問，方纔把自己近年為了將來助父治平洪水，走遍天下察看萬水千山，得出了「高者鑿而通之，卑者疏而宣之」的治水方略，並且得到了長人所賜治水地圖，和瑤姬賜其遣召鬼神之書，及其差遣四神，助其將來治水的經過，從頭到尾對太尉舜講說了一遍。

「這太好了，這樣則先生大功必成了。」太尉舜聽完禹講說，真個是大喜過望道，「怪道方纔神靈顯現，薦先生出來治水！」

禹聽了太尉舜末了之言心中正在奇異，卻見司馬契走了過來。

「噢，十數年不見，當年那個六歲的娃娃長成大小夥子了。」太尉舜忙把禹介紹給司馬契，司馬契聞聽一看，頓然大為奇異道，「這太好了，太好了！」

「如今天下洪水氾濫數十餘載，某等初舉孔壬治之，繼舉尊大人治之，但終究未能成功。」司馬契說著，話鋒一轉道，「現在太尉又舉足下，繼尊大人擔當治水之任，不知足下肯擔負這一重任否？」

「啟稟司馬大人，小人年少才疏，本不敢擔當如此國家重任，害怕貽誤天下民眾。」禹聽了司馬契此言，即忙開口道，「但無奈承蒙太尉大人鼎力舉薦，父志未竟，小人豈敢退縮！」

司馬契耳聽禹言說至此，心中暗喜道：「察看此子，果然不凡。怪道神靈顯於祭所，薦其承繼父任！」隨著即對太尉舜道：「太尉大人，明朝出奏嗎？」

「不是明朝出奏於朝堂，而是方纔陛下有旨，」太尉舜即言道，「今我尋見了禹，即去拜見於他。」

「好！那麼，你我就一起引領禹立刻去見陛下吧。」司馬契聽後大喜道。太尉舜心中高興，即答一聲好字，便與司馬契一起領禹朝見帝堯而來。太尉舜與司馬契領禹轉眼來到帝宮之中，把禹舉薦給了帝堯。

帝堯聞薦，舉目看到禹果然如同太尉舜先前所言，年紀雖然不及二十，卻長得身長九尺有餘，相貌堂堂，不同凡俗。帝堯眼見至此心中高興，當即詢問道：「禹呀，你父治水十載，終至敗績。現在太尉舜舉薦你繼承父業繼續治理洪水，你自問少小年紀能夠擔起這一重任嗎？」

「小兒不敢妄言能夠擔當治水重任。治水之事，關係天下，涉及萬民，責任重大，疏失不得！不過小兒自幼時起，即跟隨父親學習水

利之學。」禹聞聽即作回答，末了竟強禁不住雙目淚落，口中泣出聲來道，「小兒之父臨終之時，又有遺書，教授小兒其治水敗績之訓。故而小兒願為天下民眾奔走效死，為陛下奔走效命，以贖先父罪愆！」

「小兒心有宏偉大志，誓承父業，報效朝廷，造福天下，可喜可嘉！」帝堯見之，則繼續向下深問道，「但是治水之事非同兒戲，你承父志，治水之計安出否？」

「小兒遍察天下山川形勢，吸取先輩治水敗績教訓，主張改變前輩治水之法，採取順從水性治之的方略。」禹聞聽此問，即止哭泣講說道，「即水喜就下，導之入海，便會平安無事。為此小兒之法可以概括為兩句話，即高者鑿而通之，卑者疏而宣之。如此而已，乞陛下指教！」

帝堯聽到禹言說至此，心中甚喜此子年紀雖輕，但卻一改孔王與其父失敗的雍堵之法，欲行鑿疏治水之法甚是。可他擔心鑿疏洪水工程浩大人力難以滿足，故而對之道：「高山巍巍，大地茫茫。怎麼鑿？怎麼疏？人力足用嗎？即使足用，工程浩大，曠日持久，民眾能夠承擔這等重負嗎？國力能夠承擔這等重負嗎？小兒再心想想。」

「陛下所憂甚是。先前，小兒也曾將此想與先父談過，小兒之父亦慮至此，故而不用此策以求速效，結果敗績。」禹聽帝堯此慮，則對之不以為然道，「小兒亦慮於此，為此數年來奔走四方訪求方術，幸賴民眾之福天子盛德，小兒已經訪求到了。所以小兒決計使用這一治水方略，不至於曠日持久便可治平天下洪水。」

隨著，禹即把訪到方術的經過向帝堯講了一遍。聽得帝堯、太尉舜與司馬契三人，一齊稱奇叫起絕來。帝堯更是心中大喜，對禹暗贊道：「怪道祭所神靈顯現，力薦此子治理洪水！」隨著，他即對禹道：「好吧，小兒既有這等治水大志，又有治水良法，就暫在京都居住下

來細做籌畫。以俟時待朕召見，再商治水具體方略，待朕任用。」

「慢，朕還有事與你商量。」禹聞聽，連忙伏地叩頭謝恩。太尉舜見之，即欲領禹離去。帝堯見之，即又開口止之道。太尉舜聞命即止，帝堯隨之對其道，「再過一日，就是正月初一，到了朕為愛婿定的攝政開始之日。為此朕心想，要舉行一個儀式，封賞一下眾臣，宣佈太尉攝政之日開始。」

「陛下想得對，」司馬契聽了，也即贊同道，「是要舉行一個儀式，封賞一下群臣。」

「朕近日還心想，當時朕所以同意讓虞舜以太尉名義攝政，是因為三凶不服，丹朱在世。」帝堯隨著又說道，「如今三凶已除，丹朱逆子也已自絕於丹淵。為此朕以為還是借此太尉攝政之日，將帝位禪讓於太尉的好。」

「不，不，陛下不可這樣！舉行儀式封賞眾臣，宣佈臣下攝政開始，臣下無奈只有同意，但陛下非要禪位於臣下，則實在沒有必要。」太尉舜這時則急得不待帝堯說完，急忙打斷其言說著，末了竟真的拱手就要離去道，「因為臣下攝政便完全可以代替陛下處理朝事，陛下為什麼還非要禪位於臣下不可呢？那樣，臣下就連攝位也不做了！臣下告辭陛下，臣下無奈只有去了！」

帝堯見之，心中十分悵然。「陛下讓虞舜攝政，一切事權已與天子無異，何必再爭禪讓榮名呢！假使陛下一定要禪位於太尉，臣下看來這固然是陛下的謙恭大德。但到後世有人見到太尉舜突然以臣變君，」司馬契在旁見之，忙一邊止住太尉舜，一邊勸說帝堯道，「陛下突然以君變臣。若以小人之心推測起來，說不定還疑心是太尉舜有篡竊之心，陛下有受逼之辱呢！那樣豈不就好事反成惡事了嘛！」

「契兄固然言之有理，但朕不禪去帝位，就終久脫不掉背負天下

重任的干係！」帝堯禪去天下之心耿耿難釋，聽了司馬契此說仍不贊同道，「朕才薄德淺，實在不願再背負自己背負不起的重任，讓天下民眾隨朕遭難受災了啊！」

「陛下此言差矣，此想謬哩！天下之事，匹夫有責。」司馬契聽後繼續勸言道，「陛下怎能突然這樣只顧自己一己的輕鬆，而置天下民眾於不顧呢！」

「朕怎麼不顧天下民眾了？朕行禪讓乃因自己不能造福於天下民眾，」帝堯受到司馬契這般指責頓生氣惱，因為司馬契完全歪曲了他的禪位本意，氣惱之中，他即對司馬契道，「而把責任讓給有此能力的太尉舜來擔當，這正是為了天下民眾呀！」

「即使陛下一定要禪位給太尉舜，則可以待到陛下萬歲之後。到了那時如果太尉舜天與人歸，」司馬契並不與帝堯辯說此理，依據自己之想繼續道，「天下當然就是太尉舜的。如果現在陛下非要禪位給他不可，恐怕後世會發生兩種流弊哩！」

「何出此言？」帝堯聽到司馬契說到這裏，不禁心中一詫道，「會有哪兩種流弊出現？」

「一是如果遇上輕率庸妄之君，為了學習陛下貪得禪讓的美名，」司馬契道，「會不管臣子的才德如何，隨便拿著君位禪讓於人，使天下民眾不僅難得其福，而且會反受其害。」

「二呢？」帝堯又問道。

「二是權奸之臣想要篡奪天下，硬逼君主禪位給他，」司馬契又言道，「嘴上卻說這是君主自願的。這樣豈不就把好事變成了惡例！」

「若此，朕這德淺才疏之人，」帝堯聽到這裏，仍難放棄禪位之想道，「不就要永負天下，直至壽終了嗎？」

「為此臣下之意是，陛下現在萬萬不可禪位，叫太尉舜攝政也就

是了。」司馬契則繼續勸言道，「假使陛下萬歲之後，那時再看天意人心，未知陛下之意如何？」

帝堯聽到這裏，方纔無話可說。因為太尉舜不接受其禪位，司馬契又這樣力勸他不要禪位。他便只有暫且將禪位之想打消，下旨令在旁的太尉舜即去準備明日的儀式。

轉眼到了次日，帝堯舉行隆重的新年歡慶儀式。歡慶儀式在朝堂上進行，早晌開始。第一項儀式是封賞眾臣將，帝堯親自宣旨賞封。

第一個受封的是司農棄。棄母姜嫄為有邰氏女。其母家因為洪水漫溢封地已經不存，姜嫄亦已去世。姜嫄臨終時曾殷殷以母家為念，帝堯故封棄地在邰。又因棄為帝嚳長子，直接黃帝世系，故賜其姓為姬氏。

第二個受封的是司馬契。帝堯賜其姓為子氏，封地在商即今陝西省商縣。

第三個受封的是禹，堯封禹繼承父勳平治洪水，並封其地在夏邑即今河南省禹縣。

其後，帝堯又對朝中大臣皋陶、有倕、夔、篯鏗等，以及「八元」、「七友」都一一進行了封賞。朝中眾臣將皆大歡喜，齊贊帝堯之德，齊謝帝堯盛恩。帝堯則在眾臣將的叩謝聲中繼續進行儀式第二項，即宣佈太尉即日始正式攝位。眾臣將聞聽，又齊叩賀太尉舜。太尉舜忙謝帝堯盛恩，然後再謝眾臣將叩賀。

「啟稟陛下，剛才天空中突然從南方飛來一群火紅的鳳凰，」就在這時，忽見下人來報道，「這時正在朝堂門外院內翱翔起舞，引頸長鳴，煞是好看。請陛下快去看視！」

帝堯與眾臣將聞聽，齊起身走出朝堂，到院中看視。帝堯與眾臣將來到院內看到，空中果如剛才下人稟報，正有成群的赤色鳳凰在淩

空翔舞，引頸長鳴。鳳凰舞姿翩躚曼妙，鳴聲如奏金鐘。帝堯知道此乃祥瑞顯現，正如自己踐位之日曾經天降十瑞一樣，今日虞舜攝政則赤鳳來儀，說明正合天意。

「前時薦禹治水，神靈顯現。今日太尉攝政，赤鳳來儀。看來大治盛世，就要到來了！」為此帝堯心中大喜道。眾臣將聽了帝堯此言，即齊聲歡呼起來。

待到眾臣將一陣歡呼聲息，心中高興的帝堯方纔引領眾臣將返回朝堂，盡興饗食。眾臣將也都心中高興，個個盡興暢飲，以賀興盛。帝堯與眾臣將真個是一時間爵觚交觸，君臣共歡，直到午後方散。

此後太尉舜攝理朝政，為了大治天下早日奏功，他想根據朝官的情況對之加以調整。他決計自己任大司徒，讓契任大司馬，禹任大司空，棄任大司疇，夔任大樂正，倕任大工師，皋陶任大理，帝堯九子也各任一職。以便各司其職，各治其事。太尉舜想到這裏正欲朝見帝堯，告訴他自己所想。恰好禹為治水之事，欲出京都要見帝堯。於是，他二人便一起朝見帝堯而來。

帝堯宣佈太尉舜正式攝政之後，心事雖然減去不少，但其禪讓天下完全脫去天下之想，卻仍然耿耿於懷釋之不盡。這時他正在想著這樣一個問題，即太尉舜雖然開始了正式攝政，但由於自己依舊待在京都，所以一切政事其在處理之前，就必然仍要前來向自己稟告領命。然後他回去對臣民發佈之時，就仍說其所行乃為帝堯之命。

這樣雖是太尉舜對自己的恭敬，但這對他來說不僅太麻煩，而且有掠舜之美的嫌疑。同時，他也就沒有真正從朝事中脫身出來。想到這裏，帝堯決計自己索性離開京都，以徹底從朝事中脫出身來。

但到哪裏去呢？帝堯又隨之心想起來。他率先想到了陶地即今日山東定陶縣，那裏是他少時初封之地，如同是他的真正故鄉。為此，

他心中一直對陶地有著無盡的眷戀之情。帝堯剛剛想到這裏，太尉舜與禹一起來到他的面前。

帝堯見之，立即問他二臣前來何事。太尉舜聞問，率先向其稟報了自己的調整朝臣之想。帝堯聽了，當然全部贊同。禹則隨著稟報了自己欲要出京治水之事，帝堯聽後也當然即表贊同。太尉舜與禹稟報完了，便要告辭帝堯一同離去。

「禹愛卿，朕少時受封陶地，立國雖然不久，但陶地的風土人情卻時刻使朕眷戀難忘。朕母當時也很喜歡陶地，後來又一直住在那裏。」帝堯這時則心機一轉，對禹道，「然而先前天下未平，朕不敢作逸樂之想。如今幸喜大功將成，朕背重負有你二人接替，為此朕決計趁此耄耋之年，再去陶地游居幾年。」

「那麼好呀，」司徒舜聽到帝堯此言，立刻開口贊同道，「就讓司空禹陪同陛下前去好了。」

「好。那麼，」司空禹即言道，「就讓臣下伴陪陛下同行吧。」

「不，不，朕不是這個意思。」不料帝堯卻連忙搖頭道，「司空治水重任在肩，陪朕不得。」

「那麼陛下所言何意？」司徒舜忙問道，「容臣下前去辦理。」

「朕的意思是，司空此次離京治水，倘能去到陶地，可以為朕覓地築造一座茅屋，以為朕的遊息之所。」帝堯道，「不過司空有兩條要切記於心，即一不可傷財，愈儉愈好。二不可擾民，萬一陶地人口稠密土地全被開闢，沒有相當的空地，遠一點也無妨礙。」

司空禹聽到這裏，連忙稽首受命，然後方與司徒舜一齊離去。此後轉眼過去半載，司空禹回京稟報水情，便把自己在陶地城陽地方為帝堯建成茅屋游宮之事作了稟報。帝堯聽後大喜，即擇春暖之時，將朝中一應政事全部交付於司徒舜，僅僅帶領幾名家人離開京都一路向

東，徑赴陶地城陽地方司空禹為他建造的游宮而來。

司空禹為帝堯所建游宮，房屋不多，也不華美，更不高大，只不過是幾間寬敞的如同今日茅屋一般的房屋。另外也不過在其房屋旁邊開闢了一個花園，花園中養了一些花木禽獸，以為帝堯作為遊觀之用而已。

帝堯來到游宮之中，眼見其樸而不俗，簡而不陋，正合自己心意，不禁連贊司空禹辦事果然使得！此後他便在游宮之中居住下來，不再返回京都唐城。真的避開了朝中之事，過得優哉遊哉起來。

二四、舜逃踐位

帝堯在城陽此後所以能夠過得那般優哉遊哉，並非僅僅因為他擺脫了朝中之事，更重要的還在於朝中之事被司徒舜處理得井井有條，使得天下進一步大治起來。與此同時，司空禹治理洪水也節節告捷。天下洪水氾濫愈來愈少，民眾歡聲雷動齊慶起了幸福盛世。

為此，帝堯住在城陽方纔可以心靜氣平，過得優哉遊哉。否則，天下不治洪水漫溢，一心繫念民眾的他豈能過得優哉遊哉得了。優哉遊哉之中，帝堯每日僅僅去做兩件事情。

一件是他閒暇無事之時，在花園中養花種草、飼獸調禽。他在花園中種滿了奇花異草，花開競豔之時，景色煞是迷人。在其飼調的禽獸之中，有兩隻仙鶴，羽毛純白，翩躚能舞。

每當秋高露下，月白天清之時，它們常常引頸長鳴，聲音嘹亮，響徹鄰近。帝堯對之喜愛，不僅日日親自飼喂，還時常把它們放出園去，讓它們或翔步於水邊，或飛騰於雲表。待到夕陽將下之時，方纔呼喚它們連翩翔歸，煞是有趣。

另一件事是帝堯生性至孝，值此老邁之年倍思亡母慶都不已。剛到游宮不久，他便在游宮附近為其亡母建了一座廟宇，並在廟中掛設亡母遺像，朝朝瞻戀之。在廟宇之後，帝堯還假設了一座亡母之墓，

經常前去省視。

在帝堯亡母廟宇門前，恰好生有一方天然池塘。池水清澈見底，水中游魚無數。這日帝堯在廟宇中省罷亡母走出廟門，來到池邊觀覽池中景色。正觀之時突見一條鮮嫩活肥的大魚游在水中，煞是令人喜愛。

帝堯見魚心想亡母生前嗜好食魚，若在那時能拿此魚獻給母親，定得母親無限歡心。可是這時母親亡去，自己作為人子雖有再獻此魚之心，又從何獻起？為此，帝堯心中不禁生出無限遺恨。

「對了，吾母雖然亡去，但其在天之靈垂念孩兒，或者仍舊來往於我的左右亦未可知。」然而時過須臾，帝堯忽然心機轉動道，「因而豈若把這條大魚逮來，獻到亡母像前，以盡自己思母敬母的孝心。俗言事死如事生，事亡如事存，自己就這麼辦！」

帝堯如此說著，即命從人取網捕住了那條大魚，用器皿盛了，然後他親自捧著祭獻在了亡母像前。獻畢帝堯後退數步，默默叩拜不已。帝堯叩拜一陣方纔站起，但他起身之後看視一眼剛才獻上的那條大魚，卻驚奇地見到其兩頰之上，竟然在此期間生出了朱紅印記，就仿佛今日剛剛蓋過的印章一樣顯眼。

見此情景他既奇異這印記為何驟然生出，又疑心它們本來就有只是剛才自己沒有看到。於是他立刻詢問捕魚從人，從人講說剛才捕起時此魚沒有印記。帝堯心中更奇，暗想或者真是亡母前來享供，在魚頰上特意留下印記示給自己。

心奇至此帝堯決計驗試一次，即命從人又從湖中捉來一條大魚，待他仔細看過此魚雙頰之上沒有印記之後，方纔重又親自供奉在了亡母像前。隨後他又是一陣默默叩拜，祈告亡母若來享供，就請依如先前示以印記。

帝堯叩拜祈告完畢起身一看，新獻之魚的雙頰之上，果真又生出了依如先前的朱紅印記。帝堯至此方知亡母果然享供而來，便心中大為哀痛起來。因為母子乃為至親，這時帝堯與亡母一生一亡，幽明路隔咫尺不能相見，一祭一享對面不能笑談，豈能不使他傷心至極！

哀痛之中，帝堯不禁落下淚來。少時，帝堯由自己這般思念亡母推及於魚，便不忍心讓池中之魚再失去父母，即讓從人將亡母享祭過的兩條大魚重新放回了池中。後來這兩條魚竟然傳代繁衍，都在兩頰上生出了朱紅印記。人們為此都叫這種魚為堯母印頰魚，此魚直到今天仍在繁衍著它們的後代。

帝堯這般優哉遊哉地住在城陽游宮之中，轉眼已是數載過去。在這數載之中，司徒舜眼見自己攝政之後天下大治，司空禹將兗、冀、青、徐、豫諸州洪水治平，心中甚為高興。但他卻也為天下的未來治亂，擔心不已。當時天下雖治，卻是小國林立，各小國又都各自為政。加上洪水氾濫數十載，各小國自救不暇，並且道路阻塞，更是無法聯絡不能統一。

司徒舜擔心這樣繼續下去，各小國諸侯眼見洪水將治趁機自強，然後不聽朝廷號令，未來天下大亂之日就要到來了。擔心至此，他想趁此洪水初平天下安定之機，籌畫一個統一天下之法，以保天下長治久安。決計至此他即與眾臣將商議，眾臣將聽後皆言贊同。

於是他們細作謀劃，議定了六條統一天下的方略。第一條方略是分別小國的等級。即考察認定各小國的實力，把其分為五等。第一等是公，第二等是侯，第三等是伯，第四等是男，第五等是附庸。實力標準以轄地大小為據，最大百里，次者七十里，再次者五十里或者以下。

第二條方略是頒發符信。頒發符信，無疑就是把各小國的君主重

新由朝廷加以任命。當時各小國的君主，或由朝廷分封而成，或由傳襲而來，或由民眾擁戴而起，當然更有豪雄梟首自立而得。他們中的大多數並不與朝廷發生什麼關係，或者時而歸附，時而脫離。

朝廷對他們頒發符信，執有符信者方可稱為正式之國，否則就不能稱為正式之國。這樣一來，各小國因為名譽關係，便紛紛爭先以得到朝廷符信為榮。爭得了符信，便與朝廷生成了一種被統率關係，再脫離背叛即為作逆犯上。司徒舜制定這條方略，其深層目的即為上述之意。

至於朝廷所頒符信，他們議定分為五種。五種符信皆為玉制，被叫做瑞，瑞即信的意思。其中前三種呈長形，總名稱為圭。圭的第一種名桓圭，是頒給大國公爵的符信。它長九寸，四面有棱，形若宮室，故為第一。

第二種名信圭，是頒給次國侯爵的符信。其長七寸，狀若人身伸直之形，四面無棱，內含慎行保身之意。

第三種名躬圭，是頒給又次國伯爵的符信。其長也為七寸，狀貌削斜如半弓，命名之意與信圭相同。

符信的後兩種叫璧，它們中間有一個圓孔，徑皆五寸，上面刻有穀穗與蒲草兩種花紋。刻穀穗者叫穀璧，是頒給小國子爵的符信。刻蒲草者叫蒲璧，是頒給小國男爵的。

穀可以養人，蒲可以編席安人，刻穀刻蒲皆取益人之意。子男小國，轄地不過五十里，稱國嫌小。不能頒發給圭，只能頒發給璧。至於附庸，其轄地更小，就更不能頒發給符信了。

第三條方略是統一器具。華夏地大，民眾交通往來不可阻隔，時時都有接觸交往。各小國器具不一，民眾在接觸交往中便會遇到種種不便。司徒舜為了人們接觸交往的方便，決計在天下實行度、量、衡

器具的統一。

那麼用什麼作標準，統一度、量、衡三種器具呢？司徒舜想到天下以農為本，萬事離不開農業，便選定五穀中的黍粒作為統一標準。即拿一顆黍粒豎起來確定長短，一黍之長就是一分，十分為寸，十寸為尺，十尺為丈，十丈為引，這是度的統一標準。

其次即拿黍粒大小定容量，即定一千二百顆黍粒為一龠，兩龠為合，十合為升，十升為斗，十斗為斛，這是量的統一標準。

另外拿黍粒定輕重，即十黍為累，百累為銖，二十四銖為兩，十六兩為斤，三十斤為鈞，四鈞為石，這是衡的統一標準。

另外在當時的重要器具中，樂器使用的樂律也不統一。司徒舜認為音樂與民風正變國家盛衰有著直接關係，所以天下樂律也必須劃一。當時的樂律按六陽六陰十二音程順序排列，司徒舜使用十二根竹管定為統一標準。

六陽依次為：黃鐘、太簇、姑洗、蕤賓、夷則和無射。六陰依次為：大呂、林鐘、南呂、應鐘、仲呂和夾鐘。司徒舜確定，製作統一樂律標準的竹管，每根都是直徑三分，空圍九分。黃鐘音程最低，竹管最長，達九寸。通過計算，其管中恰恰可以容盛一千二百顆黍粒，以量而言剛好一龠，以衡而言剛好十二銖。以此為標準再去確定各音程竹管的長度，就可以定出統一的樂律。

司徒舜據之確定，大呂的竹管長度為八寸三分七釐六毫，太簇八寸，夾鐘七寸八分三釐七毫三絲，姑洗七寸一分，仲呂六寸五分八釐三毫四絲六忽，蕤賓六寸二分八釐，林鐘六寸，夷則五寸五分五釐一毫，南呂五寸三分，無射四寸八分八釐四毫八絲，應鐘四寸六分六釐。各音程竹管的長短度數，與聲音的高下清濁關係密切，絲毫疏忽不得。

第四條方略是統一節氣時令。當時，人們大半還沒有較為準確的節氣時令劃分方法，對月令時日常常弄錯。這不僅給人們的交往造成極大不便，也對農事有很大妨礙。司徒舜決計在天下範圍之內，統一使用帝堯時人們已經創設的置閏之法，劃一節氣時令。

第五條方略是統一風俗。風俗最明顯的標誌無非是吉、凶、軍、賓、嘉五禮。吉是祭祀之禮，凶是喪葬之禮，軍是師眾之禮，賓是賓客之禮，嘉是冠婚之禮。這五種禮俗各有各的儀式，各有各的用品。司徒舜決計制定統一的儀式，劃一統一的用品，以頒行天下，統一民眾的風俗。

第六條方略是統一巡守朝覲制度。巡守，是指天子巡視四方。朝覲，是指諸侯朝拜天子。帝堯曾經規定，天子十二年一巡守。司徒舜認為時間隔得太長，改定為五年一巡守。同時規定在天子巡守之年，天下東南西北四方都要巡到。即二月到東嶽，五月到南嶽，八月到西嶽，十一月到北嶽。每到一嶽，該方諸侯統統都要朝覲天子。

諸侯朝覲之時，兩項事情必須做到。第一項是諸侯必須向天子稟報封國情形，使天子借此考察該國治亂。第二項是天子祭祀當地山川神靈，諸侯必須跟隨助祭。另外平時諸侯也必須入朝朝覲天子，時間定為第一年東方諸侯，第二年南方諸侯，第三年西方諸侯，第四年北方諸侯，第五年天子則又要出京巡守了。

司徒舜這樣改定天子出京巡守和諸侯朝覲天子制度，無非是為了實現兩個目標，即一為考察民情，二為聯絡感情。在此制度規定之下，天子與諸侯經常見面，便會溝通感情，消除阻隔，實現上下一致，使得天下統一之事長久下去。

司徒舜與眾臣將議定上述統一天下方略之後，事關重大不敢獨專，即來城陽稟報帝堯，請其定奪頒行。帝堯聽了司徒舜稟報天下洪

水將治已是喜難自禁，又聽他稟報六條統一天下方略，當然全都贊同。

帝堯要司徒舜回京立即把這六條方略頒佈天下，同時他自己也要出去走走，看看天下洪水平治情形道：「如此實乃朕之夙願實現了哩！朕已閒居城陽數載，足未出戶。為此朕要出去走走，看看天下洪水平治的情形。」

「愛卿不必伴陪。朝中之事忙碌，你快回朝去吧。朕自己隨意走走也就是了。」司徒舜聞聽忙要陪伴，帝堯則辭之道。司徒舜無奈，只有告辭返回京都而去。

司徒舜去後，帝堯也不停留，隨即上路先向西北察看冀東水情。冀東是帝堯在京都時洪水氾濫最為嚴重的地方，特別是鯀築息壤大堤崩塌之後，虞舜與司農棄察看之時民眾被淹死無數，帝堯因而對之最為懸心。

這時聽了司空禹已經基本治平冀東洪水之報，實在大出帝堯預料。使他驚詫之餘，立刻率先向西北冀東地方察看而來。帝堯在途十數日過去，這日來到了原來洪水氾濫最為嚴重的大陸澤舊地。在帝堯的記憶裡，這裏是洪水滔天不見陸地的地方。

但這時他舉目見到的卻是，這裏大陸廣闊，田禾生長，民眾複歸。見到這般勃勃生機之景，帝堯頭腦中舊的印象一時難消，便心中不禁生出了自己是否走錯了地方的驚疑。為此他立即詢問當地民眾道：「這裏可是大陸澤嗎？」

「是的，陛下！如今洪水退去陸地複出，」民眾聞問高興道，「別說陛下，就是我們這些生長在這裏的人們，也認不出來了。這全是托陛下的洪福啊！」

「不，話不可以這樣講說。如今你們托的已不再是朕的洪福，朕數十載沒能治平洪水，你們跟隨朕受了大害。」帝堯聽後方纔相信眼

見的現實，肯定自己沒有走錯地方，但對眾人言講托其洪福卻覺承受不住，忙言道，「如今你們托的是司徒舜之福、司空禹之福，是他們治平了洪水，造福於天下哩！」

「陛下更不可這樣講說！如今洪水雖為大司徒和大司空治平，可大司徒與大司空皆為陛下所用哩！」民眾聽了帝堯此言，齊贊帝堯品德高尚道，「若非陛下大德所及，又豈有大司徒與大司空治平洪水，造福天下可言！因而我們天下民眾，則盡托陛下的洪福！」

「司徒舜，德才兼備賢者呀！」帝堯聽到這裏，則不再與民眾辯說前述話題，口中連連贊叫道，「司空禹，德才兼備賢者呀！」

帝堯贊叫完了，突然想到司空禹平治洪水用的是鑿疏之法，便向人們打探禹鑿河渠究在何處。他要再到鑿疏河渠跟前看個究竟。當眾人告訴他禹鑿大河所在處之後，他便辭別眾人徑向河邊看視而來。

帝堯奔走一日來到禹鑿河邊，只見那河從西向東寬闊坦蕩，河水奔流不息，滔滔徑向東海流去。看到這裏，他禁不住心中高興至極，又是連聲贊叫起來道：「這樣洪水滔滔東流而去，豈有再行氾濫之說？鑿疏，治水根本方略也。司空禹，真乃奇子呀！」

「此河不僅疏走了冀東的洪水，還疏走了冀西的洪水。」帝堯剛剛贊畢，又聽人們講說道，「由此河始，天下洪水基本平治了。」

「冀西的洪水高山阻隔，」帝堯於是忙問道，「怎麼疏通？」

「陛下，大司空有的是治水方略，」言者聞問道，「他鑿通了龍門山，疏出了冀西之水。」

「噢，」帝堯知道龍門山的高峻，禁不住一詫道，「他鑿穿了龍門山？」

「是的，那工程宏大得很呢！」人們見到帝堯聽了生疑，立即肯定道，「除非大司空，別個是任憑怎樣也鑿不穿的。」

　　「這會是真的嗎？不會是傳說吧？朕還是要親自去看看。」帝堯聽後仍是半信半疑道。隨著，立刻順著河道徑向西方龍門山看視而來。帝堯沿河向西奔走數十日，這日終於來到距離龍門山十餘里近處。他剛行到此處，已經聽到了洪水衝激司空禹所鑿龍門山口的激蕩之聲，隨著越往前行聲響愈大，末了則到了連人對面說話也聽不清楚的地步。

　　帝堯在這樣的水聲巨響中來到山腳下舉目看視，只見高峻的龍門山果真被從中間鑿出了一個深壑，一條銀河從西方高處倒墜而下，兩岸懸崖壁立百仞。飛奔的河水撞擊著兩岸崖壁，飛珠濺玉，走雪奔濤。旋即河水飛落山下，滔滔直瀉向東，實在壯觀非凡！帝堯細看兩岸崖壁之上，斧鑿之痕歷歷在目。

　　帝堯看到這裏，嘖嘖稱讚之餘，不禁又是回首往事慨歎道：「昔日朕擔心鑿疏工程浩大，需要耗費巨大人力財力，朝廷擔當不起民眾承受不住不能完成。想不到司空禹一個年輕娃兒，竟然在這樣短的時間之內完成了。實現了他的海口狂言，真乃奇子呀！」

　　帝堯言畢心勁更興，又一路向南遊觀他處洪水平治情形而來。此後他來到西南看到洪水也皆平治，又折轉向東繼續看視。所到之處他看到洪水大都已得到平治，剩餘洪水也已距離被徹底平治時日不遠，方纔心中高興萬分地返回到了城陽游宮之中。

　　帝堯此行整整奔走一載，回到游宮便因年紀老邁長年奔波勞累，加上風寒侵襲，覺得筋力倦衰渾身不適。恰在這時，京都又報來了司農棄突然病逝的噩耗。不適中的帝堯聞稟大痛，欲要前往京都憑悼，卻因身體病作未能成行。

　　帝堯生病的消息飛快傳進京都，其九子與娥皇、女英聞知齊來服侍，舜、禹等朝中大臣也都輪流前來看視。天下各州民眾聞知也都心

中擔憂，齊向蒼天祈禱祝願帝堯長生延壽。但無奈他已至耄耋之年，百藥醫之無效，不久便告病逝。

噩耗傳出，不僅其子女與朝中百官悲痛哀哭，天下民眾也無不痛悼哀哭，如同逝去了自己的父親一般。在這帝堯壽終四海同悲之時，天下最為悲痛之人當然首推司徒舜。司徒舜悲痛帝堯之死，不僅僅是因為翁婿之親，也不僅僅是因為君臣之義，而是因為帝堯對司徒舜的知遇之恩。

舜本來為一介農夫，耕種於畎畝之中，帝堯卻慧眼賞識於他。並叫自己的九個兒子去侍候他，把他的兩個女兒嫁給了他，後來又進一步把天下也讓給了他。這一切雖然帝堯都不是出於私心，然而舜受到這種空前絕後的知遇大恩，豈能有一刻不銘記於心！

為此天下人同是悲哀帝堯之死，尤以司徒舜最為痛心。天下人同是思慕帝堯，尤以司徒舜最為不能忘懷。後人因而記載說，帝堯逝世之後，虞舜思慕之至隨處都可以看見帝堯。他吃飯的時候，看見帝堯在羹湯之中；站著的時候，看見帝堯在牆壁之上。若以情理推想，此景絕不會假！

這日帝堯入殮，司徒舜率領群臣將前去哭奠，他悲痛至極哭得竟然昏迷了過去。眾臣將怕他悲痛成疾，派人扶他到游宮外的花園中散心。時值隆冬，天氣奇寒。雪飄如絮，漫空飛舞，已經是下了一日。司徒舜走在路上舉目眺望四野，但見大地山河房屋樹木全都變成了白色，仿佛天地亦為帝堯哀悼為之戴孝似的，他心中更加哀痛難抑。

轉瞬司徒舜來到園林之中，看到園中草木凋謝，黯然無色，眾禽獸亦畏嚴寒，全都深藏不出。司徒舜在眾人的攙扶下踏雪正行，突聞一聲鶴唳震耳響起，接著又是一聲。他與眾人聽著詫異，舉目齊去看視，見是兩隻白鶴在引頸長叫。

「先帝在時，日日都來看望它們，有時還親自餵養它們。」守園人見之道，「先帝病逝之後，它們不得相見，急得聽見人聲就引頸長鳴。仿佛盼望先帝再來的樣子，很是可憐。」

眾人聽了，心皆淒然。「你們還紀念先帝嗎？」沉痛的司徒舜則對二鶴道，「先帝已經晏駕，從此往後再也不能來看你們了。」

二鶴聽後，仿佛領悟了似的，頓時哀鳴不已。引得司徒舜與眾人全都頓然淚流不止，呆愕半晌方纔離去。次日，司徒舜與眾臣將為帝堯舉行葬禮，葬地選在谷林地方即山東省東平縣。靈車出發，司徒舜與百官隨後恭送，轉眼行過半日到了谷林地方。

谷林是個極其熱鬧的所在，司徒舜聞稟集市上人流熙攘正在交易。他便不敢怠慢，忙讓靈車繞道前往墓地，以免驚動正在忙於交易的民眾。帝堯臨終前留有遺囑，要求喪葬從儉，不可驚擾民眾。

司徒舜為此擔心驚擾谷林民眾，他就這樣扶著帝堯的靈車繞道來到墓地，悄然把帝堯安葬了下去。一點也沒有鋪排，一點也沒有驚擾民眾。谷林雖然是個極其熱鬧的所在，但在帝堯下葬時卻市不改肆，人皆安然。

司徒舜引領百官葬罷帝堯，便立即歸回京都為帝堯守起喪來。雖然朝中百官都為天子之位繼承問題心急如焚，而且屬意於司徒舜，但是司徒舜正在居喪，眾臣將卻誰也不忍提及。

加之又見司徒舜除了悲悼帝堯別無他意，眾臣將便也不好問及，只有等待下來。以便待到三年之後司徒舜居喪期滿，再議繼承天子大位之事。司徒舜居喪三年之期遲遲過去，朝中眾臣將終於再也耐不住心中的焦急，議論即舉司徒舜繼承天子大位，便選司馬契前去對司徒舜講說。

不料司馬契來到司徒舜家中，司徒舜卻沒有待在家裡。司馬契詢

問娥皇二位侄女，娥皇二女道：「司徒昨日自己背個包裹出門而去，不許我們跟隨。司徒說他自己到一個地方，轉一轉就回來。臨行時留有一封書信，並說朝中大臣尋他，可將此信交出。」

司馬契聽罷心奇，忙接過娥皇二女遞來的書信看視。不料剛看一眼，便被驚得說不出了話來。原來司徒舜在信中寫道：「舜某身受先帝知遇之恩，以匹夫薦至攝政。當時舜某既感激先帝知遇之恩，又繫念先帝憂勤之勞，為此不慚愚魯，不辭僭妄，受任斯職。以下濟天下民眾困苦，上釋先帝憂勞。但是自古以來，天下大寶，必傳子孫，或傳同族，從來沒有以匹夫之身而繼君位者。舜某何斯人也？豈敢非分！如今先帝尚遺九子，皆可出而秉政，舜某為此自當退避。為此尚望諸位同僚，上念先帝恩遇，協力同心，輔佐少主。舜某雖然遠去，卻猶如身在朝中哩！」

司馬契當然驚怕，這是司徒舜逃避繼位去了呀！如今朝中已經三年無主，有一大堆朝事亟待辦理，並且朝中百官與天下民眾又都屬意於司徒舜。司徒舜卻又這樣不受天子大位，朝中百官與天下民眾怎會答應啊！

這一切都在等待著他司徒舜，可如今這司徒舜卻又逃避而去，這叫他司馬契怎麼辦啊？常言天下不能一日無主，無主就將遭亂呀！司馬契驚怕中心中大急，於是他來不及與娥皇二女告別一聲，便即返朝堂與眾臣將計議而來。

二五、帝舜即位

　　焦急中的司馬契回到朝堂，剛剛把司徒舜逃避繼位之事向眾臣將講說完了，工師有倕便無奈道：「怪道司徒大人三年潛心守喪，不講繼位天子之事，原來竟是心懷此想！」

　　「司徒既然此想在心，」樂正夔隨之道，「夔某料他此去一定會潛藏起來，要去尋他也難以尋找得到。」

　　「以臣下之見，即使我們踏遍天上能夠尋找到司徒大人，」舜之七友之一的方回心有遁世之想，聽到這裏以自己之心為司徒舜開脫道，「他也定然不肯繼承天子大位。那樣我們就恭敬不如從命，擇一先帝之子擁為天子，如何？」

　　「那樣萬萬不可。先帝以天下為公器，不是私物，為此在位數十載憂心不解。得到司徒舜之後，其憂方釋。」司馬契對方回此言，即不贊同道，「如今先帝駕崩，我們仍當以先帝之心為心。如果我們擁戴其子，先帝數十載欲要禪位司徒舜的苦心，豈不就盡付流水？那樣我們又怎麼去對先帝？」

　　「司馬之言固然極是，但是司徒既然不肯就天子之位，我們一定要強追他去做，勢必正逼迫他潛藏遁身，終生不出。」方回這時又言道，「那樣，天下不就損失更大了嗎？為此我們不如先擁先帝之子即位，

然後再訪司徒，請他出來輔政，豈不兩全其美。」

「方大人所言雖然有理，但先帝之子繼位之後，肯不肯專心聽從司徒之言便是一個問題。再說先帝所遺九子之中也並無德高才厚之人，司徒雖系元勳懿戚，但到那時君臣名分定過，又將奈何！」大理皋陶這時接言道，「萬一將來帝子失德累累，遭到諸侯民眾叛棄，豈不更加難堪至極！因而，先帝不傳子而傳賢，一半當為這個緣故。為此，皋某以為還是慎重為是。」

「依理而論，先帝既然久有禪位司徒之心，我們便應當推戴司徒為君。但若以人情而論，司徒受先帝殊遇，與先帝之子又為至親，應該讓位先帝之子。」司空禹聽到這裏方纔開口道，「這兩條都是說得過去的。但是還有一層，即天下諸侯及民眾之心究竟如何，我們也還是應該顧及的。因而僅僅我們幾個朝臣，在這裏說擁這個戴那個，恐怕不完全對吧！」

眾臣將聽了司空禹此言，都甚以為是。於是他們隨即議定，一面派人四處前去尋訪司徒舜，一面依舊同心協力維持這個無君的朝廷，對於君位繼承人選只有不再提及。好在帝堯九子個個皆知帝父當時之心，是要拿了天下苦苦禪讓虞舜的，為此還流放了兄長丹朱。

同時，此前司徒舜三十年的大治天下政績又已深入人心，天下諸侯和民眾之心都向著他。他們任憑誰個也是爭奪不過司徒舜的，所以便無人去與司徒舜爭奪天子大位。

這樣朝中剛剛平靜地過去幾日，這日司馬契忽然聞報，東方幾十位諸侯為了恭賀司徒舜繼位來到京都。司馬契急忙迎見，眾諸侯叩見之後即對之說明來意道：「臣下不遠千里跋涉而來，專為恭賀司徒繼位。請問司徒何時登極，我等好在此預備朝觀！」

司馬契聽了，便把司徒舜逃避踐位，正不知何往的情形對他們講

說了一遍。「司徒舜這樣也未免太拘泥了！天子大位，是先帝生前就要苦苦禪讓給他的，如今先帝已去他還是棄而不受，他何以對得起先帝的在天之靈？」眾諸侯聽了道，「再說，先帝苦心禪位司徒之事，四海民眾也早已知曉，如今先帝去了全都仰望司徒早登大位，這樣豈不令天下民眾心皆失望！」

司馬契聽了諸侯此言，頻頻頷首稱是，但也無奈。「既然司徒出走不知所往，我等在此等待也無時日，就不如暫且告辭了去，等待司徒歸來即位之日再來朝覲！」眾諸侯見之，末了也只有無奈道。說著，一齊起身而去。司馬契心中雖然不想讓他們就此離去，卻也攔無辦法，無奈只有任憑他們離去。

又過幾日，司馬契又聞南方數十位諸侯朝覲司徒舜繼位來到京都。司馬契又急忙迎見，對他們講說了一切。眾諸侯聽說司徒舜避位離去，又即與東方諸侯一樣離別而去。此後西方與北方諸侯行至半途，聽聞司徒舜避踐天子大位去了，便也紛紛折轉了回去。

「依此看來，司徒舜承繼天子大位，實在是天與人歸，萬萬逃避不脫的了。但現在他究竟逃避去了何處，我們必須火速設法找到才是。」司馬契見此情景，即又與眾臣將商議道。眾臣將也都說是，隨著他們便共同議定幾個司徒舜可能前去的地方，重新派出數幫精幹之人，分頭前往尋找而去。

司徒舜避踐天子大位，是他在先帝駕崩之日，就已在心中謀定好了的事情。為此葬罷帝堯，他作為朝中攝政重臣不提及此事。居喪三年之中，他仍不提及此事。而到居喪終了之期，他知道雖然自己不再提及此事，朝中眾臣將也非提及此事不可，他便不謀於妻子，不告知朋友，獨自背了包裹悄然出門逃避踐位而來。

走出家門之後，三十年來手操天下權柄的司徒舜，便重又恢復了

先前他迎風冒雨，前往四方的自由奔走生涯。只見他奔出京都先是一路東南，過王屋大山，跨攔路的黃河，直奔帝堯葬地谷林地方而來。

司徒舜轉眼在途奔走十數日過去，這日來到帝堯葬地墳前便即跪地禱訴起來。他禱訴心中的苦衷乞求帝堯原諒，然後便在近旁選擇一個地方暫住下來，以探聽京都新近變化。

他心想，自己在此居住一時，帝堯九子中若有一人出來承繼天子大位，自己就可以不必再逃奔他去，而可以返回去從此侍奉父母，以盡人子之職，享受天倫之樂了。

但不料十數日轉眼過去，卻從京都傳來了帝堯九子皆不繼位，朝中大臣正在派人四處尋找他的消息。司徒舜得此消息知道自己不可在此久居，久居必被尋到還得回去踐位，便急忙又背起包裹向南一路行來。

他這次出奔，為了避人耳目求得遁跡，特意微服易裝扮成農夫模樣，而且變易口音處處留意躲避人眾之處，所以一路行來，竟然沒有被人識出。隨後他過沛澤，逾淮水，不覺間已經到了浩浩長江北岸。站在長江岸邊，他不由得頓然心緒如同面前奔湧的江水，翻騰奔湧不息起來。

原來在他當年躬耕於為沩地方歷山腳下之時，曾為尋訪師父紀后到過這個地方。那時他經過這裏時，見到這裏到處都是漫溢的洪水，如海滔滔，民眾皆喂魚腹。如今這裏水退人歸，人樂而耕，地樂而長，實在是今非昔比大變了模樣。為此他盛讚司空禹治水之功，慨歎司空禹治水之勞道：「小子真奇才也！」

「原來是重華兄！你為何這般裝束？一人待在這裏？」不料司徒舜此言剛剛落音，卻聞一人對他喊叫起來道，「天下人都說你就要踐天子大位了，你為何不在京都，這要前往哪裏？」

司徒舜大吃一驚，害怕自己多日奔波之勞如此立刻毀於一旦。於是他急忙舉目看視喊他之人，方見那人不是別個，正是其昔日的師弟續牙。他連忙向續牙招呼，先讓他不要聲張，隨著便把自己至此避踐天子大位的情形，對他講說了一遍。

「重華兄，這天下不僅依照先帝遺志遺命應當是你的，」續牙聽了司徒舜講說，頓陷五里霧中大為不解道，「而且依照當今天下民眾之心，也應當是你的呀！你現在還要推讓什麼？」

「民眾之心，」司徒舜聽了續牙此言，故作不通道，「師弟怎麼知道的？」

「師兄一路行來，難道就沒有聽到謠諑謳歌嗎？有哪一曲不是謳歌的你司徒舜的好處，」續牙道，「又有哪一曲謳歌的不是你司徒舜的仁德！由此可見，天下民眾已歸心於師兄，師兄還要避讓做什麼？」

「師兄不曾聽到，」司徒舜沿途之上，當然聽到了人們到處都在傳唱那些謳歌他的謠諑，但他這時為避踐位卻故作沒有聽到說，「因而師弟之言，只能算作偶然之事，不足為准。」

「這絕對不是偶然之事，而是到處都在這樣謳歌。」續牙聽到司徒舜此言，心急道，「師兄怎麼就聽不到，你大概是故意充耳不聞罷了！」

司徒舜聽到這裏，只有默然不語。續牙見之便不再與之爭執，而開口向司徒舜詢問道：「師兄這是到何處去？」

「沒有定處，」司徒舜回答道，「隨意浪遊，萍蹤浪跡。」

「這樣恰好，師弟正悠閒無事，」續牙聽聞司徒舜此答，頓然高興起來道，「就隨師兄作伴以免師兄寂寞，不知師兄意下如何？」

「如此正好！」司徒舜大喜道。

「那麼師兄現在何往？」續牙隨之詢問道，「渡不渡江？」

「此地距離會稽地方塗山已經不遠，我已有四十年沒有來過了。」
司徒舜道，「為此想渡過江去看看昔日舊友，不知他們現在情形如何？」

「怎麼，」續牙先前不曾聽說過司徒舜講說之情，聽後詫異道，「師
兄在那裏還有舊友？」

「是的。師兄這段經歷，師弟還有所不知呢！」司徒舜眼見續牙
對自己方纔之言奇異，方知續牙不知自己這段經歷，便立即對其道。
隨著，他便對續牙講說起來。

原來，那年虞舜為了尋訪師父紀后來到這裏江邊，仍然不見師
父蹤影，便決計渡到江南繼續尋訪。不料船到江心颶風陡起，一個巨
浪竟打得船體四分五裂，把船上乘坐之人全都拋入水中，各人相顧不
得。幸喜虞舜身旁漂來一根巨木，其見之急忙死力抱住巨木，隨後任
憑風吹浪打隨水漂流。

轉眼漂流半日過去，卻仍是去不到江邊。虞舜這時體力已經耗
盡，因而認定這次自己必死無疑，但他仍是閉目拼出死力牢牢地抱著
木頭。此後又過去一段時間，突然一個巨浪打來，先是把他與木頭陡
地拋向浪尖，隨著又陡地落了下來。

這時虞舜已是不寄託活的希望，卻突然覺得自己仿佛落在了地
上。他急忙睜開眼睛一看，見到自己果然已經站在了沙灘之上，便心
中大為慶倖不已！然而這時天已昏黑，他舉目四顧不見遠處景物，不
知自己究竟這時是在島上還是在陸地之上。

為此他不敢停留唯恐浪再打來，便拼足全力忍住饑寒向離開江邊
之處行去。他此後行啊行呀，整整艱難地行出一夜到了天明，還是不
知自己究竟到了何地。只是見到自己脫離了江水，來到了一片密林之
中。遙遙聽到，密林中似有雞犬之聲。

虞舜這時雖然不知自己到了何地，前去是凶是吉，但他心想同

船之人這時全都不知生死如何，自己既然到了這裏，不向前去也是餓死。便只有繼續拼力向前行去，以求飯食不被餓死。

他向前剛剛行出裡許，便到了一座村舍之中。村中男女見他渾身濕漉饑餓難當，都和善地問他原因。虞舜聞問，便把自己的遭遇對他們講說了一遍。眾村人聽後齊說道：「那麼客人一定餓壞了，快吃飯吧。」

眾村人如此說著，已經有人把他邀進一間屋中坐定，端出飯來讓他吃食。他這時已是饑餓至極，開口僅言一個謝字，即狼吞虎嚥般吃食起來。飯罷，他詢問村人此為何處，眾人對他講說此乃會稽地方塗山腳下。

「這就好了！聽說師父紀后家居此地，」虞舜聞聽，頓然大喜過望道，「我重華大難不死，竟然恰好來到了這裏。」

「若此，客人就來得不巧了！」眾人聽說虞舜是前來尋找師父紀后，立即對之道，「紀大師他剛剛出遊而去，少則一載多則數載，方能返來哩！」

「那麼師父去了何方？」虞舜頓然大失所望，但他隨著心機一轉急言道，「我前去追尋！」

「紀大師萍蹤浪跡，誰也不會知道。」眾人聽了對他道，「最好的辦法是你在此等待，是一定可以等到的。」

「那麼也好，反正我回去也是種地，」虞舜無奈答應道，「不如就在這裏種地，等待大師！」

「這樣甚好，我們這裏空地很多，」眾人聞聽高興道，「明日盡你去耕。器具沒有，我們借給你。」

虞舜大喜，次日便在村人的引領下，到村東選了一塊空地，在地旁結舍住下墾種起來。墾種之中，眾村人給他送來了器具和種子，給

了他極大的幫助。虞舜對眾村人當然也回報以德，因而他與眾村人結下了深厚的情誼。

末了一晃在此耕種三載，方等到紀后師父歸來。虞舜拜師受教之後，由於思念父母方纔返回家鄉而去。臨別，眾村人送了又送，虞舜辭了又辭，末了竟都痛哭起來。

「今後如有機會，我虞重華一定回來看望鄉親們！」虞舜見之勸說道。至此，眾村人方纔與舜揮淚而別。

續牙聽到司徒舜講說至此，不禁對那些鄉鄰的樸誠之心佩服之至，便當即隨同司徒舜渡過長江，然後一路東南尋到了會稽地方塗山腳下舜耕舊地。司徒舜與續牙來到舜耕舊地剛剛尋到一個村中，一位老者便對司徒舜端祥再三詢問道：「尊客可是虞重華先生？」

「哦，原來是你，我可找到你們了！」司徒舜聞問向老者看視一番，方纔認出其竟是先前相識的一位鄉鄰，頓然高興萬分道，「你從前沒有鬍鬚，現在竟然鬍鬚又長又白，我哪能認識，你好嗎？」

「這就是我常對你們說的虞重華先生。他說他將來一定來看我們，這不，今天果然來了。」老者聽聞司徒舜此言，已知真的是虞重華到了，便高興得連司徒舜之言也來不及回答，連忙對在旁眾人道，「快，你們快去告訴東鄰伯伯和西溪叔叔，叫他們快來相見，我們都盼望死了！」

「重華先生，你一向可好呀？你都在什麼地方？為什麼一別四十年之久，直到今天才來呀？」眾人去後，老者才顧上對司徒舜詢問道，隨著，又指指續牙問道，「這位是誰？」

司徒舜對之道：「是位朋友。」

「好，好。先請進家坐下，再說，再說。」老者於是連連道。說著，即把司徒舜與續牙領進了家中。司徒舜與續牙剛剛在老者家中坐

定正要談說，一群人已擁著一位手拄拐杖的龍鍾老翁，緩緩走了過來。

「重華先生，你看，這就是西溪老叔。」老者見之對司徒舜說著，即又轉對走來的老翁道，「老叔，重華先生就在這裏。」

「重，重華兄，你難得來看我們……」司徒舜與續牙聞聽剛剛站起身來，老叔已經顫顫巍巍地喘著氣說道。說到這裏，已是接不上氣來。

「這不是來了嘛！」司徒舜急忙對之道。說著，便扶他坐了下來。

「你一去四十年不來，真是想煞我們了。前幾天，我們還在這裏說你。」這時，東鄰伯伯也來到了屋中，一見面就握住司徒舜的手說道，「西溪老叔還說，只怕今生今世沒有見你的日子了！」

「怎能啊！」司徒舜接言道，「這不是來了嘛！」

「我說，說不定的，重華先生是個有信義的人。如果有機會，他一定會來看我們的。」東鄰伯伯如此說著，向大家突然一轉話題道，「怎樣，這不是給我說著了嘛！」

「重華兄，」西溪老叔這時氣喘定了，即問道，「令尊大人與令堂大人都好嗎？」

「仗您老先生的福，」司徒舜忙恭敬地答道，「都好，都好。」

「恭喜，恭喜！記得先前你對我說起，尊大人比我小幾歲，今年大概已有九十開外了，耳目牙齒和步履，都還好嗎？」西溪老叔道，「不瞞你說，老夫癡長了幾歲，今年一百零三歲，不中用了。重華兄，你今年多大了？」

司徒舜道：「重華今年也已是六十有二了。」

「怪不得呢！當初重華兄到這裏時還不到二十歲，」西溪老叔聽後即對眾人道，「如今也都鬢髮斑白了。難怪我老不中用了。」

「重華兄，」東鄰伯伯這時又問道，「你一向都在哪裏？」

「一向亦不常在家中，隨便到各處做做事。」司徒舜一時不好實說，只有暫且回答道。隨著他轉換話題，一一詢問起了當年的鄉鄰。

但不料司徒舜聽了老者回答，其問鄉鄰則大多數都已謝世而去，司徒舜對之不勝哀歎！隨後他又回頭想到四十年光陰迅若疾矢，人事變遷新陳代謝不已，更加感慨不已！

轉瞬到了晚飯時間，眾村人準備了酒肴，請司徒舜與續牙宴飲。席間眾人自然談起國事，齊對帝堯逝世哀悼不已，說：「帝堯，真乃聖天子也！我們為他服喪三年，孝都剛剛除去。」

「聽說帝堯晚年身力不濟，把天下交給了女婿司徒舜。司徒舜又是至仁至德，我們民眾都實在感激他。」西溪老叔這時則說道，「聽說聖天子崩逝之後，已將君位禪讓給了他，也不知道是真是假！重華兄從北方來，知道真情嗎？」

「他哪裏肯繼君位，」續牙聽到這裏，禁不住搶答道，「改裝逃走了呢！」

「他為什麼要逃走？」眾人聽了，都頓然急得跳將起來道，「為什麼要逃走？」

「我想他不能不逃，天子大位應該是先帝傳給兒子的，他姓之人哪裏可以繼承。而且這司徒出身微賤，受到聖天子的莫大恩典，」續牙又剛要開口，司徒舜急忙搶先道，「因而從良心上說，他也不應該奪去聖天子兒子的君位。再說，司徒與聖天子的兒子又是甥舅至親，奪去他的君位，從人情上也說不過去。所以他就不能不逃避他去了。」

「照重華兄你這樣講說，這位司徒舜則就的確是位好人了，怪不得他幾十年來行出這麼多仁政。但是雖然他的這次逃避是應該的，可我們民眾卻不管他那些，」然而東鄰伯伯聽了司徒舜此言，卻堅定不移道，「我們只盼有一位聖君。他既是聖君，我們就不管他逃到哪裏，

353

也都要叫他來做天子。如果換一個別人，我們決不認同！」

「東鄰伯伯說得對！他司徒舜會逃，我們會尋。尋著之後一定要他去做天子，他怎麼著呢！」西溪叔叔則接言道，「大家放心，天下人一定會尋著這個逃遁的司徒舜的，因為他逃不出天下，他怎能逃得脫呢！」

眾人聽了都說極是，獨有司徒舜心裡有話無法講說。這時，老者眼見大家只顧講說朝事忘了吃飯，立刻轉換話題道：「對，這樣我們就不用去管他司徒舜逃往哪裏去了。來，來，我們再飲一觚。」

老者說著，舉觚高興得率先一飲而盡。續牙在旁剛才已是屢屢欲要言說，但都被司徒舜用眼神止住。這時他心不可耐，急得又欲言說。司徒舜見之，又急忙用眼神止住了他。末了宴畢，眾人散去，司徒舜與續牙住在了老者家中。

次日，司徒舜又領續牙到其先前耕種之地看視，司徒舜看到其當年挖的那口水井依然存在，不禁又是一番感慨。當夜司徒舜與續牙又宿一宿，天明司徒舜擔心住久被人尋到，即欲告辭動身他去，村中人聽了全都出來苦苦挽留。

正在雙方一走一留相持不下之時，忽然有人飛奔前來道：「西村來了幾個貴官，言說是來尋找司徒大人的，並說司徒大人就是近日到這裏的重瞳之人。我們說只有一個初到此地的虞重華雙目重瞳，他們說虞重華就是司徒大人，非要我們領了來見，這時他們已經到了。」

「糟了，我還是給他們尋找到了。」司徒舜沒有聽完來人之言，已開始頓起足來道。隨著便欲設法他去，卻已見朝中八元之首伯奮引領數人，迎了過來道：「大司徒，我們可尋到你了！走，現在快請回朝吧！」

司徒舜無奈道：「讓先帝之子繼位了嗎？」

「他們怎麼能夠繼位呢！」伯奮說著，遂將四方諸侯入京朝觀的情形講說了一遍。

司徒舜聽了正在無奈，伯奮又說道：「後來還有兩路諸侯，有訟獄之事來求朝廷判定。聽說司徒大人不肯即位，轉身而去寧可不要辨別曲直。由此可見非司徒歸去即踐天子大位，是無以滿足天下民眾之望的，因而司徒就快快不要再行逃避推讓了吧！」

這時，眾村人方纔知道虞重華先生原來就是朝中大司徒，全都高興萬分，齊來勸他去踐天子大位。司徒舜則仍在猶豫，伯奮見之又說道：「天下民眾之望皆繫於司徒一身，司徒如果不應不僅有負於天下民眾之心，而且天下則無主哩！再說，如果硬立先帝之子為天子，恐怕將來反倒使其受辱。如此愛之實則害之，我們又何以對得住先帝呀！」

「既然這樣，我就返回去吧。」司徒舜聽到這裏，方纔終於心被說動道。說著，便告別眾鄉鄰欲要離去。

「這次我們不再挽留重華先生了，先生快去吧！天下民眾都在等待先生承繼天子大位，我們留不起了！」眾鄉鄰聽到司徒舜答應了繼承天子大位，全都高興萬分催促道。說著全都跪地相送，東鄰伯伯與西溪叔叔和老者三個故舊，都還哭了起來。

「你們心中紀念著我虞重華，我虞重華心裡也時刻紀念著你們。不過我現在答應做天子去了，」司徒舜見之慌忙還禮，並叫眾村人站起道，「以後就決不會再有先前的自由了。為此我要再來看望你們，遠隔千山萬水恐怕就有點難了。」

「我們知道，」西溪叔叔即言道，「重華兄是為天下做事去了！」

「但是我總會紀念著你們，假使遇到巡守或者有便之時，我一定會再來的。另外，我若能尋到一個賢者將天下禪讓給他，也可以再

來。」司徒舜繼續其言道,「再不然我的幾個兒子,叫他們中的一個到這裏來,和你們一起居住,也可以表明我不忘患難貧賤之交的意思。」

「重華先生做了天子,四海之內就都會受到先生的恩澤,豈止是我們呢!先生若能再來看看我們,」眾村人聽了,這時齊又開口道,「固然是我們的恩澤。即便是不能再來,我們也已是感激不盡了!」

「你們要好好地生活,父慈、子孝、兄友、弟恭、夫和、妻柔,」司徒舜聽後又言道,「勤儉謀生,和氣度日。這是我虞重華祝願你們的!」

「先生的話是金玉之言,」眾村人聽後齊答道,「我們沒有不聽從的!」

司徒舜隨著就要離別而去,但就在這時卻見續牙對其拱手道:「師友恭送司徒!」

「我正要師友隨我前去輔政,」司徒舜見之一詫道,「師友怎麼突然送我獨行?」

「師友浪遊散漫慣了,不願入朝去受約束,故而多謝師友之邀了!」續牙道。言畢即辭別而去。司徒舜見之也是無奈,只有眼望著離去的續牙,告辭相送眾村人啟程返往京都而來。

二六、孝子歸里

　　司徒舜與伯奮在途行進二十餘日，這日終於回到了京都唐城。司馬契聞報，忙率百官出城郊迎。京都民眾聽到司徒舜被尋了回來，而且答應了繼承天子大位元的消息，也全都高興萬分，歡天喜地地跟隨百官之後迎出城來。

　　「司徒萬歲，萬歲，萬萬歲！」須臾司徒舜來到，人們更是歡聲雷動，齊聲山呼著把其夾道迎進了帝宮。司徒舜這時既已答應繼任天子大位，朝中眾臣將便為之擇定十一月初一為踐位吉日，勸其登臨天子大位。

　　司徒舜應允，朝中眾臣將隨著急做準備，於十一月初一為司徒舜舉行起了隆重的踐位儀式。儀式舉行之日，四方諸侯聞訊齊來朝賀，與朝中眾臣將齊拜新任天子。司徒舜這日則穿了天子法服，迎受天下諸侯和朝中眾臣燃起的朝拜。司徒舜由此繼起了天子大位，其名稱也由司徒舜變成了帝舜。

　　帝舜在踐位儀式之上，宣佈了三道政令。第一道政令即改國號為虞。帝舜為虞幕之後，先前受封於虞地，後來即成了虞姓，為此其繼位後便改國號叫虞。第二道政令即敕封司空禹為朝中百官總攬要職。他說：「先帝之事，莫過於治水。司空禹立下治平天下洪水的大功，

357

故可受總攬百官之職！」眾臣將聽後，無不誠服。第三道政令即改建新都於蒲阪。蒲阪在為洧地方即今日山西永濟縣境，地處黃河東岸，不僅交通便利，且距帝舜老家較近，還是帝舜當年制陶，後來迎娶帝堯二女之處。君子不忘其初，他便擇定在此建都，命令工師有倕即往營造，規模與唐城一切相仿。眾臣將聽聞，又齊呼：「帝舜萬歲，萬萬歲！」

「朕在先帝之時攝政二十八載，承蒙諸位同僚竭誠匡佐，朕深感激之。」隨後在眾臣將諸侯經久不息的歡呼聲中，帝舜則勉勵朝中眾臣將與四方諸侯道，「當然朕深深地知道，當時諸位之忠之功，皆非對朕一人之忠之功，乃是對先帝之忠之功，對天下民眾之忠之功。」

「為此朕誠望諸位愛卿從即日起，既然擁戴匹夫虞舜為天子，虞舜亦不改變諸愛卿先前之職封。以期諸愛卿不改先前對先帝對天下民眾之忠誠，盡心竭力造福於天下民眾，乃朕之大幸，天下民眾之大幸！」末了帝舜繼續其言道。眾臣將與四方諸侯聽了，又齊聲山呼起了「萬歲」。

踐位儀式如此結束之後，帝舜隨後便在朝中處理先前積壓之事，等待蒲阪新都建成。轉眼數月過去，工師有倕來報新都竣工，帝舜即領百官遷往新都。來到蒲阪新都，帝舜看到其建築規模果然盡如唐城，心中大喜，大彰工師有倕之功，敕令眾臣將疾作安置。

眾臣將不敢怠慢，不數日便把遷都之事安置完畢。帝舜待到遷都之事安置完畢，又見朝中一時無事天下安然正有餘暇，這日議於眾臣將欲要趁此餘暇時機，歸回故里省視雙親。眾臣將皆表贊同，獨有司馬契出班奏道：「陛下歸省可行，行前臣下認為有一事要做。」

「臣下聞聽，古之王者功成作樂，」帝舜詢問有何事要做，司馬契道，「所以歷代天子都有自己之樂。現在陛下應該飭令樂正夔為之

作樂，以符舊例。」

「這事則不可做矣！古之帝王作樂，則為告成功於天地。」然而帝舜聽是此事，卻「哈哈」一笑道，「朕剛即位未幾，有何功可告於天地？這時怎能就作樂呢！」

「陛下的功德，是不能從即位之日算起的。陛下此前攝政二十八載，治平洪水，安定天下，」司馬契道，「功績早已卓著天下。如今天下歸心，可見陛下之德廣被天下。怎麼還能不算功成，不能作樂！」

帝舜聽了，還是不肯答應。眾臣將見之，齊稱司馬契言之有理，勸說帝舜下旨作樂。帝舜無奈，末了方纔答應下來，命令樂正夔為之作樂。樂正夔領旨即行，此後為之作起樂來。帝舜則於次日起身離京，返歸故里省視雙親而來。

帝舜回家省視雙親之所以這樣急切，是他雖為對父母大孝之人，卻自從那年身受帝堯傳召到達京都之後，一直朝事繁忙纏身。特別是後來又代帝堯攝行天子大政之後，更是終日不得片刻閒暇。為此他回去省親時日甚少，有時只能讓娥皇二妻代其歸去省視雙親。

當然在這數十年中，帝舜也曾在京都數次為父母預備好了住處，並親自前去迎請父母遷居京中。但開始其父瞽叟不願前往，後來其父願意了，其後母和弟象又不願意起來。其後母與象弟之所以不願意入京，還是他們在以小人之心度君子之腹，擔心虞舜會記報前仇。

他們還害怕虞舜地位顯赫，象則一事無成，前去奔靠虞舜做一個寄食之人，相形之下更顯得難堪。如果瞽叟夫婦去了京都留象在家，他一個人又未免過於寂寞，而且虞舜奉了父母又會奪去物件之愛。因而不如他們同居家鄉，一切器用衣食皆由虞舜奉養。父母與象弟心懷此想，虞舜便一直沒能把他們迎進京都。

帝舜父母與弟象雖然沒有移居京都，但由於帝舜對待他們親愛

之至贈送稠迭，象與其母也漸漸良心發現，回想前事自覺慚愧懊悔，都不再對瞽叟講說讒毀虞舜之言。瞽叟對待帝舜當然本來就不深為厭惡，只不過是其間由於眼瞎只有以耳為目，結果聽信了讒言罷了。

如今讒言中斷，瞽叟又知道其子舜承繼了天子大位，顯榮天下。平日對他與家人的奉養禮貌又這樣孝敬，心中更早已是沒有了先前那種對待虞舜的心思。因而帝舜的家境早已今非昔比，變得融洽起來。所相同者，還是父母與弟象一直不願前往京都，依舊住在故鄉家中。

帝舜回家探視雙親的消息傳到家鄉，家鄉的父老鄉親聞此喜訊，全都聚集在帝舜家門前，等待看視帝舜的來到。帝舜來到了，帶著娥皇與女英兩個妻子。他們的衣著依如先前，不貴不卑。人們齊聲歡呼，帝舜與兩位妻子亦忙向鄉親們拱手還禮。

就在這時，帝舜的後母與弟象和妹妹首迎了出來。帝舜與二妻見到後母，忙行叩拜大禮。禮畢不見其父，忙詢問之。首聞問道：「父親正在屋裡，哥嫂快去見過。」

帝舜與二妻聞聽急忙來到屋中，見到父親瞽叟正一人坐在那裏發呆，得知他們來到也不搭理。帝舜與二妻不敢怠慢，忙先行叩拜大禮，然後帝舜方纔詢問道：「父親，您有什麼不舒服嗎？」

「沒有。我只是想，」瞽叟搖頭道，「我的做人真是沒趣。」

「父親，您怎麼突然想到沒趣？您有什麼不稱心的地方，」帝舜慌忙又問道，「儘管同孩兒講說，孩兒一定設法解去父親的不稱心事。」

「孩兒雖然有治理天下的本領，」瞽叟聽了帝舜此言，無奈萬般地「唉」地歎一口氣道，「卻恐怕沒有這個辦法。」

「父親心有何事儘管講說出來，」帝舜不解父言之意，忙又急言道，「讓孩兒想想辦法。」

「我聽人們講說孩兒已經做了天子，但是別人都能看到孩兒的尊

容威儀，」瞽叟這才又是無奈道，「為父卻一點兒也不能看到。這樣為父活著，與死去又有什麼區別？」

帝舜聽到這裏方知父親無趣的原因，心中也頓然為之難過萬分，卻也一時無可奈何。無奈之中，他又知道父親難過，便勸解道：「父親，您讓孩兒再為您老想想辦法吧……」

「雖說孩兒孝順為父，拿好的東西給為父吃、穿，拿好的房屋給為父居住，但是為父不能看見，」然而瞽叟不待帝舜說完，則又接著道，「這些好的東西又與不好的東西有什麼區別？穿了錦繡又和穿戴褐布有什麼不同？住了華屋又和住了茅房有什麼分別？」

「父親，」帝舜這時急又勸言道，「您……」

「因此為父雖然活著，卻大半已如死去。雖說醒著，卻終日如在夢中。這還有什麼趣味呢？為此為父心想還是不如早點死去，免得在這裏活受罪的好。」然而瞽叟不待帝舜講說，便繼續講說起來。說到這裏，竟動情地嗚嗚咽咽悲泣起來。

帝舜聞見至此，心中實在難過至極。心想，老天爺為什麼這樣不仁，使朕父患此惡疾！朕前數年和近幾年雖然想盡辦法為父親醫治，卻總無效驗。這樣下去，朕父受苦先不必說，其這樣心情鬱鬱傷及其身將如何是好？

想到這裏，帝舜亦在不覺間眼淚流了下來。但他唯恐自己悲傷再添父親傷痛，便不敢聲張，卻也一時無言對之進行勸慰。帝舜正在如此無奈，忽見其父心中煩惱至極，竟然驀地用手打起自己的臉來，並且邊打口中邊罵道：「你活該受此孽報，自作自受。該吃苦，該受罪！」

瞽叟此舉此言，當然恍若追悔自己先前虐待兒子舜的錯處。但他沒有言明，帝舜這時也不得而知。只是眼見父親此狀，實在心痛至極。心痛之中他慌忙跪倒在地，抱住瞽叟止住其打勸慰道：「父親快

361

別這樣！父親快別這樣！」

帝舜就這樣一邊勸慰瞽叟，一邊細看瞽叟流淚的雙眼。突然他心中一急，伸出舌頭舔向了瞽叟流淚的雙眼。瞽叟的眼睛被帝舜剛剛用舌頭一舔，便頓覺爽快起來。他以為此乃舜兒又給他弄來的神藥醫治生效所至，開口急問道：「舜兒，你這搽上去的是什麼妙藥，讓父親這般爽快？」

「父親，孩兒沒有搽上什麼妙藥，」帝舜聽了，忙止住舌舔道，「是用舌頭舔的。」

「噢，」瞽叟聽了驟然一奇道，「這是孩兒新得的古方嗎？」

「不是，」帝舜道，「是孩兒剛才心急出來的。」

「噢，哪有這種事，」瞽叟頓又大為洩氣道，「用舌頭舔舔能治瞽目的。」

「父親暫且莫管這個，只要父親覺得眼睛爽快，」帝舜見父親又陷無奈，即又勸慰道，「就讓孩兒去舔，也不會有妨礙的。」

瞽叟聽了帝舜此言，方纔點了點頭。帝舜見之，便又抱起瞽叟的頭，一陣猛舔起來。瞽叟雙目被舔，頓覺更加爽快十分，口中立刻大叫道：「爽快！爽快！」

帝舜聽聞父親此言，心中轉喜隨之聚起至誠之心，左右不停地為父親舔起了雙眼。帝舜一口氣舔了約摸半個時辰過去，瞽叟忽然驚喜地改口大叫道：「好，好，好！為父的眼睛似乎有點亮了！」

帝舜聽到當然止不住滿心的驚喜，急忙停止舌舔舉目細細看向了瞽叟的雙目。他果然看到，其父久經翳障的眸子處，已是真的微微露出了一絲兒青瞳來。他見到這裏頓然欣喜萬分，高興得大叫道：「父親，孩兒剛剛舔了一陣便能這樣，那麼孩兒繼續舔下去，就一定能把父親的雙目治癒。」

帝舜說著不待瞽叟答言，便又聚起全部的虔誠之心，抱起瞽叟的頭繼續舔了起來。帝舜開始舌舔瞽叟雙目之時，象及其母都以為帝舜心生愚妄，在旁看著心覺好笑。這時聽到瞽叟講說真的有了效驗，也都隨著娥皇與女英眾人一起，驚奇地近前看視而來。

帝舜在眾人的驚奇看視之中，又足足舔有半個時辰，瞽叟怕他太累連叫他歇息幾次他都不止。「好了，好了，我已經完全能夠看到東西了！」至此瞽叟終於高叫道，「孩兒快歇歇，讓為父試試。」

帝舜聽到瞽叟此言，方纔停舔將父親放開。瞽叟的雙眼雖然這時尚且屏障未能盡除，卻已經能夠看見事物了。為此在黑暗中度過四十餘載的他，一旦重見光明那種心喜之情，實在無法用語言進行表述。

特別是他對妻兒子女這些至親之人，平時雖在一起這時一朝突然看見，卻也不能夠認識，更是使他心喜難抑道：「舜兒，你真是我的大孝兒子呀！世上哪裏有過這種舌舔目明之事！為父今日雙目得以複明，全憑孩兒大孝所感呀！為父真有福氣，生了你這孝子！」

帝舜睹景聞言，心中更是歡愉不盡。此後，帝舜在家中連住數日，每日都為父親舌舔雙目一個時辰。數日過去，瞽叟眼中的翳障果然盡去，雙目奇跡般地恢復得竟如先前一般。一家人為之大喜，帝舜隨後則因朝事在身，便要辭別父母家人返回京都。其後母見之，忙遣退象與鞍首，僅留其父二人與帝舜講說起來。

「舜兒，為娘有一件心事想對孩兒單獨說說，讓孩兒想想辦法。人們自古說得好，兄弟情如手足，同氣連枝是一樣的。」其後母道，「如今孩兒做了天子，可謂富貴之至。但你兄弟依舊是個匹夫，相形之下就太難堪了。為娘心想做兄弟的沒有出息，做哥哥的也就沒有體面。為此，孩兒可以給你象弟想想法子嗎？」

「這有什麼難處，還要你這樣講說。舜兒是一攬天下的天子，天

下大權都在他手裡。」瞽叟聽到其妻此言，也忙不作思考道，「他今朝可以封這個的官，明朝可以晉那個的爵。對於自己的嫡親兄弟，封他個一官半爵算得了什麼。」

帝舜後母想不到瞽叟會給自己這樣幫言，聽了暗喜只待帝舜開口言說。然而帝舜聽到這裏卻不禁惶恐之至，無可奈何無以言說起來。他知道弟象的為人處世能力，更知道其不學無術生性頑惡。身為天子視天下為公器的帝舜，怎能為了私情化天下公器為私有之物，封賞給生性頑惡的象弟！

為此，帝舜突陷無以言說之境，一陣犯起難來。正在焦待帝舜之言的其後母看出了帝舜心中犯難，心機狡惡的她隨著不待帝舜多想，忙又開口激燃起道：「為娘知道，你弟象以前待你不好。但你是有名的仁者，當然知道對於兄弟不該藏怒藏怨，只有親愛的道理。」

帝舜聽聞後母說到這裏，當然也不敢不言。口出此言者終究是其後母而不是其親娘，且又前隙剛釋，帝舜不言實在害怕自己再怠慢了後母，重生隔閡壞了家境。「父親、母親，孩兒豈能不想使弟象富貴，」為此他這時雖然更陷無奈之境，卻還是不得不急忙開口，如實既對後母解說，又講清自己之難道，「但是孩兒實有兩層為難之處。」

「因而你弟象從前對你即使有萬分的不好，」然而其後母聽到這裏，不待帝舜再言此意，立刻開口攔堵道，「但望你看在為娘與你爹的面上，也不要記恨於他，好歹給他想個辦法！」

「母親，孩兒實在為難。這一是因為象弟對天下民眾身無寸功，」帝舜這時無奈只有繼續解說道，「朝廷的土地爵祿是崇德報功之物，天下的公器，並非天子一人的私有之物，可以隨便濫用。」

「孩兒，你是天子，」其後母仍是不讓道，「你可以破個例嘛！」

「二則因為象弟對於治民經國之道，素來沒有一點研究。即使封

他一個諸侯，他明朝脾氣暴虐起來，或者刑政廢馳起來，」帝舜這時不答其後母之言，繼續解說道，「必定受到民眾的反對，或者受到朝廷的貶黜，豈不是反倒身敗名裂？所以孩兒正在心想，還一時想不出辦法。」

「是呀，我知道舜兒是個極友愛的人，不封弟象，」瞽叟聽到帝舜此言，方纔無奈地「唉」地長歎一聲道：「必定有一個緣故。既是這樣，象兒也就不必再去妄想了吧。」

「且慢，舜兒。為娘知道你一向心懷大智，什麼事情都有辦法前去做好。」帝舜後母聽了瞽叟此言心中大惱，卻也不敢溢於言表，而強抑氣惱，心機一轉又言道，「如今孩兒雖有這兩層難處，但是為娘心想孩兒還是必定會有辦法周旋的。孩兒是親愛象弟的，就再為他想想辦法吧。」

「那麼辦法只有一個，就看象弟願不願意了！」帝舜剛才聽罷其父之言心中剛稍解脫，不料卻又聽到後母此言，無奈之中他心機轉動半天，方纔無奈道，「待孩兒去問了他，再對娘親說吧。」

「孩兒與為娘說說就是了，」帝舜後母聽後，則不放過道，「你且說來。」

「那麼好吧。」帝舜無奈道，「第一是路的遠近，不知象弟計不計較？」

「孩兒這話的意思，是說近地不可以封給象弟，」帝舜後母機靈之至，聽後即問道，「遠地可以封。是不是？」

帝舜即答道：「是的。」

「那麼孩兒說說，近地與遠地有什麼分別？」帝舜後母即又反問道，「難道近地天子不可私之，遠地便可以私之嗎？」

「母親，不是，孩兒不是這個意思。孩兒是說近地為人所貪，必

待以有功。」帝舜聽了，忙向後母賠著笑臉解釋道，「如封象弟於近地，則為眾人注目易起非議。遠地人之所棄，容易使人忽略些。」

「孩兒此言還有道理。」帝舜後母這時方纔退讓道，「那麼孩兒說怎麼辦吧？」

「母親，且容孩兒把話說完。還有一層，即近地難於見功，遠地逼近蠻夷，易於樹績。」帝舜繼續對其後母解釋道，「如今象弟身無寸功，孩兒封他一個地方雖近於私情，經過幾年之後如果成效卓著，則可以解釋不受人指責。」

「孩兒剛才還說你象弟不懂刑政，遠地全都逼近蠻夷，」帝舜後母聽了帝舜此言，即又慎問道，「人地生疏，你象弟怎麼會有成效？」

「孩兒為此還有第二層意思要詢問象弟，即不知道他是僅要富貴尊榮，」帝舜即言道，「還是兼要刑政權柄？兼要刑政權柄，孩兒有點放心不下，弄糟了倒反為難。」

「如果只要富貴尊榮，」帝舜後母聽到這裏，也知子象的無能，不如只要富貴尊榮罷了，便忙又打斷帝舜之言詢問道，「孩兒有什麼辦法？」

「孩兒心想，那樣象弟就只管放心地去做那封地的諸侯，居那個爵，享那個名。」帝舜道，「孩兒實則另派精明強幹之人，前去代治那個地方。一切賦稅等等都全歸象弟所有，豈不是富貴尊榮都齊全了。」

「哥哥，好的，就這樣辦吧。」帝舜後母聽罷帝舜此言，心中正在掂量忖度何輕何重，象則不知何時躲到近處聽了個清楚，這時高興得忍耐不住，忙跳了出來高叫道，「我只要尊榮富貴便了，反正我不懂刑政的道理。」

帝舜後母聽了，也隨著答應下來。帝舜於是告知象與後母回朝之

後即行敕封，然後告辭父母回朝而去。帝舜回到朝中不久，真的頒旨敕封了一批諸侯，其中就有其弟象。帝舜把象封在了有庳即今日湖南省道縣，但其不必前去封地，仍可居住家中陪伴父母，實在幸運之至。

「臣奉陛下之命前去作樂，」帝舜封罷象等眾人不久，一日視朝樂正夔出班奏道，「已告成功。臣請陛下擇時臨幸試演。」

「臣下即去準備，朕率眾臣將隨後就到。」帝舜聞聽此稟心中歡喜，即言道。樂正夔聞命即行準備去了，帝舜隨後果然引領眾臣將，前往樂正夔選定的演樂場郊外雷首山下行來。

雷首山坐落在蒲阪帝都近郊，這裏空氣清新，風景秀麗，無塵俗之擾，掃煩囂之擾。樂正夔把作樂試演場地選定在此，即為使其所作之樂採日月之光華，納天地之靈氣。也正因為這裏環境清幽，帝舜先前曾在此地辟有一方園囿，在園中養滿了珍禽異獸。樂正夔所擇作樂試演場地，正在這座園囿對門。

帝舜引領眾臣將轉瞬來到試演樂場，樂正夔已經號令眾樂工做好了奏樂準備。帝舜與眾臣將舉目看到，演樂場上百色樂工莊重站立，諸般樂器肅穆排列，氣氛非同尋常，心中已是一異。

帝舜眾臣將轉瞬各就各位坐好，樂正夔見之便一聲號令傳了下去。眾樂工聞令，便立即開始演奏起了其所作之樂。一時間只見眾樂工吹的吹，彈的彈，鼓的鼓，搖的搖，樂正夔則親自擊磬。樂正夔所作之樂共分九章，帝舜從第一章凝神聽起，由於心神被音樂吸引，一直聽到第五章目光不曾旁瞬一瞬。

就在帝舜凝神越聽越覺樂曲章章八音和諧，盡善盡美之時，卻忽然見到兩旁眾臣將的視線一齊移向了外邊。帝舜心中一詫隨著也把視線向外一瞬，則見到正有無數珍禽異獸，在外邊合樂歡舞。

帝舜眼見至此心中大奇，但他畢竟繼續聽樂要緊，又急忙收目凝

心繼續聽起樂來。隨後他一直聽到樂曲九章奏完，方纔重又移目向外望去。這時他卻看到，剛才那依樂騰舞的珍禽異獸，已經隨著樂止而舞止。只是個個都在翹首向樂場張望，仿佛期盼著樂場之上樂聲再起似的。

帝舜於是一面極口稱讚樂正夔所作樂曲之美，一面對之詢問道：「那些禽獸隨樂合舞，是否平日你們教導的？」

「不，臣等並未教導它們。當初臣等在此演樂，它們聞聽都跑來聽之，臣等以為不過偶然之事。豈知後來它們竟然漸漸有點知音，每逢臣下擊磬之時，它們竟能相率而舞，實在奇異。」樂正夔即言否定道。說著，樂正夔又將磬石敲擊幾下，外邊禽獸果然又真的騰舞起來。

帝舜與眾臣將見之，齊贊樂正夔製作樂曲之妙，竟能引得禽獸相率而舞。帝舜則更為高興，便當即擷其美妙之意，為此樂取名為《韶樂》。韶，即美妙也。正因為此樂美妙之至，方使得我國後代大學者孔丘聞之三月不知肉味。樂正夔聽了大喜，即問帝舜何日正式演奏《韶樂》。

「現在時距冬至已近，朕即位後尚未郊祭天地，且待冬至之時奏之郊祭天地吧。」帝舜聞問道。樂正夔即言遵命，帝舜遂引眾臣將離別而去。冬至日轉瞬來到，帝舜安排的郊祭天地時日也便到來了。

帝舜設置的郊祭之所在京都南門之外，郊祭神廟建築在一片大廣場上。神廟正中神座上供奉的是天神玉皇大帝，兩旁四個神座上則供奉的是黃帝、顓頊、帝嚳和帝堯。冬至日半宵，帝舜便與眾臣將齋戒完畢。帝舜則穿了天子的法衣，引領眾臣將來到了祭所神廟之中。

接著，隆重的郊祭儀式便在悠揚的《韶樂》聲中開始。一時間，但聞廟堂之中樂聲大作。堂上的玉磬聲、琴瑟聲與堂下的管聲、韜鼓聲、敔聲遙遙相答，中間更雜以悠揚的笙聲與洪大的鏞聲，正所謂八

音和諧，六律完備。

　　一章奏畢省牲完成，帝舜開始先行初獻爵祭禮，《韶樂》第二樂章隨之奏起。樂聲起處，又見堂上數十名樂工亢聲而歌，歌詞皆為頌揚讚美之意。接著堂下舞生執羽而舞，舞節與樂拍相隨而和。

　　在這莊重肅穆而又歡樂祥和的氣氛之中，眾祭司隨著帝舜無不竭恭盡敬，就是那在旁眾臣和圍觀民眾，亦無不屏息斂氣，盡現肅穆虔誠之情。樂章奏到極處，廟堂上靈旗颯颯，陰風嗖嗖，真的仿佛有鬼神祖考前來享受祭奉似的。

　　帝舜初獻爵祭禮完成，司空禹繼之進行亞獻爵儀式。這時《韶樂》已經奏到了第六章。到了司馬契進行終獻爵儀式之時，堂下則忽然擡來一隻大鑊供在正中，並隨著有人擡來一盂沸水傾入鑊內。

　　帝舜見之，即過來恭恭敬敬地親自將一應犧牲傾入鑊內。原來有虞氏的祭習以氣為尚，以為鬼神能享者無非是氣而已。故而沸湯血腥，蒸騰四溢，庶幾神明便可享到。

　　三獻爵祭禮進行完畢，天已大明，祭事將了，《韶樂》也奏到了最末一章。但在這時，眾人卻聽到在那悠揚的樂聲之中，似乎又陡然平添出了一種悠揚清越的樂器之聲。

　　這聲音如鸞吟，似鳳鳴，剛而不激，柔而不隨，聽得全場眾人全都歡快之至起來。眾人正在奇異，有人方纔看到廟外空中，不知何時竟然飛來了無數隻鳳凰，正在一邊隨樂翩舞一邊引吭長鳴，給《韶樂》平添了動人的樂聲。

　　帝舜與眾臣將弄清了異聲來源，隨著更加歡快之至，交口稱頌帝舜的盛德。齊說是其盛德感召金鳳和鳴，平添了郊祭的無限隆盛。就在眾人的讚頌聲中，須臾祭事完畢，樂聲驟止，鳳亦不鳴，眾人方纔歸去。

二七、帝舜遇仙

　　帝舜郊祭天地之後轉瞬過去四載，在這四載之中帝舜按照朝規，
等待四方諸侯入京朝覲，沒有離開京都前往他處。這期間，朝中大事
只有一件，即司馬契年邁病逝，引得朝野上下眾人齊陷哀痛。

　　這時第五個年頭到來，到了法定天子巡守之年。帝舜繫念天下四
方，即把朝事交付司空禹主持，引領樂正夔、大理皋陶和工師有倕等
一班臣將隨從，徑出京都南門巡守四方而來。

　　當時天子出巡依例是先到東嶽，帝舜一行奔出南門徑往東行，沿
途過諸馮山、王屋山、濩澤、姚墟等地。這些地方昔日皆為帝舜奔遊
熟悉之地，一路上他腳下一邊前行，心中一邊緬懷當年的情景。

　　他想到了這些地方民眾昔日的苦辛，看到了今日的安樂，心中不
禁感慨萬千，高興至極。轉眼到了泰山腳下，帝舜看到東方諸侯已經
集齊迎待於他。他便休歇一宵，即於次日舉行了隆重的祭嶽大典。

　　祭典儀式之上，帝舜先是讓眾諸侯逐個稟報其政情。帝舜聽後知
道東方平安民眾樂業，心中大喜。接著選擇東方二伯貢樂，以為自己
和眾臣將聽審。帝舜之所以要諸侯貢樂以為自己和眾臣將聽審，是因
為當時的帝王都認為，審一地之聲可以知一地之樂，審一地之樂可以
知一地之政，一地的民情風俗美惡薄厚，都可以從聲樂中聽得出來。

帝舜所擇東方二伯，一為陽伯，他所貢為《皙陽》之樂；二為儀伯，所貢為《南陽》之樂。二諸侯命樂工將所貢之樂演奏完畢，帝舜與眾臣將聽到其樂淳厚，可見其地民風誠樸，心中大喜。

隨著，帝舜則令隨行樂工為東方諸侯，奏起了自己之樂《韶樂》，以使他們聽聞帝德之盛。眾樂工聞命即奏，東方諸侯聽到此樂隆盛至極，齊呼：「帝舜萬歲，萬萬歲！」

須臾樂畢祭嶽大典完成，帝舜一行離開泰山向南巡去，東方眾諸侯跪地遙送。此後帝舜一行越沛澤，渡長江，一路看到民眾安樂生活殷富，這日在心喜中不知不覺，已是到了今日福建西北部一帶大山之中。

這裏山勢嵯峨，風景佳美。帝舜一行既為天下到處安樂而高興，這時又被山中美景所吸引，便一路徑向大山之中賞玩，越走越深起來。正行之間，帝舜一行又見一道泉流從山中飄然而下，汩汩奔騰，煞是可愛。

他們溯著此流盡情賞玩，更見景色奇異。此流向前不遠即轉一個曲折，每轉一個曲折風景都為之一變。帝舜一行接連轉過八個曲折，隨著山勢增高泉流兩岸風景便愈益絕美。帝舜君臣興趣倍增，決計徑向前去追尋泉流之源。

帝舜君臣又向前行進一陣，來到了泉流的第九個曲折之處。這裏山勢驟然開朗，風景更是美妙奪人。他君臣正在賞玩美景，卻突聞一臣發現奇景道：「陛下快瞧，那裏有一座茅屋！」

帝舜君臣心覺奇異，齊舉目順著言說之臣手指望去，果見在前方修竹翠木掩映之中，隱隱有一座茅屋裸露著屋脊。他君臣看視至此更覺奇異，樂正夔禁不住講說道：「陛下，我們君臣一路從山下行來，至此皆未見有人跡。前方突現茅屋，臣下想來如果不是野人，則必定

是隱君子了！」

「愛卿所言極是。走，我們前去看看。」帝舜即表贊同道。說著，即領眾人一同走了過去。帝舜君臣一陣前行來到茅屋近處，隨著距離越來越近，漸漸聽到茅屋之中傳來了絲竹之聲。

「如此則是隱君子無疑了。」帝舜說著，他君臣轉瞬來到茅屋門口，舉目卻見到茅屋中坐著兩位少年，年紀都不過二十來歲。面如傅粉，唇若塗朱，頗覺秀美。一青年正在那裏鼓瑟，一青年正在那裏吹竽。二青年突見帝舜君臣來到，忙放下樂器起身詢問道：「請問諸位長者，皆從何處前來？」

「我們從京都而來，」帝舜道，「請問二位尊姓大名？為何居此荒寂大山之中？」

「某等姓彭，某名叫武，舍弟名夷。我兄弟志願求仙，故而居此。」年長少年回答道，「此處空谷不聞足音久了，不料想今日得睹諸位尊顏，請問諸位長者貴姓大名？來此何干？」

大理皋陶聞聽，遂把帝舜君臣向他們介紹了一遍。「原來是聖天子駕到，」武、夷二人聽到，慌忙伏地叩拜道，「适才失禮，請陛下恕罪！」

「公等皆是世外之人，」帝舜見之即忙還禮道，「何必拘此世俗禮節！」

「非也。臣父與聖天子昔日皆為同朝之臣哩！」彭武隨之道，「所以論到名分，聖天子是君主。而論到世誼，聖天子則為晚輩父輩矣！晚輩在君主父輩面前，豈可失禮！」

帝舜心中正認為二青年為隱君子，驟聞彭武此言不禁一奇忙問道：「尊大人何名？」

「上一字籛，下一字鏗。」彭武回答道，「先帝時受封於彭地，

故姓為彭，名為祖。」

「噢，原來是這樣！」帝舜聽到這裏，方纔心中頓明詢問道，「尊大人久離朝廷，現在何處？」

「家父雖然受封於彭地，但卻志不在富貴而在長生。因而回到封地不久，便離國雲遊訪仙問道而去。」彭夷回答道，「起初，家父因為淮水之南出產雲母，在淮水之濱居住數年。此後又在南面發現一方石洞，又在洞中居住數年。如今則到梁州去了。」

「那麼二位應該隨侍前往，」帝舜聽後道，「為何拋卻尊父獨居在此？」

「家父子孫眾多，不必我兄弟跟隨侍候。」彭武搶先回答道，「當然我兄弟也常去省視，並非棄而不顧。」

「此刻尊大人在梁州哪裏，」帝舜這時又問道，「有何人隨侍？」

「住在岷江中流一座山上，那山兩峰如闕，相去四十余步。家父見其形勢奇絕，便住了下來。到那裏一問，無人不曉。」彭夷答道，「現在隨侍之人除眾兄弟多人之外，還有我長兄的女兒。她對長生之術極有研究，家父最為鍾愛，各處雲遊攜之不離。」

帝舜聽到這裏心中頓生遐想，生出了步笺鏗之塵，尋仙求道以求飛昇的意念。因為他隨著聯想到，人的生命太短暫了，短暫到了想為民眾多做一些事情都不可能的程度。為此要想實現為天下民眾多做事情之想，就只有尋仙求道尋求長生一途。

為此先前黃帝、顓頊、帝嚳都曾這樣去做，並實現了成仙之想，想來也定然都是這樣。先帝這樣去做都獲成功樹立了先例，自己當然也就可以去步先帝後塵，這樣去求去做。

「昔日朕與尊大人雖然同朝日久，但因勤勞國事刻無餘暇，尊大人又性喜寂靜往往閉門不出，故而聚談的時候很少。偶然遇到，談論

的也僅是天下刑政而已。」帝舜想到這裏，即問彭武兄弟道，「特別是朕那時對於神仙長生之術絕不注意，故而更不曾談起過。如今聽了兩位後生講說，尊大人修煉之法竟是從服食雲母入手，但其具體服食之法後生知道嗎？」

「後生承蒙家父指示，對之略知一二。家父服食雲母之法，用的是大仙赤松子的古方。此方是選得雲母三斤，硝石一斤。」彭武聽到帝舜此問，立即高興回答道，「先用醇酒浸泡雲母三日，然後打碎與硝石一起放進竹筒之中，再灌以醇酒用火燒煎。燒煎多時直至竹筒之物凝結如膏，將其倒出冷卻碎成細粉，即可服用之。」

帝舜求仙之心這時已切，隨著又問道：「怎樣服食？」

「時取日旦，採井華之水服送。七日服一次，百日之後，色黑如泥的三屍蟲便可俱下。」彭夷接著道，「這時用竹筒將三屍蟲盛藏埋葬，即是有效的第一步了。」

「那麼，」帝舜進一步追問道，「後面呢？」

「這時三屍蟲既去，身體便生一種反感，覺得精神惆悵不樂忽忽若有所失。但這是最為緊要的關頭，如果這時停止服食就將前功盡棄。」彭夷繼續道，「堅持服食之，一月之後精神便可恢復，身體轉覺輕健。二百日後轉老為少返老還童。家父服食母粉之法及其效驗，大體如此。」

帝舜聽到這裏仍不滿足，對其中的不解之處繼續詢問道：「三屍蟲是什麼東西？」

「三屍蟲名雖為蟲，實則通靈之神。它們隨人出生潛住在人體之內，專為人患不為人和，」彭武這時講說道，「人的老死大半是其所為。它們以使人死為快樂，不但耗食人的精氣，而且把人的過失或罪孽奏知上帝，害人於死。」

「它們住在人體中何處？」帝舜聽了，不禁駭然道。

「上屍蟲住在頭部，中屍蟲住在腹部，」彭武接著道，「下屍蟲住在足部，有時它們也共居於腹中。」

「它們既然居住在人體之中，只有扶助人體不死方可久居，」帝舜聽到這裏仍有不解，又問道，「人體死去它們便失去了巢穴，對它們不是有害而無益嗎？它們為何要害人呢？」

「它們平日住在人體中以精氣為食，總嫌不足。人死之後，它們則可以大嚼猛餐，方得爽快，為此它們以害人為樂。」彭夷聽後笑笑道，「再者人死之後，它們又可以潛住在新生人體之中，不愁無巢可居。為此修煉長生，總以斬除三屍蟲為第一要務。斬除三屍蟲，又以雲母粉功效最為顯著。」

「噢，怪道要服食雲母粉！」帝舜聽到這裏，方纔心明道，「那麼，斬除三屍蟲還有別的方法嗎？」

「有。」彭武肯定道，「另有一法叫做守庚申。」

「守庚申，」帝舜不解道，「是什麼意思？」

「三屍蟲上天稟報人的罪孽，六十日前去一次，其去之日就一定是庚申日。為此修道之人逢到庚申日，往往晝夜不睡，」彭武接著道，「使它們不能出去，叫做守庚申。守過三個庚申，三屍蟲伏；守過七個庚申，三屍蟲便滅了。」

「不睡為什麼三屍蟲就不能出去，」帝舜又進一步詢問道，「睡著了它們就會出去嗎？」

「是的。三屍蟲出去總是乘人熟睡之機，因為它們是附著在人的神魂之上的。」彭夷答道，「人醒著的時候神魂凝固，它們出去不得。人睡著的時候神不守舍，三屍蟲方能出去。」

帝舜就這樣越問越多，武夷兄弟越答越玄，使得舜第一次聽到

了這麼多神奇的前所未聞玄妙之言。由於他這時心中已經生出飛昇之想，便越聽越覺有趣。為此當晚他便住在山上，與武夷兄弟整整談論一宵。

次日，帝舜因為身負巡守天下之任，方纔無奈下山，一路向西巡守而去。後來人們因為武夷兄弟在此山中為天子帝舜講道，便把此山叫成了武夷山，即今日福建武夷山。

帝舜君臣下山之後在途十餘日，西行越過數重大山，這日來到了彭蠡大澤西南岸邊的一座山中。此山風景秀麗，山境清幽。帝舜引領眾人正往前行，突見迎面山道之上走來一人。此人一身仙風道骨，氣概非同凡俗。

常言奇峰遁高人，幽山住妙道。心兒正被武夷兄弟說得不能平靜的帝舜，眼見此人心想這一俗言，不由得心中詫異十分暗叫道：「難道我帝舜果真飛昇有望，方纔隨處得遇妙道不成了嗎？」於是他即不怠慢，上前迎住來人施禮道：「請問先生尊姓大名，可是山中高道？」

來人仿佛知道迎上前來者便是帝舜，又仿佛是專門前來迎見帝舜似的，因而沒有待到帝舜說完，便忙還禮回答道：「小人姓何名侯，今日在此深山野嶺之中得遇當今天子，實乃三生有幸！」

「先生居此山中，」帝舜不待何侯說完，便急不可待道，「在山中做何營生？」

「慚愧慚愧，小人無所事事，只是妄想飛昇成仙。」何侯忙又施禮道，「因而居此山中除去耕樵之外，專務養身修煉之術，以求飛昇成仙而已。」

「這恐怕只是空話！天下修煉此術之人可謂成千累萬，但他們吐納導引行之頗久，」帝舜聽罷何侯此言，知其果如自己所料為山中高道，隨著即談自己途中對修仙的懷疑之想道，「卻僅見其神明不衰，

而飛昇成仙者則聞之了了，修煉豈是易事！」

「陛下之言然矣，修煉實在不是易事。但此言也不儘然，因為天下成仙之人分為兩種：一種是根器淺薄之人，」何侯道，「全靠自己苦修而得，如小人即是這一類。另一種是根底深厚之人，則不必怎樣苦心修煉，時刻一到便有上界真仙前來迎接，如聖天子就是這一類。」

「真的？」帝舜聽了何侯此言，心中頓生撥雲見日之感道，「這是真的嗎？」

「此言並非小人杜撰，」何侯忙言道，「而為大仙赤松子，專囑小人對聖天子講說的。」

「赤松子遊戲人間，在先帝時確係有的。」帝舜聽了，更是奇異道，「他現在何處，怎樣對你講說？」

「赤松子現為昆林仙伯。前日他對小人講說，聖天子超凡入聖之心已生，但意念不堅。明日聖天子過此，你可善為引導，」何侯道，「以使聖天子終了達到超凡入聖之境界，故而小人特來此處迎接聖天子。小人言說已了，信不信皆天子自裁。小人告辭了。」

何侯說著，深施一禮便要離去。「若此，朕當恒心修煉矣！」帝舜聽了其言心中正異，見其又要離去急忙攔阻道，「但請先生授予服食導引及脫胎換骨之法。」

「那好。陛下既然誠心修煉，小人當虔心教之。」何侯聞聽，即止身道。隨著便與帝舜坐在一旁，詳細講說起來。帝舜認真聽之，覺得受益不少。

「小人告辭，」末了時日不早，何侯告辭道，「但有一言奉勸陛下。」

「朕謝之，」帝舜道，「請講。」

「陛下這次巡守當然要巡北嶽，但依小人之見陛下還是免去此行的好。」何侯道，「若不免去，前去亦不宜久留。乞陛下記之。」

「為何?」帝舜忙問道。

「北方幽陰之地,今年天氣又未必佳,所以能不去最佳。」何侯道。言畢,他便不再講說,遂辭別而去。

「天氣不佳,怎至於不可前往?莫非是有什麼危險不成?」帝舜聽了何侯末了之言,不禁心中躊躇起來道。但他待要再問,已見何侯離去遙遠。帝舜無奈,只有記在心中等到時候再說。當晚他與眾人住了下來,次日天亮即又啟程向南嶽行去。

帝舜君臣此後巡到南嶽衡山又到西嶽華山,離開西嶽華山之時已經到了冬日。這時,帝舜對於是否繼續北巡北嶽,不禁心中生出了猶疑,因為他對何侯之言一直不解其中深意。

但是猶疑之中,一心只為天下民眾為朝事的他還是摒除猶疑,毅然引領眾臣巡守北嶽恒山而來。他想到北方眾諸侯,都會依約聚集在北嶽恒山之上等待自己。自己如果不去,豈不就失信於眾諸侯,這是絕對不能允許的。

恰在這時,雖值冬日卻趕上了小陽春天氣。帝舜君臣於是離開華山,徑往北行前往朔方再往恒山,一路上頭頂一輪甚熱的太陽高照,行走得人人都覺得體熱口渴。但不料他們剛剛行到唐城舊都,卻天生驟變,凜冽的朔風削面般吹颳過來。

帝舜君臣依舊頂風向北前行,剛行兩日天上又飄飄蕩蕩地下起雪來。他君臣冒雪繼續前行,但卻向前越走山越高雪越大,路越難行起來。行進中但見駿馬屢屢失蹄,車輪常常被陷。帝舜見之,心中頓覺進退兩難。

大理皋陶見之道:「陛下,前時在彭蠡山中何侯之言看來應驗了。」

「不去管它那些。這裏是大茂谷,距離恒山已經不遠。」帝舜這時與皋陶心中雖有同想,口中卻堅定不移道,「即便雪大難行,再行

幾日也就到了。」

「陛下，臣下看來路雖不遠，但行之更難。」樂正夔聽了，則又攔阻道，「為此不如返了回去，通知前來諸侯改日再來，也未嘗不可。」

「這樣未免太失信於諸侯了。這時眾諸侯已該來到不少，他們也經歷了許多行路艱難，」帝舜聽了否定道，「讓他們無端歸去下次再來，使之憑空多出一次跋涉之苦，於情於理都是說不過去的！」

「若此臣下以為，可以在此向北嶽遙遙致祭。來到這裏的諸侯，」大理皋陶這時靈機一轉，又言道，「隨同進行朝覲貢樂之典。其餘雪阻未到者，等到下次再隨陛下祭山，亦為權宜一法。」

帝舜聽聞皋陶言說至此，不禁心中為之倏然一動。他口中雖然堅定不移，心中卻在想著何侯前言應驗，同時眼見天上大雪沒有止期而且越下越大，再向前行實在艱難至極。心動中他仰首舉目看向遠方的恒山，以期能夠遙遙望見採納皋陶之言，就在這裏遙祭恒山。

不料他剛往遠方一看，突見前方遠處有一個黑點，正冉冉向他面前飛來。那黑點眨眼飛到帝舜面前，隨著「轟隆」一聲巨響落在了地上。震得帝舜君臣一陣前仰後合，帝舜心中大駭。

轉瞬，帝舜君臣駭定急忙看視，只見是一塊上書「安王石」三字的巨石，落在了他們面前。眼見此石，朝臣中到過恒山者齊叫道：「陛下，此石乃為恒山頂上廟門旁邊之石，它突飛至此恰巧落在陛下面前，定是飛來擋駕，不讓陛下踏雪前行再去冒險。」

其他眾臣聽聞此臣之言這時也都稱是，眾臣將便又齊勸帝舜不要再往前行。帝舜這時則仍舊猶豫難決，大理皋陶見之又說道：「臣下剛才主張遙祭恒嶽，陛下未允引得此石來阻。臣下心想此石飛至，除了來阻陛下前往一層用意，還有一層代表恒山讓陛下對石致祭之意。因而就請陛下對石致祭恒嶽吧！」

「好吧，既然山靈顯現，我們就在此地舉行祭嶽典禮吧！」帝舜聽聞皋陶此言有理，方纔無奈應允道。眾臣聞聽，便在帝舜的率領下依照儀式，對石舉行起了祭嶽大典。

按照祭禮儀程，開始帝舜君臣與來到諸侯共同對石遙祭北嶽，隨後諸侯朝覲帝舜，接著向帝舜稟報國情，貢樂審樂。但一諸侯貢樂完了又一諸侯剛剛開始貢樂，卻突見外面有朝中二急使火急趕到。帝舜見之一驚未及詢問，他們已向帝舜遞上了火急文書。

帝舜拆開文書一看，上面只有娥皇手書「母病危速歸」五字。帝舜為大孝之子，見之方寸已亂，恨不得立刻插翅飛回。為此他忙向眾諸侯道：「朕因母病危需即歸，你等就先歸去了吧。」言畢，即令眾臣將與隨從起駕上道返回蒲阪。

踏上歸途，帝舜雖然心急如焚，但來時路上雪深陷車這時也不會改變，因而在途行走多日方纔回到京都蒲阪。帝舜回到蒲阪更不怠慢，立即入宮看視。他入宮見到弟象、妹敤首、娥皇與女英二妃以及其子義均等人，都正在其後母房中侍候，只是不見其父瞽叟。

「哥哥回來得還不算晚，再晚就難見母親之面了。」敤首見帝舜歸來，不待其開口詢問，忙迎上前來流著眼淚道。帝舜聞聽大驚，急到後母床頭看視，輕輕連叫「母親」連聲。但其後母只是瞥其一眼，口中話也沒有答出，便已倏地氣絕身亡了去。帝舜與眾人大痛，當即舉起哀來。

瞽叟所以剛才不在此室，是因為他也身體有病，正臥病在另一室中休歇。這時聽到帝舜眾人哭聲，心知定是其妻已亡，便即拖病起身慢慢來到妻子屋中，見到其妻果如其料已亡，夫妻情深也禁不住一陣大哭起來。

正在痛哭的帝舜聽到父親哭聲悲痛，即想到父親已年邁又在病

中，害怕其悲痛過分再生不測，急忙只好自己止住悲哭，來勸父親節哀。瞽叟通過帝舜勸說，許久方纔止住悲哭。但由於其心中悲傷過分，次日竟然病情驟然加重，臥床不能起身起來。

帝舜因此只有一邊悲哀亡母，一邊照應病父，遂不能視朝，只在宮中辦理為母送終侍候病父之事。待在病父身邊，帝舜心想後母病時，自己作為人子竟不能盡一日侍奉之職，實在抱恨。

但又轉念一想，虧得大雪封阻自己未能去到恒山，方使得自己才有眼見後母最後一面之緣。不然，巡到恒山返回所需時日更多，則就不能最後眼見後母一面，也就更要抱恨終生了。

此後轉眼過去兩日，其父用藥無效病情日劇，帝舜心中不禁更加哀痛。就在這時瞽叟自覺身體不適，強打精神叫過帝舜對之道：「舜兒，為父的這個病恐怕難好了。」

帝舜正在心痛至極，聽到老父倏然此言不禁心如刀剜，眼中淚珠禁不住「颯」地滾落下來。瞽叟見之道：「舜兒不要這樣。做兒子的死了父母，當然是悲傷的。但孩兒也已年近七十，過分悲傷不得了。孩兒記住，你不要為父母亡去悲傷壞了身子，這是你的私情；而天下則需要你，你可要為天下人而不要為父母之死過分悲傷啊！」

帝舜聽到父言至此，只得忍痛滿口答應。瞽叟這時又叫過戲首對之道：「你和你舜哥是最友愛的，你舜哥是個大孝子。為父死後如果他過於悲哀，你要勸他不要為私情而要為天下人節哀，保重自己的身體。」

戲首聽了，含淚答應下來。瞽叟遂又叫過象來道：「你是個不成才的人，如今的富貴全仗著你舜哥不念舊惡。你以後總要好好做人，不可自恃是天子的胞弟就任意胡鬧。要知道刑法是為天下而設的，就是為父殺了人，你舜哥也是包庇不得的，何況於你。為父死後，你三

年守喪之期完了，就到你那有庳封地上去，好好過日子。」

象聽完，亦唯唯答應。瞽叟這時言說完了便睡了下去，娥皇與女英拿過藥來，帝舜接了請瞽叟服用。瞽叟略服一些，搖搖頭不吃了。轉眼睡著過去一夜，到黎明時帝舜上前一看，瞽叟已經不知在夜間何時溘然長逝。帝舜眾人頓然悲痛欲絕，呼天搶地痛哭起來。

哭畢帝舜即辦喪事，朝中臣將、四方諸侯前來弔唁者絡繹不絕。瞽叟夫婦當初苦舜害舜，想不到末了還是因為生了舜這個大孝子，使得他夫婦不僅生時榮耀，死後也榮耀萬分。

隨後葬期來到，帝舜與象親扶父母的靈柩，送葬到了諸馮山下。葬畢帝舜返回京都，即進入了為父母三年守喪期中。

二八、命禹攝位

　　帝舜在三年為父母守喪期中，一直沒有過問朝事。朝中之事他都交給了大司空禹，由其總攬朝中百官前去辦理。因而在此期間帝舜雖為父母雙亡心中哀痛，身心卻倒落了個逍遙自在。

　　但在這逍遙自在之期，由於帝舜得以與家人日夕相處，卻越看其長子義均心中越犯憂愁。其長子義均的不肖，與其舅父丹朱的相同之處是同好歌舞，不事正業。不同之處則是丹朱傲慢而荒淫，義均則是愚魯而無用。

　　為此當年帝堯曾想使用下圍棋之法，改變丹朱的貪玩心性。這時帝舜則因義均愚魯，對其教授下圍棋也是不可能的。好在義均還安分守己並不為非作歹，成事不能取禍也不會，與丹朱比較起來帝舜尚覺略有寬心。

　　然而寬心之餘帝舜也難禁不心生憂愁，因為若按天子大位父子傳襲的舊習，自己就應該把天子大位傳給這位義均。但傳位給這位義均，天下將會怎樣呢？不就要刑政盡廢，好事難成，使天下民眾都跟著他受禍遭殃了嘛！

　　為此帝舜在哀痛父母亡故之餘心生如此憂愁，不由得越思越想越多起來。他心想自己年已七十掛零，天子大位傳讓給誰的大事。他在

想不能把此位傳給其子義均，決計取法帝堯把此位傳給賢人。進而他想到了把天子大位禪讓給司空禹，取法帝堯先將義均放逐出京以避禍亂發生。

想到這裏，帝舜心中的憂愁方纔稍稍釋將開去，決計待到自己守喪期滿，擇機行此大舉。轉瞬帝舜守喪三載期滿，脫去孝服祥祭之後剛欲視政擇機行此大舉，弟象卻前來對之道：「哥哥，父親生前曾對愚弟言講，要愚弟守喪期滿即歸有庳。哥哥，如今你我為父母守喪已了，愚弟告辭去了。」

帝舜聽了弟象此言，心知弟象此去與朝廷遙隔千山萬水，不知何日方能與自己再見一面，十分不忍道：「象弟謹遵父親遺命，實在可貴。但弟象此去與兄長從此天各一方，難得謀面，兄長實在不忍！」

「哥哥，」象則堅定道，「父親遺命不可違拗呀！」

「兄弟再住幾日再去吧！」帝舜心中仍是不忍立刻分離道。象這才答應下來。但眨眼三日過去，象又來向帝舜辭行。帝舜無奈，方纔對他安排再三，然後親自送其上路。帝舜與象兄弟情長，帝舜一直把象送出京都，直到南門外方纔返回。

象離去之後，帝舜開始恢復正常視朝。視朝開始，他先查看自己為父母守喪三年期間朝廷刑政。看到在此期間，朝廷刑政處理得井然有序，政績斐然。帝舜大喜，對禹等眾臣讚美道：「天下能夠太平大治，皆賴眾愛卿之力也！」隨著他心喜難抑，信口拈成一歌道——

股肱喜哉，
元首起哉，
百工熙哉！

　　司空禹聽到帝舜這樣稱頌他們眾臣將，慌忙稽手拜謝。謝畢正欲言說，卻聽大理皋陶開口道：「陛下把治世之功歸於臣等，臣等實在不敢擔當！臣下心想，股肱必須聽命於元首。元首正，則股肱自不能不正；元首不正，股肱必然難正。故而臣下依照此想，謹奉和陛下二歌。」說著，即唱出口來道——

　　　　　　元首明哉，
　　　　　　股肱良哉，
　　　　　　庶事康哉。
　　　　　　元首暗哉，
　　　　　　股肱惰哉，
　　　　　　萬事廢哉！

　　「老愛卿所言極是，朕已謹記下了！」大理皋陶剛剛歌畢，帝舜已從這首讚美自己的歌中，聽出了隱含的規勉深意，即拜皋陶道。帝舜朝中就這樣君臣之間如師如友，君不恃尊，臣忘其卑。君稱頌臣，臣稱頌君。君規誡臣，臣規誡君。君臣心犀暢通，播美千古。

　　此後，帝舜退朝即到後宮而來。他從察看司空禹總攬百官三年處理朝政的政績中看到，司空禹確實是一位難得的理政賢才，更進一步堅定了先前已生的禪位於禹之心。為此他要即與二妃商議放逐義均之事，以把自己的禪位之想早日變成現實。

　　帝舜共有九子，娥皇卻無所出，都是女英及三妃登北氏所生。女英所生長子義均，自幼便歸娥皇撫養。娥皇對之非常鍾愛，因而對其不免凡事姑息，使其養成了不好學業偏好歌舞的劣習。到了後來習慣養成，加之天資愚笨，故而無以教導。

帝舜這時不能禪位於他，只有禪位於禹。禪位於禹必須效法帝堯放逐子朱先例，而義均又為二妃所共養，且娥皇又一直體弱多病，禁不得愁苦之事再傷其心。因而帝舜無奈之中，還是只有先入後宮與二妃商議而來。

帝舜入宮二妃相迎，帝舜遂把自己禪位於禹之想講說了一遍。娥皇二妃皆為聰慧達理之人，對帝舜之想全都贊同。帝舜聞聽心喜，這才把話題轉到了放逐義均之事道：「但是二妃皆知，如果朕將天子大位禪讓給禹，依照先帝舊例必須先放子均於外，方能以防無虞。」

娥皇與女英聽了帝舜此言，頓然全都驚得目瞪口呆在了那裏，好久沒有說出話來。是呀，一個是養育義均之母，一個是生養義均之母啊！要從她們口中說出同意放逐義均，該是多麼艱難的事情呀！但是帝舜瞭解她們，知道她們會以大義以天下民眾為重，答應放逐義均的。

果然，娥皇二妃沒出帝舜預料，她們在目瞪口呆半天，心中進行過艱難的鬥爭之後，終於雙雙開口答應道：「好吧，既然陛下已經決定，為了天下民眾就定奪了吧。」

「多謝二妃深明大義，以天下民眾為重！」帝舜聽罷二妃此言，心才放下道，言畢又即改詢問口吻道，「朕想把義均放逐於商，封其為諸侯，不知二妃意下如何？」

娥皇二妃又是雙雙贊同，事情就這樣定了下來。次日視朝，帝舜便宣佈了兩項重大決定。一是封義均於商，令其立即離京就國。二是自己禪位於禹。眾臣將聞聽，齊呼「萬歲」。

「陛下不可！陛下萬萬不可這樣！」然而這卻急壞了司空禹，只見他在眾臣將的歡呼聲中沒有歡呼，即忙出班跪倒在帝舜面前固辭道，「這樣，臣下實在承擔不起！」

「愛卿平身，」帝舜見之一笑道，「待朕細言。」

「陛下不收回成命，」司空禹仍是跪地不起道，「臣下絕不敢起身。」

「愛卿知道，朕自先帝命朕攝政以來，已歷三十餘載。在這三十餘載之中，朕宵衣旰食盡心竭力，不敢稍有懈怠。」帝舜見之無奈，便隨著對禹講說起來道，「但朕已年逾七十，精力日差。實無能力再日理萬機，更不要說長年奔波巡守方嶽了。」

「陛下不要再言，」司空禹依舊跪地不起道，「臣下絕不接受此命！」

「愛卿做事勤勉，賢名廣被天下，為天下眾望所歸。」帝舜繼續其言道，「為此為了天下民眾幸福，愛卿就接受朕之禪位吧！」

「陛下快快不要折殺臣下！臣下本以替父戴罪之身受陛下舉薦，得以施展治水之能替父贖罪。」司空禹耳聽帝舜說到這裏，更是跪地不起固辭不受陳言道，「這一切都是陛下對臣下的厚恩，臣下尚未得報，怎可接受陛下禪讓天子大位！不，不，不，臣下雖死不受！」

「愛卿既然這樣決絕不受朕之禪位，朕也只有暫且罷了。」帝舜聽了司空禹此言，知其再勸也難以使之接受，便無奈只有心機轉動，使用先走一步是一步的方略道，「不過朕身實在已經老邁，難以日理萬機巡守方嶽。為此愛卿要報答於朕，愛卿就代朕攝政如何？」

「陛下，臣下既不受禪讓之位，又豈能登攝政之位！陛下守喪三載，臣下總攬百官替陛下總理朝政可以。」司空禹這時仍是固辭不受道，「如今陛下無事再讓臣下總攬朝政，臣下實在不敢再負此任了。」

「明日由司空禹代朕視朝，退朝。」帝舜聞聽司空禹話說至此尚不完全決絕，唯恐再說下去其話說絕，連攝政也不接受，這時當即決斷道。隨著，立刻退朝而去。

帝舜退朝之後回到宮中，心想今日朝堂之上兩件大事雖然只辦成一件，另一件禪位於禹之事沒能說成，但自己末了心機急轉倒也大有

進展。料定明日早朝之上，司空禹定然不敢違拗自己之命，代替自己前去視朝。

　　若是那樣，實質上的攝政便擔在了司空禹的肩上。日後再進一步，其禪位之想就可以實現了。為此他心憂盡釋，靜心思謀起了修煉飛昇之術。但是時間轉眼到了次日早朝之時，帝舜正在等待司空禹代己視朝的消息傳來，卻聽眾臣將報來了司空禹不曾早朝的消息。

　　「司空禹，竟然不遵朕命！」帝舜聞稟凜然站起，心中生氣道。隨著即命身邊隨從，前去司空禹府中傳其來見。隨從聞命即去，轉瞬歸來卻又帶來了更令帝舜震驚的消息道：「司空大人不在家中，其家人言講司空大人為避攝政，昨晚離家出走他去。」

　　「啊，出走了！」帝舜不聞這一消息正惱，驟聞這一消息頓然心中一悸道，「快，快去詢問司空去了何處！」

　　「啟稟陛下，司空大人家人言講，」隨從去後不久返來道，「司空大人獨身出走，不曾謀於家人，家人全不知道。」

　　「啊！司空禹，真乃大賢也！別個欲求天下而不得，不惜興兵奪之。今日朕禪位於他，他竟然逃而避之。」帝舜聽了禁不住驚叫一聲陷入了沉思，半天方纔喃喃道，隨著，他突轉語調鏗鏘道，「他逃避不脫！朕尋到天涯海角，也要把他尋找回來。」

　　隨著，帝舜即命隨從打探司空禹去向了何方，以便自己親去追尋。隨從去過一陣，返回稟報道：「陛下，有人看見司空大人昨晚易服去了西方。」

　　「好，快走，隨朕向西追尋去。」帝舜聽了即言道。言畢，即領備好的隨從騎乘快馬，離開京都一路向西追尋而來。帝舜引領眾人向西追啊尋呀，轉眼兩日過去到了第三日上午，正不得司空禹的任何消息向前奔尋，突聞一個隨從喊叫道：「司空大人，司空大人，我看見

司空大人了。」

「他在哪兒？」帝舜聽聞急問道。

「在前邊遠處，陛下！」那隨從即答道，「剛才他正在路上行進，看到我們突然隱進了路旁草叢之中。」

「你領路，」帝舜聽了大喜道，「快去尋。」

隨從於是在前領路，帝舜眾人一陣尋到了剛才他看到的司空禹躲處。但是帝舜眾人尋找一陣仍是不見司空禹，卻又突聞一名隨從高叫道：「陛下，瞧！那定是司空大人，瞧他逃得多快。」

「好，我們終於尋到他了！」帝舜聽聞急向隨從手指方向望去，果見是易裝的司空禹正在向一片樹林中奔躲。帝舜見之道。隨著，即領眾人追了過去。

帝舜一行轉瞬追到小樹林中追上了司空禹，司空禹見是帝舜親自追來自己逃避不掉，便不敢怠慢急忙回身跪倒帝舜面前道：「罪臣違拗聖命，又勞陛下遠徙至此，罪該萬死，請陛下重處！」

「愛卿大賢，天下人求之不得也！」帝舜急忙下馬扶起司空禹道，「愛卿休得再行逃避，還是快快隨朕回京代朕攝政，以不負天下民眾之心吧！」

「陛下若要臣下回京攝政，臣下決計再違聖命。」司空禹又即固辭道，「如果陛下要臣下回京不再攝政，臣下當即遵從聖命返回京都！」

「好吧，朕就暫且答應了愛卿，回京不再攝政。」帝舜無奈，他知道大賢的脾氣，害怕司空禹也像昔日的許由逃避帝堯一樣逃避自己而去，只有當即退讓道。司空禹這才轉喜，當即叩拜謝恩，然後跟隨帝舜眾人一道返回京都而來。

回到京都，帝舜擔心司空禹再逃避去，果真沒有再讓他去行攝政，而讓他繼任前職。司空禹目的實現，便在朝中繼續總攬百官。他

君臣一時又如先前，相安無事轉眼過去一載。

不料這日帝舜正在視朝，要司空禹出班奏明朝中事體。司空禹聞命剛剛出班尚未來得及開口啟奏，卻突見一位宮人前來奏稟道：「啟稟陛下，朝堂外突然出現一條青龍。那青龍這時正在堂外騰躍，請陛下視之。」

帝舜一奇，即起身走出朝堂看視。果見一條修長的青龍，在堂外騰空躍舞翻飛，弄得颶風嗖嗖，一團雲氣。帝舜與眾臣將看視許久，方見青龍騰空而上，徑入雲天而去。

看到青龍去了，帝舜方纔引領眾臣將重歸朝堂，讓眾臣將破解青龍驟來兆何祥事。眾臣將聽了帝舜此命，一時全都陷入了沉思。心思許久，大理皋陶方言道：「陛下，以老臣愚見，青龍驟現朝堂，則是朝中一臣將興的先兆。」

「老愛卿所言極是，與朕所見相同。」帝舜也正想到這裏，並且還想到了司空禹乃為青龍之象，便立即肯定道，「只是朕還進一步想到，此乃正應在大司空禹的身上。」

司空禹在旁聽了，急忙叩拜在地推辭此龍不應自己。「愛卿，你不要再推辭了。朕觀愛卿之象正為青龍，先前天下洪水滔滔能夠治平，正是賴了愛卿的青龍之力。」帝舜見之道，「另外愛卿對於國事能勤，對於家事能儉，這些都是愛卿的賢處。再者愛卿既有治世之能，又有治世之功，故而天下無人與愛卿爭能，也無人與愛卿爭功。」

「不，不，陛下不可此言！」司空禹聞之，急又推辭道，「洪水平治乃是陛下之福，天下大治全是陛下之功。」

「為此朕既佩服愛卿的大德，又佩服愛卿的功績，」帝舜則對司空禹之言聞若未聞，繼續其言道，「以朕看來天數正應在了愛卿身上，愛卿如今終久該受朕之禪讓天子大位了。」

「陛下，不，不，事情不是這樣。臣下治水成功，乃正贖下了臣父之罪過；臣下所以勤政節儉，乃正為報答天下民眾！」仍舊跪在地上的司空禹聽罷帝舜此言，更是急得滿臉通紅，口中連連推辭道，「臣下無功無績，才淺德薄，斷不敢受陛下禪讓天子大位。陛下若不再次收回成命，臣下跪此決不站起！」

帝舜眼見司空禹又是固辭不受，心中不禁更加無可奈何。無奈許久，又見司空禹真的跪地不起，便只好重施舊法道：「好吧，既然愛卿固辭不受朕之禪位，朕退讓一步依舊命你代朕攝政，明朝視朝。」

言畢又是不待司空禹開口，立即退朝而去。然而帝舜剛剛退出朝堂，其貼身隨從便對之道：「陛下，小人看司空大人明早絕對不會代替陛下視朝攝政。上次司空大人逃而避之，這次司空大人豈有不再逃遁躲避之理。」

「小子所言甚是，朕亦正憂慮至此。不過這次朕讓他逃避不脫，小子快去隱蔽在司空禹府門口，待司空禹出而逃遁之時速來報朕，朕即追之。」帝舜即言贊同道。隨從聽了，即答「是」字去了。

「陛下，」隨從去後不久，即返了回來稟報道，「司空大人又單身易服出逃走了。」

「噢，」帝舜聽了詢問道，「逃向了何方？」

隨從道：「東方。」

「好，快隨朕追。」帝舜說著，即與隨從乘馬一陣向東追去。司空禹剛離家門奔走一陣向東不遠，帝舜一行已乘馬追了過來。司空禹見之又是不敢怠慢，急忙回身跪倒在帝舜面前道：「罪臣違拗聖命，請陛下懲處！」

「愛卿，朕待你不薄，」帝舜急忙下馬，扶起司空禹道，「你為何不願替朕分擔天下重任？你讓朕怎樣對你講說呢！」

「陛下所言非矣！並非臣下不願為陛下分擔重任，而是臣下雖然有心替陛下分擔，但卻才淺德薄力不勝任！」司空禹道，「卿若硬去分擔，則一誤天下民眾，二負陛下聖命，臣下豈敢權此重罪！故而只有不怕自己身負違拗聖命之罪，逃而避之，請陛下重處。」

「愛卿這樣自謙，真乃大賢也！但朕想愛卿當然也會知道，朕也並非瞽目之人視而不見，」帝舜聽聞司空禹講說至此，不禁開懷一笑道，「愛卿並非賢者朕非讓天子大位而不可！愛卿就鑒諒朕的一片苦心，也鑒諒天下民眾之心，休得再避即回京都代朕攝政吧！」

「陛下如果仍然逼迫臣下，」司空禹聽了又「撲通」跪倒在地，鏗鏘道，「臣下寧可跪死此地，決不返回京都。」

「天不釋我虞舜，虞舜又豈能奈何禹呀！」帝舜又是無奈，只有「唉」一聲長歎道，隨著他即對司空禹道，「好吧，朕答應愛卿之言，不再讓愛卿代朕攝政便了。」

司空禹當即叩拜謝恩，重隨帝舜返回京都而來。帝舜與司空禹返回京都之後，帝舜果然不再提及禪位與讓司空禹攝政之事。如此轉眼過去數載，帝舜年已逾過八十。此間他又研習道家修煉飛昇之術，對於仙道似乎已有根基，心中頗覺每每產生沖飛之志。

這時帝舜自覺年邁，又想超脫朝事專事修煉飛昇之術，便又生禪位於禹之想。這日視朝之時，他便又令司空禹出班對之道：「愛卿，朕為禪位之事，近日三占於玄龜，皆定於愛卿之身。愛卿這次就別推辭了吧！」

「陛下，如今朝中功臣甚眾，豈能恰好應在臣下之身。臣下請求陛下對禪讓大事格外慎重，」司空禹聽了又即忙跪伏於地，推辭道，「對朝中之臣個個都卜占卜占，看誰個最吉，便是誰個，絕對不會一定應在臣下之身。」

「愛卿，朕皆已占卜過了，玄龜恰好應於愛卿之身，」帝舜聞聽司空禹又是固辭不受，則正色開口道，「已是不必再占，因此愛卿已可接受朕所禪讓天子大位了。」

「愛卿接受帝位之後，要知道大凡人身之中總有兩個心。即一個是人心，一個是道心。人心最危險，道心戰勝人心，就可上達成為君子。」司空禹聽後仍是固辭不受，然而這時帝舜則不管司空禹在下邊怎樣固辭不受，卻依舊按其思路向下講說道，「但貪嗔癡愛、飲食男女都是人心，人心的黨羽多，道心的幫手少。順人心做起事來，表面極甘；順道心做起事來，表面極苦。愛卿以後做起事來，要凝志注重在道心上，使它精熟，才能不使人心為患。」

「臣下記住了。」司空禹聽到這裏，知道此為至理即應道。

「愛卿還要記住，要保全道心，尤其要緊的是執一個『中』字，這是先帝教授給朕的。道心雖是至善之心，但做起事來也不一定全都正確。」帝舜繼續道，「天下許多敗事之人，問其初心都並不壞，只不過或偏、或倚、或過、或不及罷了。如此差之毫釐，結果謬之千里，便是一個不能執中的緣故。為此，愛卿日後一定要慎執一個『中』字。」

「陛下之言臣下已經牢記於心，但要臣下接受禪讓大位，臣下絕對不受。」司空禹聽到這裏見帝舜講說完了，方纔頓然明白過來帝舜此言，是安排自己承接天子大位之後之事，便又大叫固辭道，「因而臣下敬乞陛下收回成命，不然臣下無法站起身來。」

「好吧，陛下仍令愛卿明朝代朕攝政視朝便了！」帝舜見之又是無奈起來，末了只有依舊屬聲道。言畢即又退朝而去。帝舜又是剛剛走出朝堂，其隨從即言道：「陛下，小人觀那司空大人必然還會逃去。」

「此言極是，但這次朕讓他逃走不成。」帝舜說著入宮稍事休歇，

便即往司空禹府門口，親自等待其逃離而來。司空禹辭朝回家之後心想，還是只有逃避一途。便又立即易裝，獨身出門欲圖逃遁他去。

「愛卿，難道你真的不繫念朕的苦心，」然而司空禹剛出府門，便見到帝舜正迎面站在其面前道，「不繫念天下民眾之心，非要一意孤行嗎！」

「陛下繫念天下民眾的拳拳苦心，臣下體驗到了。臣下再逃，」司空禹這次真的被帝舜之誠感動了，忙「撲通」跪倒在地道，「就不僅是實在有負於陛下，也有負於天下民眾了！臣下從今遵從陛下聖命，一切就請陛下安排吧！」

帝舜大喜，便即命司空禹明朝代己開始視朝攝政，擇定明年正月初一為其舉行正式攝政儀式。司空禹聽了，只有連忙再叩謝恩。

二九、舜避朝事

　　司空禹正式攝政之後，轉眼過去數載。這年冬天霜降之後，儘管寒天連降嚴霜，地上草木卻傲霜蔥蘢，絲毫不見凋萎之象。眾人皆以為奇，議論紛紛。議論中更有人說，看來這草木都要變而為妖了，不然何來這等奇異的妖氣。眾人聽了，又都驚怕不已。

　　這日司空禹拜見帝舜，與帝舜論及此事。司空禹道：「有人說這是草木都要變而為妖，臣下看則不是這樣，這大概只是木氣太盛的緣故。」

　　「眾人與愛卿之議皆不準確，難見道理。」帝舜聞聽一笑道，「若以朕言，則此番木氣之盛，正應在愛卿身上了哩！」

　　「陛下何以此言？」司空禹聽了，頓然大為不解奇異道，「此番木盛為何應在臣下身上？」

　　「朕德在土，愛卿之德在木，克土者是木。前年青龍出現，青色亦是屬木。故而當時朕說，天的歷數應在了愛卿身上。」帝舜又是一笑道，「如今草木連年茂盛，亦是木盛的徵兆。為此這天數又正應在了愛卿身上，愛卿可以代朕即天子之位了哩！」

　　「陛下怎可作此解釋，處處聯在臣下之身！不會是的，不會是的！」司空禹不聞帝舜此言還罷，聽罷帝舜此言真個是頓然惶恐之至

道。說著，遂辭帝舜而去。帝舜便也沒有再說，而是送別司空禹離去。

帝舜雖然沒有再對司空禹進一步言說，其心中卻已打定了主意。他知道此番草木之盛與前次青龍出現一樣，真的是天的歷數兩次都應在了司空禹身上，而且司空禹又確實是當今天下功德皆具的大賢之人，天子之位非他別個無人可屬。但他又知道司空禹的謙德之美，致使自己先前三次禪位皆告敗北。

為此他決計這次不再使用言說之法，因為直言謙德至美的司空禹還會固辭不受。他要變通方法，舉行封禪大禮，以向天下宣告自己稱帝功成告終之事。這樣自己告退，身為攝政的司空禹，下步就無奈只有接受自己的禪讓了。

「古來君主，治道告成，總要舉行封禪之禮，以告成於天，告功於地。如帝嚳與先帝各朝都是這樣。朕在位已歷五十八載，」帝舜心想至此，即於兩日之後湊得時機，對群臣道，「仰仗先帝的幫扶與諸位愛卿的竭力輔佐，居然四海平安民眾安樂，亦可以算是成功了。為此朕想步先帝之後塵，舉行封禪之禮，眾愛卿以為如何？」

眾臣將與司空禹當然都知道帝舜此舉之意，眾臣將除司空禹外無不贊成。司空禹雖不贊成帝舜行此封禪儀式終止其君主生涯，以把天子之位禪於自己之身，卻也不好開口阻止，那樣他就有否定帝舜功成之嫌了。為此他只有心中不贊成，口中贊成帝舜行此封禪大禮。

帝舜眼見眾臣將無不贊成，便即命司空禹為之籌備封禪大禮所需一切。隨後他擇定吉日，引領眾臣徑奔泰山舉行封禪大禮而來。帝舜舉行封禪大禮之所以前往泰山，是因為歷代人們都以為在五嶽之中泰山最高。

所謂「封禪」中的「封」，就是登山築壇以祭天。祭天山越高越好，因而從帝嚳開始封禪便都到泰山，封禪中的封便就成了登泰山築

壇以祭天。「封禪」中的「禪」，也就隨之成了在泰山之南，梁父山下辟基以祭地。為此封禪祭天祀地，就都要東到泰山。

帝舜引領眾臣將在途十余日來到泰山腳下，即先令人上山築壇以備祭天。數日後山上祭壇築就一應祭物備齊，帝舜方纔登山致祭。帝舜祭天的禮儀無非是對天祭拜，獻爵奉牲，禱念祭辭，以告知上天自己作為天子，佈德天下施恩四方，歷經艱難大治天下的功績。從而講說自己斯任已了，請上天再遣天子治理天下。隨後便是對天演奏自己之樂《韶樂》，以慰上天。

祭天完畢，帝舜又引領眾臣將下山來到梁父山下，命人辟基備牲以祭厚地。又是數日後祭基辟成祭物備就，帝舜引領眾臣將開始祭地。其祭地的禮儀大致與祭天相同，也無非是對地祭拜，獻爵奉牲，禱念祭辭。

以告知厚地自己作為主宰厚地的天子，佈德天下恩施四方，歷經艱難大治天下的功績。從而講說自己斯任已了，請求厚地再迎新天子主宰厚地。隨後又是對地演奏自己之樂《韶樂》，以慰厚地。

祭天祀地完了，帝舜便告封禪禮畢自己稱帝終結。他初步打算實現，遂決計擇一辟地遠離京都居住下來，以避朝事實現自己的下一步實際禪位於司空禹的方略。

「眾卿在朝中全都身司要職負有重責，如今朕已封禪完畢，你等就暫先返回朝中去吧。」為此帝舜即對眾臣將道，「朕有私事，想到諸馮山下歸省父母墳墓一次，屆時不免要逗留一些時日，你等就莫要奉陪了。」

眾臣將無奈，只有隨同司空禹告辭帝舜，一路返回蒲阪京都而去。帝舜待司空禹引領眾臣將去了，方纔帶領一行隨從離開泰山，徑朝其父母葬地諸馮山下行來。來到諸馮山下帝舜尋到父母墓旁，心想

父母在世之狀，死後不得謀面之苦，頓然難禁悲從心底湧出，撲倒在父母墳上失聲痛哭起來。

眾隨從見之連忙勸說，但久勸也難止住帝舜悲哭。末了眾隨從無奈，又怕帝舜年已老邁哭壞了身子，便硬是架起帝舜離開墳墓到居地而去。眾隨從為帝舜安排的居地距其父母墓地不遠，帝舜來到居地雖然止住了悲哭，但他觸景生情仍是難禁心中的極度傷悲。

因而住下數日帝舜每日傷悲不止，鬱鬱寡歡，眾隨從見之大急。帝舜安排他們為他選定的居地，本來是其欲要長期居住之地。帝舜本為大孝之人，他想到自己先前曾被父母所驅，未能在父母面前盡孝；後來自己又入朝中，沒有時機在父母面前盡孝。

如今自己封禪完了朝事解脫，正好避居在此既為亡父亡母守靈，彌補先前盡孝之缺，同時也正好避開朝事。但他這樣傷悲不止要在此地長住下去，傷悲過度身傷起來豈還得了！為此眾隨從不敢怠慢，急忙設法勸說帝舜離開此地，到別處走走。

帝舜雖然不願意離去，但也經不住眾隨從百般勸說，末了無奈終被說動，跟著隨從任意游走起來。帝舜這樣出遊離開諸馮山其父母墓地，心境果然漸漸轉好。這日游到今日山西安邑一個叫做鳴條的地方，看見這裏山清水幽，環境俊美，帝舜心中高興開口道：「好，快在這裏造幾間房屋。我們就住在這裏，不走了。」

帝舜這時想的仍是不回蒲阪京都，仿照帝堯造游宮於城陽以避朝事的先例，以讓司空禹在朝中獨行其志。眾隨從雖然不能深解帝舜此意，但見帝舜高興，又知帝舜居住在此鳴條，不會再去悲傷亡去的父母，全都高興得即依帝舜之今，動手建造起了房舍。

眾隨從召來了眾多民工，不幾日已把房舍築就，帝舜便遷居到了其中。帝舜在鳴條居住下來心中安然，他想自己這樣避居鳴條，此後

就可以真的像當年帝堯避居城陽一樣，避開朝事了。但不料他在鳴條剛剛住下不過十日，司空禹便從京都蒲阪趕了過來，向他稟報起了朝中之事。

帝舜見之開始並未在意，心想司空禹這次來了也罷，安排他以後不用再來稟報也就是了。為此他在司空禹稟報完朝事離去之時，對之道：「愛卿，朕在這裏不比待在京都，愛卿可將朝事予以稟報。這裏愛卿來往不便，以後就不必再將朝事來此稟報，自行處置也就是了。」

司空禹知道帝舜之意，口中只是唯唯。司空禹離去之後，帝舜心想自己已經作出安排，司空禹此後定然不會再來稟報朝事，他就可以安居在此了。不料一個月時光剛剛過去，司空禹竟然又一連前來三次稟報朝事，帝舜看到他居住此地又是失計了。

當年帝堯避居城陽，距離京都較遠自己去之不易。鳴條距離蒲阪京都太近，司空禹因而必然來回稟報朝事。帝舜知道自己失計至此，這日正想自己再遠遠遷居別地，以使司空禹來往不便，無以向自己稟報朝事，保證自己真正把朝事避開，卻又見到司空禹向自己稟報朝事而來。

眼見此景，帝舜便更加堅定了遷居別地的決心。但他還沒有想好遷居何地，司空禹已經來到了其面前，再次向其稟報起了朝中之事。帝舜無奈，只有再次硬著頭皮聽完司空禹的稟報，剛剛做完定奪。忽見外面呈上一封信來，說是有庫國君差人送來的。

帝舜聞聽急忙接過書信打開看視，只見信上寫道——

啟稟兄長陛下：

蒲阪一別，瞬經十載。思念兄長，靡日不忘。本擬循例入朝修君臣之道聯兄弟之情，不料去歲猝得痼疾，百藥無效，命難久延。病榻

399

之上，弟思早年謬誤，屢屢開罪於兄長之過，實乃汗顏。

兄長不念弟惡，裂土使弟尊榮。此德此恩，弟至九泉之下亦不敢忘懷！弟負欺兄之罪得至耄耋之年，死亦無恨。所恨者今世不能贖過，亦不能睹得兄長最後一面矣！

近聞殺妹亦病臥床榻，衰頹之身恐難痊癒。若弟靈耗到日，乞兄長千萬勿使其聞，免增其悲，促其延生。並望吾兄善保玉體，勿為謬弟作無益之悲。則弟雖死之日，猶生之年。筆簡有限，書難盡意，嗚呼！

「朕弟病危，朕當親去視之！」帝舜讀完此信，立刻頓足大叫道。隨著他已想到自己又恰好前去南方，遠避朝事。司空禹只聽到帝舜前言，不知其心中隨後所想，即忙開口勸阻道：「陛下，南方路遙，陛下年高，以臣下之見還是不去的好。」

「不，不要緊。朕自問不怕路遙，」帝舜則不依道，「年紀雖高但也尚可前往。」

「既然陛下要去，就先返回京都作以準備吧。」司空禹知道帝舜生性友愛，定然要去自己阻止不住。無奈即想到先陪其返回京都，再讓娥皇二妃勸止他南行。帝舜聞聽應允，即與司空禹一齊返回京都而來。

來到蒲阪京都，帝舜即入宮要娥皇二妃為其預備行李。司空禹這時想去對娥皇二妃言說，也沒有機會言說不成。無奈之中他想到自己不去言說，娥皇二妃也會苦言勸阻帝舜，則只有先回朝堂，以待集起眾臣將再一齊前來勸諫。

娥皇二妃驟見帝舜歸來心中正喜，突聞帝舜要她們為之預備行裝心中大奇。因為她們一時也沒有想到，帝舜會去南方遙遠之地。忙問道：「陛下要去何處，準備哪些行裝？」

「象弟病危，」帝舜即言道，「南去看視。」

「陛下，那可前去不得呀！」娥皇二妃不聽帝舜此言還罷，聽到此言頓然全都驚得半天方纔說出話來道。隨著，便對其苦苦勸說起來。

「朕怎麼不能前去。象弟病危，朕理當前去看視，這是其一。」帝舜當然不肯聽從，末了堅定道，「其二，我去此遠地，正可以避開朝事。其三，朕聞南方地面近日不太平靜，會不會發生變故亦未可知。」

「陛下，看視象弟是應該的，」娥皇二妃繼續勸說道，「但是正因為那裏不太平靜，陛下還是不去的好！」

「不。朕雖已將朝政盡行交付給了司空禹，但如是於國於民有利之事，朕仍當盡自己的義務，不敢以託付有人就撒手不管。」帝舜則繼續講說自己之想道，「為此朕此番出行，可以說並非純屬私情，還帶有一些急公之義就是鎮撫南方。你們不要再作多言，快去替朕預備吧！」

「那麼陛下就帶妾妃同去了吧，」娥皇二妃聽了帝舜此言知道已經勸止不住，無奈只有齊言道，「途中也好有個照應。」

「不妨事的，朕途中自會有人伺候，」帝舜一笑道，「二妃好好待在宮中聽候佳音好了。」

娥皇二妃更是無奈，只有又一齊苦苦勸留。「二妃這樣苦苦勸朕，亦見二妃的一片關心。但二妃的意思無非是以為朕已老邁，害怕朕死在外面就是了。」帝舜見之，末了「唉」地歎一口氣道，「殊不知人之生死皆由天命，該死待在宮中亦不能倖免，不該死行在路上亦死去不成。因而二妃就儘管放心，為朕快做預備去吧！」

娥皇二妃終於無奈，但心中想著帝舜垂老遠行，實在放心不下，只有一邊為之暗暗垂淚，一邊督飭宮女為之準備行裝。次日帝舜眼見

行裝皆已準備齊備，便要即日動身南行。

「陛下，臣聞報南方有苗國氣勢正盛，其國君心懷叵測，」恰在這時司空禹引領百官勸阻而來，司空禹見之連忙再勸道，「陛下以高齡之身豈可去此險地，還是慎重為先免去此行吧！」

「朕以至誠待人，想他有苗國君亦不至於為難於朕。」帝舜則堅心不移道，「倘有變故，朕自有應付之法。愛卿儘管放心好了。」

司空禹與眾臣將聽後大急，即又欲言勸阻。「眾卿此刻來得正好，」但帝舜則繼續向下講說道，「朕需一物，你等若能替朕尋到送呈最妙。」

司空禹與眾臣將忙問：「陛下所需何物？」

「此物乃是帝嚳時代丹邱國所貢瑪瑙甕甘露，先帝在遷都平陽時曾頒賜群臣共嘗過。」帝舜隨之講說道，「你等可將此物尋來，朕將攜其至南方。因為此露為仙品，食之可使人除疾延年。朕弟食之，或可得救。」

司空禹聞聽即先飭人尋找而去，隨著又與眾臣將勸起了帝舜。但是帝舜這時已是任憑誰個也勸止不住，轉瞬即在眾臣將的勸阻聲中，與眾臣將和家人作別，引領隨從離別京都向南巡來。

帝舜一行南行穿過中條山，剛到嵩山之中，司空禹已飭人把瑪瑙甕甘露送到。帝舜急忙揭開甕蓋看視，見到其中仍是滿滿的甘露心中大喜，遂載之繼續向南行來。十數日後，已是行到了江南雲夢大澤西岸。

帝舜南巡來到雲夢大澤西岸的消息，早有人飛報給了氣勢正盛心懷叵測的有苗國君。有苗國君大驚，不知帝舜此來何意，忙召群臣計議。計議中他率先道：「虞舜年已老邁，早已不再出京巡守方嶽了，前幾次巡守方嶽都是司空禹代行的。如今他忽然巡守而來，其中定然藏有陰謀。」

「以臣下思謀，虞舜此來並無惡意。有庳國君是其胞弟，臣數月前聽說其身患痼疾。虞舜大孝，此來必為繫念兄弟之情，」重臣成駒對人心地狡詐甚有遠慮，聽了國君此言立即否定道，「以老邁之身不遠萬里看望胞弟。同時臣聞其此來未帶一兵一卒，隨從也不眾多。因而其此來並無他意，還是放他過去，不必刁難的好。」

有苗國君雖然心懷叵測，卻也覺得成駒之言有理。因為自己即使刁難就是殺掉年邁的虞舜，朝中有司空禹執掌他也得不到天下。而且帝舜此來也確實沒帶兵卒，自己殺掉一個無兵護送的老者，又將失信於天下。為此，他便欲依成駒之言處之。

然而就在這時，卻突見一位讒臣出班道：「大王，若以臣下之見不可放掉虞舜，錯過這一千載難逢之機。」

「何以此言？」有苗國君一詫，忙一邊心中重審自己是否剛才心想失誤，一邊開口詢問道，「怎樣用此良機？」

「臣下思謀，大王正可借此時機將虞舜擒住囚禁起來，然後以虞舜的性命為代價，」讒臣道，「著人前去與司空禹講說平分天下。如果司空禹要保全虞舜的性命，必然應之，豈不是好！」

「此謀欠妥。虞舜向來以德服人，四方諸侯尊崇者居多。他又是當今天子，年紀又大了，」有苗國君聽後正在思慮，成駒卻開口否定道，「如今輕車簡從來巡南方並無不利於我的形跡。如果我們無端把他擒囚起來，或者將他弄死，四方諸侯必然不應我們，那樣我們就孤立於天下了。」

「老愛卿言之有理，」正在思慮的有苗國君聽了成駒此言，即言贊同道，「不可擒囚虞舜！」

「再說，那司空禹久有即位之心，甚礙虞舜不死其天子之名不能實受。我們倘若把虞舜弄死去了，」成駒這時繼續道，「一則正中其

下懷使其可以早即大位，二則又恰為其興兵討伐我們製造了藉口。如果司空禹借此伐罪於我，豈不是反倒不利於我們了嘛！」

「老愛卿慮之深遠，思之甚是！」有苗國君聽到這裏，連連說道，「我們究竟應該怎麼處理此事？」

「若依臣下之意，虞舜這時已是年近九十，沒有了幾日活頭。我們不僅放他過去的虛空人情應該做到，」成駒立刻狡詐道，「此刻還要一切禮節極其恭順地前去迎接他，做給四方諸侯看看我們並無不臣之心。這樣如果將來司空禹來制裁我們，我們對他反抗四方諸侯必會同情我們。」

「好，就這麼辦。」有苗國君即言贊同道。說著，便立刻備齊許多禮物，帶了許多侍從，親自前往雲夢大澤西南岸，迎接朝見帝舜而來。有苗國君數日後迎到帝舜，見到各地諸侯一路扈從帝舜而來者已經不少，聲勢甚眾。為此他心中不禁暗暗佩服成駒之見，對帝舜朝見之後，即隨各路諸侯徑送帝舜向衡山行來。

帝舜此後前往衡嶽沿途之上，南方各路諸侯聽說帝舜巡來，又紛紛齊來朝見。到了今日湖南湘潭縣西八十里韶山當時的無名山下，即今日中華人民共和國締造者毛澤東家鄉韶山沖地方，南方諸侯已經聚齊。

帝舜見之大喜，又喜韶山地方山秀水美，為自己難以尋得的一方幽居之地，便即停下前行的腳步，決計在這裏先行大會諸侯。隨後帝舜便在韶山腳下舉行了大會諸侯儀式，儀式無非是先點各路諸侯之名，察看各路諸侯的封物，受各路諸侯朝拜，詢聽各路諸侯稟報國情，然後貢樂審樂。

待到這一切完了，帝舜則令樂工為眾諸侯奏起了自己的《簫韶》音樂，以饗諸侯。帝舜之樂《簫韶》，就是原來樂正夔所制《韶樂》。

後來帝舜在聞韶之餘，忽然想起如果能在《韶樂》之中，再加進一種自己製作的名叫簫的樂器，定會樂聲更美。

「愛卿所制《韶樂》可謂精美之至了，」一日他對樂正夔道，「但朕打算在演奏樂器之外，再添加一種樂器演奏，不知使得否？」

「陛下精通於樂，知道樂以和為主。只要該樂器聲音和諧，」樂正夔道，「諧於六律，總是可以加入的。請問陛下準備添加何種樂器？」

「朕先前躬耕歷山時，看見許多竹子。一日眼望竹子忽然想起先前黃帝令伶倫取竹於山嶰溪之谷，制十二筒以像鳳凰之鳴。」帝舜道，「雄鳴六，雌鳴六，遂為千古律呂之祖。朕遂仿其法加以變通，用十根皆長三尺的竹管密密排列，吹之稍覺音調不差，參差若鳳凰之鳴。故而朕送其名曰簫。不知可用否？」

「臣下請陛下示簫，」樂正夔聞聽大喜道，「以作斟酌。」

「一會兒把簫取來，再請愛卿斟酌。朕心想如果可用，就添加進去。」帝舜遂一邊命人取簫送給樂正夔，一邊繼續對其道，「演奏朕之《韶樂》的樂器之中，若有朕親手製作的樂器，亦可開千古國樂特色哩！傳諸後世，亦是佳話哩！」

「簫，實乃良器哩！怪道陛下一直秘不示人，恐傳之於世也！」帝舜話音剛落簫已取到，樂正夔奏之一試，頓然大喜道。遂把簫加進了演奏《韶樂》的樂器之中。因為演奏《韶樂》的樂器中加進了帝舜所制樂器簫，《韶樂》便易名成了《簫韶》。

眾樂工遵從帝舜之命，這時在韶山腳下把帝舜的《簫韶》之樂奏響，一時間真個是清音振響，婉轉流暢，如同天上的百鳥在同聲歌唱。眾諸侯過去雖然聞聽過帝舜的《韶樂》，知道它悠揚清越，剛而不激，柔而不隨，但聞聽《簫韶》卻還是首次，因而他們初聞其聲，便覺得更勝先前《韶樂》美過十分。為此頓然之間眾諸侯聽得個個入

迷，人人盡癡，心思進入了一個絕高的超純境界，一切私心雜念全都化作雲煙，消失淨盡了去。

眾諸侯全都聽得癡迷，悄然間不知地上又倏然何來眾多百獸，伴著樂聲歡舞起來；天上何來鳳凰，引頸和樂長鳴，而且淩空展翅翔舞不停。癡迷中的眾諸侯誰也沒有見到過這樣的場面，一個個更對帝舜佩服得五體投地。

「我小小有苗國君若行不臣之舉，焉有葬身之地乎！」就連那心懷叵測的有苗國君，眼見此境也心中不禁暗叫不迭道。從此，他果然馴而歸服朝廷，不敢再行妄舉。

「朕此次南來，是私人行動，並非正式巡守。但承蒙眾位諸侯遠來相隨，朕實在感激之至心甚不安。為此諸位既已前來，朕當借此時機與諸位共祭南嶽，以祈昌盛。」末了《簫韶》即將演奏完畢，帝舜便在樂聲中對眾諸侯道，「另外，朕這次南來還帶有一種先朝所遺異物，嘗之能夠除疾延壽。諸位全都隨朕多年，功比衡嶽。故到衡嶽之後，朕決計與諸位共嘗之！」

眾諸侯聽聞雖不知帝舜所言異物為何，但知道定非尋常之物。為此心中深謝帝舜待之盛恩，齊呼起了「萬歲」。帝舜則在眾諸侯的歡呼聲中，起步離開因其在此演奏《簫韶》之樂，後日那無名之山便被人們名為韶山的地方，引領眾諸侯徑向衡嶽行來。

不說帝舜隨後引領眾諸侯一路向衡嶽行來，卻說那因為帝舜在此演奏《簫韶》之樂，而使之名為韶山的無名山下，數千年過去，到了公元 1893 年，卻神奇萬般地降生出了一代偉人毛澤東，他締造出了中華人民共和國。上下如此聯想，這決不能僅說是巧合，而應是千年機緣際會的奇跡！

三十、二女成神

　　帝舜引領眾諸侯在途數日，這日來到了南嶽衡山腳下。為了做好祭祀準備，帝舜先飭人上山擇一平地築砌祭壇，把瑪瑙甕寶露安放其上。數日後差人築好了祭壇，剛剛把那寶甕放在祭壇之上，奇跡便立刻出現在了衡嶽之上。

　　眾諸侯在山下看到，隨著那寶甕被放上祭壇，縹縹紗紗的雲氣便立刻從壇上氤氳而生，如煙如絮，如縷不絕。看得眾諸侯全都奇詫不已，連聲叫起奇來！時間轉眼過去兩日，山上祭祀事情準備就緒，帝舜便領眾諸侯上山祭祀衡嶽祈禱昌盛而來。

　　一番祭禮祈禱完了，帝舜便把眾諸侯引到嚴密覆蓋著的寶甕跟前，以揭掉封蓋先讓眾諸侯看視。眾諸侯這時全都在急切地一邊期待著品嘗帝舜所說可以除疾延壽的異物，一邊期待著看視帝舜封蓋著的能生雲氣的寶物。心中不解這二者之間是否互有聯繫！

　　轉瞬，帝舜見到眾諸侯全已來到了寶甕跟前，便舉手揭去了寶甕之上的封蓋，把寶甕突現在了眾諸侯面前。眾諸侯舉目看到那奇物是一個高達八尺的大甕，它通體鮮紅，豔麗奪目，可愛之至，全都為之奇異萬分。

　　「此物乃是當年帝嚳時代，南方丹邱國所貢。」就在這時，帝舜

開口道，「甕中所盛乃為天降甘露，服之可以除疾長生。」

眾諸侯聽了帝舜此言，更知眼前瑪瑙甕的珍貴。因為先前他們也都曾聽說過此甕，與當年帝堯賞賜群臣嘗吃甕中寶露之事，但卻想不到他們自己今日終得一見，並將嘗吃甕中寶露！因而全都頓然心喜難抑，對帝舜高呼起了「萬歲，萬萬歲」。

帝舜見之，連忙苦苦勸止沸騰的眾諸侯，繼續道：「這甕中甘露，乃為丹邱國侯造起仙臺，在臺上安放承露盤積之多年始得。因而它格外神異，具有世靜則露滿，世亂則露竭之奇妙！」

眾諸侯聽到這裏，全都奇異得半信半疑。他們誰也沒有親眼見到過這等奇物，心中不敢相信帝舜之言會是真實的。帝舜這時則立刻把寶甕蓋打開，令眾諸侯近前看視。眾諸侯近前一看，只見甕中盛著滿滿的寶露，其清如水，可以見底。與此同時頓覺一股清香，徑透腦際，非蘭非麝，甜美無比。

看視至此眾諸侯全被寶甕折服，這時帝舜又命人拿來盂勺，讓眾諸侯嘗飲。眾諸侯飲之，即覺其甘如醴，入口渾身精神陡長。而那甕中寶露雖然被眾諸侯飲去不少，卻依如先前滿滿的。眾諸侯這才相信甕為寶物，帝舜之言不虛。禁不住對帝舜心中更加誠服，有苗國君也更加畏之汗流！

就在帝舜與眾諸侯這般歡樂之中，轉眼夜色已經降臨衡嶽。但這日恰值望月，一輪明月高掛天空，照得萬里山河如銀似水。眾諸侯興味不盡，帝舜便領之來到壇下一座驛館之中，與之共同借著明亮的月光，開懷宴飲起來。

明月對著美酒，天子與諸侯歡宴聚會，大家真個是人人歡心，個個快樂，直飲到月落光斂方纔盡歡散去。因為帝舜在衡嶽之上如此設壇展甕，並與眾諸侯歡宴於壇下驛館之中，所以至今衡山之上仍遺有

寶露壇、月館等聖跡，令人嚮往不已。

　　次日，眾諸侯眼見祭嶽完畢，帝舜要南去有庳，遂紛紛告辭而去。帝舜送走眾諸侯之後，也立即載了寶甕，引領眾隨從徑直向南，往有庳國行來。一日行到距離有庳不遠的零陵地方，忽見有人來報有庳國君已經辭世。

　　帝舜聽到此報，頓然傷悼之至，但也無法可想。本來其載了寶露前來，是想仰仗其力為弟象除疾的。現在弟象已去，寶露亦已無用。為此他即把寶甕安放在了零陵地方，即與眾隨從輕裝疾行趕往有庳而去。

　　後來零陵人給帝舜造了一座廟宇，把寶甕放在了廟前。又後來不知何年何月此廟倒塌，寶甕也被人埋入了土中。到秦時始皇帝南巡至此，偶然掘地得到了這個寶甕，但卻未能知道此甕為何人所造。直到漢代，博古通今的大學者東方朔方纔弄清此甕的歷史，並給它作了一篇〈寶甕銘〉，使之傳知於後世。

　　帝舜離開零陵南行兩日到達有庳，象已被埋葬。他只有到象弟墳前痛哭祭奠一番，以泄胸中手足之痛。然後便命象子承襲君位，並對之訓勉一番，象的事情至此方告終了。但想想象的為人，先前屢謀殺舜，又想簒娶二嫂，平日裡又非常傲慢，實可謂極無良心之人。

　　但是後來經過帝舜感化，卻頗能改為善行。他為有庳國君，一切刑政之事皆由帝舜遣去之人做主，他自知自己沒有刑政之能則不過問，同時不做驕奢淫逸之類的荒唐之事。所以幾十年中，有庳地方被治理得很好。

　　民眾們不知道象無實權，都以為他能用人無不歌頌於他。象死之後他們又為象立起祠來，春秋二季祭祀不息。由此可見帝舜的感化力量是何等巨大，它把象從一個極無良心之人，感化成了一個受到民眾

讚頌之人啊！

帝舜在有庳地方安排好一應事宜本該離去，但他繫念與象弟的手足之情卻遲遲不行，日日在那裏悲思。眾隨從見之害怕帝舜悲思積鬱成疾，這日勸他離開有庳，一路東南散遊而來。

散遊之中這日遊到蒼梧之野，帝舜一行正行之時突然看見何侯迎了過來。帝舜見之大奇道：「先生何以在此，恰又與朕碰個迎面？」

「大仙赤松子對小人言說，聖天子飛昇之期已到，」何侯認真道，「讓小人前來引導，故而小人特來迎接。」

「先生也是凡體，怎能引導朕？」帝舜聽了，心中不信，「哈哈」笑言道，「若真要引朕超凡出世，大仙赤松子為何不來？看來先生之言謬矣！」

「陛下不信小人此言，」何侯忙言道，「難道還不可以前番言辭，為證作信嗎？」

帝舜道：「先生前番言辭不謬，朕試之靈異，但此番言辭朕斷然不信。如果先生是仙人，必有仙術，為此需要試演一二讓朕觀看，朕方能信。」

「此亦不難。寒舍距此不遠，」何侯笑言道，「聖天子若能屈駕暫坐一坐，小人定有讓聖天子驗證為實之法。」

帝舜欲驗何侯之言真假，而且心中不僅有飛昇之想同時也屢有飛昇衝動，遂欣然應允，帶領隨從跟隨何侯向其居地行去。帝舜與何侯向前行走一陣，只見路旁長滿了蔽目的梧桐。穿過梧桐樹林隨後來到一座高山之麓，又見路旁盡是翠竹蒼松。

帝舜舉目仰望山勢，覺得面前之山仿佛比衡山還要高峻。山上共有九座峰頭，峰峰容貌相像，很難辨出你我。帝舜眼見至此，不但頓覺心中憂鬱盡釋，而且塵慮盡逝。何侯隨之引領帝舜一行向山上行

去，轉瞬便登到了山半腰間。

「寒舍已到，請陛下裡面小坐。」何侯這時突然止步對帝舜道。帝舜聞聽舉目一看，突見前方本無茅屋之處，竟然驀地隨著何侯之言現出了數間茅屋。那茅屋門臨溪水，背接危峰，精潔之至。帝舜見到這裏，真個是心中又是奇異又是高興。

他奇異何侯果有仙術，不然茅屋豈會驟然生出！他高興自己果遇高人，便即隨何侯入內坐了下來。屋內容人不多隨從容納不下，眾隨從全在門外稍憩。何侯家中別無他人，只有一位小童慌著烹泉供客。

何侯與帝舜在室內坐定，何侯先向帝舜耳邊竊竊私語一陣，不知說了些什麼。眾隨從從門外向屋內看視，只見帝舜頻頻點頭。後來二人對談，更是聲細語微，足有一個時辰。此後眼見天色將暮，帝舜則站起身來出屋對隨從道：「行帳都帶來了嗎？」

隨從道：「帶來了。」

「今日天已不早，」帝舜隨之安排道，「朕就寄居在此，大夥就紮帳住下吧。」

隨從遵命，盡去紮帳做飯。帝舜與何侯則一直談至深夜，方纔就寢。次日，帝舜與何侯仍是繼續交談不息，眾隨從仍是不知他們在談些什麼。只是待到末了，突聞何侯道：「明日大吉，晚間可以去也！」

帝舜又是連連點頭。轉眼到了次日下午後晌，帝舜則揮筆寫了幾條竹簡放在案上，然後吩咐眾隨從為他沐浴換衣。待到這一切準備停當，帝舜眼見天色將暮，便對隨從吩咐道：「朕今晚就要飛昇天界去了，你等待朕飛昇之後，可將朕之遺書拿去通報帝都，朕要說的話都在上邊。」

眾隨從聽了，開始全都驚愣在了那裏，接著清醒過來急忙開口勸說道：「陛下，這怎麼成呀！天下人離不開陛下，陛下不能走啊！」

但是帝舜別無一言。眾隨從末了無奈，一時間又不知帝舜之言是真是假，全都心急如火，無奈中失聲痛哭起來。然而就在眾隨從哭聲剛起之時，黃昏的天空中突然響起了美妙的音樂之聲，並隨著那樂聲的響起傳來了撲鼻的異香氣味。

　　眾隨從心中大異，急忙止住哭聲，舉目向音樂之聲傳來方向看去。只見傳來樂聲的西北天空，彩雲繚繞，光豔耀目。彩雲中似有無數仙人，各執樂器。中間幾位仙人像是上仙，與周圍群仙不同。後面則跟隨瑤車、玉軿、霓旌、羽蓋，簇擁著眾仙冉冉徑向他們所在何侯居處而來。

　　這時，則見到帝舜與何侯一齊走出茅屋，拱手迎向了西北。眾仙轉瞬來到他們面前，其中一位上仙向帝舜拱手道：「小仙等奉上帝鈞旨，以陛下在人間行滿功成，著即脫離塵世還歸天界，就此即去。」

　　帝舜聞聽，忙稽首受命。這時那瑤車、玉軿已到面前，帝舜即擡步登到了瑤車之上。何侯見之則對帝舜拱手道：「聖天子請先行，再見，再見！」

　　瑤車、玉軿與眾仙亦漸漸上昇，隨著向高空飛馳而去，轉瞬便消失了蹤影。帝舜眾隨從眼見帝舜真的飛昇而去，初時驚疑駭怪如癡如夢，誰也沒有能作一語。繼之帝舜蹤影消失，方纔全都從驚癡中清醒過來，立刻悲傷痛哭起來。

　　「聖天子飛昇成了天界真仙，」何侯在旁見之，即忙勸說道，「是極難得極可喜的事情，你等何必這樣悲哭！」

　　「我等跟隨天子十載，天子對待我等的深恩厚澤自不必說，如今天子在我等的護從下突然仙去，以後再也無從謀面，」眾隨從道，「我等怎能不悲傷萬分！再說天子確是昇仙而去，但這種虛無縹緲的事情古今少見，誰個又肯相信？」

「這不要緊。聖天子正是思慮至此，方纔在飛昇之前留下信箭，要你們回京覆命作為憑信。」何侯聽了道，「再者，還有我何某亦是思慮至此，方纔暫且未去，留下來作為證人。如果朝中不信，何某可做證明。你等儘管放心，趕快回京通報去吧！」

眾隨從聽聞何侯之言有理，方纔互推幾人拿了帝舜所遺信箭，星馳入都稟報而去。下余隨從則都伴住何侯待在山上，等待朝中來人。

娥皇二妃送別帝舜南巡去後，留在京都心中一直掛念不已。好在帝舜在南巡途上頻頻發來平安書信，方纔使得她二妃放下心來。但是自從帝舜到了零陵聞象死訊之後，心緒不佳不再寫信，便使娥皇二妃大為掛念起來。

這日，娥皇二妃正在為不得帝舜書信心中焦急，突聞敤首著人來請二位嫂子過去談說要事。敤首久病臥床不起，娥皇二妃聽了以為是要她們商談醫藥之事，便匆匆趕了過去。不料敤首見到她們趕到，卻未說醫藥之事，而開口講說起了自己所做之夢。

「我昨夜夢見舜哥不像天子模樣，而是乘了一輛瑤車，在霓旌、羽蓋簇擁下從天空飄降下來。他對我說他已經不在人世，並要我對你們講說不要為他悲傷，」敤首道，「人生在世總有一天是要分散的。並勸說我久在塵世受病魔纏繞亦屬無謂，不如同他去了天界逍遙快樂。我問舜哥現在天上做什麼，他對我說他上理紫微下鎮衡嶽。」

娥皇二妃聽了，全都驚怕得瞪大了眼睛，愣在了那裏。「舜哥說完之後對我說，明日良辰我來接你。我要問他，他則已經昇空而去。這時我便醒了過來。二位嫂嫂，若依小妹此夢來看，」敤首則繼續向下道：「舜哥是有不妙了嗎？不知近日哥哥可有書信送來否？象哥的病怎樣？看來那寶露亦是毫無效驗的。我吃了許多竟然不見好處，明日恐怕真要不起了呢！」

敤首說完，便止住了話語。驚愕的娥皇二妃許久方纔清醒過來，忙抑住心中的驚怕和對帝舜的焦灼惦念，開口寬慰病重經不住點滴打擊的敤首道：「小妹，夜夢不足為憑，只是小妹思念哥極了，記在了心中做了此夢。你舜哥經常來信，他很好，你只管放心養病好了。」

敤首聽了也不再言說，只是目送二位嫂嫂急急離別而去。轉眼到了次日，敤首果真逝世而去。並且死的時候，其家人講說空中仿佛傳來了音樂之聲。娥皇二妃聽了，真的是更加驚怕，著急萬分。

因為敤首今日之死，則正應了敤首昨夜夢中帝舜之言。如果敤首之夢真的為實，帝舜則就真的已經飛昇成仙去了不成？為此，她二妃既心中痛悼敤首之死，又益發為帝舜萬分驚怕焦急。

驚怕焦急之中，娥皇二妃越思越想越覺得事情有異，特別是帝舜一直沒有來信，更使她們覺得敤首之夢盡為真實。但如果相信敤首之夢為真，帝舜則就已經飛昇天界去了。為此她們悼罷敤首再也不能等待，急忙回到家中叫齊身邊四子二女，稍作打點便要南下尋找帝舜。

娥皇二妃欲要南去的消息，飛快傳進了司空禹的耳中。司空禹急忙趕來勸止道：「陛下不會有事的，如今朝中不得一點消息，二位娘娘全是多慮。二位娘娘儘管放心，臣下這就派人前去打探成了吧！」

娥皇二妃這時已經狀若發瘋，因而任憑司空禹與眾臣將怎樣勸說，也都心中不信決然前去。司空禹見之無奈，只有多派隨從任憑她們出京徑往南方尋去。

娥皇二妃離開京都南行十餘日過去，這日剛剛渡過長江，便恰好迎見返回京都稟報帝舜飛昇之情的帝舜隨從。隨從看見娥皇二妃，即把帝舜飛昇之情對之講說一遍，隨著又把證物出示給了二妃。娥皇二妃聽完講說尚不全信，看到證物方纔信以為真，便立刻放聲悲哭起來。

眾隨從見之急忙勸阻，末了娥皇二妃哭了一陣痛定醒來，想到在

此痛哭也不是辦法，決計前往帝舜飛昇之地看個究竟。返來隨從極力勸阻，言說路途遙遠，飛昇為實，去亦無物，如同不去。

「你等留下二人為我們引路，其他返回京都稟報真情。」然而娥皇二妃不聽勸阻，非要前去道，「我二妃定要趕到帝舜飛昇之地看個究竟，即便不見屍首，我二妃也要尋一遺物為帝舜造座墳墓，以志祭奠！」

隨從攔阻不住，只有留下二人引領娥皇二妃，徑向蒼悟山帝舜飛昇之處行來。

娥皇二妃在隨從的引領下轉眼又是行出十數日，這日來到了瀟、湘二水聚會之地。娥皇急讓隨從備船，以棄車登舟過水南向。

但是備船隨從剛剛欲去，卻見湘江中駛來一船，船上渡過來了跟隨帝舜南巡而去的眾隨從。為娥皇二妃領路的隨從見之，急忙高聲喊叫道：「你們怎麼返了回來？二位娘娘正令小人引領她們，前去蒼梧山中看視哩！」

「娘娘呢？」隨從首領聞聽詢問道，「二位娘娘真的到了這裏嗎？」

「是的，我們真的到了這裏。」娥皇二妃這時已經聞知是跟隨帝舜的眾隨從返了回來，急忙迎上前去詢問道，「你等怎麼返了回來？我們正要前去看視呢！」

船上眾隨從這時已經靠上了江岸，隨從首領忙上岸對娥皇二妃道：「若此，二位娘娘就莫要再去了。」

「怎麼回事？」娥皇二妃聽了不解道，「你說清楚！」

「事情奇妙得很哩！數日前我們正在蒼梧山中何侯住處守視何侯，等待朝中來人好讓其證實陛下飛昇之事。」隨從首領隨之道，「但不料那日半晌，與我們距之十數步遠的何侯所居茅屋四周地上，突然煙雲驟起，隨著茅屋漸漸昇高起來。」

「會有這等奇事！」娥皇二妃聞聽心奇不通道，「你們不是說謊吧？」

「小人豈敢欺蒙娘娘，」隨從首領忙言道，「這一切都是我們眾人共同所見。」

娥皇二妃隨之道：「後來怎樣？」

「我等眼見那茅屋轉瞬已是昇到半空之中，同時仿佛聽到雞鳴天上犬吠雲中之聲。我等為此心中正奇，」隨從首領接著道，「突又見到何侯現身雲中道：『你們到瀟、湘二水會合之處，去等娥皇二位娘娘吧。她們要在那裏成神，因而不需要我再在這裏等待了，故而我先去了。』言畢隨著茅屋昇高，何侯與茅屋便全都消失空中不見了。」

「是呀，他知道我們要到這裏，」娥皇二妃大奇道，「你們又恰好在此迎到了我們，但我們卻還沒有成神啊！」

「開始我們全被驚呆了，隨後我們想到當年黃帝乘龍飛昇之後，其臣左徹曾經取其衣冠，葬於橋山並建廟祭之。我等跟隨陛下數十載，也應該取一陛下遺物葬於其飛昇之地，以作紀念。」隨從首領道，「可是我們找遍了腳下的峰頭，卻不見陛下所遺一物。為此我等懷疑找錯了峰頭，因為那蒼梧山上的九座峰頭雖然座座有名，但卻峰峰相像，難辨你我。」

「噢，」娥皇二妃奇異道，「那蒼梧山竟有那般奇異？」

「是的，為此我們找了一峰又一峰，末了也不知道究竟找遍還是沒有找遍，反正我等覺得找遍了，只是終了也未尋得陛下的一件遺物。」隨從首領接著道，「無奈我們只有為這九座峰頭起名為九嶷山，在我們認定的陛下飛昇處為之建起了一座墳墓，然後方纔反向這裏而來。不料剛剛至此，恰如何侯所言，二妃娘娘果真到了這裏。」

「陛下去了，他沒有遺下一件遺物啊！九峰形似，又不知飛昇

於何處啊！不，不，不，他一定遺有遺物，」娥皇二妃聽到這裏，禁不住又都悲痛得失聲痛哭起來道，「一定是你們沒有找遍九嶷山頭，沒有找到其遺之物。走，渡我二妃過江前去，我們一定要找遍九嶷諸峰，看個究竟！」

返來眾隨從都正在擔心何侯所說，二妃成神於瀟、湘之言尚未變成真實，因而全都害怕二妃渡江再生意外，急忙開口勸止。但娥皇二妃心念帝舜，眾隨從越勸她們越是心急，越是痛哭失聲非要渡江前去不可。

只見她們哭啊哭呀，真個是哭得淒慘之至，眼淚像泉水般奔湧而出。她們的眼淚滴落在了身旁的翠竹上，翠竹之上便立刻留下了她們眼淚滴過的斑斑點點斑痕。後來此竹生長繁衍，便成了一種「斑竹」。

眾隨從末了眼見娥皇二妃哭得悲痛欲絕，再攔恐怕生出不測，無奈只有讓她們登上渡船，過江奔往九嶷山看視。渡船載著娥皇二妃與眾隨從轉眼渡到江心，娥皇二妃正站在船頭焦待過江登岸繼續南奔，卻突然聞聽頭頂空中傳來了《簫韶》樂聲，隨著江心颶風驟起，倏地便把娥皇二妃颳得一起落入了江水之中。

眾隨從見之大驚，在颶風中慌忙尋找器具欲要撈救。正在眾人忙亂之際，卻見那颶風又倏然斂止，娥皇二妃從平靜下來的江水中冉冉而出，裝束已與先前大不相同，開口對眾隨從道：「我二妃本為此水之神，先前偶然謫墮塵世，現遵上帝之命已經複歸原位。為此你等便不必再作忙碌，撈救我們了。」

娥皇二妃如此言畢，又倏然不見了蹤影。眾隨從與隨來帝舜子女見之，奇異之余又齊一陣痛哭起來。娥皇二妃就這樣在找尋帝舜途中淹死在湘江之中，成了湘水的神靈。後來人們經常見到，她們在心境和悅之時，踏著嫋嫋秋風瀟瀟落葉，出水在江灘上徐徐巡迴，遠遠地

可以看見她們那令人惆悵的美麗眼睛的閃光。

而當她們心境不悅念起先前的哀痛之時，就會攜風帶雨進出江水，弄得江翻水湧，風號浪鳴，情景愁慘驚心！為此人們便給娥皇起了一個尊號，叫湘君；給女英也起了一個尊號，叫湘夫人。並把先前的「斑竹」叫成了「湘妃竹」。

不僅這樣，後來的歷代騷人墨客，還常常借用二妃的典故，用以抒發自己的心情鬱悶和情懷。比如，生活在距今兩千多年前的我國古代大詩人屈原，就曾在其《九歌‧湘君》中借用此典寫道──

> 帝子降兮北渚，
> 目眇眇兮愁予。
> 嫋嫋兮秋風，
> 洞庭波兮木葉下。
> ⋯⋯

到了現代，毛澤東又在他的《七律‧答友人》中借用此典寫道──

> 九嶷山頭白雲飛，
> 帝子乘風下翠微。
> 斑竹一枝千滴淚，
> ⋯⋯

一稿於 1993 年秋日──冬日
二稿於 1994 年 1 月──2 月
修訂於 2015 年 10 月

參考資料集萃

一、俊嚳

帝嚳高辛者，黃帝之曾孫也。

——《史記·五帝本紀》

帝嚳生而神異，自言其名曰「夋」。

——《帝王世紀集校》第一

嚳，黃帝之曾孫。

帝嚳年十五歲，佐顓頊有功，封為諸侯，邑於高辛。

帝嚳卜其四妃之子，皆有天下。上妃有邰氏之女，曰姜嫄，而生后稷；次妃有娀氏之女，曰簡狄，而生契；次妃陳鋒氏之女，曰慶都，生帝堯；下妃訾氏之女，常曰儀，生摯。

——《世本·帝系篇》（張澍稡集補注本）

無斁之孫，蟜極之子也，曰高辛。生而神靈，自言其名。博施利物，不於其身。聰以知遠，明以察微；順天之義，知民之急；仁而威，惠而信，修身而天下服。取地之財而節用之，撫教萬民而利誨之，歷日月而迎送之，明鬼神而敬事之。其色鬱鬱，其德嶷嶷。其動也時，其服也士。春夏乘龍，秋冬乘馬，黃黼黻衣，執中而獲天下，日月所照，風雨所至，莫不從順。

——《大戴禮·五帝德》

高辛氏有才子八人：伯奮、仲堪、叔獻、季仲、伯虎、仲熊、叔豹、季狸，忠肅共懿，宣慈惠和，天下之民，謂之八元。

——《左傳·文公十八年》

二、帝嚳妻與子

1·姜嫄

厥初生民，時維姜嫄。生民如何，克禋克祀，以弗無子。履帝武敏歆，攸介攸止，載震載夙，載生載育，時維后稷。

誕彌厥月，先生如達。不坼不副，無菑無害，以赫厥靈。上帝不寧，不康禋祀，居然生子。

誕置之隘巷，牛羊腓字之；誕置之平林，會伐平林；誕置之寒冰，鳥覆翼之，鳥乃去矣，后稷呱矣。實覃實訏，厥聲載路。

誕實匍匐，克岐克嶷，以就口食。藝之荏菽，荏菽旆旆，禾役穟穟，麻麥幪幪，瓜瓞唪唪。

誕后稷之穡，有相之道。弗厥豐草，種之黃茂。實方實苞，實種

實裒，實發實秀，實堅實好，實穎實粟，即有邰家室。

　　誕隆嘉種，維秬維秠，維穈維芑。恒之秬秠，是穫是畝，恒之穈芑。是任是負，以歸肇祀……

——《詩經‧大雅‧生民》

　　閟宮有侐，實實枚枚。赫赫姜嫄，其德不回。上帝是依，無災無害。彌月不遲，是生后稷，降之百福。黍稷重穋，稙穉菽麥。奄有下土，纘禹之緒。

——《詩經‧魯頌‧閟宮》

　　周后稷，名棄。其母有邰氏女，曰姜嫄。姜嫄為帝嚳元妃。姜嫄出野，見巨人跡，心忻然說，欲踐之。踐之而身動，如孕者。居期而生子，以為不祥，棄之隘巷。馬牛過者，皆避不踐。徙置之林中，適會山林多人。遷之，而棄渠中冰上，飛鳥以其翼覆薦之。姜嫄以為神，遂收養長之。初欲棄之，因名曰棄。棄為兒時，屹如巨人之志。其遊戲，好種樹種麻菽，麻菽美。及為成人，遂好耕農。相地之宜，宜穀者稼穡焉。民皆法則之。帝堯聞之，舉棄為農師，天下得其利，有功。帝舜曰：「棄，黎民始饑，爾后稷播時百穀。」封棄於邰，號曰后稷，別姓姬氏。

——《史記‧周本紀》

2‧后稷

　　西南黑水之間，有都廣之野，后稷葬焉。爰有膏菽、膏稻、膏黍、膏稷，百穀自生，冬夏播琴。鸞鳥自歌，鳳鳥自舞，靈壽實華，草木所聚。爰有百獸，相群爰處。此草也，冬夏不死。

——《山海經‧海內經》

有西周之國，姬姓，食穀。有人方耕，名曰叔均。帝俊生后稷，稷降以百穀。稷之弟曰台璽，生叔均，叔均是始代其父及稷播百穀，始作耕。有赤國妻氏，有雙山。

——《山海經·大荒西經》

后稷作稼穡，死而為稷。

——《淮南子·氾論篇》

3·契

契命玄鳥，降而生商。宅殷土芒芒，古帝命武湯，正域彼四方⋯⋯

——《詩經·商頌·玄鳥》

殷契，母曰簡狄，有娀氏之女，為帝嚳次妃。三人行浴，見玄鳥墮其卵，簡狄取吞之，因孕生契。契長而佐禹治水有功，帝舜乃命契曰：「百姓不親，五品不訓，汝為司徒，而敬敷五教，五教在寬。」封於商，賜姓子氏。契興於唐虞大禹之際，功業著於百姓，百姓以平。

——《史記·殷本紀》

契母簡狄者，有娀氏之長女也。當堯之時，與其妹娣浴於玄丘之水。有玄鳥銜卵過而墜之，五色甚好。簡狄與其妹娣競往取之。簡狄得而含之，誤而吞之，遂生契焉。

——《烈女傳》卷一

商之始也，有神女簡狄，游於桑野，見黑鳥遺卵於地，有五色文，作「八百」字。簡狄拾之，貯以玉筐，覆以朱紱。夜夢神母謂之

曰：「爾懷此卵，即生聖子，以繼金德。」狄乃懷卵，一年而有娠，經十四月生契。祚以八百，葉卵之文也。雖遭旱厄，後嗣興焉。

——《拾遺記》卷二

三、堯

堯母慶都蓋大帝之女，生於鬥維之野，嘗在三河東南。天大雷電，有血流潤大石之中，生慶都，長大，形象大帝。常有黃雲覆蓋之，蔑食不饑。年二十，寄伊長孺家。無夫，出觀三河。奄然陰風，赤龍與慶都合，有娠而生堯。

——《繹史》卷九

（堯）母陳鋒氏女，曰慶都，感赤龍，孕十四月而生堯於丹陵。翼之星精，身修十尺，面銳上豐下。眉八彩，參眸子，髮長七尺十寸。憂勞瘦臞，形若腊。

——《漢書人表考》卷一

堯眉八彩，九竅通洞，而公正無私。

——《淮南子·修務篇》

昔者堯北教乎八狄，道死，葬蛩山之陰。衣衾三領，穀木之棺，葛以緘之。既窆而後哭，滿埳無封，已葬而牛馬乘之。

——《墨子·節葬下》

古者堯治天下，南撫交阯，北降幽都，東西至日所出入，莫不賓服。逮至其厚愛，黍稷不二，羹胾不重，飯於土塯，啜於土形，斗以酌，俯仰周旋威儀之禮，聖王弗用。

——《墨子·節用篇》

堯之王天下也，茅茨不翦，採椽不斲，糲粢之食，藜藿之羹，冬日裘，夏日葛衣，雖監門之服養，不虧於此矣。

——《韓非子·五蠹》

堯薦心於天下，加志於窮民。痛百姓之罹罪，憂眾生之不遂也。有一民饑則曰，此我饑之也；有一人寒則曰，此我寒之也；一民有罪則曰，此我陷之也。

——《說苑·君道》

太平之時，屈軼生於庭之末，若草之狀，主指佞人。佞人入朝，屈軼庭末以指之，聖王則知佞人所在。

——《論衡·是應篇》

堯時有草夾階而生。每月朔日生一莢，至月半則生十五莢；至十六日後，日落一莢，至月晦而盡。若月小，餘一莢。王者以是占曆。唯盛德之君，應和氣而生。以為堯瑞，名為蓂莢，一名歷莢，一名瑞草。

——《太平御覽》卷四

堯為仁君，一日十瑞：宮中芻化為禾，鳳凰止於庭，神龍見於宮

沼，歷草生階，宮禽五色，烏化白神，木生蓮，蓮蒲生廚，景星耀於
天，甘露降於地，是為十瑞。

——《述異志》卷上

四、堯之眾臣

當堯之時，舜為司徒，契為司馬，禹為司空，后稷為田疇，夔
為樂正，倕為工師，伯夷為秩宗，皋陶為大理，益掌毆禽。堯體力便
巧，不能為一焉。堯為君而九子為臣，其何故也？堯知九職之事，使
九子者各受其事，皆勝其任，以成九功。堯遂成厥功以王天下。

——《說苑·君道》

堯之治天下也，舜為司徒，契為司馬，禹為司空，后稷為大田
師，奚仲為工。

——《淮南子·齊俗篇》

皋陶馬喙，是謂至信，決獄明白，察於人情。

——《淮南子·修務篇》

皋陶喑而為大理，天下無虐刑。

——《淮南子·主術篇》

觟䚦者，一角之羊也，性知有罪。皋陶治獄，其罪疑者，令羊觸
之；有罪則觸，無罪則不觸。斯蓋天生一角聖獸，助獄為驗，故皋陶

敬羊，起坐事之。

——《論衡·是應篇》

獬豸者，一角之羊也。性知人有罪。皋陶治獄，其罪疑者，令羊觸之。

——《述異記》卷上

五、堯子丹朱

堯取散宜氏子，謂之女皇。女皇生丹朱。

——《世本·帝系篇》

堯子不肖，舜使居丹淵為諸侯，故號曰朱。

——《太平御覽》卷六

初，堯教丹朱棋。以文桑為局，犀象為子。

——《金樓子·興王篇》

堯戰於丹水之浦，以服南蠻。

——《呂氏春秋·召類》

故丹城在鄧州內鄉縣西南百三十里，南去丹水二百步。《汲塚紀年》云「后稷放帝子丹朱於丹水」是也。《輿地志》云：「秦為丹水也。」《地理志》云：「丹水縣屬弘農郡。」《抱朴子》云，先夏

至十日夜伺之，魚浮水側，光照如火。網而取之，割其血以塗足，可以步行水上，長居川中不溺。」

——《史記・高祖本紀》

六、舜

顓頊產窮係，窮係產敬康，敬康產句芒，句芒產蟜牛，蟜牛產瞽叟，瞽叟產重華，是為帝舜。

顓頊生窮蟬，六世生舜，處虞之為汭，堯禪以天下。火生土，故為土德，天下號曰有虞氏，即位五十載。

——《世本・帝系篇》

虞舜者，名曰重華。重華父曰瞽叟，瞽叟父曰橋牛，橋牛父曰句望，句望父曰敬康，敬康父曰窮蟬，窮蟬父曰顓頊，顓頊父曰昌意，以至舜，七世矣。自從窮蟬以至帝舜，皆微為庶人。舜父瞽叟盲，而舜母死，瞽叟更娶妻而生象。象傲。瞽叟愛後妻子，常欲殺舜。舜避逃，及有小過，則受罪。順事父及後母與弟，日以篤謹，匪有懈。舜冀州之人也。舜耕歷山，漁雷澤，陶河濱，作什器於壽丘，就時於負夏。

——《史記・五帝本紀》

（舜）母曰握登，見大虹意感而生舜於姚墟，目重瞳子，故名重華。龍顏大口。黑色，身長六尺一寸。舜父母憎舜，使其塗廩，自下焚之，舜服鳥工衣服飛去。又使浚井，自上填之以石，舜服龍工衣自

427

旁而出。耕於歷，夢眉長與髮等，遂登庸。

——今本《竹書紀年》卷上

舜二瞳子，是謂重明。作事成法，出言成章。

——《淮南子·修務篇》

舜身修八尺有奇，面頷無毛，亦聖。

——《孔叢子·居衛》

舜子者，冀邑人也。早喪慈母，獨養老父瞽叟。父取後妻，妻潛其夫，頻欲殺舜。令舜濤（淘）井，與石壓之。孝感於天，激東家井出。舜奔耕歷山。後聞米貴，將來冀都而糶。及見後母，就舜買米。舜識是母，密與其錢及米置囊中，如此數度。後母到家，具說上事。瞽腴（叟）擬（疑）是舜，令妻引手，遂往市都。高聲喚云：「子之語聲，以（似）吾舜子。」舜知是父，遂撥人向父親抱頭而哭，與（以）舌舐其父眼，其眼得再明。市人見之，無不驚怪。詩曰：

瞽叟填井自目盲，舜子從來歷山耕，
將來冀都逢父母，以舌舐眼再還明。
又詩云：
孝順父母感於天，舜子濤井得銀錢。
父母拋石壓舜子，感得空井東家連。

——《敦煌變文集》卷八

舜父有目失，始時微微，至後妻之言，舜有井穴乏。舜父在家貧厄，邑市而居。舜父夜臥，夢見一鳳凰，自名為雞，口銜米以哺已，

言雞為子孫，視之，是鳳凰。《皇帝夢書》言之，此子孫當有貴者，舜占猶也。比年糶稻，穀中有錢，舜也。乃三日三夜，仰天自告過，因至是聽，常與市者，聲故二人。舜前舐之，目霍然開，見舜，感傷市人。大聖至孝道所神明矣。

　　　　　　　　　　　　　　　　　　　　──《法苑珠林》卷六二

　　舜耕於歷山，歷山之人皆讓畔，耕地得金枝銀節。

　　　　　　　　　　　　　　　　　　　　　　　──《金樓子》

　　舜耕歷山，思慕父母，見鳩與母俱飛，鳴相哺食，益以感思，乃作歌曰：「陟彼歷山兮崔嵬，有鳥翔兮高飛。瞻彼鳩兮徘徊，河水洋洋兮嚶嚶，設置張罝兮思我父母力耕。日與月兮往如馳，父母遠兮吾將安歸？」

　　　　　　　　　　　　　　　　　　　　　　──《琴操》卷下

　　昔舜耕於歷山，期年而田者爭處墝角，以封壤肥饒相讓；釣於河濱，期年而漁者爭處湍瀨，以曲隈深潭相予。

　　　　　　　　　　　　　　　　　　　──《淮南子・原道篇》

　　舜耕於歷山，堯妻之以二女，屬其九子也。贈之以昭華之玉。

　　　　　　　　　　　　　　　　　　　　──《尚書大傳補遺》

　　舜一徙成邑，再徙成都，三徙成國。堯聞其賢，征之草茅之中，與之語禮樂而不逆，與之語政至簡而易行，與之語道廣大而不窮。於是妻之以媓，媵之以娥，九子事之而托天下焉。

　　　　　　　　　　　　　　　　　　　　──《屍子輯本》卷下

舜造簫，其形參差象鳳翼，長二尺。

——《世本·作篇》

簫韶九成，鳳凰來儀。（傳云：韶，舜樂名，言簫見細器之備。）

——《書·益稷》

堯崩，三年之喪畢，舜避堯之子於南河之南。天下諸侯朝覲者，不之堯之子而之舜；訟獄者，不之堯之子而之舜；謳歌者，不謳歌堯之子而謳歌舜。

——《孟子·萬章上》

蒼梧之上，帝葬於陽，帝丹朱葬於陰。

——《山海經·海內南經》

南方蒼梧之丘，蒼梧之淵，其中有九嶷山，舜之所葬。在長沙零陵界中。

——《山海經·海內經》

九嶷山有九峰：一曰丹朱峰；二曰石城峰；三曰樓溪峰，形如樓；四曰娥皇峰，峰下有舜池，池傍春月百鳥生卵，人取之則迷路，致本處可得還；五曰舜源峰，此峰最高，上多紫蘭；六曰女英峰，舜墓於此峰下；七曰簫韶峰，峰下即象耕鳥耘之處；八曰紀峰，馬明生遇安期生授全液神丹之處；九曰紀林峰，周義山字秀通，開石函得《李山（仙）經》讀之得仙也。有九水，七則流歸嶺北，二則翻注廣南。

——《太平御覽》卷四一

七、舜二妻

有虞二妃者，帝堯之二女也。長曰娥皇，次曰女英。四嶽薦舜於堯，堯乃妻之以二女，以觀厥內，事舜於畎畝之中。事瞽叟不以天子之女故而驕盈怠慢，猶謙謙恭儉，思盡婦道。瞽叟使塗廩，舜歸，告二女：「父母使我塗廩，我其往。」二女曰：「衣鳥工往。」舜既治廩，瞽叟焚廩，舜飛去。舜入朝，瞽叟使舜浚井，舜告二女。二女曰：「往哉！衣龍工往。」舜往浚井，石隕於上，舜潛出其旁。迨既納於百揆，賓於四門。選林木，入於大麓，每事常謀於二女。舜既嗣位，昇為天子。娥皇為後，女英為妃，封象於有庳。二妃聰明貞仁。舜陟方，死於蒼梧，號曰重華。二女死於江湘之間也。

——《金樓子》卷二

有虞二妃者，帝堯之二女也。長娥皇，次女英。舜父頑母嚚。父號瞽叟，弟曰象，敖游於嫚，舜能諧柔之，承事瞽叟以孝。母憎舜而愛象，舜猶內治，靡有姦意。四嶽薦之於堯，堯乃妻以二女，以觀厥內。二女承事舜於畎畝之中，不以天子之女故而驕盈怠慢。猶謙謙恭儉，思盡婦道。瞽叟與象謀殺舜，使塗廩。舜歸，告二女曰：「父母使我塗廩，我其往。」二女曰：「往哉。」舜既治廩，乃捐階。瞽叟焚廩，舜往飛出。象復與父母謀，使舜浚井。舜乃告二女，二女曰：「俞，往哉。」舜往浚井，格其出入，從掩，舜潛出。既不能殺舜，瞽叟又迷舜飲酒，醉將殺之。舜告二女，二女乃與舜藥浴汪，遂往。舜終日飲酒不醉。舜之女弟系憐之，與二嫂諧。父母欲殺舜，舜猶不怨。怒亡不已，舜往於田，號泣，曰呼旻天，呼父母，惟害若茲，思慕不已，不犯其弟，篤原不怠。既納於百揆，賓於四門，選於林木，

人於大麓，堯試之百方，每事常謀於二女，舜既嗣位，昇為天子，娥皇為後，女英為妃，封象於有庳，事瞽叟猶若焉。天下稱二妃聰明貞仁。舜陟方，死於蒼梧，號曰重華。二妃死於江湖之間，俗謂之湘君。

　　　　　　　　　　　　　　　　　　　　　──《烈女傳》卷一

　　瞽叟與象謀殺舜，使塗廩。舜告二女。二女曰：「時唯其戕汝，時唯其焚汝！鵲如汝裳，衣鳥工往。」舜即治廩，戕旋階，瞽叟焚廩，舜往飛。複使浚井，舜告二女。二女曰：「時亦唯其戕汝，時其掩汝。汝去裳，衣龍工往。」舜往浚井，格其入出，從掩，舜潛出。

　　　　　　　　　　　　　　　　　　　──《楚辭·天問》洪興祖補注

　　父母使舜完廩，捐階，瞽叟焚廩。使浚井，出，從而掩之。象曰：「莫蓋都君鹹我績。牛羊，父母；倉廩，父母。干戈，朕；琴，朕；弤，朕；二嫂使治朕棲。」象往入舜宮，舜在床琴。象曰：「鬱陶思君爾！」忸怩。舜曰：「惟茲臣庶，汝其於予治。」

　　　　　　　　　　　　　　　　　　　　　──《孟子·萬章上》

　　舜父瞽叟頑，母囂，弟象傲，皆欲殺舜。舜順適，不失子道，兄弟孝慈，欲殺不可得；即求，嘗在側。舜年二十，以孝聞。三十，而帝堯問可用者，四嶽咸薦虞舜曰可。於是堯乃以二女妻舜，以觀其內；使九男與處，以觀其外。舜居媯汭，內行彌謹。堯二女不敢以貴驕，事舜親戚，甚有婦道。堯九男皆益篤。舜耕歷山，歷山之人皆讓畔；漁雷澤，雷澤之人皆讓居；陶河濱，河濱器皆不苦窳。一年而所居成聚，二年成邑，三年成都。堯乃賜舜絺衣與琴，為築倉廩，予牛羊。瞽叟尚複欲殺之，使舜上塗廩。瞽叟從下縱火焚廩，舜乃以兩笠自捍

而下去，得不死。後瞽叟又使舜穿井。舜穿井，為匿空旁出。舜既入深，瞽叟與象共下土實井，舜從匿空出去。瞽叟、象喜，以舜為已死。象曰：「本謀者象。」象與其父母分，於是曰：「舜妻堯二女與琴，象取之；牛羊倉廩予父母。」象乃止舜宮居，喜其琴。舜往見之，象愕不懌，曰：「我思舜，正鬱陶。」舜曰：「然，爾其庶矣。」舜複事瞽叟，愛弟彌謹。於是堯乃試舜五典百官，皆治。

——《史記·五帝本紀》

帝子降兮北渚，目眇眇兮愁予；嫋嫋兮秋風，洞庭波兮木葉下。

——《楚辭·九歌》

蓋二女死於湘，有神奇相配焉。奇相，湘君也。二女，湘夫人也。故《湘君》之歌稱君，稱夫君，其美稱也，而其言女與下女者，謂湘夫人也。《湘夫人》之歌稱帝子者，其美稱也，而其言公子佳人遠者，謂湘君也。湘君則捐袂遺佩，而採杜若以遺夫人。夫人則捐袂遺褋而搴杜若以遺湘君，此則交相歡之義矣。

——《爾雅翼》卷二

堯之二女，舜之二妃，曰湘夫人。舜崩，二妃啼，以涕揮竹，竹盡斑。

——《博物志·史補》

湖水西流，徑二妃廟南，世謂之黃陵廟也。言大舜方陟方也，二妃從征，溺於湘江，神遊洞庭之淵，出入瀟湘之浦。瀟者，水清深也。《湘中記》曰：「湘川清照五六丈下，見底石如樗蒲矢，五色鮮明，

433

白沙如霜雪，赤壁若朝霞。」是納瀟湘之名矣。故民為立祠於水側焉。

——《水經注·湘水》

八、舜兄妹

（舜）母曰握登，早終。瞽叟更娶生象。象傲，瞽叟頑，後母嚚，咸欲殺舜，使舜入井。舜鑿井，傍行二十里。

——《金樓子》卷一

萬章問曰：「象日以殺舜為事，立為天子，則放之，何也？」孟子曰：「封之也，或曰放焉。」萬章曰：「舜流共工於幽州，放歡兜於崇山，殺三苗於三危，殛鯀於羽山，四罪而天下咸服，誅不仁也。象至不仁，封之有庳，有庳之人奚罪焉，仁人固如是乎？在他人則誅之，在弟則封之。」曰：「仁人之於弟也，不藏怒焉，不宿怨焉，親愛之而已矣。親之欲其貴也，愛之欲其富也。封之有庳，富貴之也。身為天子，弟為匹夫，可謂親愛之乎？」

——《孟子·萬章上》

永州有地，名鼻亭，窮崖絕徼，非人跡可歷。其下乃瀟水，俗謂之麻灘。岸有廟，即象祠也。《孟子》曰：「舜封象於有庳，所以富貴之也。」

——《錦繡萬花谷》前集卷六

世傳瞽叟與象每欲殺舜，其妹敤首每為之解。

——《路史·後紀十一》

舜妹始見《列子・楊朱》，敤又作顆。《史記・五帝紀》又作媒。《路史・後紀十二》又作敤首。

—— 《漢書人表考》卷三

九、許由與巢父

時許耳之子名曰由，字道開，一字武仲。仲武黃白色，長八尺九寸，兄弟七人，十九而隱。堯欲禪之，由乃洗耳。

—— 《金樓子・興王篇》

許由，字武仲，陽城槐里人也。為人據義履方，邪席不坐，邪膳不食，後隱於沛澤之中。堯讓天下於許由，曰：「日月出矣，而爝火不息，其於光也，不亦難乎？時雨降矣，而猶浸灌，其餘澤也，不亦勞乎！夫子立而天下治，而我猶屍之，吾自視缺然，請致天下。」許由曰：「子治天下，天下既已治矣，而我猶代子，吾將為名乎？名者，實之賓也，吾將為賓乎？鷦鷯巢於深林，不過一枝；偃鼠飲河，不過滿腹。歸休乎君，予無所用天下為。庖人雖不治庖，屍祝不越樽俎而代之矣。」不受而逃去。齧缺遇許由，曰：「子將奚之？」曰：「將逃堯。」曰：「奚謂邪？」曰：「夫堯知賢人之利天下也，而不知其賊天下也。夫唯外乎賢者知之矣。」由於是遁耕中嶽，潁水之陽，箕山之下，終身無經天下色。堯又召為九州長，由不欲聞之，洗耳於潁水濱。時其友巢父牽犢欲飲之，見由洗耳，問其故。對曰：「堯欲召我為九州長，惡聞其聲，是故洗耳。」巢父曰：「子若處高岸深谷，人道不通，誰能見子？子故浮游，欲聞求其名譽，汙吾犢口！」牽犢上流飲之。許由沒，葬箕山之巔，亦名許由山，在陽城之南十餘里。

堯因就其墓號曰箕山。公神以配祀五嶽，世世奉祀，至今不絕也。

——《高士傳》卷上

許由者，古之貞固之士也。堯時為布衣，夏則巢居，冬則穴處，饑則仍山而食，渴則仍河而飲，無杯器，常以手捧水而飲之。人見其無器，以一瓢遺之。由操飲畢，以瓢掛樹。風吹樹動，歷歷有聲，由以為煩擾，遂取損之。以清節聞於堯，堯大其志，乃遣使以符璽禪為天子。於是許由喟然歎曰：「匹夫結志，固如磐石，採山飲河，所以養性，非以求祿位也。放發優遊。所以安己不懼，非以貪天下也。」使者還，以狀報堯。堯知由不可動，亦已矣。於是許由以使者言為不善，乃臨河洗耳。樊堅見由方洗耳，問之：「耳有何垢乎？」由曰：「無垢，聞惡言耳。」堅曰：「何等語者？」由曰：「堯聘吾為天子。」堅曰：「尊位何為惡之？」由曰：「吾志在青雲，何乃劣劣為九州伍長乎？」於是樊堅方且飲牛，聞其言而去，恥飲於下流。於是許由名佈四海……後許由死，遂葬於箕山。

——《琴操》卷下

（陽城）縣南對箕山。山上有許由塚，堯所封也。故太史公曰：「余登箕山，其上有許由墓焉。」山下有牽牛墟，側潁水有犢泉，是巢父還牛處也，石上犢跡存焉。又有許由廟，碑闕尚存。

——《水經注·潁水》

巢父者，堯時隱人也。山居不營世利，年老，以樹為巢而寢其上，故時人號曰「巢父」。堯之讓許由也，出以告巢父。巢父曰：「汝何不隱汝形，藏汝光？若非吾友也。」擊其膺而下之。由悵然不自得，乃過清冷之水，洗其耳，拭其目，曰：「向貪言，負吾之友矣！」遂去，

終身不相見。

──《高士傳》卷上

十、鯀

顓頊生鯀，鯀生高密，是為禹。

──《世本・帝系篇》

洪水滔天，鯀竊帝之息壤以堙洪水，不待帝命……鯀複生禹。（郭璞注：息壤者，言土自長息無限，故可以塞洪水也。）

──《山海經・海內經》

昔者鯀違帝命，殛之於羽山，化為黃熊，以入於羽淵。

──《國語・晉語八》

堯以天下讓舜，鯀為諸侯，怒於堯曰：「得天下之道者為帝，得帝之道者為三公。今我得帝之道，而不以我為三公。」以堯為失論，欲得三公，怒甚猛獸，欲以為亂。比獸之角能以為城，舉其尾能以為旌，召之不來，仿佯於野以患帝。舜於是殛之於羽山，副之以吳刀。

──《呂氏春秋・行論》

堯使鯀治洪水，不勝其任，遂誅鯀於羽山，化為黃熊，入於羽泉。

──《述異記》卷上

堯命夏鯀治水，九載無績，鯀自沉於羽淵，化為玄魚。

──《拾遺記》卷二

昌明文庫・悅讀歷史　A0604017

堯舜大傳

作　　者　李亞東
版權策劃　李換芹

發 行 人　林慶彰
總 經 理　梁錦興
總 編 輯　張晏瑞
編 輯 所　萬卷樓圖書（股）公司
排　　版　小漁
封面設計　小漁
印　　刷　百通科技（股）公司

出　　版　昌明文化有限公司
　　　　　桃園市龜山區中原街 32 號
電　　話　(02)23216565
發　　行　萬卷樓圖書（股）公司
　　　　　臺北市羅斯福路二段 41 號 6 樓之 3
電　　話　(02)23216565
傳　　真　(02)23218698
電　　郵　SERVICE@WANJUAN.COM.TW
大陸經銷
廈門外圖臺灣書店有限公司
電郵 JKB188@188.COM

ISBN 978-986-496-574-8（平裝）
2020 年 4 月初版一刷
定價：新臺幣 640 元

如何購買本書：
1. 劃撥購書，請透過以下帳號
　帳號：15624015
　戶名：萬卷樓圖書股份有限公司
2. 轉帳購書，請透過以下帳戶
　合作金庫銀行古亭分行
　戶名：萬卷樓圖書股份有限公司
　帳號：0877717092596
3. 網路購書，請透過萬卷樓網站
　網址 WWW.WANJUAN.COM.TW
　大量購書，請直接聯繫，將有專人
　為您服務。(02)23216565 分機 610

如有缺頁、破損或裝訂錯誤，請寄回
更換

國家圖書館出版品預行編目資料

堯舜大傳／李亞東著 .-- 初版 .-- 桃
園市：昌明文化出版；臺北市：萬卷
樓發行 , 2020.04
面；　公分
ISBN 978-986-496-574-8（平裝）
1. 中國神話

282　　　　　　　　　　109004528